普通高等职业教育“十三五”规划教材

21世纪高职高专规划教材●物流管理系列

国际货运代理

主　编◎胡成琳

副主编◎白马鹏　王晓虎　胡玉洁

中国人民大学出版社

· 北京 ·

天津中德应用技术大学
2017年“一流应用技术大学”建设系列教材
编　委　会

总序

中国在各个领域保有快速发展的态势。在经济上，中国的国内生产总值大幅增加，同时经济结构也在发生改变。在这个变化过程中，越来越多的商品（产品）、服务、信息、支付流程等需要被快速及时地处理，物流的重要性与日俱增。物流过程包括物料流和信息流在企业、供应商以及客户之间的整体计划和控制，以确保所需的物料和信息在正确的时间、正确的地点，以正确的质量和数量送达正确的接收者。流程优化和降低成本贯穿整个过程。同时，经济因素以外的环境因素也越来越受到重视。物流过程也存在于企业内部。企业内部物流包括客户订单的处理、原料和服务的采购、产品的生产、物料的存储、企业内部的物料运输以及最终将产品交付给客户等环节。这涉及如何缩短交货时间、提高备货和交货可靠性、提高流转效率等问题。与此相伴的是现代化信息技术在物流的广泛应用。未来企业的内部物流以及企业、客户、供应商、银行、政府机构之间的物流过程将更加网络化和优化。

这些变革使职业教育面临挑战。职业教育的目的是“学习者行动能力”的获取，要让年轻人通过职业教育具备独立处理复杂操作过程的能力。这不仅要求受教育者掌握扎实的专业技能，同时对他们的人格素养和社会能力提出了更高的要求。专业能力毫无疑问是最重要的，现代化企业需要在专业上训练有素的员工。同时在现代职场中，责任心、可靠性、创造性以及团队精神、沟通合作能力已经成为衡量人才的重要因素。特别是在第四次工业革命时代（德国称之为工业 4.0），员工的人格素养和社会能力显得尤为重要。此外，新时代的人才还要具备数字技能以及系统性学习和思考的能力。

如果想让学生为适应现代职场做好准备，我们还要注重对学生自主学习能力的培养。世界环境变化越快，对人们独立自主学习能力的要求越高。“自主学习”并不是天生的技能，学生需要逐步熟悉和掌握它，学校必须在此方面提供足够的帮助和引导。这不仅包括“知识”的学习，还包括如何使用这些知识。当然，对学校而言，知识的传授还是一如既往的重要，但仅有知识还不足以养成真正的职业行动能力，学生必须能够在新的环境中使用他们所获取的知识。现代职场往往意味着独立解决新的问题，因此课堂教学中必须贯彻“问题导向”的理念，在“问题导向”的教学过程中，学生将不断面对新的问题，他们必须展示出在新的情境中运用知识解决新问题的能力。从“知识”到“能力”的转化是教育中最困难的挑战之一。在教学中使用“学习情境”是实现这种转化的有效手段。教师将现实工作中的问题进行加工，形成符合教学规律的学习情境，再将其引入课堂教学中。这对老师来说是一项艰巨的任务，但是在理想情况下这能够提高学生的学习意愿。毕竟获取能力仅有知识和技能是不够的，学习意愿也很重要。

本系列教材旨在帮助学生更好地学习，不仅能在课堂上发挥作用，也可供学生在课下灵活安排时间学习。一本有吸引力的教材不仅要有合格的专业水准，同时还要能激励学生的学习意愿。作者一方面要保证专业内容的准确性，另一方面还要思考如何让学生能够准确理解书中的内容，对教材而言这尤为重要。根据以上标准，本系列教材无疑是具有吸引力的。

［德］赫尔穆特·贝克（Helmut Becker）

2018 年 9 月

前言

随着"一带一路"倡议的实施，我国与相关国家和地区的贸易往来日益频繁，国际货运代理业务的需求也越来越大。为适应国际货运代理行业新业态的发展，满足企业对专业人才的需求，助力国家"一带一路"的建设与发展，本教材在强调对基础理论知识把握的同时，注重对实践应用型人才的培养，兼顾专业发展前沿动态。

本教材分为主教材和实训教程两部分。主教材共6个模块。每个模块开篇提出知识目标、能力目标、情感目标和重点难点，便于学生有的放矢地学习；小结以思维导图的形式列出，帮助学生梳理知识体系。附录将国际货运业常见单证、代码和词汇进行汇总，便于学生查询和使用。实训教程共7个情境，学习情境以"运输方式"为载体设计了国际海运整箱出口货代业务、国际海运整箱进口货代业务、国际海运拼箱出口货代业务、国际海运拼箱进口货代业务、国际航空集运货代业务、国际铁路联运货代业务以及国际多式联运货代业务。

本教材以实训教程的情境任务来驱动教学，每个情境开篇导入企业真实的工作过程，学生首先通过情境任务了解要达到的技能目标；然后通过主教材的学习，完成实训教程中的学习任务，从而获得完整工作过程中的知识点或单项技能点；最后，通过对情境任务的分析、计划、决策、实施、检查和评价获得完成整个情境任务的能力。学生通过完成一个个由简入繁的情境任务，从而具备国际货运代理行业的从业能力。

本教材的编写得益于多年国际合作、校企合作的经验，具体有以下几个特色：

1．内容新颖，关注前沿动态，体系完整。在内容上体现新业态的相关内容，介绍国际货运代理行业的新变化和新发展。通过“小拓展”“小资料”“小贴士”等形式介绍专业动态和前沿发展。

2．采用情境导入、任务驱动的教学设计理念。在借鉴德国情境化教学模式的基础上，打破传统的学科结构，将实际的“工作过程”引入教学过程，贯彻能力本位的职教理念，采用情境和任务来推动学生的自主探索性学习，培养职业技能和素养，渗透理论知识，让学生实现“做中学”，以及理论实践一体化的学习。

3．注重互动式、立体化教学资源的设计。每个情境都设计了情境任务和学习任务，将单个、零碎的活动片段连成系统、完整的工作流程，注重技能活动的可操作性和整体性，同时 PPT、微课、习题等立体化配套的教学资源，能够引起学生的兴趣，便于教师和学生翻转课堂和合作学习教学模式的开展。

本教材是高职课程改革的一个成果，还需要不断完善，不足之处敬请读者批评指正。

目录

模块 1

国际货运代理概述

知识目标

1. 了解国际货运代理行业概况和公司类型。
2. 了解国际货运代理行业协会和行业管理。
3. 了解无船承运人的概念。
4. 了解货代企业的建立程序。
5. 了解国际货运代理的法律身份和责任保险制度。

能力目标

1. 能够鉴别货代企业类型。
2. 能够判断国际货运代理的法律身份和责任。
3. 能够办理货代责任险。

情感目标

1. 培养学生团体合作精神和协调能力。
2. 塑造学生良好的工作意识。
3. 培养学生信息查询的能力。
4. 培养学生树立社会主义核心价值观。

重点难点

1. 国际货运代理人、国际货运代理企业的相关概念。
2. 建立货代企业的相关规定、货代的法律身份和责任险。

案例导入

政策破冰支持货代物流企业发展

国际货代属于充分竞争的行业，中小货代企业占行业整体的80%。2004年后，政府对货代业实行备案管理。大力实施“放管服”改革，通过持续优化营商环境助力培育新动能，正成为各级政府施政的重点取向之一。为动态了解国际货代企业的新情况和新趋势，在前期认真调研的基础上，2017年，商务部服贸司正式发文在国际货代行业建立重点联系企业制度，以探索加强行业事中事后监管的思路和办法。商务部服贸司负责重点联系企业制度的建立、完善和实施，中国国际货运代理协会具体负责该制度的执行、信息的汇总和反馈。遵循“企业自愿、逐级申报、区域平衡”的原则，2017年商务部确定了120家重点联系企业，在商务部网站上予以公示。

在保障重点联系企业制度的可持续运行、充分听取企业和各级货代协会等意见基础上，商务部首次将2018年6月在印度海德拉巴举行的中外货代物流企业洽谈会列为非商业性境外办展项目，对参与该洽谈会的重点联系企业购买摊位给予资金扶持，一些地方商务部门还对境外参会单位给予二次补贴。不少货代物流企业对这项破天荒“真金白银”的支持政策感到欢欣鼓舞，纷纷申请加入重点联系企业队伍的行列，踊跃报名参加印度洽谈会。目前，由中国国际货代协会组织招展的25个摊位已全部落实分配完毕，参会的25家企业主要是来自深圳、宁波、上海等地的大中型货代物流企业。它们普遍认为这是同国外同行务实高效沟通、双赢拓展业务的难得机会，正通过网上挑选境外合作伙伴，从人员、信息等方面为赴印度参会做好准备。

近些年，政府部门在推动物流园区、多式联运、流通配送等国内物流发展方面的政策补贴点多、惠及面广，而针对有关国际物流的扶持政策少。参加境外洽谈会是货代物流企业宣传自身形象、加强同国外同行交流合作、低成本拓展海外网络的重要形式，直接对企业境外参展参会给予补贴开启了政府务实支持货代行业发展的第一步，一些企业从中读到了背后的“福音”。中国国际货代协会作为全国货代行业的利益代言人，将以用好补贴政策为动力，以“扩围做实”行业重点联系企业制度为抓手，以建言落实《服务贸易发展“十三五”规划》勾画的国际货代重点工作为遵循，主动加强与相关政府部门的沟通和对接，加大对行业重大问题的调研，力争在优化营商环境、支持货代物流企业“走出去”等方面为行业争取更多的扶持政策，破解行业难题，助力企业高质量发展。

资料来源：中国国际货运代理协会。

1.1 国际货运代理行业

1.1.1 国际货运代理

1. 国际货运代理的概念

在国际货运市场上，货运代理行业处于货主与承运人之间，接受货主委托，代办租船、订舱、配载、缮制有关证件、报关、报验、保险、集装箱运输、拆装箱、签发提单、结算运杂费，乃至交单议付和结汇。

国际货运代理协会联合会（FIATA）对货运代理的定义是：根据客户的指示，为客户的利益而揽取货物的人，其本人并非承运人。货代也可以这些条件，从事与运输合同有关的活动，如储货、报关、验收、收款等。

我国《国际货物运输代理业管理规定实施细则》的定义是：国际货物运输代理企业可以作为进出口货物收货人、发货人的代理人，也可作为独立经营人从事国际货代业务。

2. 国际货运代理企业

国际货运代理企业是指接受进出口货物收货人、发货人的委托，以委托人的名义或者以自己的名义，为委托人办理国际货物运输及相关业务并收取服务报酬的法人企业。

国际货运代理企业作为代理人从事国际货运代理业务，是指国际货运代理企业接受进出口货物收货人、发货人或其代理人的委托，以委托人或自己的名义办理有关业务，收取代理费或佣金的行为。

国际货运代理企业作为独立经营人从事国际货运代理业务，指国际货运代理企业接受进出口货物收货人、发货人或其代理人的委托，签发运输单证，履行运输合同并收取运费和服务费的行为。

3. 国际货运代理企业的服务对象

（1）为发货人服务。

代替发货人承担在不同货物运输中的工作。如：以最快最省的运输方式，安排合适的货物包装，选择货物的运输路线；向客户建议仓储与分拨；选择可靠、效率高的承运人，并负责签订运输合同；安排货物的计重和计量；办理货物保险；办理货物的拼装；在装运前或在目的地分拨货物之前把货物存仓；安排货物到港口的运输，办理海关和有关单证的手续，并把货物交给承运人；代表托运人或进口商支付运费、关税；办理有关货物运输的外汇交易；从承运人处取得提单，并交给发货人；与国外的代理联系，监督货物运输进程，并使托运人知道货物去向等服务。

（2）为海关服务。

当货运代理作为海关代理办理有关进出口商品的海关手续时，它不仅代表客户，而且代表海关当局。负责申报货物的确切金额、数量和品名，以使政府在这些方面不受损失。

（3）为承运人服务。

货运代理向承运人及时订舱，议定对发货人、承运人都公平合理的费用，安排适当时间交货，以及以发货人的名义解决和承运人的运费账目等问题。

（4）为航空公司服务。

货运代理在空运业，充当航空公司的代理，利用航空公司的货运手段为货主服务。同时，作为一个货运代理，它通过提供适于空运的服务方式，继续为发货人或收货人服务。

（5）为班轮公司服务。

货运代理与班轮公司的关系，随业务的不同而不同。近年来，由货代提供的拼箱服务，即拼箱货的集运服务，建立了与班轮公司及其他承运人（如铁路）之间的较为密切的联系。

（6）提供拼箱服务。

随着国际贸易中集装箱运输的增长，货代引进了集运和拼箱的服务。在提供这种服务时，货代担负起委托人的角色。集运和拼箱的基本含义是：把一个出运地的若干发货人发往另一个目的地的若干收货人的小件货物集中起来，作为一个整件运输的货物发往目的地的货代，并通过它把单票货物交给收货人。

货运代理签发提单即分提单，或其他类似收据交给每票货的发货人；货代目的港的代理，凭初始的提单将货交给收货人。拼箱的收、发货人不直接与承运人联系，对承运人来说，货代是发货人，而货代在目的港的代理是收货人。因此，承运人给货代签发的是全程提单或货运单。如果发货人或收货人有特殊要求的话，货代也可以在出运地和目的地从事提货和交付的服务，即提供门到门的服务。

（7）多式联运服务。

随着集装箱的发展和普及，货运代理企业介入了多式联运，充当主要承运人与客户签订全程运输合同，一次性收取全程运费，并以当事人的身份，与各区段承运人或其他服务提供者分别签订合同、支付费用，通过多种运输方式进行全程的门到门货运代理服务。

因此，货代作为多式联运经营人时，需对客户承担更高水平的责任，提供包括所有运输和分拨过程的全面的“一揽子”服务。

4. 国际货运代理企业类型

可以从不同的角度对国际货运代理企业进行分类，为了更好地了解其行业特点和业务内容，以企业的成立背景和经营特点为标准，可以分为以下几种类型：

（1）以对外贸易运输企业为背景的国际货运代理企业。

这类国际货运代理企业主要是指中国对外贸易运输（集团）总公司及其分公司、子公司、控股公司、合资公司。以海、陆、空国际货运代理业务为主，集海上运输、航空运输、航空快递、铁路运输、国际多式联运、汽车运输、仓储、船舶经营和管理、船舶租赁、船务代理、综合物流为一体。它的特点是：一业为主，多种经营；经营范围较宽、业务网络发达、实力雄厚、人力资源丰富、综合市场竞争能力较强。

（2）以实际承运人企业为背景的国际货运代理企业。

这类国际货运代理企业主要是指由公路、铁路、海上、航空运输部门或企业投资或控股的国际货运代理企业等。它的特点是：专业化经营，与实际承运人关系密切，运价优势明显，运输信息灵通，方便货主，在特定的运输方式下市场竞争力较强。

（3）以外贸、工贸公司为背景的国际货运代理企业。

这类国际货运代理企业主要是指由各专业外贸公司或大型工贸公司投资或控股的国际货运代理企业。它的特点是：货源相对稳定，处理货物、单据经验丰富，对某些类型货物的运输代理竞争优势较强，但多数规模不大、服务功能不够全面、服务网络不够发达。

（4）以仓储、包装企业为背景的国际货运代理企业。

这类国际货运代理企业主要是指由仓储、包装企业投资、控股的国际货运代理企业或增加经营范围而成的国际货运代理企业。它的特点是：凭借仓储优势揽取货源，深受货主信任，对于特种物品的运输代理经验丰富，但多数规模较小、服务网点较少、综合服务能力不强。

（5）以港口、航道、机场企业为背景的国际货运代理企业。

这类国际货运代理企业主要是指由港口、航道、机场企业投资、控股的国际货运代理企业。这类国际货运代理企业的特点是：与港口、机场企业关系密切，港口、场站作业经验丰富，对集装箱货物运输代理具有竞争优势，人员素质、管理水平较高，但是服务内容较为单一、缺乏服务网络。

（6）以境外国际运输、运输代理企业为背景的国际货运代理企业。

这类国际货运代理企业主要是指境外国际运输、运输代理企业以合资、合作方式在中国境内设立的外商投资国际货运代理企业。它的特点是：国际业务网络较为发达，信息化程度、人员素质、管理水平高，服务质量好。

（7）其他背景的国际货运代理企业。

这类国际货运代理企业主要是指由其他投资者投资或控股的国际货运代理企业。它的投资主体多样，经营规模、经营范围不一，人员素质、管理水平、服务质量参差不齐。有的实力雄厚，业务范围广泛，服务网络较为发达，信息化程度、人员素质、管理水平较高，服务质量较好；有的规模较小，服务内容单一，人员素质、管理水平不高，服务质量一般。

小实践：了解货代公司的主要业务和职位

以小组为单位，每组在网上找一家典型的货代公司，介绍该公司的性质、规模、主要业务和职位。

要求：1. 做 PPT 演示，鼓励使用视频资料；

2. 每组选一个代表在全班进行汇报；

3. 每人认真听汇报并记录，填写表 1-1。

表1-1 了解货代公司

序号	公司名称	公司性质	规模	主要业务	主要岗位
1					
2					
3					
4					
5					
6					

1.1.2 国际货运代理的运输组织体系

1. 国际货运运输组织体系

（1）货主。

货主（Cargo Owner）是指专门经营进出口商品业务的国际贸易商或者有进出口权的工贸、地贸公司以及“三资”企业。它们为了履行国际贸易合同必须组织办理进出口商品的运输，是国际货物运输中的托运人（Shipper）或收货人（Consignee）。

比如：各专业进出口总公司和地方外贸专业公司；各工贸公司；有进出口权的工厂、集体企业；外商独资、中外合资、合作企业和合营企业。

（2）承运人。

承运人（Carrier）是指专门经营海上、铁路、公路和航空等客货运输业务的运输企业，如轮船公司、铁路或公路运输公司和航空公司等。它们一般拥有大量的运输工具，为社会提供运输服务。

我国《海商法》第四十二条指出，承运人是指本人或者委托他人以本人的名义与托运人订立海上货物运输合同的人。实际承运人是指接受承运人委托，从事货物运输或部分运输的人，包括接受转委托从事此项运输的其他人。

由此可见，承运人包括船舶所有人（Ship Owner）和以期租（Time Charter）或光租（Bare Charter）的形式承租进行船舶经营的经营人。

（3）运输代理人。

运输代理人（Forwarding Agent or Ship's Agent）有很多类型，主要有两种：一是货运代理人（Forwarding Agent，Freight Forwarder）；二是船舶代理人（Ship's Agent，Owner's Agent）。

（4）装卸公司和理货公司。

装卸、理货业是一些接受船舶营运人的委托，在港口为船舶进行货物的装卸、清点、交接、检验货损程度和原因并做出公证等项作业的行业。

此外，国际货物运输与海关、商检、港口当局，保险公司，银行，外汇管理局，包装和仓储等机构有着较为密切的联系，共同组成了国际货物运输组织系统。

2. 无船承运人

（1）无船承运人的概念。

无船承运人即以承运人身份接受货主（托运人）的货物，同时以托运人身份委托班轮公司完成国际海上货物运输，根据自己为货主设计的方案路线开展全程运输，签发经过备案的无船承运人提单。无船承运人购买公共承运人的运输服务，再以转卖的形式将这些服务提供给货主和其他运输服务需求方。

无船承运人本身不拥有船舶，也不经营船舶。对货主而言，它是承运人，对运输合同履行承担责任，通常还签发自己的提单，并收取运费：对船公司而言，它又是托运人，并支付运费。

在我国确立独立的无船承运人制度后，《国际货物运输代理业管理规定》中的国际货运代理企业不再包括从事无船承运业务的企业，我国交通运输部负责主管无船承运人业务。

（2）无船承运人的业务范围。

无论是在国内还是在国外，无船承运人经营业务的范围都有较大的区别，有的无船承运人兼办货物报关、货物交接、短程拖运、货物转运和分拨、订舱及各种不同运输方式代理业务，有的只办理其中的一项或几项业务。无船承运人的主要业务包括以下几个方面：

第一，作为承运人与货物托运人订立运输合同，签发货运单据（提单、运单），并对从接收货物地点到目的地交付货物地点的运输负责。

第二，作为总承运人组织货物全程运输，制订全程运输计划，并组织各项活动的实施。

第三，根据托运人的要求及货物的具体情况，与实际承运人确定运输工具（订舱）。

第四，从托运人手中接收货物，组织安排或代办到出口港的运输，订立运输合同（以本人的名义)，并把货物交给已订舱的海运承运人。在上述交接过程中，代货主办理报关、检验和理货等手续。

第五，办理货物储存和出库业务。

第六，在目的港从海运承运人手中接收货物后，向收货人交付货物。

对于货主来讲，将货物交给无船承运人运输，比交给传统意义上的承运人运输在手续上要简便得多，而且可省去委托货运代理人这一环节。

（3）无船承运人的分类。

1）承运人型。

这类无船承运人是在自己确定的运输路线上开展运输活动，接受托运人的货物并签发提单，对运输过程中货物的灭失、损害承担责任。在实际业务中，它是契约承运人，并非由自己完成运输，只能将货物交给实际承运人运输，并在目的地接收货物后，向收货人交付货物。

2）转运人型。

这类无船承运人专门从事转运，它们在主要的货物中转地和目的地，设有自己的分支机构（办事处）或代理，从托运人或陆上运输承运人手中接收货物，签发提单，然后办理接续运输、中转、发货，将货物交给海上承运人，由海上承运人完成海上运输，在目的港接收货物后，再向收货人交付。

该类型与承运人型的主要区别是，转运人型并不限定运输路线，不仅可选择合适的承运人，还可选择最合适的运输路线。许多船公司在揽货方面，对转运无船承运人有较大的依赖性，因此，转运人在为自己揽货、经营转运业务的同时，积极地作为承运人的代理人，代表承运人办理接收、交付货物，装、拆箱，托办、代收运费等业务，并从中获得收益及运费差额。

3）经纪人型。

该类无船承运人在揽取不同货主的货物后，原则上不直接对货主提供运输服务，而是采用“批发”的方法，按运输方式和流向，成批交给转运人型或承运人型的无船承运人，并由其签发提单。由于这种做法具有明显的经纪人特点，所以称为经纪人型。

（4）货运代理人与无船承运人的区别见表 1-2。

表1-2 货运代理人与无船承运人的区别

主要内容	国际货运代理人	无船承运人
与托运人的关系	委托方与被委托方	托运人与承运人
与收货人的关系	不存在任何关系	提单签发人与持有人
法律地位的确定	委托方代理	承运人
相关费用计收	佣金	收运费或赚取差价
提单拥有	不拥有自己的提单	可以签提单（House B/L），俗称“货代提单”
业务范围	进出口货运相关业务	进出口货运相关业务和承担运输责任
运输合同	代表委托方订立	与托运人订立
法规适用	货运法规	货运和运输法规
法律关系	委托关系	双重身份
主管部门	商务部	交通运输部
注册程序	在商务部备案，缴纳注册资金（海运代理至少需500万元人民币）	向交通运输部提出申请，然后提单备案；缴纳80万元人民币保证金，每增加一个分支机构加20万元人民币

小实践：我国无船承运人经营资质查询

登录交通运输部网站 http://www.mot.gov.cn/，从通知公告栏中查询无船承运人经营者公告，如图 1-1 所示。从网上找出五家货运代理企业，根据无船承运业务名单公示判断其是否具备无船承运人资格。

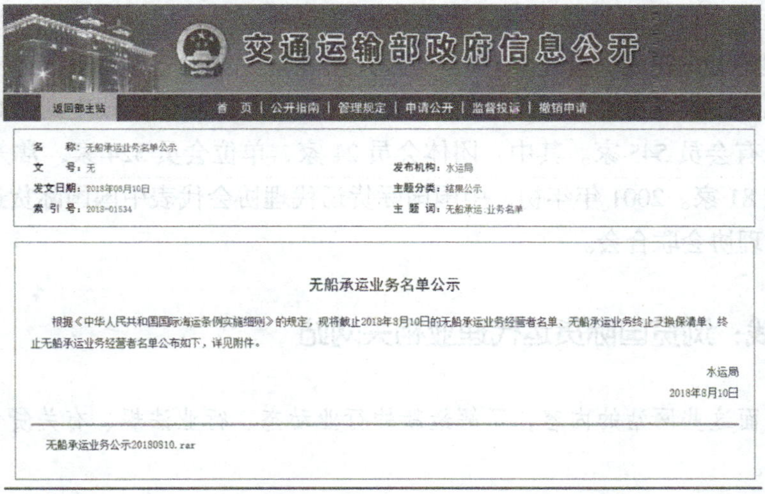

图1-1　无船承运人经营者公告

1.2　国际货运代理企业的行业组织管理

1.2.1　国际货运代理行业组织

1. 国际货运代理协会联合会

国际货运代理协会联合会的全称是 International Federation of Freight Forwarders Associations，法文缩写为 FIATA，译为“菲亚塔”，是一个非营利性的国际货运代理行业组织。1926 年 5 月 31 日在奥地利维也纳成立，总部设在瑞士苏黎世，分别在欧洲、美洲和太平洋、非洲、中东四个区域设立了地区办事处，并任命有地区主席。其中亚洲和太平洋地区秘书处设在印度孟买。

该联合会的宗旨是保障和提高国际货运代理在全球的利益，工作目标是：团结全世界的货运代理行业；以顾问或专家的身份参加国际性组织，处理运输业务，代表、促进和保护运输业的利益；通过发布信息、分发出版物等方式，使贸易界、工业界和公众熟悉货运代理人提供的服务；制定和推广统一货运代理单据、标准交易条件，改进和提高货运代理的服务质量，协助货运代理人进行职业培训、处理责任保险问题，提供电子商务工具。

2. 中国国际货运代理协会

中国国际货运代理协会英文名称为 China International Freight Forwarders Association，简称 CIFA，网址为 http://www.cifa.org.cn。该协会由经国家主管部门批准从事国际货运代理业务、在中华人民共和国境内注册的国际货运代理企业自愿组成，是经国务院批准，在民政部登记的全国性行业协会，属于非营利性的社团法人，受商务部和民政部的指导和监督。

为了维护国际货运代理行业的经营秩序，保护国际货运代理企业的合法权益，促进我国国际货运代理行业的健康发展，早在1994年对外贸易经济合作部就做出了筹建中国国际货运代理协会的决定，并于2000年3月开始筹备。2000年9月6日，中国国际货运代理协会在北京正式成立，2000年11月1日在民政部获准登记。截止到2002年12月31日，该协会已有会员545家。其中，团体会员21家、单位会员524家，常务理事单位27家、理事单位81家。2001年年初，中国国际货运代理协会代表中国国际货运代理行业加入国际货运代理协会联合会。

小实践：浏览国际货运代理业相关网站

请浏览下面这些网站的内容，了解最新的行业动态、行业法规、有关货代职业资格考试的相关内容。

1. 中国国际货运代理协会，http：//www.cifa.org.cn。
2. 国际货运代理协会联合会，http：//www.fiata.com。
3. 中国物流与采购网，http：//www.chinawuliu.com.cn。
4. 中华人民共和国商务部，http：//www.mofcom.gov.cn。

1.2.2 国际货运代理行业管理

1. 许可证制度

在美国，由联邦海事委员会对货运代理行业及无船承运人（NVOCC）进行管理。欲从事货运代理及无船承运业务的企业，必须先到联邦海事委员会注册登记，并需缴纳保证金，在取得该委员会颁发的营业许可证之后，才能正式从事货运代理及无船承运业务。在美国从事货运代理业务，应缴纳5万美元的保证金，而从事无船承运业务则应缴纳7.5万美元的保证金；外国企业在美国设立代表处从事国际货运代理业务或无船承运业务，应该提供15万美元的保证金。

2. 财务责任制度

该制度是为了保证提供国际货运代理等服务的企业在出现争议、需要承担责任时具有一定的赔偿能力。以美国的规定为例，任何人不得作为远洋运输的中介人，除非按联邦海事委员会规定的格式和数额，提供了经财政部认可的担保公司出具的，用以担保其财务责任的担保金、保险证明或其他担保。

小贴士：国际货运代理专业证书考试

国际货运代理专业证书是由CIFA颁发的受行业认可的职业资格证书。考试分两科，即

1. 国际货运代理理论与实务

国际货运代理理论与实务包括：国际货运代理概论、国际贸易实务、报检与报关、班

轮货物运输、租船货运实务、航空货物运输、陆路货物运输、货物多式联运仓储与物流管理、危险货物运输、货运代理市场营销、货运纠纷处理与案例。

2. 国际货运代理专业英语

含英文单证，各科满分均为100分，及格分数为60分，单科及格者成绩可保留至下年度有效（只允许补考一次），两科均及格者方可获得资格证书。

资料卡

职业素养是从业人员在工作中表现出来的综合品质，包括职业道德、职业技能、职业行为、职业作风和职业意识等。

党的十九大提出，要培育和践行社会主义核心价值观。富强、民主、文明、和谐是国家层面的价值目标，自由、平等、公正、法治是社会层面的价值取向，爱国、敬业、诚信、友善是公民个人层面的价值准则，这24个字是社会主义核心价值观的基本内容。

1.2.3 国际货运代理企业的设立条件

1. 企业设立

（1）国际货运代理企业的设立。

根据我国《公司法》和《国际货物运输代理业管理规定》，登记注册国际货物运输代理企业，应当具备下列条件：

第一，国际货运代理企业应当取得中华人民共和国企业法人资格。企业组织形式为有限责任公司或股份有限公司。禁止具有行政垄断职能的单位申请投资经营国际货运代理业务。承运人以及其他可能对国际货运代理行业构成不公平竞争的企业不得申请经营国际货运代理业务。

第二，国际货代企业的股东可由企业法人、自然人或其他经济组织组成。与进出口贸易或国际货物运输有关，并拥有稳定货源的企业法人应当为大股东，且应在国际货代企业中控股。企业法人以外的股东不得在国际货代企业中控股。具体来讲，有限责任公司型国际货运代理企业股东数量应在2个以上（含2个）50个以下（含50个）。股份有限公司型国际货运代理企业应有5个以上发起人，且半数以上发起人在中国境内有住所。国有企业改制为股份有限公司型国际货运代理企业，发起人可以在5个以下，但只能采取募集方式设立。

第三，国际货物运输代理企业的注册资本最低限额应当符合下列要求：经营海上国际货物运输代理业务的，注册资本最低限额为500万元人民币；经营航空国际货物运输代理业务的，注册资本最低限额为300万元人民币；经营陆路国际货物运输代理业务或者国际快递业务的，注册资本最低限额为200万元人民币。经营两项以上国际货物运输代理业务的，注册资本最低限额为其中最高一项的限额。国际货运代理企业每申请设立一个分支机构，应当相应增加注册资本50万元人民币。如果企业注册资本超过上述最低限额，其超过部分可以作为设立分支机构的增加资本。

第四，国际货物运输代理企业营业条件包括：

1）人员：具有至少5名从事国际货运代理业务3年以上的业务人员，其资格由业务人员原所在企业证明，或者取得国际货物运输代理资格证书。

2）场所：有固定的营业场所，自有房屋、场地须提供产权证明，租赁房屋、场地，须提供租赁契约。

3）营业设施：有必要的营业设施，包括一定数量的电话、传真、计算机、短途运输工具、装卸设备、包装设备等。

4）货源市场：有稳定的进出口货源市场，是指在本地区进出口货物运量较大，货运代理行业具备进一步发展的条件和潜力，并且申报企业可以揽收到足够的货源。

5）企业章程：有合法的国际货运代理企业章程。

6）组织机构：有符合规定的企业名称、符合法律要求的组织机构。

7）企业申请的国际货运代理业务经营范围中如包括国际多式联运业务，除应当具备上述条件外，还应当具备下列条件：从事货代业务3年以上；具有相应的国内外代理网络；拥有在商务部登记备案的国际货运代理提单。

（2）外商投资的国际货运代理企业的设立。

根据2005年12月11日商务部出台的《外商投资国际货物运输代理企业管理办法》，外商可以在中国设立独资国际货物运输代理公司，取消了之前外商不能设立相应独资公司的限制。外商投资者可以合资、合作、独资的方式在中国境内设立外商投资国际货运代理企业。

外商投资设立经营国际快递业务的国际货运代理企业由商务部负责审批和管理；外商投资设立经营其他业务的国际货运代理企业由各省、自治区、直辖市、计划单列市及新疆生产建设兵团商务主管部门（以下简称省级商务主管部门）负责审批和管理。其注册资本要达到100万美元。外商投资国际货运代理企业每设立一个从事国际货物运输代理业务的分公司，应至少增加注册资本50万元人民币。如果企业注册资本已超过最低限额，超过部分，可作为设立分公司的增加资本。

（3）港、澳投资的国际货运代理企业的设立。

虽然香港、澳门地区属于中华人民共和国不可分割的组成部分，但是由于政治、法律等方面的原因，目前这些地区的公司、企业在内地设立国际货运代理企业，只能参照有关外商投资国际货运代理企业的规定办理。

国务院就香港、澳门投资者投资国际货运代理企业做了如下规定。

允许香港服务提供者和澳门服务提供者在内地以合资、合作、独资的形式设立国际货运代理企业。符合条件的香港服务提供者和澳门服务提供者在内地投资设立国际货运代理企业的注册资本最低限额应当符合下列要求：

经营海上国际货物运输代理业务的，注册资本最低限额为500万元人民币；

经营航空国际货物运输代理业务的，注册资本最低限额为300万元人民币；

经营陆路国际货物运输代理业务的，注册资本最低限额为200万元人民币。

经营上述两项以上业务的，注册资本最低限额为其中最高一项的限额。

香港服务提供者和澳门服务提供者在内地投资设立的国际货运代理企业在缴齐全部注册资本后，可申请在国内其他地方设立分公司。每设立一个分公司，应当增加注册资本50万元人民币。如果企业注册资本已超过最低限额，则超过部分，可作为设立分公司的增加资本。

2. 设立程序

根据2004年1月1日中国商务部修订后的《国际货物运输代理业管理规定实施细则》，经营国际货运代理业务，必须取得商务部颁发的“中华人民共和国国际货物运输代理企业批准证书”。

地方商务主管部门对申请项目进行审核后，应将初审意见（包括建议批准的经营范围、经营地域、投资者出资比例等）及全部申请文件按规定报商务部审批。申请人收到商务部同意的批复的，应当于批复之日起60天内持修改后的企业章程（正本），凭地方商务主管部门介绍信到商务部领取批准证书。

目前，我国国际货运代理的市场准入已经改为工商注册登记制度。国际货运代理企业应当持批准证书向工商、海关部门办理注册登记手续。任何未取得批准证书的单位，不得在工商营业执照上使用“国际货运代理业务”或与其意思相同或相近的字样。

批准证书的有效期为三年。企业必须在批准证书有效期届满的60天前，向地方商务主管部门申请换证。企业连续三年年审合格，地方商务主管部门应当于批准证书有效期届满的30天前报送商务部，申请换领批准证书。

3. 备案

商务部颁布了《国际货运代理企业备案（暂行）办法》（以下简称《备案办法》），《备案办法》规定，商务部是全国国际货代企业备案工作的主管部门。凡经国家工商行政管理部门依法注册登记的国际货物运输代理企业及其分支机构，应当向商务部或商务部委托的机构办理备案。

国际货运代理企业的备案分为国际货运代理企业本身的备案（包括设立备案和变更备案）和国际货运代理企业的业务经营备案。国际货代企业备案工作实行全国联网和属地化管理。国际货运代理企业应在本地区备案机关办理备案手续。

4. 企业变更和终止

（1）国际货运代理企业的变更和终止。

国际货运代理企业成立以后，可以根据国家有关法律、法规规定和企业实际情况，变更企业名称、企业类型、隶属关系、经营范围、经营地域、通信地址或营业场所、法定代表人等项目，亦可变更股东，增加或减少注册资本。所有这些都属于国际货运代理企业变更的情形，均应办理相应的法律手续。《国际货物运输代理业管理规定实施细则》对国际货运代理企业变更的条件没有做具体的要求。申请变更的国际货物运输代理企业，应向所在地工商行政管理部门办理以下手续：

1）领取并填写“名称（变更）预先核准申请书”及相关材料。

2）递交“名称（变更）预先核准申请书”及相关材料，等待变更名称核准结果。

3）领取“企业名称预先核准通知书”及与企业变更有关表格。

4）增加或减少注册资本，应到银行办理资金证明，以非货币方式出资的，还应办理资产评估手续；有限责任公司变更为股份有限公司的，其资本应按《公司法》有关规定程序办理。

5）递交申请材料，材料齐全、符合法定形式的，等候领取“准予行政许可决定书”。

6）领取“准予行政许可决定书”，按照其确定的日期交纳相关费用，领取企业法人营业执照。

国际货运代理企业的终止是指其在法律上主体资格的消灭。发生下列情况时将导致国际货运代理企业的终止：因合并、分立而解散；经营期限届满；股东会或董事会决定停业、解散或清算；一方或数方股东不履行合同、章程规定的义务，致使企业无法继续经营；严重亏损，无力继续经营；被责令关闭、撤销批准证书或吊销营业执照；因资不抵债被宣告破产。

依据相关法律、法规的规定，国际货运代理企业终止时，应对该企业法人进行清算。首先，成立清算组。根据企业终止形式的不同，分别由人民法院、主管机关或企业股东指定清算组成员；其次，清算组清理公司财产，制定清算方案，报股东大会、主管机关确认，或移交法院；再次，公司清算结束后，清算组制作清算报告，报股东大会或主管机关确认，并报送公司登记机关申请注销公司登记，公告公司终止；最后，公司登记机关核准注销登记，公司终止。

（2）外商投资国际货运代理企业的变更和终止。

2005年12月11日前设立的外商投资国际货运代理企业，如不从事国际快递业务，其变更等事项由注册地省级商务主管部门负责代理。取得商务主管部门审批后，再向设立地工商行政管理部门申请行政变更许可。

外商投资国际货运代理企业终止的情形与前文所讲的国际货运代理企业基本一致，应提交的文件、资料，除申请书、清算报告、决议或裁决书、营业执照外，还应提交原审批机关的批准文件，税务机关、海关出具的完税证明等。在清算时，通常清算委员会的成员由董事、法人代表组织，如特殊情况时，还应有债权人代表、主管机关代表以及中国注册会计师、律师等参加。

（3）港、澳地区投资国际货运代理企业的变更与外商投资国际货运代理企业的变更手续一致。

小实践：查询本地货运代理企业数量

请查询当地工商局官方网站，按“货运代理”进行模糊查询，统计本地货代企业数量。

1.3 国际货运代理责任保险制度

1.3.1 国际货运代理责任风险

1. 国际货运代理的除外责任

国际货运代理的除外责任包括由于委托方的疏忽或过失，由于委托方或其他代理人在装卸、仓储或其他作业过程中的过失，由于货物的自然特性或潜在缺陷，由于货物的包装不牢固、标志不清，由于货物送达地址不清、不完整、不准确，由于对货物内容表述不清楚、不完整，由于不可抗力、自然灾害、意外原因所致货物灭失或损害。但如能证明货物的灭失或损害是由货运代理人过失或疏忽所致，货代对该货物的灭失、损害应负赔偿责任。

2. 国际货运代理的赔偿原则

国际货运代理协会一般条款规定的赔偿原则有两个方面：一是赔偿责任原则。收货人在收到货物发现货物灭失或损害，并能证明该灭失或损害是由货运代理人过失造成，即向货代提出索赔，一般情况下，索赔通知的提出不超过到货后的一定天数，否则，就作为货代已完成交货义务。二是赔偿责任限制。从现有的国际公约看，有的采用单一标准的赔偿方法，有的采用双重标准的赔偿方法，对国际货运代理人的赔偿方法也应同样如此，但实际做法不一，差异较大。

3. 国际货运代理责任风险的产生

国际货运代理所承担的责任风险主要产生于以下三种情况：

第一，国际货运代理本身的过失。国际货运代理未能履行代理义务，或在使用自有运输工具进行运输出现事故的情况下，无权向任何人追索。

第二，分包人的过失。在“背对背”签约的情况下，责任的产生往往是由于分包人的行为或遗漏，而国际货运代理没有任何过错。此时，从理论上讲国际货运代理有充分的追索权，但复杂的实际情况却使其无法全部甚至部分地从责任人处得到补偿，如海运（或陆运）承运人破产。

第三，保险责任不合理。在“不同情况的保险”责任下，单证不是“背对背”的，而是规定了不同的责任限制，从而使分包人或责任小于国际货运代理或免责。

上述三种情况所涉及的风险，国际货运代理都可以通过投保责任险，从不同的渠道得到保险的赔偿。

1.3.2 国际货运代理责任保险的内容

国际货运代理投保责任险的内容，取决于因其过失或疏忽所导致的风险损失。如：错误与遗漏，虽有指示但未能投保或投保类别有误；迟延报关或报关内容有误；发运到错误的目的地；选择运输工具有误；选择承运人有误；再次出口未办理退还关税和其他税务的必要手续；保留向船方、港方、国内储运部门、承运单位及有关部门追偿权的遗漏；不顾保单有关说明而产生的遗漏；所交货物违反保单说明。

仓库保管中的疏忽。在港口或外地中转库（包括货运代理自己拥有的仓库或租用、委托暂存其他单位的仓库、场地）监卸、监装和储存保管工作中代运的疏忽过失。

货损货差责任不清。在与港口储运部门或内地收货单位各方接交货物时，数量短少残损责任不清，最后由国际货运代理承担的责任。

迟延或未授权发货。如：部分货物未发运；港口提货不及时；未及时通知收货人提货、违反指示交货或未经授权发货；交货但未收取货款（以交货付款条件成交时为准）。

1.3.3 国际货运代理责任保险的方式和渠道

1. 国际货运代理责任保险的方式

国际货运代理承保责任险时，主要有以下几种方式供选择，即有限责任保险、完全法律责任保险、最高责任保险、集体保险制度。国际货运代理根据自己的情况，选择适合自己的方式进行投保。

（1）国际货运代理的有限责任保险。国际货运代理仅按其本身规定的责任范围对其有限责任投保，国际货运代理的有限责任保险主要分三种类型。

第一种是根据国际货运代理协会标准交易条件确定的国际货运代理责任范围，国际货运代理可选择只对其有限责任投保。

第二种是国际货运代理也可接受保险公司的免赔额，这将意味着，免赔额部分的损失须由国际货运代理承担。保单中订立免赔额条款的目的是：一方面，使投保人在增强责任心、减少事故发生的同时，从中享受到缴纳较低保险费的好处；另一方面，保险人可避免处理大量的小额赔款案件，节省双方的保险理赔费用，这对双方均有益。免赔部分越大，保险费越低，但对投保人来说却存在下述风险，即对低于免赔额的索赔，均由国际货运代理支付，这样当投保人面对多起小额索赔时，就会承担总额非常大的损失，而且有可能根本无法从保险人处得到赔偿。

第三种是国际货运代理还可通过缩小保险范围来降低其保险费，只要过去的理赔处理经验证明这是合理的，但意料之外的超出范围的大额索赔可能会使其蒙受巨大损失。

（2）国际货运代理的完全法律责任保险。国际货运代理按其所从事的业务范围、应承担的法律责任进行投保。根据国际货运代理协会标准交易条件确定的国际货运代理责任范围，国际货运代理可以选择有限责任投保，也可以选择完全责任投保。但有的国家的法院对国际货运代理协会标准交易条件中有关责任的规定不予认定，所以，国际货运代理进行完全法律责任保险是十分必要的。

（3）国际货运代理的最高责任保险。在某些欧洲国家，一种被称为 SVS 和 AREX 的特种国际货运代理责任保险体制被广泛采用。在这种体制下，对于超过确定范围以外的责任，国际货运代理必须为客户提供“最高”保险，即向货物保险人支付一笔额外的保险费用。这种体制尽管对国际货运代理及客户都有利，但是目前仅在欧洲流行。

（4）国际货运代理的集体保险制度。在某些国家，国际货运代理协会设立了集体保险制度，向其会员组织提供责任保险。这种集体保险制度既有利也有弊。其优点是：使该协会能够代表其成员协商而得到一个有利的保险费率；并使该协会避免要求其成员进行一个标准的、最小限度的保险，并依此标准进行规范的文档记录。这种制度的缺点是：一旦推行一个标准的保险费率，就等于高效率的国际货运代理对其低效率的同行进行补贴，从而影响其改进风险管理、索赔控制的积极性；同时使其成员失去协会的内部信息，而该信息可能为竞争者所利用。

2. 国际货运代理责任保险的渠道

国际货运代理投保其责任险的四种渠道：

第一，所有西方国家和某些东方国家的商业保险公司，可以办理国际货运代理责任险。

第二，伦敦的劳埃德保险公司，通过辛迪加体制，每个公司均承担一个分保险，虽然该公司相当专业，但市场仍分为海事与非海事，并且只能通过其保险经纪人获得保险。

第三，互保协会也可以投保责任险，这是一个具有共同利益的运输经纪人，为满足其特殊需要而组成的集体性机构。

第四，通过保险经纪人（其自身并不能提供保险），可为国际货运代理选择可承保责任险的保险公司，并能代表国际货运代理与保险人进行谈判，还可提供损失预防、风险管理、索赔程度等方面的咨询，并根据国际货运代理协会标准交易条件来解决国际货运代理的经济、货运、保险及法律等问题。目前中国市场上只有 TT Club 提供专业运输业经营人责任保险。

1.3.4　国际货运代理责任保险的除外责任

虽然国际货运代理的责任可以通过投保责任险将风险事先转移，但作为国际货运代理必须清楚地懂得，投保了责任险并不意味着保险公司将承担所有的风险，因此绝不可误认为在任何情况下，发生任何事故，即使自己有责任也不必承担任何风险与责任，统统由保险公司承担，这种想法是错误的。事实上，保单中往往都有除外条款，即保险公司不予承保，所以要特别注意阅读保单中的除外条款，并认真地研究和考虑。另外，保单中同时订有要求投保人履行的义务条款，如投保人未尽其义务，也会导致保险公司不予赔偿的后果。

适用于各种保险，包括责任保险的保单中，除外条款和限制通常有：在承保期间以外发生的危险或事故不予承保索赔日时间超过承保条例或法律规定的时效；保险合同或保险公司条例中所规定的除外条款及不在承保范围内的国际货运代理的损失；违法行为造成的后果如运输毒品、枪支、弹药、走私物品或一些国家禁止的物品；蓄意或故意行为，如倒签提单、预借提单引起的损失；战争、入侵、外敌、敌对行为（不论是否宣战）、内战、反叛、革命、起义、军事或武装侵占、罢工、停业、暴动、骚乱、戒严和没收、充公、征购等的任何后果，以及为执行任何政府、公众或地方权威的指令而造成的任何损失或损害（任何由核燃料或核燃料爆炸所致核废料产生之离子辐射或放射性污染所导致、引起或可归咎于此的任何财产灭失、摧毁、毁坏或损失及费用，不论直接或间接，还是作为其后果损失）；超出保险合同关于赔偿限额规定的部分；事先未征求保险公司的意见，擅自赔付对方亦可能从保险公司得不到赔偿或得不到全部赔偿，例如，当货物发生残损后，国际货运代理自认为是自己的责任，未征求保险公司的意见，自作主张赔付给对方，如事后证明不属或不完全属国际货运代理的责任，保险公司将不承担或仅承担其应负责的部分损失。

小思考：判断是否属于国际货运代理的除外责任

一批易碎的玩具由出口商从汉堡运至吉隆坡，玩具被妥善包装，外包装上印有德语“易碎，谨慎操作”的字样，但是没有印上易碎货物的国际通用标志。该批货物到达吉隆坡后，由货代操作，由于操作人员不懂德语而没有注意到货物属易碎品，导致货物严重受损。

请思考：货运代理是否需要承担责任？

1.4 小结

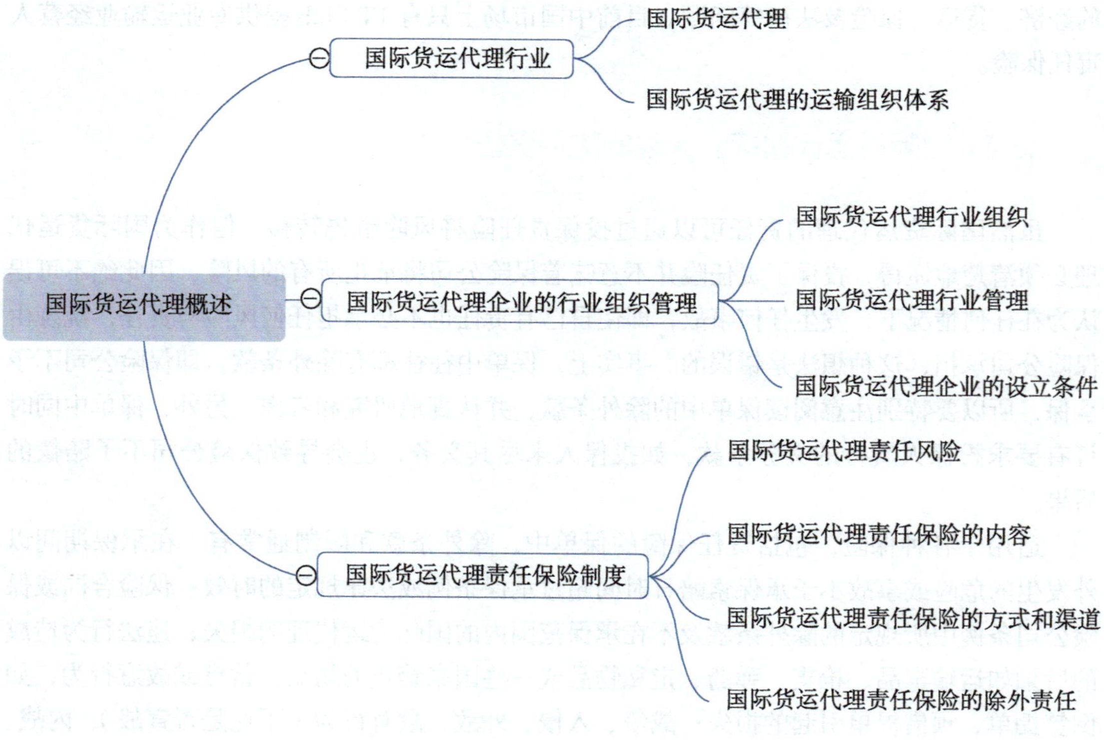

思考题

1. 我国对国际货物运输代理的定义是什么?
2. 中国国际货运代理协会的宗旨和业务范围是什么?
3. 国际货运代理的作用主要体现在哪些方面?
4. 我国有关法律法规对国际货代企业的注册资本是如何规定的?
5. 国际货运代理的赔偿原则是哪两条?
6. 国际货代责任风险产生的几种情况是什么?
7. 国际货运代理主要通过哪几种渠道投保责任险?

实践活动

随着国际贸易和国际运输的发展，国际货运代理服务的范围不断扩大。国际间贸易往来不断向纵深发展，对服务质量的需求也随之增加，从而迫使国际货运代理企业不断提高服务质量以提升自身的竞争力。

作为货代行业的从业者，除了具备基本的专业素质以外，还应具备哪些职业素质?学生分小组通过网络查询货代公司的用人要求，从社会主义核心价值观的角度分析，讨论并总结一份货代公司从业人员的职业素质要求。

模块 2

国际货运代理相关知识

知识目标

1. 理解国际货运代理与国际贸易的关系。
2. 掌握国际贸易术语。
3. 掌握商品价格的核算。
4. 熟悉国际贸易结算方式。
5. 了解国际货运代理与报关、报检。
6. 掌握国际货运代理中保险的重要作用。

能力目标

1. 会核算不同贸易术语的商品价格。
2. 会审核进出口货物报检单和报关单。
3. 会填制原产地证。
4. 能够计算保险金额和保费。
5. 会填制保险申请单和保险单。

情感目标

1. 培养学生积极主动的思考能力。
2. 能够与时俱进，时刻关注新科技、新动态。
3. 训练创新思维，培养创新意识与创新能力。

重点难点

1. 贸易术语及贸易术语的变形。
2. 商品价格核算。
3. 国际贸易结算方式。
4. 货物运输保险。

案例导入

"一带一路"如何改变国际贸易?

古时候，中国与中西亚、欧洲沿"丝绸之路"进行的贸易往来，使欧亚不少城市发展成"商贾辐辏，百货云集"的商业中心。如今，中国倡导的"一带一路"建设，正成为沿线国家新的创富机遇。

按照中国的构想，"一带一路"应通过修建公路、铁路、港口等基础设施，让各国贸易往来更加方便；通过与沿线国家发展战略对接，让开放、合作成为各国共识，减少贸易保护，促进货物和服务的自由流动。在逆全球化和保护主义升温情况下，这一倡议广受欢迎。

"我们希望能够把阿富汗融入'一带一路'主要经济走廊之中，这对阿富汗来说将是最重要的支持"，阿富汗财政部部长Eklil Ahmad Hakimi称，作为古"丝绸之路"时代中国通往欧洲的主要桥梁之一，阿富汗今后在"一带一路"建设上与中国加强合作，将再度为该国带来经济繁荣和就业机会。

据官方数据，2016年阿富汗整体出口额同比增长高达30%，自中国进口额同比增长19%。这与"一带一路"建设加速密切相关：自中阿货运专列开通后，中国商品途径哈萨克斯坦、乌兹别克斯坦抵达阿富汗只需9~11天，而此前阿富汗从中国进口商品需要90天。

在全球贸易整体低迷的情况下，2016年中国与"一带一路"沿线国家贸易稳步增长，进出口总额达6.3万亿元人民币，增长0.6%。

用加拿大爱德华王子岛省省长韦德·麦克劳克伦的话说，中加两国企业建立的合作关系，使该省也能参与"一带一路"建设，将当地特产生蚝源源不断出口到中国。"'一带一路'是我们成功的关键因素之一。"

中国社科院世界经济与政治研究所副研究员苏庆义表示，事实证明，"一带一路"建设助推的经济全球化既有利于中国自身，为中国稳定外贸增长奠定坚实基础，也使参与该建设的经济体获得实实在在的好处。"一带一路"建设带来的不仅有"鱼"，还有"渔"。除了持续增长的贸易额，新贸易技能等也沿这条商贸通道流入沿线国家。

中国最大电商平台阿里巴巴集团已和印度多所大学合作，培养电商人才。另一个线上外贸交易额居亚太前列的电商网站敦煌网，也在文莱开办了电商"新兵训练营"，希望通过面对面辅导将从事跨境电商的经验和技能传授给当地中小企业。这一项目今后还将推广至东盟其他国家。

敦煌网首席执行官王树彤告诉中新社记者，跨境电商平台能够打破国与国之间传统贸易壁垒，促贸易更加开放、公平和透明。眼下，"一带一路"沿线不少国家都想通过电商做生意，但苦于人才缺口巨大。

王树彤表示，中国企业在发展跨境电商方面已经摸索出一条切实可行的道路，"我们愿意把这些经验分享给'一带一路'沿线国家，让它们站在中国的肩膀上实现更好发展"。

实际上，经济全球化近年来之所以引发不满和失望，很大程度上是因为其带来的好处没有得到公平分配。跨境电商等新贸易方式沿“一带一路”铺开，能让中小企业和普通民众多分得一些“蛋糕”，有利于促进包容性增长，化解全球化“信任危机”。

在此情况下，“一带一路”建设不仅成为亚太乃至全球推进贸易自由化便利化的抓手，也通过促进所有参与国家互利共赢，消弭经济全球化的负面效应，为新一轮全球化提供支撑。

经济是贸易的先导，当世界经济高速发展时，国际贸易也呈增长态势。没有国际贸易就没有国际货物运输，当国际贸易呈增长态势时，就需要与之相适应的国际运输和货运代理。世界经济、国际贸易的发展趋势对国际运输、货运代理需求有着重要的影响。国际货运代理业务是在国际贸易合同履行的基础上开展的。因此国际货运代理从业人员只有在了解国际贸易相关知识的基础上，才能提供高质量的国际货运代理服务，以满足国际贸易发展的需要。

2.1 国际贸易合同

2.1.1 国际贸易合同概述

营业地在不同国家（地区）的当事人之间订立的货物买卖合同统称为国际货物买卖合同，或国际货物销售合同（Contracts for International Sale of Goods）。国际货物买卖正是以这种合同为中心进行的，所以认识国际货物买卖合同的内容和特点具有重大的现实意义。

1. 国际货物买卖合同的含义

国际货物买卖合同是指营业地位于不同国家（地区）的当事人之间就有关货物买卖的权利义务关系而达成的协议。

2. 国际货物买卖合同的特点

（1）国际货物买卖合同具有国际性。国际货物买卖合同的国际性以当事人的营业地位于不同国家（地区）为准，强调合同的标的物需要跨越国境进行运输，而不考虑当事人的国籍。因此，即使是不同国家（地区）的当事人在同一国境内（地区）订立的货物买卖合同，也不属于国际货物买卖合同。

（2）国际货物买卖合同的标的是货物。1980年《联合国国际货物买卖合同公约》（以下简称《公约》）采取了排除法，即将下列产品排除在该公约的适用范围之外：供私人、家属或家庭使用而进行的购买；经由拍卖方式进行的买卖；根据法律执行应进行的买卖；各种债券或者货币的买卖；船舶、气垫船或收音机的买卖；电力的买卖。

（3）国际货物买卖合同的性质为买卖。按照《英国货物买卖法》的规定，所谓买卖合同，是指由卖方将货物的所有权转让给买方，以换取买方的金钱作为对价。

3. 国际货物买卖合同的形式

《公约》对国际货物买卖合同的形式，原则上不做任何限制。无论当事人采用口头方式还是书面方式来订立合同，都不影响合同的有效性，也不影响合同的证据力。根据《公约》和《中华人民共和国合同法》的有关规定，当事人订立合同，有书面形式、口头形式和其他形式。

在国际贸易中常常使用某个国际民间组织或国际行业性协会拟定的空白的标准合同。这种空白合同并不是合同，它只是根据买卖合同应具备的基本内容所拟定的详细而固定的条文，印成固定的格式，所以叫作格式合同。格式合同只是贸易谈判的一方给另一方提供的建议性的文本，在双方签字以前不是真正的合同，不具有约束力；经双方当事人的协商，可以对格式合同中的条文内容进行修改、删减或补充；只有经过双方当事人同意，填写了空白的项目并签字后，才能成为当事人之间订立的一个有效的合同。

2.1.2 国际贸易合同的结构和条款

1. 国际货物买卖合同的结构

国际货物买卖合同主要包括约首、正文和约尾三部分。

约首是合同的开头部分，包括合同的名称、合同的编号、订约日期、订约地点、双方当事人的名称和地址以及合同的序言等内容。约首部分的内容同样具有一定的法律意义而不应被忽视，如订约的日期在法律上表明，除非合同中对合同生效的时间另有不同的规定，否则应以该日期为合同生效的日期。再如订约地点，如果合同中对合同所应适用的法律没有做出明确的规定，则合同订立地对确定合同的法律适用会起到一定的作用。

正文部分是合同的主体部分，包括合同的实质性条款，即规定双方当事人权利义务的条款。

约尾主要载明合同以何种文字做成，以及各种文字的效力、正文的份数、附件及其效力、双方当事人的签名等。

2. 国际货物买卖合同的主要条款

（1）品质规格条款。品质规格条款是合同的主要条款，由于国际货物买卖的双方分处不同的国家，因此，双方在合同中对货物品质的约定就更加重要。依某些国家的法律规定，买卖合同中有关货物品质的说明是合同的要件，如果卖方所交货物的品质与合同的约定不符，买方有权拒收货物，并可以要求损害赔偿。

（2）数量条款。国际货物买卖合同中的数量通常用重量、体积、长度、面积、个数等单位来表示，但由于各国的度量衡制度不同，同一计量单位所代表的数量可能会有差异，因此合同中必须规定明确。数量条款是确定卖方交货数量的依据。对于有些农产品货物或矿产品货物，由于货物本身的特性，或受包装和运输工具的限制，或由于蒸发的原因等，使货物的重量和数量很难与合同相同，对于此类货物，国际惯例也允许在合同规定的数量与实际交货的数量之间有一定的机动幅度。

（3）包装条款。包装条款主要包括包装的种类和性质、包装材料、包装尺寸、包装费用和运输标志等内容。在国际贸易中，除一些货物因其本身特点不需要包装外，多数货物都需要有一定的包装。包装的费用计入成本之中。

（4）价格条款。价格条款主要规定货物的计价货币、计价单位、单位价格金额等。国际贸易术语常常被用来表示货物的单价，如规定“每吨500美元CIF纽约”的单价中，重量的单位是吨，计价货币是美元，单位价格金额是500美元，目的港是纽约，价格构成是货物的成本加运费加保险费。货物买卖合同的总价是以单价乘以交易商品的数量。价格条款是确定买方支付义务的主要依据。

（5）商检条款。商检条款通常规定商品检验所应依据的标准、检验机构、检验期间及商检权等内容。商检条款的作用是提供一个确定卖方所交货物是否符合合同的依据，关系到合同的履行、索赔、诉讼等许多法律问题。

（6）装运条款。装运条款主要规定装运时间、装运港或装运地、装运通知等事项。装运是指将货物装上运输工具。装运条款会涉及运输问题和支付单据中的要求，因此，将在后面的章节详细阐述。

（7）保险条款。合同中的保险条款是指具体规定由哪方当事人负担货物运输的保险责任，及应投保的险别等内容的条款。其目的在于把保险责任具体化。例如，货物是按FOB价格条件出售的，则保险费用应由买方支付，即使卖方经买方的请求而投保，其保险费用也应由买方承担。

（8）支付条款。支付条款是合同中有关买方支付货款内容的条款，主要包括支付与结算使用的货币的币种、支付工具、支付方式、支付的时间与地点等。此外，还有卖方为取得货款应提供的单证等各项规定。

（9）不可抗力条款。不可抗力条款是规定在合同订立后发生当事人在订合同时不能预见、不能避免、不可控制的意外事故，以致不能履行合同或不能如期履行合同时，遭受不可抗力的一方可以免除履行合同的责任的条款。

（10）仲裁条款。在争议的解决上，国际货物买卖合同中一般规定，如发生与本合同有关的争议，应友好协商解决，协商不能解决时，应将争议提交某仲裁机构进行仲裁。合同的仲裁条款中应明确仲裁地点、仲裁机构、仲裁规则等方面的内容。

（11）法律适用条款。法律适用条款是当事人依意思自治原则经过双方的协商选择的适用于合同的法律。我国的司法解释要求当事人对法律的选择应当是明示的，当事人的选择一般应与合同有一定的联系。当事人可以选择适用某国的国内法，也可以选择适用国际公约或国际惯例。

以上是国际货物买卖合同正文部分的主要条款，其多寡繁简一般根据货物的性质、交易量的大小、当事人之间的关系、签约当事人的法律知识与水平等因素而协商决定。

资料卡

必须牢固树立并切实贯彻创新、协调、绿色、开放、共享的发展理念，这是关系我国发展全局的一场深刻变革。

2.2 国际贸易术语

2.2.1 贸易术语概述

1. 贸易术语的含义

贸易术语（Trade Terms）又称贸易条件、价格术语（Price Terms），是在长期的国际贸易实践中产生的，用来表示商品的价格构成，说明交货地点，确定风险、费用和责任划分等问题的专门用语。

2. 贸易术语的作用

首先，有利于买卖双方洽商交易和订立合同。由于每一种贸易术语对买卖双方的义务都有统一的解释，有利于买卖双方明确各自的权利和义务，早日成交。

其次，有利于买卖双方核算价格和成本。各种贸易术语对成本、运费和保险费等各项费用由谁负担都有明确的界定，买卖双方比较容易核算价格和成本。

最后，有利于解决履约当中的争议。由于贸易术语由相关的国际惯例解释，对买卖双方在交易中的争议，可通过国际贸易惯例解释。

2.2.2 贸易术语的使用

对于国际贸易术语的使用，国际上用《国际贸易术语解释通则》进行规范。《国际贸易术语解释通则》(以下称 Incoterms）的宗旨是为国际贸易中最普遍使用的贸易术语提供一套解释的国际规则，以避免因各国不同解释而出现的不确定性，或至少在相当程度上减少这种不确定性。国际商会于 1936 年首次公布了 Incoterms，后来随着形势发展，该通则于 1953 年、1967 年、1976 年、1980 年、1990 年、2000 年、2010 年先后进行了七次修订和补充。

1.《国际贸易术语解释通则 2000》

国际商会的《国际贸易术语解释通则 2000》(简称 Incoterms 2000)，其中共解释了 13 种贸易术语，并且将这些术语按卖方责任由小到大，交货地点与卖方所在地距离由近到远进行排列，以及按各种术语的共同特点分别归类，分为 E、F、C、D 四组（见表 2-1）。

表2-1 Incoterms 2000各种贸易术语介绍表

组别	术语缩写	术语英文名称	术语中文名称
E组启运	EXW	Ex Works	工厂交货（……指定地点）
F组主要运费未付	FCA	Free Carrier	交至承运人（……指定地点）
	FAS	Free Along Side	船边交货（……指定装运港）
	FOB	Free on Board	船上交货（……指定装运港）
C组主要运费已付	CFR	Cost and Freight	成本加运费（……指定目的港）
	CIF	Cost, Insurance and Freight	成本、保险费加运费付至（……指定目的港）
	CPT	Carriage Paid to	运费付至（……指定目的地）
	CIP	Carriage and Insurance Paid to	运费、保险费付至（……指定目的地）
D组到达	DAF	Delivered at Frontier	边境交货（……指定地点）
	DES	Delivered Ex Ship	目的港船上交货（……指定目的港）
	DEQ	Delivered Ex Quay	目的港码头交货（……指定目的港）
	DDU	Delivered Duty Unpaid	未完税交货（……指定目的港）
	DDP	Delivered Duty Paid	完税后交货（……指定目的地）

国际贸易中使用最多的是装运港交货的三种术语，即 FOB、CFR 和 CIF。随着运输方式的进步和集装箱多式联运业务的普及，向承运人交货的贸易术语如 FCA、CPT 和 CIP 也逐渐成为国际贸易中的常用贸易术语。

（1）FOB。

FOB（Free on Board）即装运港船上交货（……指定装运港），又称“船上交货”。

基本含义：卖方在指定装运港将货物装船越过船舷后，即完成了交货任务，随后的一切费用和风险均由买方承担。

交货地点：装运港。

风险转移界限：货物越过装运港船舷。

卖方的义务：在合同指定的装运港和规定的期限内，将货物装上买方指派的船只，并无延迟地通知买方；自负风险和费用领取出口许可证或其他核准书、办理出口货物所需的一切手续；负担货物在装运港越过船舷为止的一切费用和风险；提供商业发票及证明货物已按规定完成交货义务的通常单据或有同等效力的电子数据交换信息。

买方的义务：按合同规定支付价款；负责租船订舱，支付运费，并将船期、船名及时通知卖方；自负风险和费用取得进口许可证或其他核准书，并办理货物进口以及必要时经由另一国过境运输的一切海关手续；负担货物在起运港装船越过船舷后的一切风险、费用；收取卖方按合同规定交付的货物，接受与合同相符的单据。

适用范围：仅适用于海运和内河运输，在船舷无实际含义时，如滚装或集装箱运输，宜采用FCA。

（2）CFR。

CFR（COST and Freight）即成本加运费（……指定目的港）。

基本含义：卖方要负责租船订舱、支付到指定目的港的运费，但买方要自负从装运港货物越过船舷后至目的地的货运灭损风险及所增加的额外费用。

交货地点：装运港。

风险转移界限：货物越过装运港船舷。

卖方义务：在合同规定的装运港和规定的期限内，将货物装上船，并及时通知买方；负责租船订舱、支付到指定目的港的运费；自负费用和风险，取得出口许可证或其他官方证件，并负责办理货物出口手续，支付货物越过船舷为止的一切费用；提供商业发票和符合合同规定的运输单据或相等的电子数据交换资料。

买方义务：自负从装运港至目的地的货运保险及保险费用；负担货物在装运港装船时越过船舷后的一切风险、费用和责任；自负风险和费用，取得进口许可证或其他官方证件，并办理货物进口以及必要时经由另一国过境运输的一切海关手续；接受符合合同规定的单据和货物，并按合同规定支付价款。

适用范围：同FOB，仅适用于海上和内河运输。在船舷无实际意义时，宜用CPT术语。按照CFR术语成交，要特别注意，卖方在货物装船之后必须及时向买方发出装船通知，以便买方办理投保手续。否则，货物在海运途中遭受的损坏或灭失由卖方负担。

（3）CIF。

CIF（Cost, Insurance and Freight），称“成本、保险费加运费”（……指定目的港）或“保险费、运费在内价”。

基本含义：卖方在指定装运港将货物装上船，支付货物自装运港至指定目的港的运费和保险费，但风险自货物在装运港越过船舷时即由卖方转移给买方。

交货地点：装运港。

风险转移界限：货物越过装运港船舷。

卖方义务：在CFR的基础上增加保险费项，即办理投保手续、支付保险费、提交保险单证。

买方义务：主要是进口结关。

适用范围：同FOB、CFR相同，仅用于海运和内河运输。在船舷无实际意义时，常用CIP术语。

总之，在分别按照FOB、CFR和CIF成交时，卖方所承担的责任和费用是不同的。但是，按照三种术语成交，卖方均负责在装运港交货，承担的风险均在货物越过船舷时转移给买方。因此，在交货地点和风险划分的界限方面是完全相同的。

（4）FCA。

FCA（Free Carrier）即货交承运人（……指定地点）。

基本含义：卖方在规定时间和指定地点把货物交给承运人照管，并且办理了出口清关手续后，就算完成了交货义务。

风险与费用划分界限：出口国内地、港口货交承运人时起。

卖方的义务：自负风险和费用，取得出口许可证或其他官方文件，并办理出口所需的海关手续，支付出口关税和捐税；负担货物在指定地点交给承运人控制前的一切风险和费用；在合同规定的期限内，将符合合同规定的货物交给买方指定的承运人并通知买方；提供商业发票和有关证明已交付货物的装运单据或相等的电子数据交换资料。

买方的义务：自负风险和费用，取得进口许可证或其他官方证件，并办理货物进口以及必要时经由另一国过境运输的一切海关手续；负担货物交给承运人后的一切风险和费用；接受符合合同规定的单据及货物；按合同规定支付货款。

适用范围：适用于任何运输方式，包括多式联运。

在使用 FCA 术语时，应注意以下两个问题。

风险转移的问题：一般情况下，是在承运人控制货物后，风险由卖方转移给买方，但如果由于买方的责任，使卖方无法按时完成交货，只要货物已划归买方，那么风险转移的时间就可以前移。同样，买方委托卖方代办本属于自己义务范围内的事项所产生的费用，或因买方过失所引起的额外费用也由买方负担。

运输的问题：按照 FCA 术语成交，一般是由买方自行订立从指定地点承运货物的合同。但是，如果买方有要求，并由买方承担风险和费用的情况下，卖方也可以代替买方指定承运人并订立运输合同。当然，卖方也可以拒绝订立运输合同，如果拒绝，应立即通知买方，以便买方另行安排。

（5）CPT。

CPT（Carriage Paid to）即运费付至（……指定目的地）。

基本含义：卖方支付货物运至指定目的地的运费，在出口国的约定地点、规定日期或期限内，将货物交给承运人，并承担在此前的费用和风险。

风险转移界限：出口国内地、港口货交承运人时起。

卖方的义务：自负风险和费用，取得出口许可证或其他官方文件，并办理出口所需的海关手续；订立将货物从装运地运至指定目的地的运输合同，并支付运费；负担货物交给承运人控制前的一切风险和费用；在合同规定的期限内，将符合合同规定的货物交给买方指定的承运人并通知买方；提供商业发票和有关证明已交付货物的装运单据或相等的电子数据交换资料。

买方的义务：自负风险和费用，取得进口许可证或其他官方证件，并办理货物进口以及必要时经由另一国过境运输的一切海关手续；负担货物交给承运人后的一切风险和费用；接受符合合同规定的单据及货物；按合同规定支付货款。

在采用 CPT 术语时，需要注意以下问题。

风险划分的界限问题：在 CPT 条件下，卖方承担货物交给承运人控制之前的费用与风险。在多式联运情况下，涉及两个以上的承运人，卖方承担的风险自货物交给第一承运人控制时即转移给买方。

明确责任和费用的划分：根据 Incoterms 2000 的解释，从交货地点到指定目的地的正常运费由卖方负担，正常运费之外的其他有关费用一般由买方负担。货物的装卸费用可以包括在运费之中，由卖方负担，也可由双方在合同中另行约定。

CPT 与 CFR 的异同点：

CPT 术语与 CFR 术语的相似之处主要表现在它们都是风险转移在先、责任和费用转移在后。卖方承担的风险都是在交货地点随着交货义务的完成而转移，但卖方都要负责安排自交货地至目的地的运输，负担运费，并在价格构成中体现出来。另外，按这两种术语签订的合同都属于装运合同，卖方只需保证按时交货，并不保证按时到货。

CPT 与 CFR 的不同之处在于 CFR 只适用于水上运输方式，因此交货地点只能是在装运港；CPT 适用于各种运输方式，交货地点根据运输方式的不同，由双方加以约定。CFR 条件下，风险划分以装运港船舷为界；CPT 则以货交承运人为界。另外，在不同术语下，因运输方式、交货地点的不同，卖方承担的责任、费用以及提交的单据等也自然不同。

（6）CIP。

CIP（Carriage and Insurance Paid to），运费、保险费付至（……指定目的地）。

基本含义：卖方自负运费，订立从装运地将货物运至目的地的运输合同，并办理货物运输保险，而风险自货物在装运地交给承运人时，即由卖方转移给买方承担。

风险转移界限：出口国内地、港口货交第一承运人控制时起。

卖方的义务：在 CPT 基础上，增加保险事项，即办理货物运输保险，支付保险费。

买方的义务：买方在合同规定的地点受领货物，支付货款，并且负担除运费、保险费以外的货物自交货地点直至指定目的地为止的各项费用及进口税。

适用范围：同 FCA、CPT，即所有运输方式。

使用 CIP 术语应注意以下事项。

正确理解风险和保险问题：按照 CIP 术语成交的合同，卖方要负责办理货运保险，并支付保险费，但是货物在从交货地运往目的地的运输途中的风险却由买方承担。所以，卖方的投保仍属代办性质。根据 Incoterms 2000 的解释，一般情况下，卖方应按双方约定的险别投保。

未约险别问题：如果未约定险别，则由卖方按惯例投保最低的险别。保险金额一般是在合同价格的基础上加成 10% 办理，并应采用合同中的货币投保。卖方一般无义务加保战争、罢工、暴乱险。但是在买方的要求下，并由买方承担额外费用的情况下，卖方也可予以办理。

CIP 与 CIF 的异同点：

CIP 与 CIF 的相同点表现在，它们的价格构成中都包括了通常的运费和约定的保险费，所以，按这两种术语成交，卖方都要负责安排运输和保险，并支付有关的运费和保险费。另外，CIP 合同和 CIF 合同均属于装运合同。风险转移和责任、费用的转移问题，也同 CPT、CFR 一样，是分两步进行的。

CIP 和 CIF 的不同点主要是适用的运输方式的范围不同，CIF 仅适用于水上运输方式，而 CIP 则适用于包括多式联运在内的各种运输方式。采用不同运输方式时，其交货地点、风险划分界限以及有关责任和费用的划分自然也不相同。

以上六种贸易术语的区别，如表 2–2 所示。

表2–2 六种常用贸易术语的区别

不同点	FOB、CFR、CIF	FCA、CPT、CIP
适用的运输方式	仅适用于海运和内河运输，承运人一般为船公司	适用于各种运输，承运人因运输方式不同而有多种情况
交货点和风险转移点	交货点和风险划分点都是装运港船舷	交货点和风险划分点因运输方式不同而有多种情况
装卸费用负担	贸易合同中要采用贸易术语变形加以确定装卸费用负担	运费中包含装货费或卸货费，贸易合同中无须采用术语变形
运输单据	卖方一般要提交“清洁已装船”提单	运输单据因运输方式不同而有多种情况

2.《国际贸易术语解释通则 2010》

国际商会于 2010 年 9 月通过了《国际贸易术语解释通则 2010》（以下称 Incoterms® 2010），并规定该版本于 2011 年 1 月 1 日生效，它是迄今为止关于贸易术语国际惯例的最新版本，如表 2–3 所示。虽然 Incoterms® 2010 于 2011 年 1 月 1 日正式生效，但并非 Incoterms 2000 就自动作废。因为国际贸易惯例本身不是法律，对国际贸易当事人不产生必然的强制性约束力。国际贸易惯例在适用的时间效力上并不存在“新法取代旧法”的说法，即 Incoterms® 2010 实施之后并非 Incoterms 2000 就自动废止，当事人在订立贸易合同时仍然可以选择适用 Incoterms 2000 甚至 Incoterms 1990。

表2–3 Incoterms® 2010的结构

适用于任何运输方式类		
EXW	Ex Works	工厂交货
FCA	Free Carrier	货交承运人
CPT	Carriage Paid to	运费付至
CIP	Carriage and Insurance Paid to	运费、保险费付至
DAT	Delivered at Terminal	指定终端交货
DAP	Delivered at Place	指定目的地交货
DDP	Delivered Duty Paid	完税后交货
仅适用于水运类		
FAS	Free Along Side	装运港船边交货
FOB	Free on Board	装运港船上交货
CFR	Cost and Freight	成本加运费
CIF	Cost, Insurance and Freight	成本加运费、保险费

目前世界上存在多种解释贸易术语含义的惯例及其不同年份的版本，为避免误解，2011年1月1日以后签订的贸易合同中最好标明合同适用的贸易术语的惯例的名称及版本。

Incoterms® 2010是对Incoterms 2000所做的补充和修订，它充分考虑到近十年贸易领域出现的新变化，内容更清晰简洁、操作性和指导性进一步加强，更符合当前贸易实务的需要。

Incoterms® 2010新特性如下：

第一，国际商会此次将Incoterms注册成商标，并提出了使用该商标的要求。

第二，增加的指导性说明：新版本对每一种术语都给出了指导性说明，与Incoterms 2000相比，该说明更加完善，对每一个规则做根本性的解说，除了定义外，还说明何时适用该术语以及在何种情形下适用其他术语、风险负担何时移转、买卖双方间的成本或费用以及出口手续如何划分等事宜，以及双方应明确规定交货的具体地点和未能规定所引起的费用的负担。需要注意的是在“指导性说明”中通常要求双方当事人自行明确风险转移的临界点，而非由Incoterms® 2010本身去规定这些临界点。

第三，生效规则：Incoterms® 2010有一个新的条款，称作“Entry into Force Rule”，即生效规则，除非发货方明确地说明使用贸易术语的版本，否则自2011年1月1日起运输的货物自动适用Incoterms® 2010。需要指出的是当事人仍可在新版本实施后继续选择使用早期版本，但为避免误解，如果使用诸如DDU等被删除的术语，应在合同中标明适用的Incoterms的版本。

第四，国际贸易术语解释通则的适用性：考虑到对于一些大的区域贸易集团，如欧洲单一市场而言，国与国之间的边界手续已不那么重要了，新版本首次正式明确这些术语不仅适用于国际销售合同，也适用于国内销售合同。涉及具体义务时新版本在几处明确进出口商仅在需要时才办理进出口报关手续和支付相应费用。

相对于Incoterms 2000，Incoterms® 2010的主要变化：

第一，术语分类的调整：在之前的Incoterms 2000里，贸易术语被分成四组：E组启运；F组主要运费未付；C组主要运费已付；D组到达。而在Incoterms® 2010里，贸易术语被整合成11种，且按照运输方式划分成两类：

适用于任何运输方式的七种：EXW，FCA，CPT，CIP，DAT，DAP，DDP；

适用于水上运输方式的四种：FAS，FOB，CFR，CIF。

第二，贸易术语的数量变化：由2000版的13种变为11种。Incoterms® 2010删去了Incoterms 2000中的4个术语：DAF（Delivered at Frontier）边境交货、DES（Delivered Ex Ship）目的港船上交货、DEQ（Delivered Ex Quay）目的港码头交货、DDU（Delivered Duty Unpaid）未完税交货。新增了2个术语：DAT（Delivered at Terminal）在指定目的地或目的港的集散站交货；DAP（Delivered at Place）在指定目的地交货。即用DAP取代了DAF、DES和DDU三个术语，用DAT取代了DEQ，且扩展至适用于一切运输方式。

第三，取消了“船舷”的概念：实际上“船舷”只是个买卖双方活动领域之间假想的界限，长期以来已不能反映各国港口的惯常做法，具体操作时的风险界限应遵循码头公司在进行装船时的习惯做法，而最实际的问题则是码头公司需要确定谁将负责它们的服务费用。此次修订最终删除了“船舷”的规定，强调在 FOB、CFR 和 CIF 下买卖双方的风险以货物在装运港口被装上船时为界，而不再规定一个明确的风险临界点。

第四，对连环贸易的补充：大宗货物买卖中，货物常在一笔连环贸易下的运输期间被多次买卖，由于连环贸易中货物由第一个卖方运输，作为中间环节的卖方就无须装运货物，而是由“获得”所装运的货物而履行其义务，因此，新版本对此连环贸易模式下卖方的交付义务做了细分，在 FAS，FOB，CFR 和 CIF 等术语中加入了货物在运输期间被多次买卖（连环）贸易的责任义务的划分。

第五，与安全有关的清关手续：国际上越来越多的对于安全的关注导致运输货物相关的报关要求越来越多，为此，进出口商在某些情形下必须提前提供有关货物接受安全扫描和检验的相关的信息和单据，并向受助方索偿因此而发生的费用。如在 EXW 项下，卖方协助买方办理出口清关以及在 DDP 项下买方协助卖方办理进口报关等，也包括为另一方清关而获得必要单据所涉及的费用。

第六，地面操作费的进一步阐明：Incoterms® 2010 试图去阐明目的港的集散站产生的操作费该何方承担。虽然有的时候卖方支付的运费中已包含此操作费，但是承运方或地面操作代理还是会向买方收取此操作费。因此新规则试图去减少买方重复支付地面操作费的可能性。例如：DAT 是指在指定目的地或目的港的集散站交货，可以是任何地点，如码头、仓库、集装箱堆场或铁路、公路、航空货运站等，它与 DAP 的主要差异是 DAP 下卖方只需在指定目的地把货物处于买方控制之下，而无须承担卸货费。

第七，保险条款：对于包含保险的条款，如 CIF 和 CIP，Incoterms® 2010 做了微小的调整。Incoterms® 2010 要求卖方至少购买 C 货物保险条款。

第八，电子信息交流：Incoterms® 2010 允许在双方同意或者惯常情况下，用对等的电子记录来代替纸质的交流。因为允许有惯常情况，所以买卖双方将不能够拒绝电子信息的交流，如 E-mail 的交流。

Incoterms® 2010 中 11 种贸易术语的买卖双方责任、风险、费用如表 2-4 所示。

表2-4　11种贸易术语的买卖双方责任、风险、费用一览表

<table>
<tr><th>名称</th><th>交货地点</th><th>风险转移</th><th>出口报关</th><th>运输</th><th>进口报关</th><th>保险</th><th>适用的运输方式</th></tr>
<tr><td>EXW</td><td>指定地点</td><td>交货时</td><td>买方</td><td rowspan="4">买方</td><td rowspan="10">买方</td><td>买方</td><td>任何运输方式</td></tr>
<tr><td>FCA</td><td>指定地点</td><td>交货时</td><td rowspan="10">卖方</td><td>买方</td><td>任何运输方式</td></tr>
<tr><td>FAS</td><td>指定装运港</td><td>交货时</td><td>买方</td><td>水上运输</td></tr>
<tr><td>FOB</td><td>指定装运港</td><td>交货时</td><td>买方</td><td>水上运输</td></tr>
<tr><td>CFR</td><td>指定目的港</td><td>装运港船上</td><td rowspan="7">卖方</td><td>买方</td><td>水上运输</td></tr>
<tr><td>CIF</td><td>指定目的港</td><td>装运港船上</td><td>卖方</td><td>水上运输</td></tr>
<tr><td>CPT</td><td>指定目的地</td><td>指定出口地</td><td>买方</td><td>任何运输方式</td></tr>
<tr><td>CIP</td><td>指定目的地</td><td>指定出口地</td><td>卖方</td><td>任何运输方式</td></tr>
<tr><td>DAT</td><td>指定目的地</td><td>交货时</td><td>卖方</td><td>任何运输方式</td></tr>
<tr><td>DAP</td><td>指定目的地</td><td>交货时</td><td>卖方</td><td>任何运输方式</td></tr>
<tr><td>DDP</td><td>指定目的地</td><td>交货时</td><td>卖方</td><td>卖方</td><td>任何运输方式</td></tr>
</table>

小拓展：商品价格核算

一、主要贸易术语的价格构成

FOB（FCA）价＝生产 / 采购成本价＋国内费月＋净利润

CFR（CPT）价＝生产 / 采购成本价＋国内费用＋国外运费＋净利润

＝FOB（FCA）价＋国外运费

即 CFR=FOB+F

CIF（CIP）价＝生产 / 采购成本价＋国内费用＋国外运费＋国外保险费＋净利润

＝FOB（FCA）价＋国外运费＋国外保险费

即 CIF＝FOB＋F＋I＝CFR+I

二、不同贸易术语间的价格换算

FOB 价换算成其他价：

CFR=FOB＋F

CIF＝（FOB＋F）÷［1– 保险费率 ×（1+ 投保加成率）］

CFR 价换算成其他价：

FOB＝CFR－F

CIF＝CFR÷［1–（1+ 投保加成率）× 保险费率］

CIF 价换算成其他价：

FOB＝CIF×［1–（1+ 投保加成率）× 保险费率］–F

CFR＝CIF×［1–（1+ 投保加成率）× 保险费率］

注：I＝CIF×（1+ 投保加成率）× 保险费率

小练习：商品价格核算

1. 某批出口货物，发票总金额为 CIF18 000 美元，信用证规定按发票全额 110% 投保一切险和战争险，两种险的费率合计为 0.6%，其保险费是多少？

2. 某进口货物以 CFR 价成交，发票金额为 20 000 美元，国外出口商电告货已发运，应向我保险公司按 CIF 价投保，保险费率为 0.6%。则 CIF 价是多少？

3. 我国某出口商品的 CIF 价为 1 000 美元 / 吨，该商品的保险加成率为 10%，保险费率为 1%，试计算该商品的 CFR 价。

2.3 国际贸易结算方式

运输单证是进行国际贸易货款结算的必备单证之一，为了准确签发运输单证，保证货主顺利收汇，国际物流人员有必要掌握国际贸易结算相关基础知识。

2.3.1 汇付和托收

目前，进出口业务中所使用的结算方式，主要有汇付、托收和信用证。

汇付和托收都是商业信用，汇付为顺汇方式（结算工具与资金的流动方向相同），托收为逆汇方式（结算工具与资金的流动方向相反）。

1. 汇付

汇付（Remittance）即汇款，是由付款人将货款通过银行付给收款人的结算方式。

汇付方式的当事人主要有：

汇款人（Remitter）即付款人，通常是买卖合同中的买方或是商务往来中的债务人。

收款人（Payee，Beneficiary）即收款方，也称受益人，通常是买卖合同中的卖方或是商务往来中的债权人。

汇出行（Remitting Bank）即汇出款项的银行，通常是进口地的银行。

汇入行（Paying Bank）即受汇出行委托解付汇款的银行，因此，又称解付行，通常是出口地的银行。

汇付的种类有三种：信汇、电汇和票汇。

信汇（Mail Transfer，M/T）：这是由进口人将货款交给进口地银行，该汇出行利用信件委托出口人所在地银行把足额货款付给出口人。其优点是费用较低，但收款时间长。由于目前各国电信事业的迅速发展，以及 SWIFT（环球同业银行金融电讯协会）系统的广泛使用，信汇方式已很少使用。

电汇（Telegraphic Transfer，T/T）：电汇是汇出行应汇款人的申请，拍发加押电报或电传给另一国家的分行或代理行（即汇入行）指示解付一定金额给收款人的一种汇款方式。发电后汇出行将电报证实书寄给汇入行以便核对电文。汇入行核对密押后，缮制电汇通知书，通知收款人取款。汇入行解付货款后，将付讫借记通知书寄给汇出行进行转账。其特点是速度快，但费用较高。电汇业务流程如图 2-1 所示。

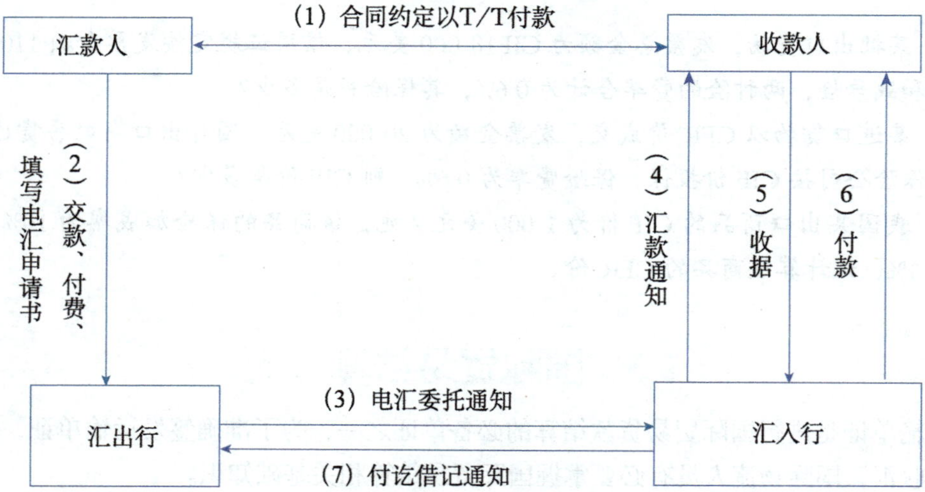

图2-1 电汇业务流程

票汇（Remittance by Banker's Demand Draft，D/D）：票汇是汇出行应汇款人的申请，代汇款人开立以其分行或代理行为解付款的银行即期汇票，支付一定金额给收款人的一种汇款方式。

使用票汇时，汇款人填写申请书，并交款付费给汇出行。汇出行开立银行汇票交给汇款人，由汇款人自行交给收款人。同时汇出行将汇票通知书或称票根（Advice or Drawing）交给汇入行。收款人持汇票向汇入行取款时，汇入行验对汇票与票根无误后，解付票款给收款人，并把付讫借记通知书交给汇出行，以结清双方的债权债务关系，票汇业务流程如图 2-2。

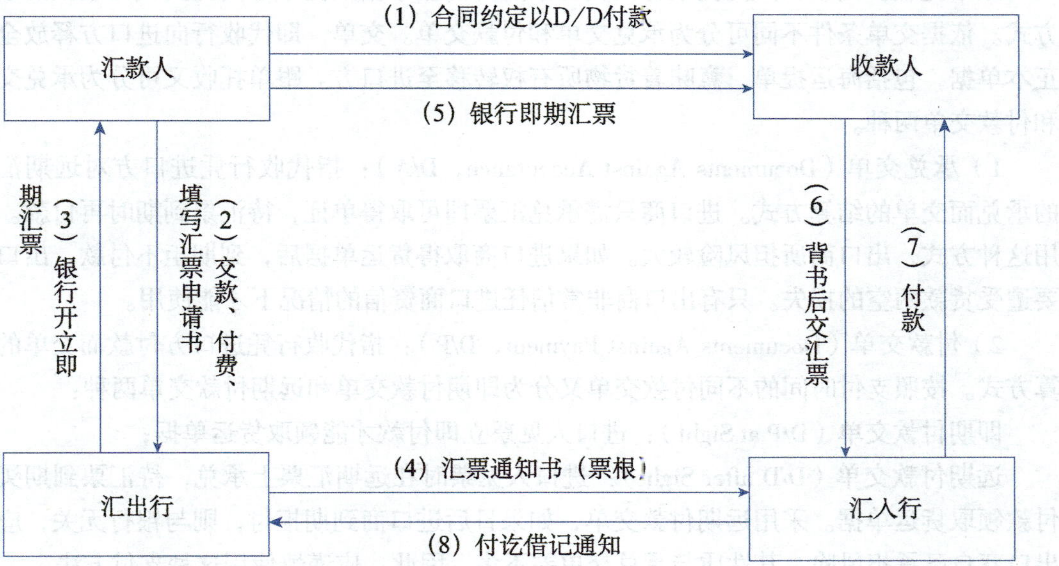

图2-2 票汇业务流程

票汇与信汇、电汇的不同在于：票汇的汇入行无须通知收款人取款，而由收款人持票登门取款；这种汇票除有限制转让和流通的规定外，经收款人背书，可以转让流通，而电汇、信汇的收款人则不能将收款权转让；票汇汇款时间比电汇长，但汇费比电汇、信汇都低。

2. 托收

托收（Collection）是指收款人或债权人将有关单据交与本地银行，委托该银行通过其国外代理行向付款人或债务人收取货款的业务。在国际贸易中，托收一般是通过银行进行，所以又叫银行托收。

托收方式的有关当事人有：

委托人（Principal）：委托银行办理托收业务的客户，通常是出口人。

托收行（Remitting Bank）：办理托收业务的银行。

代收行（Collecting Bank）：接受托收行的委托向付款人收取票款的进口地银行，通常是托收行的国外分行或代理行。

受票人（Drawee）：付款人或债务人，通常为进口商。

在托收业务中，还可能有另外两个当事人：提示行和需要时的代理。

提示行（Presenting Bank）：指向付款人做出提示汇票和单据的银行。

需要时的代理（Customer's Representative in Case of Need）：委托人指定的在付款地的代为照料货物存仓、转售、运回等事宜的代理人。

托收按照是否随附单据可分为光票托收和跟单托收。

光票托收：指债权人仅向托收行提交汇票、本票、支票等金融单据，委托其代为收款，用于小额样品、货款尾数等的收付。

跟单托收：指债权人向托收行提交汇票连同商业单据如提单等委托其代为收款的结算方式。依据交单条件不同可分为承兑交单和付款交单。交单，即代收行向进口方释放全部正本单据，包括海运提单，意味着货物所有权转移至进口方。跟单托收又可分为承兑交单和付款交单两种。

1）承兑交单（Documents Against Acceptance，D/A）：指代收行凭进口方对远期汇票的承兑而交单的结算方式。进口商只需承兑汇票即可取得单证，待汇票到期时再付款。采用这种方式，出口商所担风险较大。如果进口商取得货运单据后，到期拒不付款，出口商要遭受货款两空的损失。只有出口商非常信任进口商资信的情况下才能使用。

2）付款交单（Documents Against Payment，D/P）：指代收行凭进口方付款而交单的结算方式。按照支付时间的不同付款交单又分为即期付款交单和远期付款交单两种：

即期付款交单（D/P at Sight）：进口人见票立即付款才能领取货运单据；

远期付款交单（D/D after Sight）：进口人见票时在远期汇票上承兑，待汇票到期买方付款领取货运单据。采用远期付款交单，如果日后进口商到期拒付，则与银行无关，应由出口商自己承担风险。其性质与承兑交单差不多，因此，应谨慎使用这种支付方法。

在国际贸易结算中，大多采用跟单托收方式。其基本做法是：出口方先行发货，然后备妥包括运输单据在内的有关商业单据，并开立汇票，将全套单据交出口地银行，委托其通过进口地的分行或代理行收取货款，凭进口方的付款或承兑向进口方交付全套单据。跟单托收的一般业务流程如图 2–3 所示。

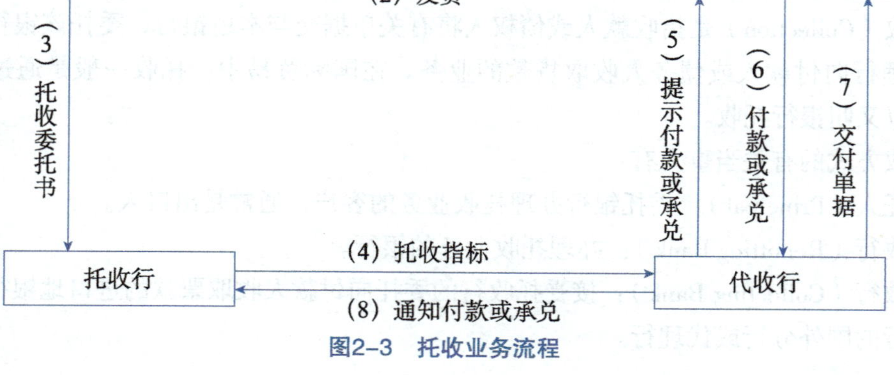

图2–3 托收业务流程

托收一个很重要的特点，就是完全凭商业信用。如进口商到时拒绝付款或拒绝承兑，与托收银行无关，托收各有关银行都不承担任何责任。如果是承兑交单，进口商到时不付款，出口商便会遭到钱、货两空的损失，因此，托收对出口商来讲，风险比较大。

托收对进口商有利，可免交开立信用证（L/C）的押金，银行费也较低。因此，这种支付方式对促进成交、扩大出口能起到一定作用。实际上，在我国出口贸易中，采用托收方式支付条款的合同已占很大的比重。在买方市场情况下，为了促销商品、争夺客户、占领市场等，有时出口商不得不接受托收方式。

为了有效地利用托收方式，必须注意下列事项：

（1）了解进口商的资信情况，使成交金额不超过外商的经营能力和信用程度。

（2）注意进口国家关于进口管制和外汇管制方面的有关规定，以免货到目的地后，不准进口或收不到外汇而造成损失。

（3）熟悉有关国家银行对托收的规定和习惯做法。《托收统一规则》虽然已为世界上许多国家采用，但是某些地区和国家的银行仍有一些特殊的规定和习惯做法，这都会影响到安全、及时收汇。例如，拉美许多国家的银行在汇票托收时，必须等到货物运抵后，才办理付款或承兑手续，智利等国甚至把 D/P 按 D/A 处理，我们在这方面是吃过亏的。以前我国有的公司按 D/P 远期跟单托收出口多笔货物，原以为只要客户不付款赎单，货物单据还在代收行手中，但后来才知道客户早已承兑赎单提货，以致货款难以收回。

（4）出口货物应争取采用 CIF 或 CIP 价格成交，以防客户一旦漏保，货物若在中途遇损或灭失，我方将遭受损失。对那些只接受 CFR 条件的国家，我们可向 PICC 投保出口信用险或卖方利益险，该险对于因客户拒不赎单、无力赎单或因进口国政局变动等情况造成损失承担责任，负责赔偿。

（5）对托收方式的交易，要建立健全的管理制度，定期检查，及时催收清理，发现问题迅速采取措施，以避免或减少可能发生的损失。

（6）采用 D/P 成交时，出口商应对进口商指定的运输公司和运输代理进行必要的资信调查，对其签发的运输单据的真伪性进行必要的鉴别，避免不法商人以假运输单据骗取出口商的货物。出口商可在运输单据上加上适当的限制性条款，如在海运提单的收货人一栏中加注“凭发货人指示”或“凭 ××× 银行指示”等，这样可以更加明确出口商对进口商的制约。一旦出口商对进口商的诚意产生疑虑，出口商应在货物被提取前以发货人的身份果断通知运输公司扣留货物，待问题解决时再解除扣留令。

2.3.2 信用证

1. 信用证的含义

信用证（Letter of Credit，L/C）是指银行根据进口商的申请而开给出口商的、保证在出口商按所规定的条款提供各种单据时，银行以自己的信用履行付款的一种书面凭证或书面文件。简言之，L/C 是一种银行开立的有条件的承诺付款的书面文件。它从 19 世纪就已经开始使用，是资本主义信用危机的产物，并随着国际贸易的发展，在银行与金融机构参与国际贸易结算的过程中逐步形成的。L/C 支付方式把由进口人履行付款责任转为由银行来履行付款，保证了出口人安全迅速收到货款，买方按时收到货运单据，以银行信用代替了原来的商业信用。因此，在一定程度上解决了进出口双方之间互不信任的矛盾。同时，也为进出口双方提供了资金融通的便利。所以自出现 L/C 以来，这种支付方式发展很快，并在国际贸易中被广泛使用。

2. 信用证的特点

L/C 是一种银行信用，是由开证银行以自己的信用做出的付款保证。在 L/C 付款条件下，开证行处于第一付款人的地位。国际商会制定的《UCP600》(《跟单信用证统一惯例》) 第 2 条有明确规定："L/C 是一项不可撤销的安排，不管其名称或描述如何，该项安排构成开证行对相符交单予以兑付的确定性承诺。" 在 L/C 业务中，开证行对受益人的付款责任是一种独立的责任，即使进口商事后失去偿付能力，只要出口商提交的单据符合 L/C 条款规定，开证行就要承担付款责任。

L/C 是一种自足的文件 (Self-Sufficient Instrument)。L/C 的开立是以买卖合同作为依据的，但 L/C 一经开出，就成为独立于合同以外的另一种契约，不受买卖合的约束。《UCP600》第 4 条规定："就其（信用证）性质而言，信用证与可能作为其开立基础的销售合同或其他合同是相互独立的交易，即使信用证含有对此类合同的任何援引，银行也与该合同无关，且不受其约束。" 所以 L/C 是独立于有关合同以外的契约，开证行和参与 L/C 业务的其他银行只按 L/C 的规定办事，而不受买卖合同的约束。

L/C 是一种单据的买卖。或者说，L/C 业务所处理的是单据而非货物。在 L/C 方式下，实行的是凭单付款的原则，也就是说，银行只凭正确的单据付款，并不过问实际货物如何。银行只根据表面上符合信用证条款的单据付款、承兑或收付，但这种符合的要求却十分严格。

概括起来，L/C 结算方式的主要特点就是"两个只凭，一个原则"。"两个只凭"就是：只凭 L/C 条款办事，不受有关合同的约束；只凭单据办事，不问有关货物的真实情况。"一个原则"就是严格符合的原则，即单据必须与 L/C 规定一致，不仅要求"单证一致"而且还应在各种单据之间一致，即"单单一致"。

3. L/C 的主要作用

一是保证作用，L/C 基本上解决了进出口双方互不信任的矛盾，是其保证作用的结果；二是资金融通作用，对出口方，L/C 可及时向银行融通资金，收回货款，对进口方，在开证时无须付给银行全部开证金额，只需交付少量押金或提供保证人作为担保即可。

4. 信用证方式的主要当事人

L/C 涉及的当事人比较多，主要有以下八方。

开证人 (Applicant)：又称开证申请人，是指向银行申请开立 L/C 的人，一般是进口商。要在规定的时间内开证，交开证押金并及时付款赎单。

开证行 (Opening Bank, Issuing Bank)：指接受开证申请人的委托开立 L/C 的银行，一般是进口地银行。有权收取开证手续费，正确及时开证，承担第一性付款责任，一般无追索权。

通知行（Advising Bank, Notifying Bank）：指接受开证行的委托，将 L/C 转交或将 L/C 内容通知受益人的银行。一般是出口人所在地的银行。它无须承担责任，但应合理审慎地核对 L/C 上的印鉴或电开 L/C 的密押，以证明所通知 L/C 的表面真实性。它通常是开证行的代理行（Correspondent Bank）。

受益人（Beneficiary）：指 L/C 上所指定的有权使用该证的人，即出口商或实际供货人。它有按时交货、提交符合 L/C 要求的单据、索取货款的权利和义务，又有对其后的持票人保证汇票被承兑和付款的责任。

付款行（Paying Bank, or Drawee Bank）：指 L/C 上指定的付款银行。付款行一般是开证行，也可以是开证行所指定的另一家银行。它代开验收单据，且验单付款，付款行无权向受益人追索。

偿付行（Reimbursing Bank）：是 L/C 中所指定的代开证行偿付议付票款的银行。它通常是开证行的存款银行或开证行的分行、支行。它与付款行的区别是：付款行是 L/C 上所指定的受票银行，因此它在付汇之前必须审单；而偿付行是代开证行对议付行或付款行进行账务清算的银行，因此它在进行偿付前不进行审单。另外，在一笔跟单 L/C 业务中并非都有偿付行，但任何一笔 L/C 业务都必须有付款行。

议付行（Negotiating Bank）：指愿意买入或贴现受益人跟单汇票的银行，可以是指定的，也可以是非指定的。议付行不论开证行因何种原因不付款，都可以向受益人索取垫款。

保兑行（Confirming Bank）：指对另一家银行开出的 L/C 加以保证兑付的银行，通常是通知行。L/C 保兑后，就有两家银行对受益人负责。

5. 信用证业务的一般程序

L/C 支付的一般程序比较复杂，从涉及的当事人最多可达八个就可看出其复杂性。从进口人向银行申请开出 L/C，一直到开证行付款后又向进口人收回垫款，要经过多个环节，并需要办理各种手续。图 2-4 为跟单信用证的一般业务流程。

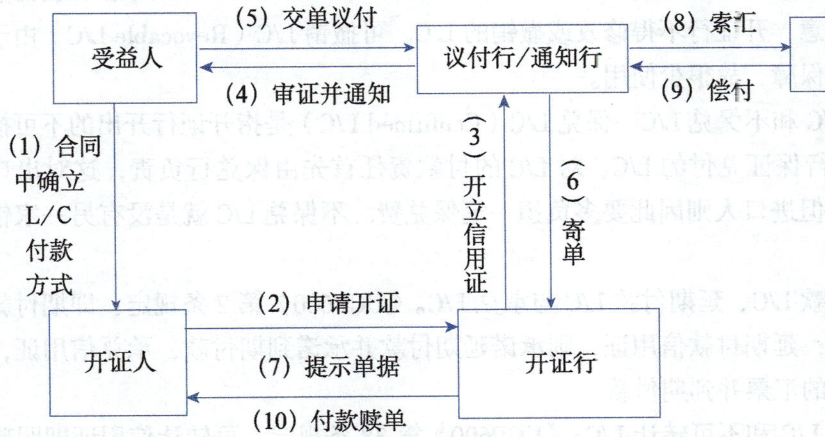

图2-4 跟单信用证业务流程

6. 信用证的主要内容

进出口业务中所使用的L/C无统一格式，但内容基本上是相同的，主要内容见表2-5。

表2-5 信用证的主要内容

内容	解释
对L/C本身的说明	包括L/C关系人的名称、地址；L/C的种类、号码、金额及使用货币；L/C议付有效期和到期地点（有效期在何地终止）等
对货物的需求	主要是应装运货物的内容，包括品名、规格、牌号、数量、包装、单价、唛头等，有时还要注明买卖合同或订货单等
对运输的要求	即运输条款，包括装运地、目的地（港）名称、装运期以及是否准许分批装运与转船等
对单据的要求	汇票随附单据条款，规定单据的份数和种类。随附单据通常有三类：以发票为中心的货物单据，包括装箱单、重量单、产地证、商检证书等；提单等运输单据；保险单据
特殊需求，即特别条款	根据进口国政治、经济、贸易情况的变化或每笔交易的具体需要，可能做出的一些不同规定
开证行保证条款	L/C内一般都表明开证行对按L/C规定所开立的汇票之出票人、背书人和汇票持有人保证履行付款。此外，还有按照《UCP600》办理的文句等

7. 信用证的种类

L/C的种类很多，我们可根据它的性质、形式、付款期限、流通方式等特点加以分类。

（1）跟单L/C和光票L/C。凡附有货运单据的L/C，就是跟单L/C（Documentary Credit），否则就是光票L/C（Clean Credit），光票L/C只适用于非贸易结算或贸易从属费用的结算。

（2）不可撤销L/C和可撤销L/C。不可撤销L/C（Irrevocable L/C）是指未经受益人及有关当事人的同意，开证行不得修改或撤销的L/C。可撤销L/C（Revocable L/C）由于受益人的权益得不到保障，故很少使用。

（3）保兑L/C和不保兑L/C。保兑L/C（Confirmed L/C）是指开证行开出的不可撤销的L/C经另一家银行保证兑付的L/C。对L/C的付款责任首先由保兑行负责，这对出口人安全收汇更有利，但进口人则因此要多负担一笔保兑费。不保兑L/C就是没有另一家银行保证兑付的L/C。

（4）即期付款L/C、延期付款L/C与承兑L/C。《UCP600》第2条规定：即期付款信用证，则即期付款；延期付款信用证，则承诺延期付款并承诺到期付款；承兑信用证，则承兑由受益人出具的汇票并到期付款。

（5）可转让L/C和不可转让L/C。《UCP600》第38条规定，可转让信用证即明确表明“可以转让”的信用证，是指根据受益人（“第一受益人”）的请求，信用证金额可以被全部或部分地转让给其他受益人（“第二受益人”）。不可转让 L/C（Non-Transferable L/C）是指凡 L/C 中未说明“可转让”的，都属于不可转让 L/C。

（6）循环 L/C（Revolving L/C）。循环 L/C 在被受益人全部或部分利用后，其金额能够重新恢复原证金额，可再次使用，直到所规定的次数或累积达到总金额为止。

（7）对开 L/C（Reciprocal L/C）。两张 L/C 的开证申请人互以对方为受益人而开立的 L/C 称为对开 L/C。

（8）对背 L/C（Back to Back L/C）。又称背对背 L/C 或转开 L/C，是指受益人收到进口方开来的 L/C 后，要求通知行或其他银行在原证基础上，另开一张内容相似的新 L/C 给第三人。这种 L/C 通常是中间商转售他人货物，从中图利，或两国不能直接办理进出口贸易时，通过第三者以此种方法来沟通贸易。其特点是，第一个 L/C 的受益人就是第二个 L/C 的申请开证人。

（9）预支 L/C（Anticipatory L/C）。预支 L/C 指开证行授权代付行（通常是通知行）向受益人预付信用证金额的全部或部分，由开证行保证偿还并负担利息。

（10）议付 L/C（Negotiation L/C）。《UCP600》第 2 条对议付的定义是：议付意指被指定银行在其应获得偿付的银行日或在此之前，通过向受益人预付或者同意向受益人预付款项的方式购买相符提示项下的汇票（汇票付款人为被指定银行以外的银行）及 / 或单据的行为。

2.4 报关报检业务

2.4.1 报检的基本规定

1. 报检的含义

报检是指有关当事人根据法律、行政法规的规定，对外贸易合同的约定或证明履约的需要，向检验检疫机构申请检验、检疫、鉴定，以获准出入境或取得销售使用的合法凭证及某种公证证明所必须履行的法定程序和手续。

2. 报检的范围

报检的范围包括我国法律、行政法规规定需要商检的货物，输入国家或地区规定需要商检的货物，有关国际条约或与我国有协议或协定需要商检的货物，对外贸易合同约定需要商检的货物。

小拓展：国际货物检验检疫制度和职责范围

1. 国际货物检验检疫制度

出入境检验检疫制度是指由国家出入境检验检疫部门依据我国有关法律和行政法规以及我国政府所缔结或者参加的国际条约、协定，对出入境的货物、物品及其包装物、交通运输工具、运输设备和出入境人员实施检验检疫监督管理的法律依据和行政手段的总和。

国际货物的检验检疫制度是指在国际贸易活动中由检验检疫机构按照法律法规或相关国际惯例对进出境货物的品质、数量、包装、安全、卫生以及装运条件等进行的检验、管理和认证，并对涉及人、动物、植物的传染病、病虫害、疫情等进行检疫的工作，在国际贸易中通常称为商检工作。

2. 国际货物检验检疫职责范围

（1）我国出入境检验检疫制度实行目录管理，即国家质检总局根据对外贸易需要，公布并调整《出入境检验检疫机构实施检验检疫的进出境商品目录》（以下简称《法检目录》）。《法检目录》所列的商品称为法定检验商品，即国家规定实施强制性检验的进出境商品。

（2）法定检验以外的进出境商品是否需要检验，由对外贸易当事人决定。对外贸易合同约定或者进出口商品的收发货人申请检验检疫时，检验检疫机构可以接受委托，实施检验检疫并制发证书。此外，检验检疫机构对法检以外的进出口商品，可以以抽查的方式予以监督管理。

（3）对关系国计民生、价值较高、技术复杂或涉及环境卫生、疫情标准的重要进出口商品，收货人应当在对外贸易合同中约定，在出口国装运前进行预检验、监造或监装，以及保留到货后最终检验和索赔的条款。

小拓展：进出口食品的检疫检验种类

为了保障我国人民的身体健康和生命安全，依据《中华人民共和国食品安全法》的规定，进出口的食品及原料、食品添加剂、食品容器、包装材料和食品用工具及设备，由国家出入境检验检疫部门进行监督管理。

列入检验的范围包括以下几种：

（1）食品，指各种供人食用或饮用的食品和原料，以及按照传统习惯加入药物的食品，但不包括以治疗为目的的物品。

（2）食品添加剂，指为改善食品品质和色、香、味以及为防腐和加工工艺的需要而加入食品中的天然或化学合成物质。

（3）食品容器、包装材料，指包装、盛放食品用的纸、钉、木、金属、搪瓷、陶瓷、塑料、天然纤维、化学纤维、玻璃等制品和接触食品的涂料。

（4）食品用工具、设备，指食品生产经营过程中接触食品的机械、管道、传送带、容具、用具、餐具等。

进口的食品、食品添加剂应当经出入境检验检疫机构依照进出口商品检验相关法律、行政法规的规定检验合格。

进口的食品、食品添加剂应当按照国家出入境检验检疫部门的要求随附合格证明材料。

向我国境内出口食品的境外出口商或者代理商、进口食品的进口商应当向国家出入境检验检疫部门备案。向我国境内出口食品的境外食品生产企业应当经国家出入境检验检疫部门注册。

3. 报检资格

报检当事人从事报检行为，办理报检业务，必须按照检验检疫机构的要求，取得报检资格，未按规定取得报检资格的，检验检疫机构不予受理报检。

（1）报检单位。

自理报检单位在首次报检时须办理备案登记手续，取得自理报检单位备案登记证书和报检单位代码后，方可办理相关检验检疫事宜。

代理报检单位须经直属检验检疫局注册登记，取得代理报检单位注册登记证书和报检单位代码后，方可依法代为办理检验检疫报检。

（2）报检人员。

国家对报检人员实行注册管理，报检人员只有通过国家质检总局组织的全国统一考试，获得报检员资格证，并由报检单位向检验检疫机构提出注册申请，经审核合格获得了报检员证，方能从事本单位的报检工作。报检单位无持证报检人员的，应委托代理报检单位报检。代理报检单位报检时，应提交委托人按检验检疫机构规定的格式填写的代理授权委托书。

非贸易性质的报检行为，报检人员凭有效证件可直接办理报检手续。

4. 报检方式

（1）书面报检。

书面报检是报检当事人填制纸质出入境报检单，备齐随附单证向检验检疫机构当面递交的报检方式。

（2）电子报检。

电子报检是报检当事人使用电子报检软件，通过检验检疫电子业务服务平台，将报检数据以电子方式传输给检验检疫机构，经检验检疫业务管理系统和工作人员处理后，将受理报检信息反馈给报检当事人，报检当事人在收到检验检疫机构已受理报检信息后，打印出符合规范的纸质报检单，并在检验检疫机构规定的时间和地点提交出/入境货物报检单和随附单据的报检方式。

小拓展：报检员资格全国统一考试制度

报检员是指获得国家质检总局规定的资格，在国家质检总局设在各地的出入境检验检疫机构（简称检验检疫机构）注册，办理出入境检验检疫报检业务（简称报检业务）的人员。

国家质检总局主管全国报检员管理工作，检验检疫机构负责组织报检员资格考试、注册及日常管理、定期审核等工作。

报检员资格实行全国统一考试制度。参加报检员资格考试的人员应当符合下列条件：

（1）年满18周岁，具有完全民事行为能力。

（2）具有良好的品行。

（3）具有高中或者中等专业学校以上学历。

（4）国家质检总局规定的其他条件。

资格考试合格的人员，取得报检员资格证。两年内未从事报检业务的，报检员资格证自动失效。获得报检员资格证的人员，方可申请报检员注册。换言之，向各地的出入境检验检疫机构办理报检业务，必须持有报检员资格证并办理注册，否则不予受理。

2.4.2 报检的程序

出入境报检程序一般包括以下6步，见图2–5。

图2–5 出入境报检程序

1. 准备报检单证

（1）报检时，应使用国家质检总局统一印制的报检单，报检单必须加盖报检单位公章或已向检验检疫机关备案的报检专用章。

（2）报检单所列项目应填写完整、准确，字迹清晰，不得涂改，无相应内容的栏目应填写“×××”，不得留空。

（3）报检单位必须做到三个符合：一是单证符合；二是单货相符；三是单单相符。

（4）随附单证必须真实、有效。

2. 电子报检数据录入

（1）使用经国家质检总局评测合格并认可的电子报检软件进行电子报检。

（2）须在规定的报检时限内将相关出入境货物的报检数据发送至报检地检验检疫机构。

（3）对合同或信用证中涉及检验检疫特殊条款和特殊要求的，应在电子报检中同时提出。

（4）对经审核不符合要求的电子报检数据，报检人员可按照检验检疫机构的有关要求对报检数据修改后，再次报检。

（5）报检人员收到受理报检的反馈信息后打印出符合规范的纸质货物报检单。

（6）需要对已发送的电子报检数据进行更改或撤销报检时，报检人员应发送更改或撤销申请。

3. 现场递交单证

（1）电子报检受理后，报检人员应在检验检疫机构规定的地点和期限内，持本人报检员资格证到现场递交纸质报检单、随附单证等有关资料。

（2）对经检验检疫机构工作人员审核认为不符合规定的报检单证，或需要报检单位做出解析、说明，报检人员应及时修改、补充或更换报检单证，及时解析、说明情况。

4. 缴纳检验检疫费

报检人员应在检验检疫机构开具收费通知单之日起20日内足额缴纳检验检疫费用。

5. 配合检验检疫

报检人员应主动联系，配合检验检疫机构对出入境货物实施检验检疫。

6. 签领证单

报检人在领取检验检疫机构出具的有关检验检疫证单时应如实签署姓名和领证时间，并妥善保管。

2.4.3 原产地证书

1. 原产地证书概述

原产地证书是出口商应进口商要求而提供的、由公证机构或政府或出口商出具的证明货物原产地或制造地的一种证明文件。原产地证书是贸易关系人交接货物、结算货款、索赔理赔、进口国通关验收、征收关税的有效凭证，它还是出口国享受配额待遇、进口国对不同出口国实行不同贸易政策的凭证。原产地证书可以作为核定关税的依据、确定采用何种非关税措施的依据、国家贸易统计和制定政策的依据。

我国的原产地证书主要分为三大类——非优惠原产地证书、优惠原产地证书和专用原产地证书：

非优惠原产地证书：俗称一般原产地证书或普通原产地证书，英文名称为Certificate of Origin，简称C/O或CO。签发这种证书的，通常是出口到中东、非洲、东南亚、中南美洲等地的国家。

优惠原产地证书：包括绝大多数发达国家给予我国的普惠制待遇（Form A证书），以及中国与一些国家或地区签订的双边或多边优惠贸易协定（Form B证书、Form E证书、Form F证书、Form P证书、Form N证书、Form X证书等）。优惠原产地证书一般由各地出入境检验检疫机构签发。

（1）普惠制原产地证书（Form A证书）。

可签发Form A证书的国家为：英国、法国、德国、意大利、荷兰、卢森堡、比利时、爱尔兰、丹麦、希腊、西班牙、葡萄牙、奥地利、瑞典、芬兰、波兰、匈牙利、捷克、斯洛伐克、斯洛文尼亚、爱沙尼亚、拉脱维亚、立陶宛、塞浦路斯、马耳他、保加利亚、罗马尼亚、瑞士、列支敦士登、挪威、俄罗斯、白俄罗斯、乌克兰、哈萨克斯坦、日本、澳大利亚、新西兰、加拿大、土耳其等39个，不包括美国。

（2）《亚太贸易协定》原产地证书（Form B证书）。

可签发Form B证书的国家为：中国、印度、斯里兰卡、孟加拉国、老挝和韩国（《亚太贸易协定》成员）。

（3）中国－东盟自由贸易区原产地证书（Form E证书）。

可签发Form E证书的国家为：中国、老挝、越南、泰国、缅甸、柬埔寨、菲律宾、文莱、印度尼西亚、马来西亚和新加坡（东盟成员）。

（4）中国－巴基斯坦自由贸易区原产地证书（Form P 证书）。

中国产品出口到巴基斯坦，中国出口商向各地出入境检验检疫机构申请签发 Form P 证书，巴基斯坦给予 Form P 证书项下货物关税优惠待遇；巴基斯坦产品出口到中国，巴基斯坦出口商向巴基斯坦有关部门申请签发 Form P 证书，中国给予 Form P 证书项下货物关税优惠待遇。这是互惠的（跟 Form A 的单边给惠有根本区别）。

以下 Form F、Form N、Form X、Form S 等证书同理，都是互惠的优惠原产地证书。

（5）中国－智利自由贸易区原产地证书（Form F 证书）。

（6）中国－新西兰自由贸易区原产地证书（Form N 证书）。

（7）中国－新加坡自由贸易区优惠原产地证书（Form X 证书）。

（8）中国－瑞士自由贸易协定产地证明书（Form S 证书）。

（9）中国－秘鲁自由贸易区优惠原产地证书（中国－秘鲁 FTA 证书）。

（10）中国－哥斯达黎加自由贸易区优惠原产地证书（Form L 证书）。

（11）中国－韩国自由贸易协定原产地证书（Form K 证书）。

专用原产地证书是专门针对一些特殊行业的特殊产品，比如农产品、葡萄酒、烟草、奶酪制品、毛坯钻石等，根据进出口监管的特殊需要而产生的原产地证书。这些特殊行业的特殊产品应符合一定的原产地规则才能合法进出口。专用原产地证书的签证依据为中国政府与外国政府所签订的双边或多边协议。

专用原产地证书主要有：输欧盟农产品原产地证书、烟草真实性证书、金伯利进程国际证书、手工制品原产地证书、原产地标记证书等，以及各种原产地命名证书如托考依葡萄酒原产地名称证书。

2. 原产地证书的填制

以一般原产地证的填制为例：

第一栏（Exporter）：出口商品名称、地址和国别。

此栏出口商名称必须经中国国际贸易促进委员会（贸促会）登记注册，其名称、地址抬头信息必须与在官方部门注册档案一致。

第二栏（Consignee）：收货人的名称、地址和国别。

一般应填写最终收货人名称，即提单通知人或信用证上特别声明的收货人。

第三栏（Means of Transport and Route）：运输方式和路线。

填装货港、目的港名称及运输方式（海运、空运或陆运）。经转运的，应注明转运地，格式为“From ... to ... by ...（via ...）”

第四栏（Country/Region of Destination）：目的地。

货物最终运抵港或国家、地区，一般应与最终收货人一致，不能填写中间商国家名称。

第五栏（For Certifying Authority Use Only）：签证机构专用栏。

此栏留空，签证机构在签发证书、补发证书或加注其他声明时使用。

第六栏（Marks and Numbers）：唛头及包装号。

此栏应照实填具出口发票上所列唛头的完整图案、文字标记及包装号。如唛头多本栏填不下，可填在第七、八、九栏的空白处，如还不够，可以附页填写。如图案文字无法缮制，可附复印件，但须加盖签证机构印章。如无唛头，应填N/M字样。此栏不得出现“香港、台湾或其他国家和地区制造”等的字样。

第七栏（Number and Kind of Packages, Description of Goods）：商品名称、包装数量及种类。

此栏应填明商品总称和具体名称。在商品名称后须加上大写的英文数字并用括号加上阿拉伯数字及包装种类或度量单位。如同批货物有不同品种则要有总包装箱数。最后应加上截止线，以防止填伪造内容。

第八栏（H.S. Code）：商品编码。

此栏要求填写四位数的H.S.税目号，若同一证书有多种商品，应将相应的税目号全部填写。

第九栏（Quantity）：数量和重量。

此栏应填写商品的计量单位。以重量计算的要填注毛重或净重。若同一证书包含多种商品，则量值的填写必须与第七、八栏中商品名称、商品编码对应，有的还必须填写总数。

第十栏（Number）：发票号与日期。

此栏不得留空，必须按照所申请出口货物的商业发票填写，月份一律用英文缩写。该栏日期应早于或同于十一栏、十二栏的申报和签发日期。

第十一栏（Declaration by the Exporter）：出口商声明。

该栏由申领单位已在签证机构注册的人员签字并加盖企业中英文印章。

第十二栏（Certification）：签证机构注明。

申请单位在此栏填写签证日期和地点，由签证机构已授权的签证人签名、盖章。签发日期不得早于发票日期（第十栏）和申请日期（第十一栏）。如有信用证要求填写签证机关名称、地址、电话、传真以及签证人员姓名的，需仔细核对。

2.4.4 报关的基本规定

根据《中华人民共和国海关法》的有关规定，国家在对外开放的口岸和海关监管业务集中的地点设立海关，进出境运输工具、货物、物品都必须通过设立海关的地点进境或出境。

1. 报关的含义

进出口货物的收发货人或其代理人，在货物进出口时，应在海关规定的期限内向海关请求申报，并按海关规定的格式填制进出口货物报关单，交验规定的证件和单据，接受海关对所报货物的查验，依法缴纳海关税、费和其他由海关代征的税款，然后由海关批准放行，此项行为称为“报关”或“通关”。

2. 报关的分类

（1）按报关对象分为：

1）运输工具：是指用以载用人员、货物、物品进出境，并在国际运营的各种境内或境外船舶、车辆、航空器和驮畜等。

2）进出境货物：是指一般进出口货物，保税货物，暂准进出境货物，特定减免税货物，过境、转运和通用及其他进出境货物。

3）进出境物品：是指进出境的行李物品、邮递物品和其他物品。以进出境人员携带、托运等方式进出境的物品为行李物品；以邮递方式进出境的物品为邮递物品；其他物品主要包括享有外交特权和豁免的外国机构或者人员的公务用品和自用物品等。因此，个人如果发生进出境行为，也要向海关申报。

（2）按报关的目的分为：

1）进境报关：是指货物收发货人、运输工具负责人、物品所有人或者他们的代理人进关境的货物、物品和运输工具需要报关。

2）出境报关：是指货物收发货人、运输工具负责人、物品所有人或者他们的代理人出关境的货物、物品和运输工具需要报关。

（3）按报关的行为性质不同分为：

1）自理报关：指进出口货物收发货人自行办理报关业务。

2）代理报关：指接受进出口货物收发货人的委托，代理其办理报关业务的行为。代理报关分为直接代理和间接代理。直接代理是以委托人的名义进行报关；间接代理是代理报关企业在进行报关的时候以自己的名义进行报关。间接代理只适用于经营快件业务的国际货物运输代理业务。

2.4.5 报关的程序

由于现代国际贸易方式的多元化，海关对不同贸易方式进出境货物的通关，在办理手续、管理办法上有不同的要求，本节仅对一般贸易进出口货物的基本通关程序做一介绍。

所谓一般贸易进出口货物，主要是指经批准有权经营进出口业务的企业单边对外订购进口，或者接受境外客户单边出口订货的正常贸易进出口货物，包括专业外贸公司、工贸公司自营进口在国内销售，代理进口交收货部门自用或销售，自营生产、采购出口，或代理境内其他企业、事业单位出口的一切进出口货物。一般贸易进出口货物的通关可简单分为四个基本环节，即申报、查验、征税和放行。

1. 进出口货物的申报

申报是指进口货物的收货人、出口货物的发货人或其代理人在进出口货物时，在海关规定的期限内，以书面或者电子数据交换（EDI）方式向海关报告其进出口货物的情况，并随附有关货运和商业单据，申请海关审查放行，并对所报告内容的真实准确性承担法律责任的行为，即通常所说的“报关”。申报是进出口货物通关的第一个环节，也是关键的环节。

申报资格：申报者必须是经海关审核准予注册的专业报关企业、代理报关企业和自理报关企业及其报关员。

进口货物的申报时间：《海关法》第24条明确规定进口货物的收货人应当自运输工具申报进境之日起14日内向海关申报，最后一天为法定节假日的，顺延至节假日结束后的第一个工作日。进口货物的收货人及其代理人超过规定期限未向海关申报的，自申报期限到期次日起，到申报日为止，每日向海关交纳相当于进口货物完税价格的0.5%的滞报金。

应缴滞报金＝进口货物完税价格 × 滞报天数 × 滞报金征收率

滞报金的起征点为人民币50元，构成滞报但计算所得的滞扣金额低于起征点的，海关免于征收滞报金。

出口货物的申报时间与期限：为了加强海关对出口货物的监管，切实保证出口货物的实际出口行为符合国家法律法规的规定，方便海关对出口货物的监控和查验，海关要求出口货物在实际运抵海关监管区后才向海关申报。

根据《海关法》的规定，出口货物的发货人除海关特准外应当在货物运抵海关监管区后、装货的24小时以前，向海关申报。

有些出口货物由于产地发货或运输途中发生问题等特殊原因，不能在申报前运抵海关监管区，出口货物的发货人可以事先向海关提出申请，经海关特准，提前向海关申报。

申报地点：根据现行海关法规的规定，进出口货物的报关地点应遵循三个原则：进出境地原则、转关运输原则和指定地点原则。

申报单证：分为基本单证、特殊单证和预备单证三种。

（1）基本单证是指与进出口货物直接相关的商业和货运单证，主要包括发票、装箱单、提（装）货凭证（或运单、包裹单）、出口收汇核销单。海关签发的进出口货物减税、免税证明。

（2）特殊单证指国家法律法规规定实行特殊管制的证件，主要包括配额证、许可证、登记证等。目前，国家特殊管制范围主要包括易制毒化学品、军品、金银制品、麻醉和精神药品、音像制品、文物、固体废物等。企业进口这类特殊管制范围的货物时，必须在进口前向相关的主管部门如商务部门、药品监管部门、人民银行等申请发证件，否则海关将不予放行货物并可能处以罚款；如果在规定期限内还不能补办好证件．那么海关将没收或责令退运货物。

（3）预备单证指在办理进出口货物手续时，海关认为必要时查阅或收取的单证，包括贸易合同、货物原产地证明、委托单位的工商执照证书、委托单位的账册资料及其他有关单证。

申报程序：进出口货物的申报程序如图2-6所示。

（1）接到进口提货通知或备齐出口货物。

1）进口货物的收货人或代理人接到运输或邮递公司寄交的提货通知单，即表示欲进口的货物已经到达港口、机场、车站或邮局，收货人应当立即准备向海关办理报关手续。

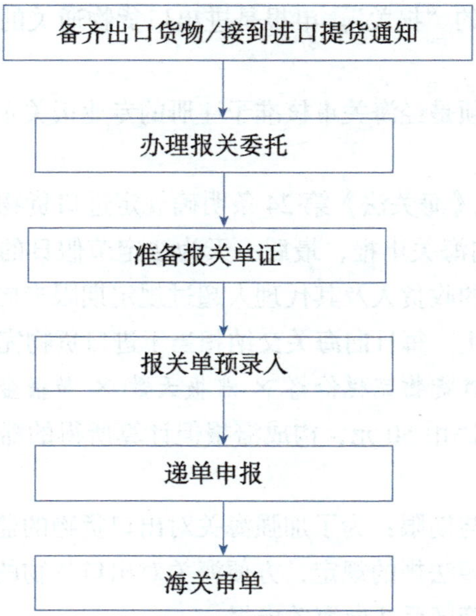

图2-6 进出口货物的申报程序

2）出口货物的发货人在根据出口合同的规定，按时、按质、按量备齐出口货物后，即应向运输公司办理租船订舱手续，准备向海关办理报关手续。

（2）办理报关委托。

海关把报关企业分为自理报关企业、专业报关企业和代理报关企业三种，没有报关资格的进出口货主需在货物进出口之前，在进出口口岸就近委托专业或代理报关企业办理报关手续，并出具报关委托书。委托书应载明委托人和被委托人双方的企业名称、海关注册登记编码、地址、法定代理人姓名以及代理事项、权限、期限、双方责任等内容，并加盖双方单位的公章。

（3）准备报关单证。

在向海关办理报关手续前，应准备好必备的单证。申报单证主要是报关单、基本单证、特殊单证、预备单证，具体如下：

1）进口货物报关需提供的单证。

- 由报关员自行填写或由自动化报关预录入人员录入后打印的报关单。
- 进口货物属于国家限制或控制进口的，应交验对外经济贸易管理部门签发的进口货物许可证或其他批准文件。
- 进口货物的发票、装箱单（装箱清单）。
- 进口货物的提货单（或运单）。
- 减税、免税或免验的证明文件。
- 对应实施商品检验、文物鉴定、动植物检疫、食品卫生检验或其他受管制的进口货物还应交验有关主管部门签发的证明。
- 海关认为必要时，可以调阅贸易合同、原产地证明和其他有关单证、账册等。

- 其他有关文件。

2）出口货物报关时需提供的单证。

- 由报关员自行填写或由自动化报关预录入人员录入打印的报关单一式多份，其所需份数根据各部门需要而定，出口退税时加填一份黄色出口退税专用报关单。
- 出口货物属于国家限制出口或配额出口的，应提供许可证件或其他证明文件。
- 货物的发票、装箱清单、合同等。
- 商检证明等。
- 对方要求的产地证明。
- 出口收汇核销单（指创汇企业）。
- 其他有关文件。

（4）报关单预录入。

报关单预录入工作一般要满足以下条件：

1）报关单位和报关数据录入服务单位须经海关批准方可负责电子计算机数据录入工作。

2）数据录入单位对录入电子计算机的报关单据的完整性和准确性承担责任。

（5）递单申报。

报关单位在完成报关单的预录入后，应将准备好的报关随附单证及按规定填制好的进出口货物报关单正式向进出口口岸海关递交申报。

（6）海关审单。

海关审单是指海关工作人员通过审核报关员递交的报关单及其随附有关单证，检查判断进出口货物是否符合《海关法》和国家的有关政策、法令的行为。审核单证是海关监管的第一个环节，它不仅为海关监管的查验和放行环节打下了基础，也为海关的征税、统计、查私工作提供了可靠的单证和资料。

2. 进出口货物的查验

海关查验即验关，是指海关接受报关员的申报后，对进口或出口的货物进行实际的核对和检查，以确定货物的性质、原产地、货物状况、数量和价格是否与报关单所列一致。

海关查验的目的：一方面是要复核申报环节中所申报的单证及查证单货是否一致，通过实际的查验发现审单环节不能发现的无证进出问题及走私、违规、逃漏关税等问题；另一方面，通过查验货物才能保证关税的依率计征。因为进口货物税则分类号以及适用税率的确定、申报的货价海关是否予以接受，都取决于查验的结果。

如果查验不实，税则分类及估价不当，不仅适用的税率可能发生差错，而且估价亦或高或低，会使税负不公，国家或进口厂商将蒙受损失。

查验地点：海关查验货物一般在海关监管区内的进出口口岸码头、车站、机场、邮局或海关的其他监管场所进行。为了加速验放，方便外贸运输，根据货物性质，海关对海运进出口的散装货物（如矿砂、粮食、原油、原木等）、大宗货物（如化肥、水泥、食糖钢材等）、危险品和鲜活商品等，结合装卸环节，在作业现场予以验放。

对于成套设备、精密仪器、贵重物资、急需急用的物资和“门对门”运输的集装箱货物等，在海关规定地区进行查验有困难的，经收发货人申请、海关核准，海关可以派员到监管区域以外的地点进行查验，就地查验放行货物。但申请单位应按规定交纳规费，并提供往返交通工具、住宿等方便条件。

查验方法：海关对进出口货物的查验主要采取彻底检查、抽查、外形查验等方法以强化海关对进出口货物的实际监管。彻底查验是对货物逐件开箱（包）查验，对货物品种、规格、数量、重量、原产地、货物状况逐一与申报的报关单详细核对。抽查是按一定比例对货物有选择地开箱（包）查验，并对开箱（包）查验的货物品种、规格数量、重量、原产地、货物状况等逐一与申报的报关单详细核对。外形查验主要是核对货名、规格、生产国别和收发货单位等标志是否与报关单相符，检查外包装是否有开拆、破损痕迹以及有无反动字样、黄色文字和图像等。

查验时报关人员的职责：

（1）代表货主到场。

海关查验货物时，进出口货物的收发货人或他们的代理人应到达货物查验现场，并按照海关的查验要求，负责搬移、开拆和重封货物的包装等。为了较好地完成这一任务，报关人在代理报关以前，对被代理报关的货物应有一定的了解，对各种单证应进行初步的审查，有不清楚或不符合规定的地方应向被代理人了解或指出。在海关查验现场回答海关人员提出的有关问题，并配合海关的查验监管活动。

（2）缴付规费。

海关根据所在地港口、车站、国际航空港和国际邮件交换站进出境货物、旅客行李、邮件以及运输工具的实际情况，规定其监管区域，在海关监管区域执行任务不收规费。但若进出境货物的收发货人及其代理人要海关派员到海关监管区域以外的地方（如货主的仓库、工厂、施工工地或铁路专用线、专用码头、专用机场等）办理海关手续，执行监管任务时，应事先向海关提出申请，经海关同意，并按海关的规定缴付规费。

因此，规费是海关超出监管区域向货主提供服务而收取的服务费。其作用既是对海关服务的报偿，也具有一定的限制功能，因为海关人员缺乏，工作紧张，不可能经常大量地派出人员执行分散的监管任务。

3. 进出口货物的征税

税费计征是指海关根据国家的有关政策、法规对进出口货物征收关税及在进口环节征收税费。

根据海关法和进出口关税的有关规定，进出口的货物除国家另有规定的以外，均应征收关税。关税由海关依照海关进出口税则征收。

我国对进口货物除征收关税外，还要征收增值税，少数商品要征收消费税。

根据国家法律规定，上述两种税款由税务机关征收。为简化征收手续，方便货物进出口，同时又有效地避免货物进口后另行征收可能造成的漏征，国家规定进口货物的增值税和消费税，由海关在进口环节代税务机关征收。因此，在实际工作中这两种税又常被称为海关代征税。

海关税费计征的一般程序如下：

（1）税则归类。

税则归类就是将进出口货物按照《海关进出口税则》的归类总规则，归入适当的税则编号，以确定其适当的税率。

（2）税率的运用。

关税税率：《海关进出口税则》中的关税进口税率，有普通税率和优惠税率两栏，出口税率只有一种。根据《进出口关税条例》的规定，对原产于与中华人民共和国未订有关税互惠协议的国家或者地区的进口货物，按照普通税率征税，对原产于与中华人民共和国订有关税互惠协议的国家或者地区的进口货物，按照优惠税率征税。对原产于对我国出口货物征收歧视性关税或者给予其他歧视性待遇的国家或者地区的进口货物，可以征收特别关税。

代征税税率：海关在进口环节代国家其他部门征收的代征税，有增值税、消费税和船舶吨税。

（3）完税价格的审定。

完税价格是指海关按照《海关法》和《进出口关税条例》的有关规定，计算应征关税的进出口货物的价格。以海关审定的成交价格为基础的到岸价格作为进口货物的完税价格。

（4）税费的计算。

进口关税＝完税价格×进口关税税率＝CIF价格×进口关税税率

出口关税＝完税价格×出口关税税率

＝FOB价格÷（1+出口关税税率）×出口关税税率

进口增值税＝（完税价格＋关税税额＋消费税额）×增值税税率

从价消费税额＝（完税价格＋关税）÷（1–消费税税率）×消费税税率

从量消费税额＝应税消费品数量×消费税单位税额

完税价格和税费额计算到分，分以下四舍五入。税费额的起征点均为人民币50元。人民币50元以下的免征。

小贴士：进出口货物采用的计税价格

目前我国与国际上大部分国家一样，对进口货物采取从价税，按到岸价格（CIF）作为完税价格。出口货物的完税价格是经海关审查确定的离岸价格扣除出口关税后的价格。

（5）税费的缴纳。

纳税人的范围：进口货物的收货人、出口货物的发货人，是关税的纳税义务人。在我国境内销售货物或者提供加工、修理、修配劳务以及进口货物的单位和个人，是增值税的纳税义务人。在我国境内生产、委托加工和进口《消费税暂行条例》规定的消费品的单位和个人，是消费税的纳税义务人。

缴纳期限：对经海关审定应征关税、增值税、消费税和监管手续费、船舶吨税的货物或船舶，纳税义务人应当在海关填发税费款缴纳证的次日起15日内（星期日和法定节日除外），向指定银行缴纳税费。税款缴纳证一式六联，其中一至五联经海关加盖“中华人民共和国 ×× 海关单证专用章”后，交纳税义务人凭以向银行缴纳税款。第六联（存根联）由填发海关存查。

汇率：进出口货物如果是以外币计算成交的，由海关按照填发税款缴纳证之日国家外汇管理部门公布的人民币外汇牌价表的买卖中间价，折合人民币。人民币外汇牌价表未列入的外币，按照国家外汇管理部门确定的外汇汇率折合人民币。

滞纳金：对进出口货物纳税义务人未在规定的缴纳期限内缴纳税费的，由海关自到期日次日起至缴清税费款日止，按日征收欠缴税费款5‰的滞纳金，并制发滞纳金收据。

关税滞纳金额＝关税应税额 × 滞纳天数 ×5‰

增值税滞纳金额＝增值税应税额 × 滞纳天数 ×5‰

消费税滞纳金额＝消费税应税额 × 滞纳天数 ×5‰

4. 进出口货物的放行

放行是口岸海关监管现场作业的最后环节。口岸海关在接受进出口货物的申报后，经审核报关单据、查验实际货物，进出口货物的收发货人依法办理进出口税费计征手续并缴纳税款后，在有关单据上签盖放行章，海关的监管行为结束。在这种情况下，放行即为结关。进口货物可由收货人凭以提取、发运，出口货物可以由发货人装船、启运。

放行的基本形式有以下几种：

（1）征税放行。进出口货物在取得海关放行前，如属于应税货物，应由海关的税收部门，按照《进出口关税条例》和《海关进出口税则》的规定，并根据一票一证的方式对这些货物收发货人征收有关关税和代征税，然后签印放行。

（2）担保放行。担保就是以向海关交纳保证金或提交保证函的方式，保证在一定期限内履行其承诺的义务的法律行为。其目的是确保海关监管货物的安全性，避免因纳税人无偿付能力或不履行义务而对海关造成的风险。

（3）信任放行。这是海关为适应外向型经济发展的需要，在有效监管的前提下，对监管模式进行改革的一项措施。海关根据进出口企业的通关信誉、经营情况、管理水平等因素，对其进行评估分类。对被海关授予“信得过企业”称号的各类企业给予通关便利，采取集中报关、预先报关、信任放行等优惠措施，使这些企业的进出口货物在口岸进出口时径直放行，事后在一定时期内，通过分批或集中定期纳税来完备海关手续。

名人名言

道在日新，艺亦须日新，新者生机也；不新则死。

——徐悲鸿

2.5 货物运输保险业务

为了减少风险和分散风险、预防和避免损失，货主需要对国际货物投保运输险，有时，货主需要委托国际物流人员代为办理投保。国际物流人员也要了解国际货物运输险的保险条款，明确保险合同的保险险别及其承保范围，从而清晰国际物流应承担的责任区间。

2.5.1 国际货物运输保险

货物在海上运输及在海陆交接过程中，可能遭遇各种风险和损失。保险公司并不是对所有的风险都予以承保，也不是对一切损失都予以补偿。为了明确责任，各国保险公司将其承保的各类风险及风险造成的各种损失和所产生的费用的赔偿责任，在其承保的各种险别中都加以明确规定。

1. 风险类别

海上运输货物保险的承保人主要承保海上风险和外来风险两类。

（1）海上风险。

海上风险在保险界又称为海难，包括海上发生的自然灾害和意外事故。

所谓自然灾害是指由于自然界的变异引起破坏力量所造成的灾害。海运保险中，自然灾害仅指恶劣气候，雷电、海啸、地震、洪水、火山爆发等人力不可抗拒的灾害。

意外事故是指由于意料不到的原因所造成的事故。海运保险中，意外事故仅指搁浅、触礁、沉没、碰撞、火灾、爆炸和失踪等。

（2）外来风险。

外来风险一般是指由于外来原因引起的风险。它可分为一般外来风险和特殊外来风险。

一般外来风险，是指货物在运输途中由于偷窃、下雨、短量、渗漏、破碎、受潮、受热、霉变、串味、玷污、钩损、生锈、碰损等原因所导致的风险。

特殊外来风险，是指由于战争、罢工、拒绝交付货物等政治、军事、国家禁令及管制措施所造成的风险与损失。如因政治或战争因素，运送货物的船只被敌对国家扣留而造成交货不到；某些国家颁布的新政策或新的管制措施以及国际组织的某些禁令，都可能造成货物无法出口或进口而造成损失。

2. 损失

损失是指被保险货物在海洋运输过程中，由于海上风险所造成的损失或灭失，也称海损。根据各国保险业的习惯，凡与海运相连接的陆上或内河运输中所发生的损失也属海损。海损可按损失的程度划分为全部损失和部分损失，按损失的性质分为共同海损与单独海损。在保险业务中，共同海损和单独海损均属部分损失。

（1）全部损失。

全部损失指保险标的物遭受意外事故后，其毁损程度几乎接近整体价值，或者已经没有修复、施救价值。全损有实际全损（Actual Total Loss）和推定全损（Constructive Total Loss）之分。

实际全损是指货物全部灭失或全部变质而不再有任何商业价值。

推定全损是指货物遭受风险后受损，尽管未达实际全损的程度，但实际全损已不可避免，或者为避免实际全损所支付的费用和继续将货物运抵目的地的费用之和超过了保险价值。推定全损需经保险人核查后认定。

（2）部分损失。

部分损失，是指船舶、货物及其他财产遭受自然灾害、意外事故或特殊情况后尚未完全失去原来的使用价值的状态。在海上保险中，部分损失按其引起损失的原因可分为两类：一是保险标的因承保风险直接遭受到的物质损坏，这类损失称为单独海损；二是事故发生以后，因采取防止损失扩大的措施而产生额外费用所引起的损失，包括共同海损损失（费用和牺牲）、特别费用（包括施救费用）和救助费用等，保险人是否对这些损失负责，取决于保单中保险责任的具体规定。

在海洋运输途中，船舶、货物或其他财产遭遇共同危险，为了解除共同危险，有意采取合理的救难措施所直接造成的特殊牺牲和支付的特殊费用，称为共同海损；在船舶发生共同海损后，凡属共同海损范围内的牺牲和费用，均可通过共同海损清算，由有关获救受益方（即船方、货方和运费收入方）根据获救价值按比例分摊，然后再向各自的保险人索赔。共同海损分摊涉及的因素比较复杂，一般由专门的海损理算机构进行理算（Adjustment）。

不具有共同海损性质，且未达到全损程度的损失，称为单独海损。该损失仅涉及船舶或货物所有人单方面的利益损失。

按照保险条例，不论担保何种险种，由于海上风险而造成的全部损失和共同海损均属保险人的承保范围。对于推定全损的情况，由于货物并未全部灭失，被保险人可以选择按全损或按部分损失索赔。倘若按全损处理，则被保险人应向保险人提交“委付通知”。把残余标的物的所有权交付保险人，经保险人接受后，可按全损得到赔偿。

3. 费用

海上风险除了会使保险货物遭受损失之外，还会产生为营救被保险货物而支出的费用的损失。保险公司负责赔偿的费用主要有：

（1）施救费用。施救费用是指被保险货物遭受保险责任范围内的灾害事故时，被保险人（或代理人、雇佣人员或保险单受让人）为了避免或减少损失，采用抢救与防护措施所支出的合理费用。

（2）救助费用。救助费用指被保险货物在遭遇承保范围内的灾害事故时，由保险公司和被保险人以外的第三者采取救助行为，被救方付给救助人的报酬。

2.5.2 保险条款和险别

货物运输保险按运输方式不同分海上、陆上、航空等运输货物保险，中国人民保险公司不仅可按“中国保险条款”（China Insurance Clause，CIC）承保，必要时也可根据投保人的要求，按其他国家的保险条款承保。

1. 海洋运输货物保险条款

（1）中国人民保险公司的《海洋运输货物保险条款》。

中国人民保险公司将其保险的险别分为平安险、水渍险和一切险三种基本险别。

平安险（Free from Particular Average，FPA）：按这种险别投保时，保险公司承担赔偿损失的责任范围包括：因条款中列举的自然灾害和运输工具发生意外事故所造成的被保险货物的全部损失；运输工具遭受条款中列举的意外事故所致的部分损失；在装卸转船过程中因一件或数件货物落海所造成的全损或部分损失；共同海损。

水渍险（With Particular Average，WA 或 WPA）：又称单独海损险。其责任范围除平安险所承担的损失外，还包括条款中列举的自然灾害造成的部分损失。

一切险（All Risks）：除承担平安险和水渍险的责任外，还对保险货物在海运过程中因各种外来原因所造成的全部或部分损失，负赔偿责任。但是应当注意的是，一切险并非对一切风险造成的损失都负责。

上述三种基本险，投保人可以从中选择一种投保。投保人还可根据货物航线的特点和实际需要，酌情加保一项或若干项附加险。

附加险是承担除自然灾害和意外事故以外的外来原因所造成的损失赔偿，分一般附加险和特殊附加险。

一般附加险：目前中国人民保险公司承保的有11种，即偷窃、提货不着险，淡水雨淋险，短量险，混杂玷污险，渗漏险，碰损破碎险，串味险，受潮受热险，钩损险，包装破裂险，锈损险。

特殊附加险：目前中国人民保险公司承保的有8种，即交货不到险、进口关税险、舱面险、拒收险、黄曲霉素险、战争险、罢工险、货到港澳存仓火险责任扩展条款。

海洋运输战争险的责任范围包括由于战争、类似战争行为和敌对行为、武装冲突或海盗行为所致的损失，和由此而引起的捕获、拘留、扣留、禁制、扣押所造成的损失，或各种常规武器所造成的损失，以及由于上述原因所引起的共同海损的牺牲、分摊和救助费用。但对原子或热核武器所造成的损失不负赔偿责任。

附加险是上述三种基本险的补充和扩大，本身不能作为一种单独的项目投保，只能在投保基本险的基础上，根据需要加保其中一项或若干项。在投保一切险时，根据需要，加保特殊附加险。一般附加险的加保只适用于平安险和水渍险。

海洋运输货物保险的责任起讫在正常情况下为“仓至仓”（Warehouse to Warehouse，W/W），即自被保货物运离保单上所载明的起运地仓库或储存处所开始至货物到达保单所载明的目的地收货人的最后仓库或储存处所为止。如因故货物未进入上述仓库或储存处所则以货物全部卸离海轮后60天为止。

海洋运输战争险的责任起讫自被保货物上保单所载明的起运港的海轮或驳船时开始，至卸离保单所载明的目的港的海轮或驳船时为止。如不卸离海轮或驳船，则保险责任最长期限以海轮到达目的港的当日午夜起满15天为止。如在中途港转船，不论货物在当地卸载与否，以海轮到达该港或卸货地点的当日午夜起满15天为止，装上续运海轮时保险责任继续有效。

（2）英国伦敦保险协会的《协会货物保险条款》。

英国伦敦保险协会是国际上有较大影响的保险机构，其货物保险条款在国际上广为采用。按照新的协会货物条款的规定，原来的三种基本险——平安险、水渍险、一切险已被ICC（C）险、ICC（B）险和ICC（A）险取代，三种基本险的责任范围可归纳如下。

ICC（A）险：它基本上与原来的一切险相同，但在表述上采用“除外责任”的提法，即除不适航、不适货、战争、罢工外，对其他一切风险所造成的损失（包括共同海损和救助费用）都予以承保。

ICC（B）险：承保由于所列举的自然灾害和意外事故所造成的全部或部分损失，以及共同海损牺牲，抛货或浪击落海，海水、潮水或河水进入船舶、驳船、运输工具、集装箱、大型海运箱或储存处所造成的损失。原来属于平安险责任范围的货物在船触礁或驳船装卸时落海或跌落所造成任何整件的全损，也包括在ICC（B）险之内。

ICC（C）险：只承保由于意外事故所造成的损失（包括全部损失和部分损失）以及抛货和共同海损牺牲。

在附加险部分，《协会货物保险条款》把原属于特殊附加险的舱面险——浪击入海列入ICC（B）险的范围；把原属于特殊附加险的战争险，分立出来，需要时也可作为独立的险别进入投保。此外，《协会货物保险条款》三种基本险别ICC（A）、ICC（B）、ICC（C）的保险责任起讫，仍然采用“仓至仓”条款，同中国人民保险公司保险条款的规定大体相同，只是规定更为详细。

综上所述，海上货物运输保险的险别可因保险公司的不同而不同，即使是同一个保险公司，其承保的责任范围也会因险别的不同而有很大的差别。所以买卖双方在签订合同的保险条款时，必须首先明确保险公司的名称，然后再商定适当的险别和是否加保附加险。

2. 陆上运输货物保险条款

（1）两个基本险别。

基本险别：分为陆运险和陆运一切险。

1）陆运险的责任范围。

保险人负责赔偿被保险货物在运输途中遭受暴风、雷电、洪水、地震等自然灾害或由于运输工具遭受碰撞倾覆、出轨，或在驳运过程中因驳运工具遭受搁浅、触礁、沉没、碰撞，或由于遭受隧道坍塌、崖崩，或失火、爆炸等意外事故造成的全部损失或部分损失。

被保险人对遭受承保责任内危险的货物采取抢救，防止或减少货损的措施而支付的合理费用，但以不超过该被救货物的保险金额为限。

2）陆运一切险的责任范围。

陆运一切险的责任范围除了陆运险的责任外，保险人还负责被保险货物在运输途中由于外来原因所致的全部损失或部分损失。

在投保上述任何一种基本险别时，经过协商还可加保附加险。

（2）责任起讫。

陆上运输货物保险的责任起讫也是“仓至仓”。如未进仓，以到达最后卸载车站满60天为止。如加保了战争险，其责任起讫自货物装上火车时开始，至目的地卸离火车时为止。如不卸离火车，以火车到达目的地的当日午夜起满48小时为止。如在中途转车，不论货物在当地卸载与否，以火车到达中途站的当日午夜起满10天止。如货物在10天内重新装车续运，保险责任继续有效。

3. 航空运输货物保险条款

（1）两个基本险别。

基本险别：分为航空运输险和航空运输一切险。

航空运输险：对被保货物在运输途中遭受雷击、火灾、爆炸，或由于飞机遭受恶劣气候或其他危难事故而被抛弃，或由于飞机遭受碰撞、倾覆、坠落或失踪等意外事故所造成的全部或部分损失负赔偿责任。

航空运输一切险：除包括上述航空运输险的责任外，还负责由于外来原因所致的全部或部分损失。在投保上述任何一种基本险别时，经过协商还可以加保附加险。

（2）责任起讫。

航空运输货物保险的责任起讫也是“仓至仓”。如未进仓，以被保货物在最后卸载地卸离飞机后满30天为止。如加保了战争险，其责任起讫自被保货物装上飞机时开始至目的地卸离飞机为止。如不卸离飞机，以飞机到达目的地的当日午夜起满15天为止。如在中途港转运，以飞机到达转运地的当日午夜起满15天为止。装上续运的飞机时保险责任继续有效。

4. 有关投保人和保险金额的规定

（1）投保人的约定。

从性质上看，当前国际贸易中使用的贸易术语基本上可分为实际交货和象征性交货两大类。

在实际交货的贸易术语中，买卖双方对货物所承担的风险是在交货时转移的，所有权和风险的转移是在同一时刻发生的。因此，在工厂交货、目的港船上交货等以交付实际货物作业特征的合同中，货物的运输保险，应该理解为由拥有所有权并负责运输，将货物运至目的地的当事人负责。据此，按工厂交货条件成交和按目的港船上交货条件成交的合同，其保险分别由买方和卖方负责。这两类合同，可以不订立保险条款。

在象征性交货合同中，货物的所有权和海运途中的风险转移不是同时发生的，后者往往先于前者。至于保险应由谁办理，需视双方约定采用的贸易语而定。

应该指出，在国际贸易中，按FOB或CFR条件订立的合同，卖方接受买方的委托代交保险费的情况下，卖方承担的责任，与CIF条件的责任不同，其只是作为买方的代理人行事，保险费变动的风险概由买方负担。为了明确起见，可以在合同中写明“卖方代买方办理保险，费用由买方负担”或类似文字。

（2）保险金额的确定。

在我国的进出口业务中，通行的是定值保险。不论CIF合同，还是卖方代办保险的条件下，都存在确定保险金额的问题。所谓保险金额，是指货物发生损失时，买方可以向保险公司取得赔偿的最大限度。按照国际上的习惯做法，买方为了取得充分的保障，一般都把货值、运费、保险费以及转售该笔货物的预期利润和费用的总和，作为向保险公司投保的保险金额。

所以在实际业务中，保险金额都高于合同的CIF价值。国际上习惯按CIF价值的110%投保，即保险金额是CIF价 ×110%。但有时，特别是通货膨胀比较严重和利息率较高时，买方也会要求提高投保加成。对此，应在合同中明确规定，如果加成部分过大，应事先征得保险公司同意。

此外，在商定保险金额时，还会涉及使用什么货币投保的问题。一般的做法是，保险金额和合同金额应使用同一种货币。如果使用两种货币，那么在保险时使用什么货币则必须在合同中明确。

5. 保险索赔

被保险人向保险公司索赔时应注意以下问题。

（1）分清索赔对象。

如被保的出口货物遭受保险责任范围内的损失，应由被保险人向保单上所载明的国外理赔代理提出索赔。如果被保的进口货物遭受保险责任范围内的损失，海运的，应向进口港的保险公司提出索赔；陆运的，应向铁路运单上注明目的地的保险公司提出索赔；空运的，向空运单上注明的目的地保险公司索赔。

（2）提供必要的索赔单证。

索赔时应提供的主要单证通常有：保险单或保险凭证的正本；运输契约，如海运提单、铁路运单、航空运单等；发票，作为理赔的数额依据；装箱单、磅码单，是核对损失数量的依据；检验报告，可以是第三方公正行或由检验机构出具，也可以由保险代理人出具，或者由保险公司、商检机构、收货人联合出具；向第三者责任方要求赔偿的函电或其他文件，用以证明被保险人已经办理了追偿手续；货损、货差证明，这是由承运人或其代理人签发的货物残损或短少的证明，它既是作为保险公司索赔的有力证明，又是日后向承运方追偿的根据；索赔清单，这是被保险人要求保险公司赔偿的详细项目和有关费用。

（3）必要时应办理权益转让手续。

如果被保货物遭受的损失应由第三者负担赔偿责任时，当被保险人先从保险公司取得赔偿后，应将向第三者追偿的权益转让给保险公司，以便保险公司取代被保险人的地位向第三者追偿。这种保险公司的追偿权利叫作代位权。

（4）必要时应办理委付手续。

当被保险货物遭受严重损失，被保险人要求按推定全损赔偿时，应将货物及其一切权益委付给保险公司。如果被保险人不提出委付通知，则保险公司只能按部分损失赔偿。

（5）注意索赔时效。

根据保险业务的惯例，一般索赔时效为2年（自货物全部卸离海轮后起算）。如超过实效进行索赔，保险公司便不再受理。

2.5.3 货运保险单的填制

（1）发票号码（Invoice No.）：此栏填写投保海洋货物运输保险货物商业发票的号码。

（2）保险单号（No.）：此栏填写保险单号码。

（3）被保险人（Insured）：如 L/C 和合同无特别规定，此栏一般填信用证的受益人，即出口公司名称。如 L/C 无特殊要求，或要求“Endorsed in Blank ”一般也应填 L/C 受益人名称，可不填详细地址，但出口公司应在保险单背面背书。

（4）标记 & 唛头（Marks & Nos.）：按信用证规定，保险单上标记应与发票、提单上一致。可单独填写，若来证无特殊规定，一般可简单填成“AS PER INV. NO. ×××”。

（5）包装及数量（Quantity）：此栏填制大包装件数，并应与提单上同一栏目内容相同。有包装的填写最大包装件数，有包装但以重量计价的，应把包装重量与计价重量都注上；裸装货物要注明本身件数；煤炭、石油等散装货注明“IN BULK”再填净重；如以单位包装件数计价者，可只填总件数。

（6）保险物资项目（Description of Goods）：又称货物名称或保险货物项目。

根据投保单填写，要与提单此栏目的填写一致。一般允许使用统称，但不同类别的多种货物应注明不同类别的各自总称。

（7）保险金额（Amount Insured）：保险金额应严格按照信用证和合同的要求填制，保险金额应为发票金额加上投保加成后的金额，如信用证和合同无明确规定，一般都以发票金额加一成（即 110%的发票金额）填写。也可按含佣价加成投保，但须按扣除折扣后的价格加成投保。信用证支付方式下，应严格按信用证规定。

（8）保险费及保险费率（Premium and Rate）：此栏一般由保险公司填制或已印好 AS ARRANGED，除非信用证另有规定，如“INSURANCE POLICY ENDORSED IN BLANK FULL INVOICE VALUE PLUS 10% MARKED PREMIUM PAID”，此栏就填入“PAID”或把已印好的“AS ARRANGED”删去并加盖校对章后填“PAID”。

（9）装载运输工具（Per Conveyance S.S.）：要与运输单据一致，并应按照实际情况填写。

（10）开航日期（Slg on or Abt）：此栏填制应按 B/L 中的签发日期或签发日期前 5 天内的任何一天填，或可简单填 AS PER B/L。

（11）起讫地点（From ... to ...）：此栏填制货物实际装运的起运港口和目的港口名称，货物如转船，也应把转船地点填上。如：FROM WUHAN，CHINA TO NEWYORK，USA VIA HONGKONG（OR W/T HONGKONG）。

（12）承保险别（Conditions）：本栏系保险单的核心内容，填写时应注意保险险别及文句与信用证严格一致，投保的险别除注明险别名称外，还应注明险别适用的文本及日期。

（13）赔款偿付地点（Claim Payable at）：此栏应严格按照信用证或合同规定填制地点和币种两项内容，地点按信用证或投保单填写，币种应与保险金额一致。

（14）日期（Date）：此栏填制保险单的日期。由于保险公司提供仓至仓服务，所以保险手续要求货物离开出口仓库前办理，保险单的签发日期应为货物离开仓库的日期或至少填写早于提单签发的日期、发运日或接受监管日。

（15）投保地点（Place）：此栏一般填制装运港口名称。

（16）签字（Signature）：此栏盖与第一栏相同的保险公司印章及其负责人的签字。实际操作中其签章一般已经印刷在保险单上。保险单需经保险公司签章后方才生效。

（17）特殊条款（Special Conditions）：如信用证和合同中对保险单据有特殊要求就填在此栏中。如来证要求“L/C NO. × × × MUST BE INDICATED IN ALL DOCUMENTS”，即在此栏中填上“L/C NO.× × ×”。

（18）“ORIGINAL”字样。《跟单信用证统一惯例》条款中规定，正本保险单上必须有“ORIGINAL”字样。

2.6 小 结

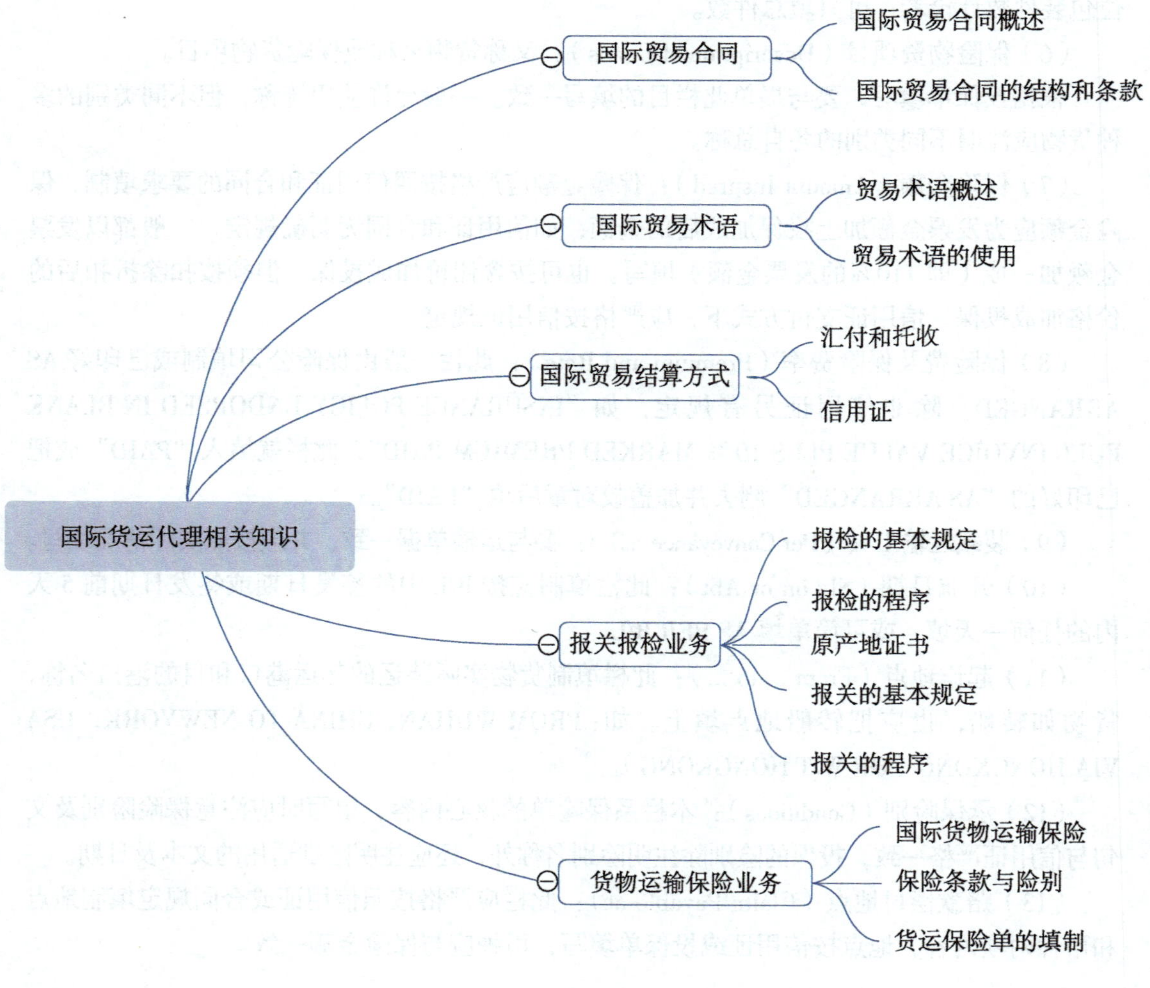

思考题

1. 按照 CFR 术语成交的合同，为什么卖方特别要注意及时向买方发出已装船通知？
2. 装运港船上交货价中买卖双方的责任义务分别是什么？
3. 简述汇付的业务流程。
4. 什么是议付信用证？
5. 简述跟单信用证的业务流程。
6. 何谓托收？采用托收应注意什么事项？简述承兑交单和付款交单的区别。
7. 简述信用证方式在国际贸易结算中的性质和作用。
8. 判断下列我方出口单价的写法是否正确，如有错误，请更正并说明理由。
   （1）每箱 35 美元 CIF 美国；
   （2）每吨 7 500 日元 CIF3%大阪；
   （3）每打 75 元 FOB 伦敦；
   （4）每吨 600 英镑 CFR 上海。
9. 简述一般贸易进出口货物的基本通关程序。
10. 海洋运输货物保险条款三种基本险是指什么？
11. 被保险人向保险公司索赔时应注意哪些问题？

实践活动

长期以来，我国经济高速增长，科技取得了很大成绩，但创新能力、自主技术和知名品牌缺乏，科技成果转化率、科技进步贡献率与发达国家仍有不小差距，很多的核心技术仍然受制于人，一些关键产业、关键部门的原始创新能力与世界第二大经济体的地位不相称。我国的巨量出口中，大多数仍然是一些初级产品，“中国制造”要转变为“中国创造”还有相当长的路要走，创新不足仍然是制约我国经济社会可持续发展的基本因素。

放眼世界，新一轮科技革命和产业变革正在孕育兴起，大数据、云计算、工业革命 4.0、“互联网 +”，以及发达国家推进高起点的“再工业化”，每一步都在倒逼我国加快创新。从旧的发展方式到新的发展路径，从后发到先发，从跟跑到领跑，基点就在创新上，创新者生，不创新者死，创新成为中国“十三五”发展的主旋律。

请以演讲班会的形式，从五大发展理念的角度，分析“创新、协调、绿色、开放、共享的发展理念”对我国未来国际贸易格局的影响。

模块3

国际海上货运代理业务

知识目标

1. 熟悉国际海运的主要港口与航线。
2. 熟悉集装箱的类型和装载货物的要求。
3. 熟悉班轮运输的特点。
4. 熟练掌握集装箱班轮运费的计算。
5. 掌握国际海运代理业务的各项基本操作。
6. 掌握海运货代的岗位操作流程。

能力目标

1. 能熟练查询班轮公司船期表。
2. 能够合理安排班轮的航线与停靠的港口，利用船期表订舱。
3. 能够合理选择和标记集装箱。
4. 能够合理进行集装箱配装。
5. 能够准确计算集装箱班轮运费。
6. 具备揽货、订舱和缮制提单的技能。
7. 能够熟练办理装箱、短驳与集港业务。

情感目标

1. 塑造学生良好的工作意识。
2. 培养学生的风险防范意识。
3. 塑造学生诚信的商务意识。

重点难点

1. 班轮运输的概念及特点。
2. 海运集装箱运输的装箱方式及交接方式。
3. 集装箱班轮运费的计算。
4. 海运货代的岗位操作流程。

名人名言

信用既是无形的力量，也是无形的财富。

——松下幸之助

案例导入

你好！比雷埃夫斯

阳光下的爱琴海犹如一面明镜，倒映出神祇居住的天堂的色彩，繁忙的比雷埃夫斯港口，在柔和的海风的抚摸下，美好而恬静。在人类发展的历史进程中，以古代中国和古代希腊为代表的东西方文明曾经彼此交融、相映生辉。

比雷埃夫斯港是希腊第一大港，也是地中海地区第二大港口，是连接东欧、地中海、巴尔干及黑海地区的海上门户，年集装箱吞吐量占希腊全国箱量的70%～80%。比雷埃夫斯港作为“欧洲的南大门”，起着中国与欧洲的经济、文化和贸易的重要桥梁作用，是“一带一路”上的一个亮点。

中远比雷埃夫斯集装箱码头有限公司（以下简称“PCT”）于2008年11月28日注册成立，是中国企业在海外全资独立经营的首家集装箱码头公司。中远海运为比雷埃夫斯港带来的，可谓是“翻天覆地”的变化。

2010年9月，中远海运集团正式接管三个月后，PCT即实现单月盈利；2012年5月弥补完公司以前年度产生的亏损，实现整体盈利。在全球航运形势持续低迷、希腊整体经济环境恶化的背景下，以PCT为绝对主力的比雷埃夫斯港于2011年、2012年连续两年夺得全球前100大集装箱港口的吞吐量增长率冠军，被世界权威杂志*Containerization International*评为2011年全球集装箱码头10大Winner冠军，并于2013年夺得该榜第十名，2014年的吞吐量增长率仍居前列，2015年短暂稳定后，2016年再次实现增长，比雷埃夫斯港的全球排名由2011年的第93位跃升为2016年的第38位。

在希腊，“COSCO SHIPPING”已经成为最受欢迎的一张中国名片，PCT也成为中希两国友好合作的成功典范。

随着欧盟经济中心逐渐向南欧、地中海地区转移，加上与中国贸易量的增加，比雷埃夫斯港作为南欧和地中海海运货物主要中转枢纽港的地位日益突出。在“一带一路”倡议下，今天的PCT正在朝向“枢纽港”“中欧陆海快线”“物流分拨中心”的目标，将比雷埃夫斯港打造成为爱琴海、地中海沿岸的一颗明珠，为“一带一路”中国企业国际合作树立典范。

（资料来源：马常艳.“一带一路”故事：“我带着你，你带着希望”[EB/OL].(2017-05-14)[2018-08-30]. http://www.ce.cn/xwzx/gnsz/gdxw/201705/14/t20170514_22791298.shtml.）

3.1 国际海上货运的基础知识

3.1.1 国际海上货运的特点

1. 船舶运量大

在国际贸易总运量中，有75%以上是利用海上运输来完成的，在有些国家的对外贸易运输中，海上货物运输占总运量的90%以上。近年来，随着国际贸易的不断发展和科学技术的不断进步，包括集装箱船在内的船舶朝着大型化发展，船舶的载运能力远远大于陆运、空运等运输手段中的火车、汽车和飞机，已经成为运输能力最大的运输工具。

2. 通过能力强

不同于火车、汽车等运输手段要受到轨道和道路等的限制，国际海上货物运输天然航道四通八达，其通过能力要远远超过其他运输方式。同时，在国际海上运输过程中，如果受到政治、经济、军事等外界因素的影响，船舶可以随时改变航线驶往有利于装卸的目的港。

3. 运输费用低

由于海上货物运输的航道是天然形成的、船舶运输货量大、港口设施一般由政府出资修建、船舶使用寿命长、运输过程中节省燃料等原因，货物的单位运输成本相比其他运输方式一般比较低廉。据统计，海运运费一般约为铁路运费的1/5、公路运费的1/10、航空运费的1/30，这就为低值、大宗货物的运输提供了有利的条件。

4. 对货物的适应性强

海上货物运输基本上可以适应各种货物的运输。从其他运输方式无法装运的石油钻井平台、火车、机车车辆等超重大货物，到粮食、煤炭、矿砂等散货，都可以通过海运完成。

3.1.2 国际海上货运的营运方式

国际海上货运的营运方式可分为两大类，即班轮运输和租船运输。

1. 班轮运输

（1）班轮运输的概念。

班轮运输也称定期船运输，是指班轮公司将船舶按预先制订的船期表，在特定航线的各既定挂靠港口之间，经常性地为非特定的众多货主提供规则的、反复的货物运输服务，并按运价本或协议运价的规定计收运费的一种营运方式。

（2）班轮运输的特点。

1）班轮运输具有固定航线、固定港口、固定船期和相对固定的运价，因此，“四固定”是班轮运输的最基本的特点。

2）承运人与货主在货物装船之前通常不签订具有详细条款的运输合同，而是在承运人装船后或接收货物后签发载有详细条款的提单，作为解决双方货物纠纷的依据。

3）班轮运输可以为多个货主服务，特别适用于小批量零星件杂货的海上运输，运输速度快，能及时、迅速地将货物发送和运达目的港，而且能保证货运质量。

4）在实践中，班轮运输货物交付的地点一般为：杂货班轮运输中承运人在装货港指定码头仓库接收货物、在卸货港指定码头仓库交付货物；集装箱班轮运输中承运人在装货港的码头堆场或货运站接收货物、在卸货港的堆场或货运站交付货物。

5）在班轮运输中，船舶的一切正常营运支出均由船方负担（包括装船、卸船和理舱在内的作业和费用）。

6）在班轮运输中，承运人与货主之间不规定装卸时间，也不计算滞期费和速遣费。

（3）班轮船期表。

班轮船期表（Liner Schedule）就是船公司对船舶使用的计划时间表。船期表主要包括承运人、班期、始发港、中转港、目的港、航期、船名、航次、ETA 和 ETD 等要素。表 3-1 是中远海船公司的一份中东航线班轮船期表。

表3-1　　中远海船公司的一份中东航线班轮船期表

盐田—中东航线，直航										
Vessel Name	Common Voyage	YANTIAN		HONGKONG		SINGAPORE		DUBAI		操作时间
		ETA SUN	ETD MON	ETA MON	ETD TUE	ETA WED	ETD THU	ETA MON	ETD SUN	船期：周一 挂靠码头：盐田码头 截箱时间：周六9:00 海关截单时间：周六11:30 海关放行时间：周六18:30
TOTAL DAY		0		1		3		14		
GEORGE	045W	3-Jul	4-Jul	4-Jul	5-Jul	6-Jul	7-Jul	18-Jul	19-Jul	
YM MOBILITY	002W	10-Jul	11-Jul	11-Jul	12-Jul	13-Jul	14-Jul	25-Jul	26-Jul	
YM MANDATE	008W	17-Jul	18-Jul	18-Jul	19-Jul	20-Jul	21-Jul	1-Aug	2-Aug	
SEATTLE	008W	24-Jul	25-Jul	25-Jul	26-Jul	27-Jul	28-Jul	8-Aug	9-Aug	
SAN DIEGO	007W	31-Jul	1-Aug	1-Aug	2-Aug	3-Aug	4-Aug	15-Aug	16-Aug	

船名（Vessel Name）与航次号（Voyage Number）：是指用来识别某航线一个特定航次的标识资料。

运输时间（Transit Time，T/T or T.T.）：港口间的航行时间。

ETD（Estimated Time of Departure）：指预计或期望从起始港起运的时间，简称离港时间。

ETA（Estimated Time of Arrival）：指预计或期望的目的港到运时间，简称到港时间。

码头截箱时间：是指重箱最晚进港时间。

海关截单时间：是指报关资料截止报关的时间。

小拓展：世界著名船公司

表3-2 世界著名船公司一览表

序号	船公司	标识	英文缩写	网址	所属国家或地区	主营航线
1	中远海运集运	COSCO SHIPPING	COSCO SHIPPING	http：//lines.coscoshipping.com	中国	欧地、美线、中南美、东南亚、澳新线和日本
2	东方海外	OOCL We take it personally	OOCL	http：//www.oocl.com	中国香港	亚洲、欧洲、地中海、印度次大陆、中东及澳新线
3	长荣海运	EVERGREEN	EMC	http：//www.evergreen-marine.com	中国台湾	欧地、美线、中南美、东南亚
4	阳明海运	YANG MING YANG MING MARINE TRANSPORT CORP. 陽明海運股份有限公司	YML	http：//www.yml.com.tw	中国台湾	欧洲、地中海、中东、印巴、美国
5	马士基	MAERSK	MAERSK	http：//www.maerskline.com	丹麦	东南亚、非洲、中南美和东欧
6	地中海航运	MSC	MSC	http://www.msc.com/	瑞士	地中海、美线、中南美
7	法国达飞	CMA CGM	CMA-CGM	http://www.cma-cgm.com	法国	法国、地中海东、中南美、东西非

续前表

序号	船公司	标识	英文缩写	网址	所属国家或地区	主营航线
8	美国总统		APL	http://www.apl.com	美国	跨太平洋航线
9	商船三井		MOL	http://www.mol.co.jp	日本	南美
10	日本邮船		NYK	http://www.nykline.com	日本	美国、地中海、中东、迪拜
11	川崎汽船		K-LINE	http://www.kline.com	日本	地中海、中东
12	现代商船		HMM	http://www.hmm21.com	韩国	非洲、中东、欧地、美国
13	太平船务		PIL	http：//www.pilship.com	新加坡	中东、印巴红海航线、东南亚及在新加坡中转至西非、东非、澳新线

小实践：查询船期表

分别登录中远海运集装箱运输有限公司、东方海外货柜航运有限公司、马士基航运有限公司的网站，查询任意一条航线当月的船期表，并比较三家公司所提供船期表的差异。

2. 租船运输

（1）租船运输的概念。

租船运输又称不定期船运输，它没有预定的船期表、航线、港口，船舶按租船人和船东双方签订的租船合同规定的条款完成运输服务。根据协议，船东将船舶出租给租船人使用，完成特定的货运任务，并按商定运价收取运费。采用租船运输的货物主要是低价值的大宗货物，例如煤炭、矿砂、粮食、化肥、水泥、木材、石油等，一般都是整船装运，运量大，租船运输的运量占全部海上货运量的80%左右。租船运输的运价比较低，并且运价随市场行情的变化波动。租船方式主要有航次租船、定期租船和光船租船三种。

航次租船（Voyage Charter）又称程租船，是出租人负责提供一艘船舶，在约定的港口之间运送约定的货物，进行一个航次或数个航次的租船方式。其特点是船东占有船舶、运营船舶；承租人支付运费（每吨运费率或者包干费）；航次成本中的装卸费用按合同规定，或由船东负责，或由承租人负责，其余成本均由船东负责；合同中规定货物装卸时间（Laytime）、装卸时间的计算、滞期（Demurrage）和速遣费（Despatch）。

定期租船（Time Charter）又称期租船，是指以租赁期限为基础的租船方式。在租期内，租船人按约定支付租金以取得船舶的使用权，同时负责船舶的调度和经营管理。期租租金一般规定以船舶的每载重吨每月若干金额计算。租期可长可短，短则几个月，长则达5年以上，甚至到船舶报废为止。期租的对象是整船，不规定船舶的航线和挂靠港口，只规定航行区域范围，因此租船人可以根据货运需要选择航线、挂靠港口，便于船舶的使用和营运。期租对船舶装运的货物也不作具体规定，可以选装任何适运的货物；租船人有船舶调度权并负责船舶的营运，支付船用燃料、各项港口费用、捐税、货物装卸等费用。不规定滞期速遣条款。

光船租船（Bare Boat Charter）又称光租，船东不提供船员，只把一条空船交给租方使用，由租方自行配备船员，负责船舶的经营管理和航行各项事宜。对船东来说，一般不放心把船交给租船人支配；对租船方来说，雇用和管理船员工作很复杂，租船人也很少采用这种方式。因此，光船租船形式在租船市场上很少采用。

（2）租船运输的特点。

1）租船运输没有相对于班轮运输的“四固定”，船期表、航线、港口等都要根据租约而定。

2）租船运输的舱位租赁一般以提供整船或部分舱位为主，通常根据租约来定。

3）租船运输中承租人与出租人的权利与义务、船舶营运中的风险及有关费用分担责任都根据租约的规定。

4）租船运输中的提单一般不是独立的文件，它要受租约的约束，对于承租人和出租人而言，仅相当于货物收据。

5）租船运输中船舶港口使用费、装卸费及船期延误按租约规定由承租人和出租人进行分担、划分及计算。

6）租船运输适用于大宗散货运输，货物的特点是批量大、附加值低、包装相对简单。因此，租船运输的运价（或租金率）相对班轮运输而言较低。

小拓展：租船运输中的滞期费、速遣费

滞期费（Demurrage）是指在航次租船合同中，当船舶装货或卸货延期，超过装卸货允许时间时，由租船人向船东所支付的约定款项。

速遣费（Dispatch Money）是指船舶在装卸时间届满前完成了装货、卸货工作，船舶出租人支付给船舶承租人的约定金额。速遣费一般是滞期费的一半。

3.1.3 世界主要海运航线与港口

1. 海运航线

根据不同的分类角度，海运航线可进行如下分类。

（1）按船舶营运方式分类。

按船舶营运方式，海运航线可分为定期航线和不定期航线。

定期航线是指使用固定的船舶，按固定的船期和港口航行，并以相对固定的运价经营客货运输业务的航线。定期航线又称班轮航线，主要装运件杂货物。

不定期航线是指临时根据货运的需要而选择的航线，其船舶、船期、挂靠港口均不固定，是以经营大宗、低价货物运输业务为主的航线。

（2）按航程的远近分类。

按航程的远近，海运航线可分为远洋航线、近洋航线和沿海航线。

远洋航线（Ocean-going Shipping Line）是指航程距离较远，船舶航行跨越大洋的运输航线，如远东至欧洲和美洲的航线。我国习惯上以亚丁港为界，把去往亚丁港以西，包括红海两岸和欧洲以及南北美洲广大地区的航线划为远洋航线。

近洋航线（Near-sea Shipping Line）是本国各港口至邻近国家港口间的海上运输航线的统称。我国习惯上把航线在亚丁港以东地区的亚洲和大洋洲的航线称为近洋航线。

沿海航线（Coastal Shipping Line）是指本国沿海各港口之间的海上运输航线。如上海—广州、青岛—大连等。

（3）按航行的范围分类。

按航行的范围，海运航线的分类情况见表3-3。

表3–3 按航行范围分类的海运航线

航线	具体线路
太平洋航线	1）远东—北美西海岸航线 2）远东—加勒比、北美东海岸航线 3）远东—南美西海岸航线 4）远东—澳大利亚、新西兰航线 5）远东—东南亚航线 6）澳、新—北美东西海岸航线
大西洋航线	1）西北欧—北美东海岸航线 2）西北欧、北美东海岸—加勒比航线 3）西北欧、北美东海岸—地中海—苏伊士运河—亚太航线 4）西北欧、地中海—南美东海岸航线 5）西北欧、北美东海岸—好望角—远东航线 6）南美东海岸—好望角—远东航线
印度洋航线	1）波斯湾—好望角—西欧、北美航线 2）波斯湾—东南亚—日本航线 3）波斯湾—苏伊士运河—地中海—西欧、北美运输线 4）远东—东南亚—东非航线 5）远东—东南亚、地中海—西北欧航线 6）远东—东南亚—好望角—西非、南美航线 7）澳、新—地中海—西北欧航线 8）印度洋北部地区—欧洲航线

2. 港口

（1）港口的定义。

港口是具有水陆联运设备和条件，供船舶安全进出和停泊的运输枢纽，是水陆交通的集结点和枢纽，工农业产品和外贸进出口物资的集散地，船舶停泊、装卸货物、上下旅客、补充给养的场所。

（2）港口的功能。

港口的功能可归纳为以下四个方面：

1）物流服务功能。港口首先应该为船舶、汽车、火车、飞机、货物、集装箱提供中转、装卸和仓储等综合物流服务，尤其是为多式联运和流通加工提供物流服务。

2）信息服务功能。现代港口不但应该为用户提供市场决策的信息及咨询，而且还要建成电子数据交换（EDI）系统的增值服务网络，为客户提供订单管理、供应链控制等信息服务。

3）商业功能。港口的存在既是商品交流和内外贸存在的前提，又促进了它们的发展。现代港口应该为用户提供方便的运输、商贸和金融服务，如代理、保险、融资、货代、船代、通关等。

4）产业功能。建立现代物流需要具有整合生产力要素功能的平台，港口作为国内市场与国际市场的接轨点，已经实现从传统货流到人流、货流、商流、资金流、技术流、信息流的全面大流通，是货物、资金、技术、人才、信息的聚集点。

（3）港口的分类。

港口按用途可分为商港、军港、渔港、工业港和避风港。

港口按所在位置可分为河口港、海港、湖港和河港。

港口按地位可分为国际性港口、国家性港和地区性港。

港口按潮汐影响可分为开敞港、闭合港和混合港。

港口按班轮是否定期挂靠可分为基本港和非基本港。

以下是几个与港口有关的概念。

开敞港：指港内水位潮汐变化与港外相同的港口。

闭合港：指在港口入口处设闸，将港内水域与外海隔开，使港内水位不随潮汐变化而升降，保证在低潮时港内仍有足够水深的港口。如英国的伦敦港。

混合港：指兼有开敞港池和闭合港池的港口。如比利时的安特卫普港。

基本港（Base Port）：指运价表限定班轮公司的船一般要定期挂靠的港口。运往基本港口的货物一般为直达运输，无须中途转船。

非基本港（Non-Base Port）：凡基本港口以外的港口都称为非基本港。非基本港除按基本港收费外，一般还需要另外加收转船附加费，达到一定货量时则改为加收直航附加费。例如新几内亚航线的侯尼阿腊港（HONIARA）便是所罗门群岛的基本港口，而基埃塔港（KIETA）则是非基本港口。运往基埃塔港的货物运费率要在侯尼阿腊港运费率的基础上增加转船附加费。

（4）港口的构成。

港口由水域和陆域组成。

水域通常包括进港航道、锚泊地和港池。

进港航道要有足够的深度和宽度，有适当的位置、方向和弯道曲率半径，以保证船舶安全方便地进出港口，避免强烈的横风、横流和严重淤积，尽量降低航道的开辟和维护费用。

锚泊地是指有天然掩护或人工掩护条件，能抵御强风浪的水域，船舶可在此锚泊、等待靠泊码头或离开港口。如果港口缺乏深水码头泊位，也可在此进行船转船的水上装卸作业。内河驳船船队还可在此进行编、解队和换拖（轮）作业。

港池是指直接和港口陆域毗连，供船舶靠离码头、临时停泊和调头的水域。港池尺度应根据船舶尺度、船舶靠离码头方式、水流和风向的影响及调头水域布置等确定。

开敞港的港池内不设闸门或船闸，水面随水位的变化而升降。

封闭港的港池内设有闸门或船闸，用以控制水位，适用于潮差较大的地区。

陆域是指供港口货物装卸、堆存、转运和旅客集散之用的陆地面积。

进港陆上通道包括铁路、道路、运输管道等。

码头前方装卸作业区是供分配货物，布置码头前沿铁路、道路、装卸机械设备和快速周转货物的仓库或堆场（前方库场）及候船大厅等之用。

港口后方区是供布置港内铁路、道路、较长时间堆存货物的仓库或堆场（后方库场）、港口附属设施（车库、停车场、机具修理车间、工具房、变电站、消防站等）以及行政、服务房屋等。为减少港口陆域面积，港内可不设后方库场。

小实践：查询港口情况

上网查询，了解下列三个港口的基本情况。

1．盐田港：http：//www.ytport.com。

2．上海港：http：//www.portshanghai.com.cn。

3．大连港：http：//portdalian.com。

3.1.4 船舶业务知识

1．船舶类型

（1）按用途的不同分类。

杂货船：一般是指定期航行于货运繁忙的航线，以装运零星杂货为主的船舶。这种船舶的航行速度较快，船上配有足够的起吊设备，船舶构造中有多层甲板把船舱分隔成多层货柜，以适应装载不同货物的需要。

散货船：是用来装载无包装的大宗货物的船舶。依所装货物的种类不同，又可分为粮谷船、煤船和矿砂船。这种船大都为单甲板，舱内不设支柱，但设有隔板，以防止在风浪中航行时舱内货物错位。

冷藏船：是专门用于装载冷冻易腐货物的船舶。船上设有冷藏系统，能调节多种温度，以适应各舱货物对不同温度的需要。

木材船：是专门用于装载木材或原木的船舶。这种船舱口大，舱内无梁柱及妨碍装卸的其他设备。木材船的船舱及甲板上均可装载木材。为防止甲板上的木材被海浪冲出舷外，一般在船舷两侧设置不低于一米的舷墙。

集装箱船：可分为部分集装箱船、全集装箱船和可变换集装箱船三种。

部分集装箱船：仅以船的中央部位作为集装箱的专用舱位，其他舱位仍装普通杂货。

全集装箱船：专门用以装运集装箱的船舶。它与一般杂货船不同，其货舱内有格栅式货架，装有垂直导轨，便于集装箱沿导轨放下，四角有格栅制约，可防倾倒，集装箱船的舱内可堆放3~9层集装箱，甲板上还可堆放3~4层。

可变换集装箱船：其货舱内装载集装箱的结构为可拆装式的，因此它既可装运集装箱，必要时也可装运普通杂货。集装箱船航速较快，大多数船舶本身没有起吊设备，需要依靠码头上的起吊设备进行装卸，这种集装箱船也称吊上吊下船。

滚装船：又称滚上滚下船，主要用来运送汽车和集装箱。这种船本身无须装卸设备，一般在船侧或船的首、尾有开口斜坡连接码头，装卸货物时，或者是汽车，或者是集装箱（装在拖车上的）直接开进或开出船舱。这种船的优点是不依赖码头上的装卸设备，装卸速度快，可加速船舶周转。

载驳船：又称子母船，是指在大船上搭载驳船，驳船内装载货物的船舶。载驳船的主要优点是不受港口水深限制，不需要占用码头泊位，装卸货物均在锚地进行，装卸效率高。目前较常用的载驳船主要有拉希型和西比型两种。

油轮：主要装运液态石油类货物。它的特点是机舱都设在船尾，船壳衣身被分隔成数个油舱，有油管贯通各油舱。油舱大多采用纵向式结构，并设有纵向舱壁，在未装满货时也能保持船舶的平稳性。为取得较大的经济效益，第二次世界大战以后，油轮的载重吨位不断增加，目前世界上最大的油轮载重吨位已达到60多万吨。

液化天然气船：专门用来装运经过液化的天然气。

（2）按货轮载重量的不同分类。

巴拿马型船：这类船的载重量为6万～8万吨，船宽为32.2m。因通过巴拿马运河船闸时，船宽要受此限制而得名。

超巴拿马型船：指船宽超过32.2m的大型集装箱船，如第五代集装箱船的船宽为39.8米，第六代集装箱船的船宽为42.8m。

灵便型船：这类船的载重量为3万～5万吨，可进行沿海、近洋和远洋运输谷物、煤炭、化肥及金属原料等散装货物的船。

2. 船舶相关术语及文件

（1）相关术语。

船名：船主建造船舶时就要为其所建造的船舶命名，船舶建成后应以所定的船名向所在国船管部门进行注册登记。

船籍：指船舶的国籍。船舶所有人要想使其船舶取得某国的国籍，应向该国政府的船舶管理部门办理登记，一旦取得该国的国籍证书，该船即享有该国的国籍。

船旗：指商船在航行中悬挂的所属国的国旗。按照国际法的规定，商船是船旗国的浮动领土。无论是在公海还是在他国领海航行，均需要悬挂船籍国国旗。船舶应遵守船籍国的法律并受到船籍国的法律保护。

方便船旗：指船舶所有人不在本国登记其船舶，而向公开允许外国船舶登记的国家去办理登记，然后悬挂登记国国家的国旗，这种船称为方便旗船。方便旗船约占世界船只的1/3。使用方便船旗对船东的主要好处有：逃避本国的高征税和严格的船务监督；节省管理费用；降低营运成本，增强竞争力；可以自由雇用外国船员，支付较低工资；可以自由选择航线，自定运价，不受政府管制；可逃避军事征用等。

船级：由专门的船舶检验机构对注册100总吨以上的海轮，就船体、机器设备、吃水（总载重量）、适航性能等各项技术指标经过鉴定合格后发给船主的一种证书，其上有特定的符号，表示该船是由何船级社认可入级。船级证书是船的质量证明，该证明有一定的期限，一般为3～4年，期满需要重新鉴定。船级在国际贸易运输中有着重要的意义，有的交易合同中规定必须以指定船级的船装载，在租船业务中，船级的不同会影响租金的多少。在保险中，保险公司对优质船通常减收保险费。船舶入级的主要作用有：保证航行安全；是国家对船舶进行技术监督的手段之一；便于租船人或托运人选择优质船只，以符合运输货物的要求；便于保险公司决定船货的保险费率。

(2)船舶的主要文件。

船舶进出各国港口，必须向当地管理机关呈验下述证件：

1）国籍说明书，即船舶登记国政府发给的证书。

2）所有权证书，即证明船舶属于哪个国家、哪个公司或个人的证明文件。

3）船级证书，是船级社签发的证明船舶已经检验，船舶的质量、适航程度等符合规定的证书。

4）船舶吨位证书，是证明船舶本身的重量和可载装货物的重量以及船舶本身的容积和可容纳货物的容积的证件。

5）船舶载重线证书，是证明船舶在不同季节、不同海区最大吃水线的文件。

6）船员名册。不同的船只应配备多少船员都有明确规定，船员不足额或虽足额但人员不合格，均构成不适航。

7）航海日志，记载船上所发生的与船有关的任何事件，以备必要时供调查人员查阅。此外还有轮机日志、卫生日志、无线电日志等。

小拓展：国际海运组织

1．国际海事组织。1948年3月6日，联合国在日内瓦召开海事会议，通过了《政府间海事协商组织公约》，该公约于1958年3月17日生效。1959年1月成立政府间海事协商组织。该组织是联合国在海事方面的一个技术咨询和立法机构，其宗旨是：“在与从事国际贸易的各种航运技术事宜的政府规定和惯例方面，为各国政府提供合作机会，并在与海上安全、航行效率和防止及控制船舶造成对海洋污染有关的问题上，鼓励和便利各国普遍采用最高可行的标准。”我国于1973年3月1日正式参加了该组织，并于1975年当选为理事国。

2．国际航运工会。该组织成立于1921年，总部设在伦敦，由一些国家的私人船东协会和航运公司组成。其目的是交换航运情报和制定共同的航运政策，增进其成员的利益。该机构设有处理集装箱、运输文件、保险、安全、防污、海上法律、油轮等委员会。它在联合国经济及社会理事会中拥有席位，参与并协助各分委员会工作。

3．波罗的海国际海事协会。该组织成立于1905年，总部设在哥本哈根，其成员有航运公司、经纪人公司及保赔协会等团体或俱乐部组织。该协会的宗旨是保护会员的利益，为会员提供情报咨询服务，防止运价投机和不合理的收费与索赔，拟订和修改标准租船合同和其他货运单证；出版航运业务情报资料等。该组织在联合国贸发会议及国际海事组织中享有咨询地位。

4．国际海事委员会。该组织于1897年在布鲁塞尔成立，其主要宗旨是促进海商法、海运关税和各种海运惯例的统一。它的主要工作是草拟各种海上公约，如有关提单、有关责任制、有关海上避碰、有关救助等。国际上第一个著名的《海牙规则》就是由该委员会于1921年起草，并在1924年布鲁塞尔会议上讨论通过的。1968年该委员会又对《海牙规则》进行了修正，制定了《海牙—维斯比规则》，即《1968年布鲁塞尔议定书》。

5. 班轮公会。该组织又称班轮航运公会、运价协会或水脚公会，是指在同一航线上或相关航线上经营班轮运输的两家以上运输企业，为了避免相互之间激烈竞争，通过制定统一的费率或最低费率以及在经营活动方面签订协议而组成的联合经营组织。1875年在英国至印度加尔各答航线上诞生了世界上第一个班轮公会，随后发展遍及全世界，到20世纪70年代初，全世界共有360多个班轮公会。

班轮公会分闭锁公会和开放公会两种。前者对吸收会员很严格，它制定运价，并在会员之间分配货载比例，以促进运力与需求的平衡，并避免会员之间在挂靠港上无效率的重复。有些闭锁公会还在会员之间分配收入和分摊成本。后者只制定运价，但对入会不限制，任何班轮企业都能入会。开放公会也不分配货载比例，因此，前者比后者的垄断性更强。按照美国的反托拉斯法，美国航线上的班轮公会只能采取开放公会的形式。

成立班轮公会的目的主要有两个方面：一方面是限制和调节班轮公会会员间相互竞争的活动；另一方面是防止或对付公会外部的竞争，以达到垄断航线货载的目的。对于前者，其主要业务有：协定费率、统一安排营运、统筹分配收入、统一经营等；对于后者，其主要业务有：延期回扣制、合同费率制、联运协定、派"战斗船"等。

3.1.5 集装箱业务知识

1. 集装箱的定义

我国国家标准《集装箱名称术语》（GB 1992—85）中，引用了国际标准化组织（ISO）对集装箱的定义。国际标准化组织对集装箱的定义如下：

集装箱是一种运输设备，应满足以下要求：

（1）具有耐久性，其坚固程度足以反复使用。

（2）是为商品运送而专门设计的，在采用一种或多种运输方式运输时无须中途换装。

（3）设有便于装卸和搬运的装置，特别是便于从一种运输方式转移到另一种运输方式。

（4）设计时应注意到便于货物装满或卸空。

（5）内容积为1平方米或1平方米以上。

（注：集装箱一词不包括车辆或传统包装。）

2. 国际集装箱的标准

国际标准集装箱是指根据国际标准化组织第104技术委员会制订的国际标准来建造和使用的国际通用的标准集装箱。

集装箱标准化经历了一个发展的过程。国际标准化组织第104技术委员会自1961年成立以来，对集装箱国际标准进行过多次补充、增减和修改，现行的国际标准为第1系列共13种，A、B、C、D四种箱型，其宽度均一样（2 438mm），长度有四种（12 192mm、9 125mm、6 058mm、2 991mm），高度有四种（2 896mm、2 591mm、2 438mm、2 438mm）。详见表3–4。

表3-4 第1系列集装箱规格尺寸和总重量

规格（英尺）	箱型	长		宽		高		最大总重量	
		公制（mm）	英制（ft in）	公制（mm）	英制（ft in）	公制（mm）	英制（ft in）	kg	lb
40	1AAA 1AA 1A 1AX	12 192	40′	2 438	8′	2 896	9′ 6″	30 480	67 200
						2 591	8′ 6″		
						2 438	8′		
						<2 438	<8′		
30	1BBB 1BB 1B 1BX	9 125	29′11.25″	2 438	8′	2 896	9′ 6″	25 400	56 000
						2 591	8′ 6″		
						2 438	8′		
						<2 438	<8′		
20	1CC 1C 1CX	6 058	19′10.5″	2 438	8′	2 591	8′ 6″	24 000	52 900
						2 438	8′		
						<2 438	<8′		
10	1D 1DX	2 991	9′9.75″	2 438	8′	2 438	8′	10 160	22 400
						<2 438	<8′		

3. 集装箱的种类

根据用途的不同，集装箱可分为以下几种：

（1）干货集装箱（Dry Cargo Container）。

干货集装箱也称通用集装箱或杂货集装箱，用以装载除液体货物、需要调节温度货物及特种货物以外的一般件杂货。这种集装箱使用范围极广，常用的有 20ft 和 40ft 两种，其结构特点是常为封闭式，一般在一端或侧面设有箱门。

（2）开顶集装箱（Open Top Container）。

开顶集装箱（见图 3-1）也称敞顶集装箱，这是一种没有刚性箱顶的集装箱，但有可折式顶梁支撑的帆布、塑料布或涂塑布制成的顶篷，其他构件与干货集装箱类似。开顶集装箱适于装载较高的大型货物和需要吊装的重货。

（3）台架及平台式集装箱（Platform Based Container）。

台架集装箱（见图 3-2）是没有箱顶和侧壁，甚至有的连端壁也去掉而只有底板和四个角柱的集装箱。台架集装箱有很多类型，其主要特点是：为了保持其纵向强度，箱底较厚；箱底的强度比普通集装箱大，而其内部高度则比一般集装箱低；在下侧梁和角柱上设有系环，可把装载的货物系紧。

图3–1 开顶集装箱

图3–2 台架集装箱

台架集装箱没有水密性，不能装运怕水湿的货物，适合装载形状不一的货物。台架集装箱可分为敞侧台架式、全骨架台架式、有完整固定端壁的台架式、无端壁仅有固定角柱和底板的台架式集装箱等。平台式集装箱是仅有底板而无上部结构的一种集装箱，该集装箱装卸作业方便，适于装载长、重大件。

（4）通风集装箱（Ventilated Container）。

通风集装箱（见图 3–3）一般在侧壁或端壁上设有通风孔，适于装载不需要冷冻而需要通风、防止汗湿的货物，如水果、蔬菜等。如将通风孔关闭，可作为杂货集装箱使用。

（5）冷藏集装箱（Reefer Container）。

冷藏集装箱（见图 3–4）是专为运输过程中要求保持一定温度的冷冻货或低温货而设计的集装箱，又称恒温恒湿箱。它分为带有冷冻机的内藏式机械冷藏集装箱和没有冷冻机的外置式机械冷藏集装箱。冷藏集装箱适于装载肉类、水果等货物。冷藏集装箱造价较高，营运费用较高，使用中应注意冷冻装置的技术状态及箱内货物所需的温度。内置式集装箱在运输过程中可随时启动冷冻机，使集装箱保持在指定温度；外置式集装箱则必须依靠集装箱专用车、船和专用堆场、车站上配备的冷冻机来制冷。

图3–3　通风集装箱

图3–4　冷藏集装箱

（6）散货集装箱（Bulk Container）。

散货集装箱（见图 3–5）除了有箱门外，在箱顶部还设有 2~3 个装货口，适用于装载粉状或粒状货物。使用时要注意保持箱内清洁，两侧保持光滑，便于货物从箱门处卸货。

图3–5 散货集装箱

（7）动物集装箱（Pen Container）。

动物集装箱（见图 3–6）是一种专供装运牲畜的集装箱。为了实现良好的通风，箱壁用金属丝网制造，侧壁下方设有清扫口和排水口，并设有喂食装置。

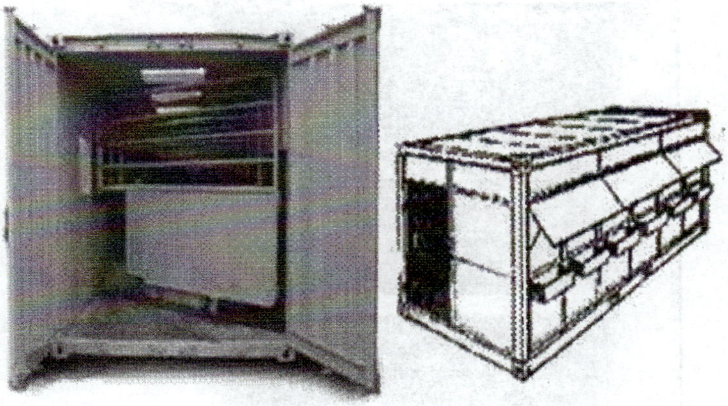

图3–6 动物集装箱

（8）罐式集装箱（Tank Container）。

罐式集装箱（见图 3–7）是一种专供装运液体货物（如酒类、油类及液状化工品等）而制造的集装箱。它由罐体和箱体框架两部分组成，装货时货物由罐顶部的装货孔进入，卸货时，则由排货孔流出或从顶部装货孔吸出。

（9）汽车集装箱（Car Container）。

汽车集装箱（见图 3–8）是专为装运小型轿车而设计制造的集装箱。其结构特点是无侧壁，仅设有框架和箱底，可装载一层或两层小轿车。

由于集装箱在运输途中常受各种力的作用和环境的影响，因此集装箱的制造材料要有足够的刚度和强度，应尽量采用质量轻、强度高、耐用、维修保养费用低的材料，并且材料既要价格低廉，又要便于取得。

图3–7　罐式集装箱

图3–8　汽车集装箱

4. 集装箱的标记

国际标准化组织规定的集装箱标记有必备标记和自选标记两类，每一类标记中又分为识别标记和作业标记。具体来说，集装箱上有箱主代号；箱号或顺序号、核对号；集装箱尺寸及类型代号。具体可参见图 3–9。

图3-9　集装箱后端门集装箱标识

（1）必备标记。

1）识别标记，它包括箱主代号、顺序号和核对数字。

箱主代号。根据国际标准化组织的规定，箱主代号由四个大写的拉丁文字母表示，前三位由箱主自己规定，第四个字母一律用“U”表示。如图 3-9 中的“HJCU”代表该集装箱属于韩进海运公司。

顺序号。顺序号又称箱号，由 6 位阿拉伯字母组成。如有效数字不是 6 位时，则在有效数字前用“0”补足 6 位。如图 3-9 中的“142913”。

核对数。它是用来核对箱主代号和顺序号记录是否准确的依据。它位于箱号后，用一位阿拉伯数字加一个方框表示。如图 3-9 中的“7”。

2）作业标记，它包括以下三方面内容：

额定重量和自定重量标记。额定重量即集装箱总重。自重即集装箱空箱质量（或空箱重量），国际标准化组织规定应以千克（kg）和磅（lb）同时表示。

空陆水联运集装箱标记。由于该集装箱的强度仅能堆码两层，因而国际标准化组织对该集装箱规定了特殊的标志，该标记为黑色，位于侧壁和端壁的左上角，并规定标记的最小尺寸为：高 127mm，长 355mm，字母标记的字体高度至少为 76mm。如图 3-10 所示。

图3-10　空陆水联运集装箱标记

登箱顶触电警告标记。该标记为黄色底三角形，一般设在罐式集装箱和位于登顶箱顶的扶梯处，以警告登顶者有触电危险，如图 3–11 所示。

图3–11　登箱顶触电警告标记

（2）自选标记。

1）识别标记。

1984 年的国际标准中识别标记有国家代码，由 2～3 个拉丁字母组成。1995 年的新国际标准中取消了国家代码，识别标记主要由尺寸代号和类型代号组成。

2）作业标记。

超高标记，该标记为在黄色底上标出黑色数字和边框，此标记贴在集装箱每侧的左下角，距箱底约 0.6m 处，同时还贴在集装箱主要标记的下方。凡高度超过 2.6m 的集装箱应贴上此标记。

国际铁路联盟标记。凡符合《国际铁路联盟条例》规定的集装箱，可以获得此标记。该标记是在欧洲铁路上运输集装箱的必要通行标志。

（3）通行标记。

集装箱在运输过程中能顺利地通过或进入他国国境，箱上必须贴有按规定要求的各种通行标志，否则，必须办理烦琐的证明手续，这会延长集装箱的周转时间。

集装箱上主要的通行标记有：安全合格牌照、集装箱批准牌照、防虫处理板、检验合格徽及国际铁路联盟标记等。

小拓展：集装箱识别标记中的“自检测系统”的原理

集装箱识别标记中的“自检测系统”的原理如下：

（1）将箱主代号四个拉丁字母与顺序号 6 位阿拉伯数字视作一组，共 10 个字符。前四位拉丁字母与等效数值的对应关系如下：

A—10，B—12，C—13，D—14，E—15，F—16，G—17，H—18，I—19，J—20，K—21，L—23，M—24，N—25，O—26，P—27，Q—28，R—29，S—30，T—31，U—32，V—34，W—35，X—36，Y—37，Z—38

从中可以看出，等效数值中去掉了 11 及其倍数的数字，这是因为后面的计算将把 11 作为模数。

（2）将四位字母对应的等效数值和后面顺序号的数字（共计10位）采用加权系数法进行计算求和 S。

（3）以S除以模数11，求其余数，详见公式：

$$S=\sum_{i=0}^{9}C_i\times 2^i$$

S/11的余数即为核对数。

例：计算集装箱COSU800121的核对数，则对应数字依次为：13，26，30，32，8，0，0，1，2，1，然后加权求和：

$$S=13\times 2^0+26\times 2^1+30\times 2^2+32\times 2^3+8\times 2^4+0\times 2^5+0\times 2^6+1\times 2^7+2\times 2^8+1\times 2^9=1\ 721$$

最后，用 S 除以11取得余数为5，所以核对数为5。

故该集装箱的号码为：COSU8001215。

3.2　国际海上集装箱运输货运代理业务

3.2.1　集装箱运输方式

1. 集装箱货物的装箱方式

（1）整箱货（Full Container Load，FCL）。

整箱货为拼箱货的相对用语，它是由发货人负责装箱、计数、积载并加铅封的货运形式。整箱货的拆箱一般由收货人办理，也可以委托承运人在货运站拆箱，但是承运人不负责箱内的货损、货差，除非货方举证确属承运人责任事故的损害，承运人才负责赔偿。承运人对整箱货，以箱为交接单位。只要集装箱外表与收箱时相似和铅封完整，承运人就完成了承运任务。整箱货运提单上，要加上“委托人装箱、计数并加铅封”的条款。

（2）拼箱货（Less Than Container Load，LCL）。

拼箱货为整箱货的相对用语，指装不满一整箱的小票货物。这种货物通常是由承运人分别揽货，并在集装箱货运站或内陆站集中，然后将两票或两票以上的货物拼装在一个集装箱内，同样要在目的地的集装箱货运站或内陆站拆箱分别交货。对于这种货物，承运人要负担装箱与拆箱作业，装拆箱费用仍向货方收取。承运人对拼箱货的责任，基本上与传统杂货运输相同。

2. 集装箱货物的交接地点

货物运输的交接地点是指根据运输合同，承运人与货方交接货物、划分责任风险和费用的地点。目前，集装箱运输中货物的交接地点有门（双方约定的地点）、集装箱堆场、船边或吊钩或集装箱货运站。

（1）门（Door）。

“门”是指收发货人的工厂、仓库或双方约定收、交集装箱的地点，在多式联运中经常使用。

（2）集装箱堆场（Container Yard，CY）。

集装箱堆场又称场，是交接和保管空箱（Empty Container）和重箱（Loaded Container）的场所，也是集装箱换装运输工具的场所。

（3）船边或吊钩（Ship's Rail or Hook/ Tackle）。

船边或吊钩又称钩，是指装货港或卸货港装卸船边或码头集装箱装卸吊具，并以此为界区分运输装卸费用的责任界限。

（4）集装箱货运站（Container Freight Station，CFS）。

集装箱货运站又称站，是拼箱货交接和保管的场所，也是拼箱货装箱和拆箱的场所。集装箱堆场和集装箱货运站也可以同处于一处。

注：门、场、钩主要是整箱货的交接场所；站主要是拼箱货的交接场所。

3. 集装箱货物的交接方式

在集装箱运输中，根据实际交接地点的不同，集装箱货物的交接有多种方式。在不同的交接方式中，集装箱运输经营人与货方承担的责任、义务不同，集装箱运输经营人的运输组织内容、范围也不同。

集装箱货物的交接方式有九种，具体如图 3–12 所示。

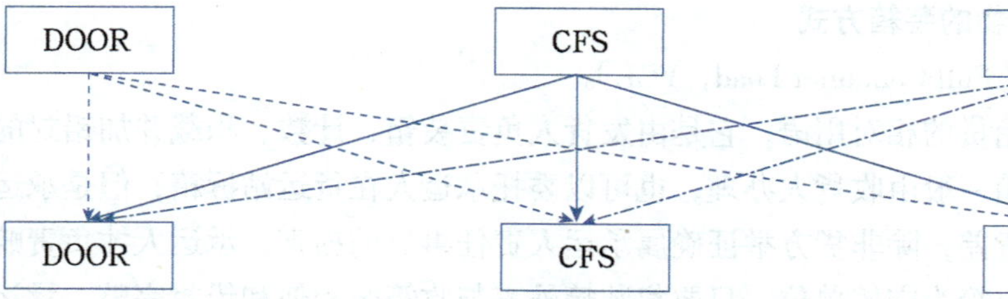

图3–12 集装箱货物的交接方式

（1）门到门（Door to Door）交接方式。

该方式是指运输经营人在发货人的工厂或仓库接收货物，负责将货物运至收货人的工厂或仓库交付。在这种交付方式下，货物的交接形态都是整箱交接。

（2）门到场（Door to CY）交接方式。

该方式是指运输经营人在发货人的工厂或仓库接收货物，并负责将货物运至卸货港码头堆场或其内陆堆场，在堆场向收货人交付。在这种交接方式下，货物也都是整箱交接。

（3）门到站（Door to CFS）交接方式。

该方式是指运输经营人在发货人的工厂或仓库接收货物，并负责将货物运至卸货港码头的集装箱货运站，或其在内陆地区的货运站，经拆箱后向各收货人交付。在这种交接方式下，运输经营人一般是以整箱形态接收货物，以拼箱形态交付货物。

（4）场到门（CY to Door）交接方式。

该方式是指运输经营人在码头堆场或其内陆堆场接收发货人的货物（整箱货），并负责把货物运至收货人的工厂或仓库，向收货人交付。

（5）场到场（CY to CY）交接方式。

该方式是指运输经营人在装货港的码头堆场或其内陆堆场接收货物（整箱货），并负责运至卸货港码头堆场或其内陆堆场，在堆场向收货人交付（整箱货）。

（6）场到站（CY to CFS）交接方式。

该方式是指运输经营人在装货港的码头堆场或其内陆堆场接收货物（整箱货），并负责运至卸货港码头集装箱货运站，或其在内陆地区的集装箱货运站，一般经拆箱后向收货人交付。

（7）站到门（CFS to Door）交接方式。

该方式是指运输经营人在装货港码头的集装箱货运站或其内陆的集装箱货运站接收货物（经拼箱后），负责运至收货人的工厂或仓库交付。在这种交接方式下，运输经营人一般是以拼箱形态接收货物，以整箱形态交付货物。

（8）站到场（CFS to CY）交接方式。

该方式是指运输经营人在装货港码头集装箱货运站或其内陆的集装箱货运站接收货物（经拼箱后），负责运至卸货港码头或内陆地区的堆场交付。在这种方式下，货物的交接形态同站到门交接方式。

（9）站到站（CFS to CFS）交接方式。

该方式是指运输经营人在装货港码头集装箱货运站或内陆地区的集装箱货运站接收货物（经拼箱后），负责运至卸货港码头集装箱货运站或其内陆地区的集装箱货运站，经拆箱后向收货人交付。在这种方式下，货物的交接形态一般都是拼箱交接。

以上九种交接方式是集装箱运输中集装箱货物基本的交接方式。除装货海港码头堆场（或海港码头的集装箱货运站）到卸货海港码头堆场（或卸货海港码头集装箱货运站）交接方式适用于海运单一方式运输（包括海上转运）外，其他交接方式都是集装箱货物多式联运下的交接方式（见表3-5）。

表3-5 集装箱的交接方式

交接地点	交接方式
站到站（CFS to CFS）	拼箱交，拼箱接（LCL/LCL）
站到场（CFS to CY） 站到门（CFS to Door）	拼箱交，整箱接（LCL/FCL）
场到站（CY to CFS） 门到站（Door to CFS）	整箱交，拼箱接（FCL/LCL）
场到场（CY to CY） 场到门（CY to Door） 门到门（Door to Door） 门到场（Door to CY）	整箱交，整箱接（FCL/FCL）

3.2.2 国际进出口货物海运业务基本流程

国际货物海上运输业务分为出口货物海运业务和进口货物海运业务。

在国际贸易中，根据买卖双方签订的贸易条款来决定应由卖方还是买方承担运输责任。不同贸易术语下，货物进出口的海运业务的流程也不同。

1. 出口货物海运基本流程

出口货物海运业务是指根据贸易合同中的运输条件，把售予国外客户的出口货物加以组织和安排，通过海运方式运到国外目的港的一种业务。凡以 CIF 和 CFR 条件签订的出口合同，皆由卖方安排运输。卖方须根据买卖合同中规定的交货期安排运输工作。如凭信用证方式结汇的，卖方须等收到信用证后方可安排运输。

在以 CIF 或 CFR 条件成交，由卖方安排运输时，海运出口货物运输工作一般包括以下八个环节，如图 3-13 所示。

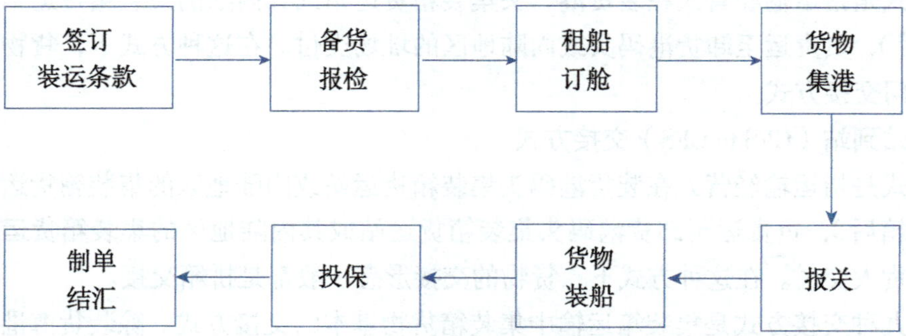

图3-13 出口货物海运基本流程

2. 进口货物海运基本流程

进口货物海运业务是根据贸易合同中有关的运输条款，将国外货物加以组织安排，通过海洋运输方式运进国内的一种业务。这种业务的程序取决于合同中的贸易条件。按 FOB 条件签订进口合同时，称为“我方派船”，应由我进口方安排船舶，如进口方自己没有船舶，则应负责租船订舱或委托代理办理租船订舱手续，当办妥租船订舱手续后，应及时将船名及船期通知卖方，以便卖方备货装船，避免出现船等货的情况。对 CFR 和 CIF 条件的合同，一般称为“对方派船”，由卖方负责订舱配船，安排装运，但由于各种原因，进口货物不一定都能按期交货，因此，我进口方必须督促出口方按期或提前装运。

在 FOB 贸易条款下，对于进口商来说，进口货物海运基本流程如图 3-14 所示。

3.2.3 海运整箱货运代理业务流程

1. 海运整箱货运代理业务出口流程

从货运代理的角度，海运整箱货运代理业务出口流程为揽货接单（签订委托协议）、接受委托（索取出口单证）、订舱配载、提取空箱、货物装箱、货物报关、报检、集港装船（制作提单、集港交货、港口装船）、确认提单、购买保险、结费赎单（单证整卷归档）等环节。

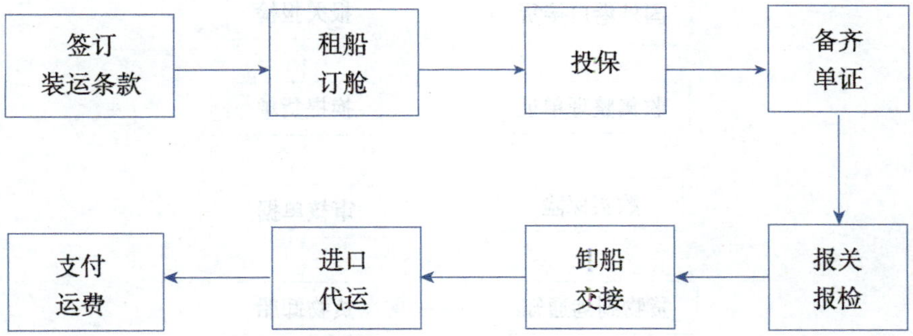

图3-14　进口货物海运基本流程

海运整箱货运代理业务出口流程从操作内容来说，海运整箱货运代理业务出口流程涉及货与单证等；从关联部门来说，涉及客户、船公司、集装箱码头、车队、报关行、检验检疫部门、海关等。

海运整箱货运代理业务出口流程如图 3-15 所示。

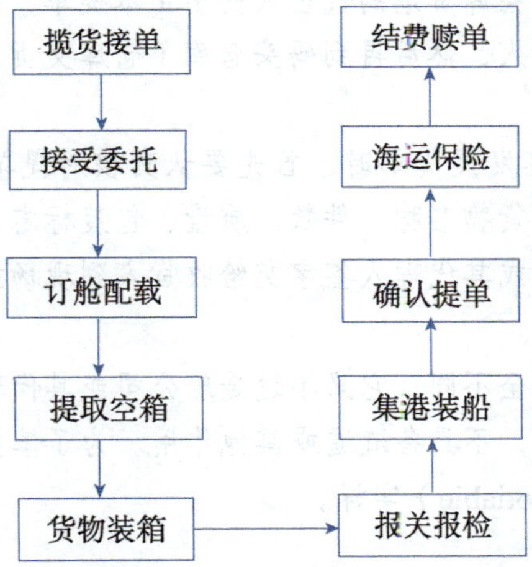

图3-15　海运整箱货运代理业务出口流程

2. 海运整箱货运代理业务进口流程

从货运代理的角度，海运整箱货运代理业务进口流程为办理订舱、洽船公司、国外港口接货、收集整理进口单证（包括商务单证和货运单证）、购买保险（接到装船信息后立刻投保）、换单（船到卸货港后凭正本提单和到货通知书向船代换取提货单和交货记录）、报关、报检、凭海关放行的提货单提取整箱（提货并回空箱）、单证整卷归档等环节。如货物灭失或损坏属于船公司责任的，向船公司或保险公司提出索赔，属于发货人责任的，由收货人提出索赔。

海运整箱货运代理业务进口流程如图 3-16 所示。

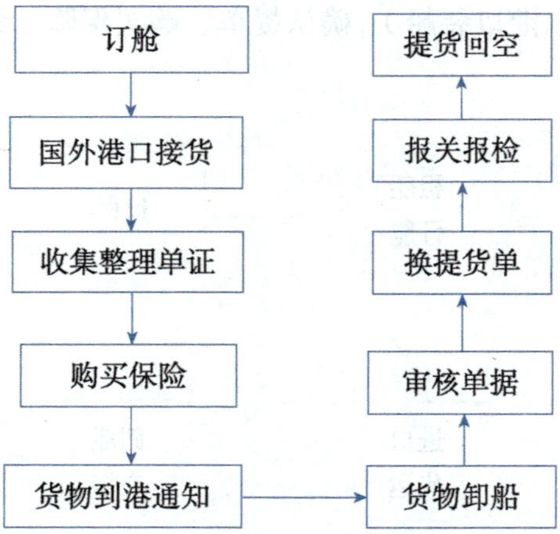

图3–16　海运整箱货运代理业务进口流程

小拓展：提货单（Delivery Order，D/O）的作用

虽然收货人或其代理人提取货物是以正本提单为交换条件，但在实际业务中则是由收货人或其代理人先向船公司在卸货港的代理人交出正本提单，再由船公司的代理人签发一份提货单给收货人或其代理人，然后再到码头仓库（仓库交货）或船边（船边交货）提取货物。

船公司或其代理人在签发提货单时，首先要认真核对提单和其他单证的内容是否相同，然后才详细地将船名、货物名称、件数、质量、包装标志、提单号、收货人名称等记载在提货单上，并由船公司或其代理人签字交给收货人到现场提货。若同意收货人在船边提货，亦应在提货单上注明。

提货单的性质与提单完全不同，它只不过是船公司或其代理人指令仓库或装卸公司向收货人交付货物的凭证而已，不具备流通或其他作用。为了慎重起见，一般都在提货单上记有“不可转让”（Non-negotiable）字样。

3.2.4　海运拼箱货运代理业务流程

集装箱运输分为整箱（FCL）和拼箱（LCL）两种，有条件的货运代理公司也承办拼箱业务，即接收客户尺码或重量达不到整箱要求的小批量货物，把不同收货人、同卸货港的货物集中起来，拼凑成一个整箱，我们称这种做法为集拼（Consolidation）。

1. 承办集拼业务的货代应具备的条件

（1）具有集装箱货运站装箱设施和装箱能力。

（2）与国外卸货港有拆箱分运能力的航运或货代企业建有代理关系。

（3）政府部门批准有权从事集拼业务并有权签发自己的货代提单（House B/L）。

2. 海运拼箱货运代理业务流程

海运拼箱货运代理业务流程如图 3–17 所示。

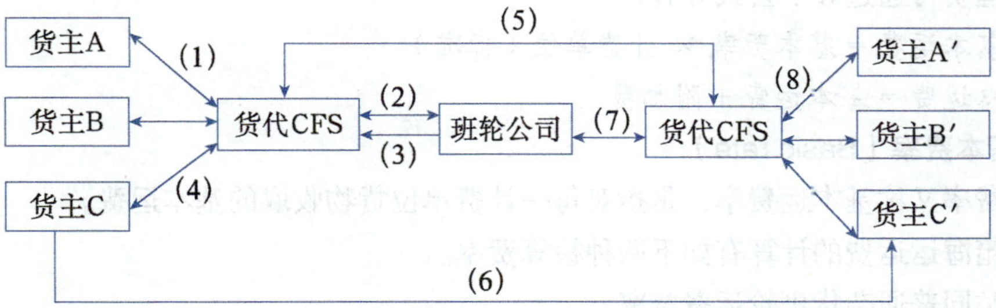

图3–17 海运拼箱货运代理业务流程

（1）A、B、C 等不同货主（发货人）将不足一个集装箱的货物（LCL）交货运代理（即集拼经营人）。

（2）货运代理将拼箱货拼装成整箱后，向班轮公司办理整箱货物运输。

（3）整箱货装船后，班轮公司签发 B/L 或其他单据（如海运单）给货运代理。

（4）货运代理在货物装船后签发自己的提单（House B/L）给每一个货主。

（5）货运代理将货物装船及船舶预计抵达卸货港日期等信息告知其卸货港的机构或其代理人，同时还将班轮公司 B/L 及货运代理的 House B/L 的复印件等单据交卸货港代理人，以便向班轮公司提货和向收货人交付货物。

（6）货主之间办理包括 House B/L 在内的有关单据的交接。

（7）货运代理在卸货港的代理人凭班轮公司的提单提取整箱货。

（8）A'、B'、C' 等不同货主（收货人）凭 House B/L 在卸货港货运代理的 CFS 处提取拼箱货。

3.3 班轮运费的核算

3.3.1 班轮运价

班轮运价是指按照班轮运价表的规定计算的班轮运费。

班轮运价表是指按班轮运输条件所制定的不同航线、不同货种或货物等级的运费率计算各种费用的规定和划分费用的条款文本。它是包括适用范围、费率标准、计收办法、承托双方责任、费用、风险划分等的一个综合价格体系。不同的班轮公司或不同的轮船公司有不同的运价表，但它都是按照各种货物的不同积载系数、不同的性质和不同的价值，结合不同的航线加以确定的。

运价是指运输费用的单位价格。运费是运输经营人向货物托运人收取的全部运输费用；班轮运费由基本运费和附加费两个部分构成。

3.3.2 班轮运费的计算

班轮运费可通过如下公式计算：

基本运费＝基本费率 × 计费单位（标准）

总运费＝基本运费＋附加费

1. 基本费率（Basic rate）

基本费率又称基本运费率，是指对每一计费单位货物收取的基本运费。

集装箱海运运费的计算有如下两种核算费率。

（1）类同普通杂货班轮运费费率。

对具体的航线按货物的等级确定相应基本费率，并按规定的计费标准计算运费。

（2）实行包箱费率（Box Rates）。

按航线以每一个集装箱作为计算单位计算包箱运费，包箱费率是船公司根据自身情况，以不同类型的集装箱为计费单位，确定整箱货的不同航线包干费。目前，它有以下三种具体形式：

按 FAK 包箱费率（Freight for All Kinds）计收。它是将货物分为普通货物、一般工业品、半危险品、全危险品和冷藏货物等（见表 3-6）。不同类的货物、不同尺寸（20 ft/40 ft）的集装箱，费率不同。

表3-6 FAK包箱费率运价表

中国—欧洲航线集装箱费率表 CHINA-EUROPE CONTAINER SERVICE				美元 IN USD					
上海、天津新港、大连、青岛—鹿特丹、汉堡、费力克斯托、安特卫普、勒哈佛 SHANGHAI, XINGANG, DALIAN, QINGDAO-ROTTERDAM, HAMBURG, FELIXSTOWE, ANTWERP, LE HAVRE									
等级 （CLASS）	黄浦直达 HUANGPU （DIRECT）			厦门、湛江 （经香港转船） XIAMEN、ZHANJIANG （VIA HONGKONG）			温州、海门、宁波 （经香港转船） WENZHOU、HAIMEN、NINGBO（VIA HONGKONG）		
	LCL W/M	CY/CY 20 ft	CY/CY 40 ft	LCL W/M	CY/CY 20 ft	CY/CY 40 ft	LCL W/M	CY/CY 20 ft	CY/CY 40 ft
1～20	105.00	1 550.00	3 000.00	125.00	1 950.00	3 700.00	140.00	2 200.00	4 200.00
一般化工品 CHEMICALS, N. H.	105.00	1 550.00	3 000.00	125.00	1 950.00	3 700.00	140.00	2 200.00	4 200.00
半危险品 SEMI-HAZARDOUS	150.00	2 350.00	4 450.00	170.00	2 750.00	5 250.00	173.00	2 800.00	5 350.00
全危险品 HAZARDOUS		3 050.00	5 800.00		3 450.00	6 550.00			
冷藏货物 REEFER		3 250.00	5 400.00		3 850.00	6 100.00		3 850.00	6 300.00

按 FCS 包箱费率（Freight for Class）计收。它是将货物分为普通货物、一般化工品、半危险品、全危险品和冷藏货物等几大类，其中普通货物与件杂货一样为1～20级，各公司运价本中按货物种类、级别和箱型规定包箱费率，但集装箱货的费率级差要大大小于件杂货费率级差（见表3-7）。

表3-7　FCS包箱费率运价表

中国—欧洲航线集装箱费率表 CHINA-EUROPE CONTAINER SERVICE	美元 IN USD					
上海、天津新港、大连、青岛—鹿特丹、汉堡、费力克斯托、安特卫普、勒哈佛 SHANGHAI, XINGANG, DALIAN, QINGDAO-ROTTERDAM, HAMBURG, FELIXSTOWE, ANTWERP, LE HAVRE						
等级（CLASS）	直达 DIRECT			经香港、上海或天津新港转船 TRANSHIPMENT VIA HONGKONG, SHANGHAI OR XINGANG		
	LCL W/M	CY/CY 20 ft	CY/CY 40 ft	LCL W/M	CY/CY 20 ft	CY/CY 40 ft
1～8	120.00	1 850.00	3 500.00	130.00	2 050.00	3 900.00
9	125.00	1 950.00	3 700.00	135.00	2 150.00	4 100.00
10～11	130.00	2 050.00	3 900.00	140.00	2 250.00	4 300.00
12～20	135.00	2 150.00	4 100.00	145.00	2 350.00	4 500.00
CHEMICALS, N. H.（一般化工品）	130.00	2 050.00	3 900.00	140.00	2 250.00	4 300.00
SEMI-HAZARDOUS（半危险品）	148.00	2 650.00	5 050.00	158.00	2 850.00	5 450.00
HAZARDOUS（全危险品）		3 300.00	6 300.00		3 500.00	6 700.00
REEFER（冷藏货物）		3 850.00	6 100.00		4 050.00	6 500.00

注：1.秦皇岛、连云港、烟台出口欧洲的货物须经香港转船，其费率在直达欧洲费率基础上加USD 300/20ft、USD 570/40ft、LCL USD 17.00/FRT。

2.张家口港出口欧洲的货物须经上海转船，其费率在上海直达欧洲的费率基础上加USD 100/20ft、USD 200/40ft、LCL USD 5.00/FRT。

3.镇江出口欧洲的货物须经上海转船，其费率在上海直达欧洲的费率基础上加USD 150/20ft、USD 300/40ft、LCL USD 8.00/FRT。

按 FCB 包箱费率（Freight for Class or Basis）计收。它是按不同货物的类别、等级及计算标准制定的包箱费率。在这种费率下，即使是装有同种货物的集装箱货，当用重量吨或体积吨为计算单位（或标准）时，其包箱费率也是不同的，这是其与 FCS 费率的主要区别之处（见表3-8）。

表3–8 FCB包箱费率运价表

基本港：Algiers；Genoa；Marseilles

等级	LCL per W	LCL per M	FCL 20'（CY/CY）	FCL 40'（CY/CY）
1~7	131.00	100.00	2 250.00	4 200.00
8~13	133.00	102.00	2 330.00	4 412.00
14~20	136.00	110.00	2 450.00	4 640.00

2. 计算单位（标准）(Basis for Freight Calculation)

（1）重量吨（W），按货物重量计算。

（2）尺码吨（M），按货物尺码或体积计算。

（3）运费吨（FRT，W/M），按重量或尺码中较高者计算，如图 3–18 所示。

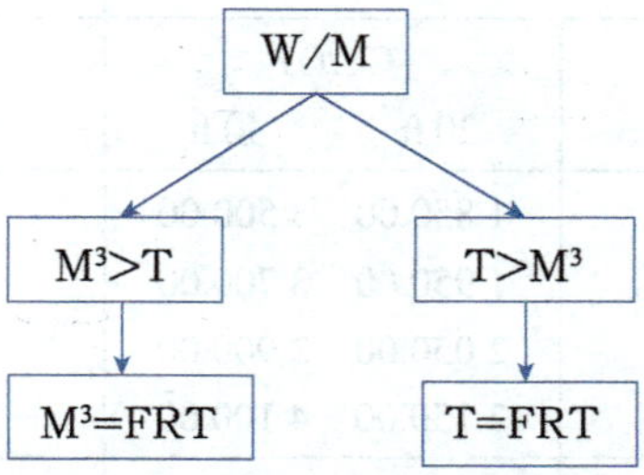

图3–18 运费吨的计算

（4）从价运费（ad. Val），按货物（贵重物品）FOB 价收取一定的百分比作为运费。

（5）按货物重量或尺码或价值（W/M or ad. Val），选择其中一种收费较高者计算运费。

（6）按货物重量或者尺码选择其高者（W/M plus ad. Val），再加上从价运费计算。

（7）按每件为一单位计收。

（8）临时议定的价格。

3. 附加费（Surcharge）

燃油附加费（Bunker Surcharges or Bunker Adjustment Factor，B.A.F.）：因国际市场上燃油价格上涨而征收的附加费。集装箱分别按拼箱货和整箱货的不同计算标准征收。如整箱货以 20 ft 或 40 ft 一个箱子加收若干元。燃油价格回落，该项附加费会调整或取消。

货币贬值附加费（Devaluation Surcharge or Currency Adjustment Factor，C.A.F.）：因某一挂靠港所在国货币币值与美元相比升值，为补偿船舶港口使用费而征收的附加费。由于日元与美元比值变化较大，船公司还可能单独征收日元币值附加费。

转船附加费（Transshipment Surcharge）：凡运入非基本港的货物需转船运往目的港时，船方收取的附加费，其中包括转船费和二程运费。

直航附加费（Direct Additional）：当运往非基本港的货物达到一定的货量，船公司可安排直航该港而不转船时所加收的附加费。

超重附加费（Heavy Lift Additional）：超重货物在装卸作业中需要有重型吊机，要结扎捆绑、垫好加固，要多开支吊机费、人工费、垫料和加固材料费，为补偿这些开支，对超重货物就要加收超重附加费。

港口附加费（Port Additional or Port Surcharge）：某些港口（包括基本港和非基本港）的情况比较复杂（如船舶进出需要通过闸门），装卸效率低或者港口费较高，在这种情况下，都会增加承运人的运输经营成本，承运人为弥补这方面的损失所增收的附加费。

港口拥挤附加费（Port Congestion Surcharge）：在集装箱运输中主要指港口拥挤或集装箱进出不平衡，导致船舶长时间等泊或集装箱在港积压而增收的附加费。

选卸港附加费（Optional Surcharge）：选择卸货港或交货地点仅适用于整箱托运整箱交付的货物，而且一张提单的货物只能选定在一个交货地点交货，并按箱收取选卸港附加费。

变更卸货港附加费（Alternational of Destination Surcharge）：变更目的港仅适用于整箱货，并按箱计收变更目的港附加费。该费用少补多不退。翻舱费用和额外费用及损失由提出变更要求的一方承担。

绕航附加费（Deviation Surcharge）：由于正常航道受阻不能通行，船舶必须绕道才能将货物运至目的港时，船方所加收的附加费。

滞箱费（Demurrage Charge）：是当用箱人使用船公司的集装箱超过了免费用箱的时间，船公司向用箱人收取的相关费用。通常情况下，进口集装箱超期使用费率从卸船次日起算，至空箱还到指定堆场为止。出口集装箱超期使用费率从堆场提箱日起算，至开船日期为止，如果遇船拖班，多出来的时间，船公司自动减免。

4. 运费计算步骤

（1）选择相关运价本。

（2）根据货物名称，在货物分级表中查到运费计算标准（Basis）和等级（Class）。

（3）在基本费率部分找到相应航线、启运港、目的港，按等级查到基本运价。

（4）在附加费率表中查出所有附加费项目和数额及货币种类。

（5）根据基本运价和附加费算出实际运价。

（6）运费 = 运价 × 运费吨 + $\sum S$（$\sum S$ 是各项附加费的总和）。

小实践：查询海运类相关网站

1. 天津港物流信息网：http: //www.tjportnet.com。

2. 中国电子口岸：http: /www.chinaport.gov.cn。

3. 海关信息网：http: //www.haiguan.info。

4. 中国国际海运网：http: //www.shippingchina.com。

5．大陆桥国际航贸网：http：//www.porttrade.net。

6．锦程物流网：http：//www.jctrans.com。

7．客户世界：http：//ww.ccmw.net。

8．外贸精英网：http：//www.cnexp.net。

9．中国国际航贸网：http：//www.cncshipping.com。

10．中华航运网：http：//www.chineseshipping.com.cn。

11．中国物流行业协会：http：/www.cla.gov.cn。

12．中国物流人才网：http：//www.56zp.com.cn。

13．中国物流与采购联合会：http：/www.chinawuliu.com.cn。

14．航运在线：http：//www.sol.com.cn。

15．福步外贸论坛：http：/bbs.fobshanghai.com。

16．船公司导航：http：//www.chuangongsi.com。

3.3.3 海运集装箱运费的构成

集装箱海运运费是指海上运输区段的费用，包括基本运费及各类附加费。一般由承运人根据班轮公司运价本的规定，向托运人或收货人计收。班轮集装箱运输的运费已包括船舶装卸作业费用。

集装箱运费的构成根据交接地点的不同而不同。以 Door-Door 的交接为例，集装箱运费包括出口地集运费、装港港区服务费、海运基本费、卸港港区服务费和进口地疏运费。集装箱运费的基本结构见图 3-19。

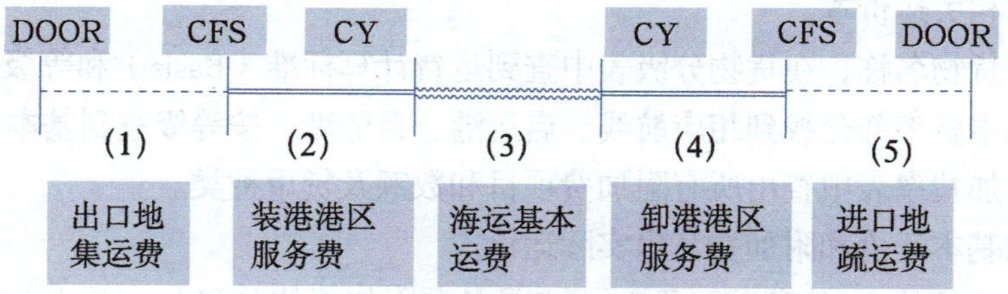

图3-19 集装箱运费的基本结构

装卸港港区服务费包括堆场服务费和货运站服务费。

堆场服务费（Terminal Handing Charges，THC）又称码头服务费。在装船港包括堆场接收出口的货，以及堆存和搬运至装卸桥下的费用，还包括在装船港的单证等费用；在卸船港包括在装卸桥下接收进口箱，以及将箱子搬运至堆场和堆存的费用，还包括在卸船港的单证等费用。堆场服务费在装卸港分别向收发货人收取，在 CY/CY 条款下并人海运运费或在某些国家以附加费的形式计收。

货运站服务费指拼箱货物（LCL）经由货运站作业时的各种操作费用，包括提还空箱、装箱、拆箱、封箱、做标记，在货运站内货物的正常搬运与堆存，签发场站收据、装箱单，必要的分票、理货与积载等费用。

在实际拼箱货物运输操作中，常把其运费结构概括为海运运费及拼箱服务费两部分。

拼箱服务费包括在装卸港两端拼箱货物所有的操作费用，即除了拼箱货物的货运站服务费外，还包括从货运站至码头堆场的搬运费及堆场服务费。

集疏运费：指由发货地运往集装箱码头堆场或由集装箱码头堆场运往交货地的费用。经由水路转运的运费称为集散运输费，经由陆路转运的运费称为内陆运输费。

集散运输费：指将集装箱货物由收货地经水路（内河、沿海）运往集装箱出口堆场间的集装箱运费，或由集装箱堆场经水路（内河、沿海）运往交货地之间的集装箱运费。

内陆运输费：指经陆路（公路或铁路）将集装箱货物运往装船港口的运输费用或将集装箱货物经陆路（公路或铁路）运往交货地的运输费用。

可见，不同交接方式下，集装箱运费的构成不同，详见表 3-9。

表3-9　不同交接方式下集装箱运费的构成

交接方式	交接形态	费用结构						
		发货地集运费	装港货运站服务费	装港堆场服务费	海运运费	卸港堆场服务费	卸港货运站服务费	收货地疏运费
门到门（Door–Door）	FCL/FCL	√		√	√	√		√
门到场（Door–CY）	FCL/FCL	√		√	√	√		
门到站（Door–CFS）	FCL/LCL	√		√	√	√	√	
场到门（CY–Door）	FCL/FCL			√	√	√		√
场到场（CY–CY）	FCL/FCL			√	√	√		
场到站（CY–CFS）	FCL/LCL			√	√	√	√	
站到门（CFS–Door）	LCL/FCL		√	√	√	√		√
站到场（CFS–CY）	LCL/FCL		√	√	√	√		
站到站（CFS–CFS）	LCL/LCL		√	√	√	√	√	

3.4 海运提单与海运单

3.4.1 海运提单概述

1. 海运提单的定义和性质

海运提单（Marine Bill of Lading or Ocean Bill of Lading）简称提单（Bill of Lading, B/L），是指用以证明海上货物运输合同和货物已经由承运人接收或者装船，以及承运人保证据以交付货物的单证。根据我国《海商法》的规定，提单中载明的向记名人交付货物，或者按照指示人的指示交付货物，或者向提单持有人交付货物的条款，构成承运人据以交付货物的保证。

海运提单的性质与作用：

（1）海运提单是证明承运人已经接管货物和货物已经装船的货物收据。

（2）海运提单是承运人保证据以交付货物和可以转让的物权凭证。

（3）海运提单是海上货物运输合同成立的证明。

2. 提单的种类

（1）按货物是否已装船分为已装船提单和收货待运提单。

1）已装船提单（On Board B/L or Shipping B/L）：它由承运人或代理人签发，注明装运船舶的船名和货物实际装船完毕的日期，出口商向银行结汇时提交。

2）收货待运提单（Received for Shipment B/L）：它是未载明装运船舶的船名和装船日期的海运提单，银行一般不受理此类提单。货物装船后，承运人加注装运船舶的船名和装船日期并签字盖章后，成为已装船提单。

（2）按照对货物的外表状况是否有不良的批注划分为清洁提单和不清洁提单。

1）清洁提单（Clean B/L）：它是指装船时货物外表状况良好，承运人或代理人对“外表状况明显良好”（in apparent good order and condition）没有做相反批注的海运提单，是信用证要求的提单。

2）不清洁提单（Unclean B/L）：它是指有批注的海运提单，如提单上批注水湿、油渍、污损、锈蚀、包装不牢固、残破、下雨时装船等。银行不接受以不清洁提单结汇。出口商可出具保函，要求承运人签发清洁提单，以便顺利结汇，但承运人需要承担风险。

（3）按提单收货人栏的填写方式划分为记名提单、不记名提单和指示提单。

1）记名提单（Straight B/L）：它是指在提单上收货人（Consignee）一栏内具体填写某一特定的人或公司名称的提单。只能由提单上所指定的收货人提取货物，不得转让。

2）不记名提单（Open B/L or Blank B/L or Bearer B/L）：它是指提单上的收货人栏内不填写任何内容（空白），或填写“应向提单持有人交付货物”（To the bearer or To the holder）。不记名提单无须背书即可转让，谁持有提单，谁就可以提货。当提单丢失或被窃后，极易引起纠纷，故有些班轮公会规定，凡使用不记名提单的，必须在给大副的提单副本中注明卸货港通知人的名称和地址。

3）指示提单（Order B/L）：它是指在提单正面“收货人”一栏内载明“凭指示”（To Order）或“凭某人指示”（To the Order of××）字样的提单。前者称为托运人指示提单，这种提单在托运人未指定收货人或受让人之前，货物所有权仍属于卖方。在跟单信用证支付方式下，托运人以议付银行或收货人为受让人，通过转让提单而取得议付货款。后者称为记名指示提单，即由载明的“某人”通过背书方式指定收货人。收货人可以通过背书将提单再次转让，也可以凭提单请求承运人交付货物。指示提单分以下几类：

凭银行指示。即提单收货人栏填写为“To the order of ×× Bank”。

凭收货人指示。即提单收货人栏填写为“To the order of ××Co. Ltd.”。

凭发货人指示。即提单收货人栏填写为“To the order of shipper”，并由托运人在提单背面空白背书。这种提单也可根据信用证的规定而做成记名背书。托收人也可不背书，在这种情况下，只有托运人可以提货，即卖方保留货物所有权。

不记名指示。即提单收货人栏填写为“To the order”，并由托运人在提单背面空白背书，也可根据信用证的规定做成记名背书。

（4）按签发提单的时间划分为倒签提单、顺签提单和预借提单。

1）倒签提单（Anti-Date B/L）：它是在货物装船完毕后，应托运人的要求，由承运人或其代理人签发的，提单签发日期早于货物实际装船完毕日期的提单。倒签提单是卖方串通船方来欺骗买方的一种违法行为。根据国际惯例，买方一旦有证据证明提单上说明的装船日期是伪造的，就有权拒绝接收货物、支付货款，即使货款已经支付，买方也可以要求卖方退还。在实践中，托运人要求承运人倒签提单时，一般会出具一份保函，以免除承运人的责任。

2）顺签提单（Post-Date B/L）：它是指在货物装船完毕后，应托运人的要求，由承运人或其代理人签发的，提单签发日期晚于货物实际装船完毕日期的提单。在某些时候，尽管信用证很少会在日期的条款中规定“限于 ×× 个月内装船出运”，或“不早于 ×× 日装运”的字样。但由于买卖双方的合同原因，往往规定了最早的交货期，在这种情况下，可能会出现托运人在信用证规定的装运期之前将货物装船。但为了符合信用证要求，顺利结汇，托运人就要求承运人签发提单装船日期比实际装船日期晚的提单，即顺签提单。在实践中，托运人在要求承运人顺签提单时，一般也会出具保函，以免除承运人的责任。

3）预借提单（Advanced B/L）：它是因信用证规定装运日期或交单结汇期到期而货物因故未能及时装船，但已在承运人掌握之下或已开始装船，由托运人出具保函要求承运人预借的提单。预借的原因是：托运人在规定时间未能备妥货物；船舶不能如期到港，延误了船期；货物装船完毕的日期超过信用证规定的装船日期，甚至超过规定的结汇期，风险极大。

（5）按运输方式划分为直达提单、转船提单和多式联运提单。

1）直达提单（Direct B/L）：它是指货物自装货港装船后，中途不经换船直接驶到卸货港卸货而签发的提单。直达提单上仅列有装运港和目的港的港口名称。在国际贸易中，如信用证上规定货物不准转船，卖方就必须取得承运人签发的直达提单后才能向银行办理议付货款。

2）转船提单（Transshipment B/L）：它是指货物须经中途转船才能到达目的港而由承运人在装运港签发的全程提单。转船提单上注有“在某港转船”字样，承运人只对第一程运输负责。

3）多式联运提单（Multimodal Transport B/L）：它是指货物由海上、铁路、公路、航空等两种或多种运输方式进行联合运输而签发的适用于全程运输的提单。

（6）按提单内容的繁简划分为全式提单和简式提单。

1）全式提单（Long Form B/L）：它是指提单除正面印就的提单格式所记载的事项外，还在背面列有关于承运人与托运人及收货人之间权利和义务等详细条款的提单。由于这种提单的条款繁多，所以它又称“繁式提单”。

2）简式提单（Short Form B/L）：它是指提单背面没有关于承运人与托运人及收货人之间的权利和义务等详细条款的提单。这种提单一般在正面印有“简式”（Short Form）字样，以示区别。

（7）按提单签发人身份的不同划分为班轮提单和无船承运人提单。

1）班轮提单（Master B/L，MB/L）：俗称船东提单或船东单，是指在班轮运输中，由班轮公司或其代理人作为承运人直接签发给托运人的海运提单。有的信用证上规定只接受船东提单。

2）无船承运人提单（NVOCC Bill of Lading，House Bill of Lading）：它是指无船承运业务的经营者以承运人的身份，签发给托运人的提单，通常被称为货代提单。船东提单与货代提单的区别见表3-10。

表3-10 船东提单与货代提单的区别

类别	船东提单	货代提单
签发的主体	船公司签发	货代公司签发
抬头	船公司	货代公司
目的港收货方式	直接向船公司提货	先在目的港向货代的代理换取船公司提单，然后凭船公司提单去提货，俗称换单；或者由目的港客户凭货代提单直接找货代的代理提货
适用范围	FCL货物	FCL货物、LCL货物
费用	高	低（但有目的港换单费）
风险	低	高

3.4.2 海运提单的填制

1. 托运人或发货人（Shipper）

托运人可以是货主，也可以是货主的代理人或货运代理人，信用证支付方式下一般是信用证中的受益人。

2. 收货人（Consignee）

本栏的填法，如是信用证支付方式下的提单，要严格按信用证规定办理。如是托收方式下的提单，本栏一般填“To order”或“To order of shipper”，然后由发货人背书。信用证支付方式下如要求记名提单，则可填上具体的收货公司或收货人名称；如属指示提单，则填“指示”（Order）或“凭指示”（To Order）；如需在提单上列明指示人，则可根据不同要求，做成“凭托运人指示”（To Order of × × Bank）。不记名式提单，即在本栏留空不填，或填入“To bearer”（来人抬头）。

本栏的填写应该注意以下三点：

（1）本栏若填写“To Order”或“To Order of Shipper”等字样，表示指示提单，可转让，一般通过背书方转让给受让人。

（2）本栏若填写实际收货人，表示记名提单，不可以转让。

（3）承运人不接受一票货物有两个或两个以上的收货人，如有，本栏内填写第一收货人，第二收货人填在被通知人栏内。

3. 被通知人（Notify Party）

被通知人一般是收货人的代理人。在信用证项下，银行作为收货人显示在提单上，这时的被通知人往往是实际收货人。如信用证上对提单被通知人有具体规定，则必须严格按信用证要求填写。如果是记名提单或收货人指示提单，且收货人又有详细地址的，则此栏可以不填。如果是空白指示提单或托运人指示提单，则此栏必须填列通知人名称及详细地址，否则船方就无法与收货人联系，收货人也不能及时报关、提货。信用证规定的被通知人后如有“only”一词，提单亦应照打。不能省略托收方式下的提单，本栏可按合同的买方名称填入。

4. 提单号码（B/L No.）

一般在提单右上角，以便于工作联系和查核。发货人向收货人发送装船通知（Shipment Advice）时，也要列明船名和提单号码。

5. 船名（Name of Vessel）

本栏填实际船名。如系班轮，应注明航次号。

6. 装货港（Port of Loading）

发货地不一定是装货港，本栏应填实际起运港的具体名称，且必须符合信用证和合同规定。

7. 卸货港（Port of Discharge）

填货物实际卸下的最终港口名称。如属转船，第一程提单上的卸货港填转船港，收货人填二程船公司；第二程提单装货港填上述转船港，卸货港填最后目的港，如由第一程船公司出联运提单（Through B/L），则卸货港即可填最后目的港，并在提单上列明第一程和第二程船名。如经某港转运，要显示“via ×”字样。在运用集装箱运输方式时，使用联合运输提单（Combined Transport B/L）的，提单上除列明装货港和卸货港外，还要列明收货地（Place of Receipt）、交货地（Place of Delivery）以及第一程运输工具（Pre-carriage by）、海运船名和航次（Ocean Vessel，Voy No.）。填写卸货港时，还要注意同名港口问题；如属选择港提单，要在此栏中注明。

8. 货名（Description of Goods）

在信用证项下，货名必须与信用证上规定的货名一致。

9. 件数和包装种类（Number and Kind of Packages）

本栏主要填包装数量和包装单位。如果提单项下商品的包装单位不止一种，应分别表示。如 250 箱，其中包括 100 木箱和 150 纸箱，可表示如下：

100 wooden cases

150 cartons

250 packages

如上述多种包装单位分别表示，则毛重和尺码栏亦应分别表示。

如是散装货无件数，本栏可表示“in bulk”（散装）。

10. 唛头（Shipping Marks）

信用证有规定的，必须按规定填列，否则可按发票上的唛头填列。

11. 毛重、尺码（Gross Weight，Measurement）

除信用证另有规定外，一般以千克为单位列出货物的毛重，以立方米列出货物的体积，小数点以下保留三位。若裸装货物没有毛重，只有净重时，在净重处注：“N.W.”（Net Weight）。提单的重量应与其他单据的重量一致。

12. 运费和费用（Freight and Charges）

运费和费用一般为预付（Freight Prepaid）或到付（Freight Collect）。如 CIF 或 CFR 出口，一般应填上“运费预付”字样，千万不可漏列，否则收货人会因运费问题提不到货，虽可查清情况，但拖延提货时间也将造成损失。如系 FOB 出口，则可填上“运费到付”字样，除非收货人委托发货人垫付运费。

13. 提单的签发、日期和份数

提单必须由承运人或船长或他们的代理签发，并应明确表明签发人身份。一般表示方法有“Carrier Captain”或“As Agent for the Carrier：××”等。提单份数一般按信用证要求出具，如“Full Set of”，一般理解成三份正本若干份副本，当其中一份正本完成提货任务后，其余各份失效。提单还是结汇的必需单据，特别是用跟单信用证结汇时，银行要求所提供的单证必须一致，因此提单上所签的日期必须与信用证或合同上所要求的最后装船期一致或先于装船期。如果卖方估计货物无法在信用证装船期前装上船，应尽早通知买方，要求买方修改信用证，而不应采用倒签提单、预借提单等欺诈行为取得货款。

14. 签单地点和日期（Place and Date of Issue）

签单地点就是承运人经营业务所在的地点，一般承运人多数在装运港设有代理人，所以签单地点多数是承运人接管货物或装运的地点。

小拓展：海运提单的修改与补发

1．海运提单的修改

海运提单是承运人和托运人之间处理运输中双方权利和义务的依据。一旦签发，双方契约即告成立，最好不要修改。

在不得不修改提单的情况下，要注意以下几点：

（1）修改提单时要注意件数、重量、尺寸是不能修改的。

（2）对于货运代理人而言，提单的修改要尽可能赶在载货船舶开航之前办理，以减少因此而产生的改单费用和手续。

（3）对于托运人而言，因修改提单的内容而引起的费用和损失，都应由提出更改要求的托运人负担。

（4）对于承运人而言，如果货物已经装船，而且签署了提单后托运人提出的修改，承运人要权衡利弊，再决定是否同意更改。

2．海运提单的补发

海运提单具有物权凭证的功能，提单的合法持有人有权在目的港以提单相交换来提取货物，一旦丢失后果严重。

如果提单签发后丢失，托运人提出补发提单，承运人会根据不同情况进行处理，一般是要求提供担保或保证金，而且还要依照一定的法律程序将提单声明作废。《中华人民共和国海事诉讼特别程序法》第100条规定：“提单等提货凭证持有人，因提货凭证失控或者灭失，可以向货物所在地海事法院申请公示催告。”

3.4.3　海运单

海运单（Seaway Bill，SWB）是指证明海上货物运输合同和承运人接收货物或者已将货物装船的不可转让（Non-Negotiable）的单证。海运单的正面内容与提单的正面内容基本一致，但是印有“不可转让”字样。有的海运单在背面订有货方定义条款，承运人责任、义务与免责条款，装货、卸货与交货条款，运费及其他费用条款，留置权条款，共同海损条款，双方有责碰撞条款，首要条款，法律适用条款等内容。

与提单相比，海运单仍具有货物收据和运输合同证明的属性，所不同的是，海运单不具有物权凭证的作用，不具有任意流通的特性。收货人提货时不需要出具正本海运单，只需要确认收货人身份后就可以提货，这使得承运人能够提供更加快捷的提货服务，因此海运单的应用越来越广泛。

小拓展：电放提单

20世纪90年代初，在船公司普遍没有自己的海运单，而又不需要收货人在卸货港以提单换取提货单的情况下，“电放”的做法产生了。电放是指货物在装货港装船后，承运人签发提单，托运人再将全套提单交回承运人，并指定收货人，承运人以电讯方式授权其在卸货港的代理人在收货人不出具提单的情况下交付货物。采用这一方式时，托运人和收货人要出具保函。

3.5　国际海运代理事故纠纷处理

3.5.1　国际海运公约

国际海上货物运输的国际公约有《海牙规则》《海牙－维斯比规则》《汉堡规则》《鹿特丹规则》。

1.《海牙规则》

《海牙规则》(*Hague Rules*)的全称是《统一提单若干法律规则的国际公约》(*International Convention for the Unification of Certain Rules of Law Relating to Bills of Lading*)。它是1924年8月25日在比利时布鲁塞尔由26个国家代表出席的外交会议上签署的，于1931年6月2日起生效。《海牙规则》堪称现今海上货物运输方面最重要的国际公约。我国虽然没有加入该公约，但却把它作为制定我国《海商法》的重要参考依据。我国不少船公司的提单条款也采纳了这一公约的精神。

《海牙规则》共十六条，其中第一条至第十条是实质性条款；第十一条至第十六条是程序性条款，主要是有关公约的批准、加入和修改程序性条款。

《海牙规则》明确规定了承运人的最低限度的义务和责任，制止了公共承运人利用契约自由的原则扩大免责范围、任意降低承运人责任和义务的现象，使国际海上货物运输有了统一的规则，有利于国际贸易的发展。

(1)《海牙规则》的主要内容。

1）承运人最低限度的义务。所谓承运人最低限度的义务，就是承运人必须履行的基本义务。《海牙规则》第三条第一款规定，承运人必须在开航前和开航当时谨慎处理，使航船处于适航状态，妥善配备合格船员，装备船舶和配备供应品；使货舱、冷藏舱和该船其他载货处所能适当而安全地接收、载运和保管货物。该条第二款规定，承运人应妥善地和谨慎地装载、操作、积载、运送、保管、照料与卸载。该条款的核心内容包含两点：一是提供适航船舶；二是妥善管理货物，否则将承担赔偿责任。

2）承运人运输货物的责任期间。所谓承运人运输货物的责任期间，是指承运人对货物运送负责的期限。按照《海牙规则》第一条“货物运输”的定义，货物运输的期间为从货物装上船至卸完船为止的期间。“装上船起至卸完船止”可分为两种情况：一是在使用船上吊杆装卸货物时，装货时货物挂上船舶吊杆的吊钩时起至卸货时货物脱离吊钩时为止，即“钩至钩”期间；二是使用岸上起重机装卸，则以货物越过船舷为界，即“舷至舷”期间。承运人须对在责任期间的货物运输负责。货物装船以前，即承运人在码头仓库接管货物至装上船这一段期间，以及货物卸船后到向收货人交付货物这一段时间，按《海牙规则》第七条的规定，可由承运人与托运人就承运人在上述两段发生的货物灭失或损坏所应承担的责任和义务订立任何协议、规定、条件、保留或免责条款。

3）承运人的赔偿责任限额。它是指对承运人不能免责的原因造成的货物灭失或损坏，通过规定单位最高赔偿额的方式，将其赔偿责任限制在一定的范围内，《海牙规则》第四条第五款规定，不论承运人或船舶，在任何情况下，对货物或与货物有关的灭失或损坏，每件或每单位超过100英镑或与其等值的其他货币时，都不负责；但托运人装货前已就该项货物的性质和价值提出声明，并已在提单中注明的，不在此限。此条意味着承运人单位最高赔偿额为100英镑。这一制度实际上是对承运人造成货物灭失或损害的赔偿责任的部分免除，充分体现了对承运人利益的维护。

4）承运人的免责。《海牙规则》第四条第二款对承运人的免责作了十七项具体规定，分为两类：一类是过失免责；另一类是无过失免责。

5）索赔与诉讼时效。索赔通知是收货人在接收货物时，就货物的短少或残损状况向承运人提出的通知，它是索赔的程序之一。收货人向承运人提交索赔通知，意味着收货人有可能就货物短损向承运人索赔。《海牙规则》第三条第六款规定，承运人将货物交付给收货人时，如果收货人未将索赔通知用书面形式提交承运人或其代理人，则这种交付应视为承运人已按提单规定交付货物。如果货物的灭失和损坏不明显，则收货人应在收到货物之日起三日内将索赔通知提交承运人。《海牙规则》有关诉讼时效的规定是，除非从货物交付之日或应交付之日起一年内提起诉讼，承运人和船舶在任何情况下都免除对灭失或损坏所负的一切责任。

6）托运人的义务和责任。第一，保证货物说明正确的义务。托运人应被视为已在装船时向承运人保证，由其书面提供的标志、件数、数量或重量正确无误，否则应赔偿因此对承运人造成的损失。第二，不得擅自装运危险品的义务。对于装运易燃、爆炸或危险货物的，托运人应如实申报，否则承运人可以在卸货前的任何时候将其卸在任何地点，或将其销毁，或使之无害而不予赔偿，该项货物的托运人应对于装载该项货物而直接或间接引起的一切损失承担责任。如果承运人已知该项货物的性质并同意装载，则在该货物对船舶或货物发生实际危险时亦可将其销毁，或使之无害，而不负赔偿责任，但如有共同海损，则不在此限。第三，损害赔偿责任。根据《海牙规则》第四条第三款的规定，托运人对其本人或其代理人或受雇人因过错给承运人或船舶造成的损害，承担赔偿责任。可见，托运人承担赔偿责任采用的是完全过错责任原则。

7）运输合同无效条款。《海牙规则》第三条第八款规定，运输合同中的任何条款或协议，凡是解除承运人按该规则规定的责任或义务，或以不同于该规则的规定减轻这种责任或义务的，一律无效。该条款有利于承运人，应视为属于免除承运人责任的条款。

8）《海牙规则》的适用范围。《海牙规则》第十条规定，《海牙规则》的各项规定适用于在任何缔约国内所签发的一切提单；第五条第二款规定，该公约的规定不适用于租船合同，但如果提单是根据租船合同签发的，则它们应符合公约的规定。结合《海牙规则》中“运输契约”的定义可以看出：根据租船合同或在船舶出租情况下签发的提单，如果提单在非承运人的第三者手中，即该提单用来调整承运人与提单持有人的关系时，《海牙规则》仍然适用；不在《海牙规则》缔约国签发的提单，虽然不属于《海牙规则》的强制适用范围，但如果提单上订有适用《海牙规则》的首要条款，则《海牙规则》作为当事人协议适用法律，亦适用于该提单。

（2）《海牙规则》存在的主要问题。

1）较多地维护了承运人的利益，这在免责条款和最高赔偿责任限额方面表现得最为明显，造成在风险分担上的不均衡。

2）未考虑集装箱运输形式的需要。

3）责任期间的规定欠周密，出现装船前和卸货后两个实际无人负责的空白期间，不利于维护货方的合法权益。

4）单位赔偿限额太低，诉讼时效期间过短，适用范围过窄。

5）对某些条款的解释至今仍未统一，例如，“管理船舶”与“管理货物”的差异、与货物有关的灭失或损坏的含义、作为赔偿责任限制的计算单位的解释等。因没有统一解释而容易引起争议。

2.《维斯比规则》

《维斯比规则》（*Visby Rules*）是《修改统一提单若干法律规则的国际公约的议定书》的简称。《维斯比规则》是《海牙规则》的修改和补充，故常与《海牙规则》一起，称为《海牙－维斯比规则》。

《维斯比规则》对《海牙规则》的修改主要表现在以下几个方面：

（1）承运人的赔偿限额。《维斯比规则》规定，凡属未申报价值的货物，其灭失或损害的最高赔偿限额为每件或每单位 667 特别提款权，或按货物毛重每千克 2 特别提款权，两者中以较高者为准。

（2）集装箱条款。《维斯比规则》规定，如果货物是用集装箱、托盘或类似装运器具集装时，提单中所载明的装在这种运输工具中的货物件数或单位，应视为该条款所指的件数或单位数。除上述情况外，此种运输工具应视为件或单位。

（3）提单的最终证据效力。当提单转移给善意的第三方时，与此相反的证据不予采用，即此时承运人必须交付提单上记载的货物。

（4）合同之诉或侵权之诉的规定。在货物运输中，即便受害人是以侵权行为提起诉讼时，也要适应运输合同所提起的诉讼。

（5）船方所雇用人员的法律地位。船方所雇用人员在受雇期间，由于其过失造成人身或货物的损失，与船方一样享有免责和限制的规定。

（6）适用范围。《维斯比规则》适用于两个不同国家和地区港口之间有关货物运输的每一份提单。参加和实施《维斯比规则》的国家和地区主要有英国、法国、挪威、丹麦、瑞典、芬兰、比利时、瑞士、叙利亚、黎巴嫩、新加坡、厄瓜多尔、汤加、百慕大群岛、埃及、直布罗陀、波兰、斯里兰卡、阿根廷、荷兰、利比里亚、南斯拉夫和中国香港等。其中，阿根廷、荷兰、利比里亚和南斯拉夫等国已将该规则引入本国国内法中。

3.《汉堡规则》

《汉堡规则》（*Hamburg Rules*）的全称是《1978 年联合国海上货物运输公约》（*United Nations Convention on the Carriage of Goods by Sea，1978*），1976 年由联合国贸易法律委员会草拟。

《汉堡规则》分七个部分共三十四条，是一项完整的国际海上货物运输公约。《汉堡规则》除了保留《维斯比规则》的修改内容外，在下列几个方面进行了根本性的改变：

（1）推行完全过失责任制。

《汉堡规则》删去了争议最大的航行过失免责条款，实行推定过失责任制。如“除非承运人证明他本人、其雇用人或代理人为避免事故的发生及其后果已采取一切所能合理要求的措施，否则承运人应对因货物灭失或损坏或延迟交货造成的损失负赔偿责任”“外交会议通过的共同谅解书说明：根据本公约，承运人的责任以推定过失疏忽的原则为基础，即通常由承运人负举证之责”。

（2）承运人的责任期间。

承运人的责任期间从装船至卸船改为从港口到港口。

（3）关于延迟交付货物的责任。

《汉堡规则》对延迟交付货物进行了明确规定：如果货物未能在协议明确规定的时间内，或虽无此项协议，但未能在对一个勤勉的承运人所能合理要求的时间内交货，即为延迟交付。如果延迟交付达到60天，即可视为货物已经灭失，货主可以向承运人提出索赔。承运人对延迟交付的赔偿责任，以相当于延迟交付货物应支付运费的2.5倍数额为限，但不得超过海上货运合同规定的应付运费总额。

小故事

英国航海钟发明者：约翰·哈里森

约翰·哈里森（John Harrison，1693—1776）耗时40余年，先后造出了5座航海钟，其中以1759年完工的“哈氏4号”最为著名，在历经长达64天的航行后，它只慢了5秒，完美地解决了航海经度定位问题。

（4）关于火灾造成的货物损失。

《汉堡规则》规定，对于火灾造成的货物损失，应由索赔人举证。由于承运人、其雇用人或代理人的过失造成货物损失时，承运人才负赔偿责任。如经索赔人证明承运人、其雇用人或代理人在扑灭火灾中犯有过失致使货物灭失或损坏或延迟支付，承运人也应负赔偿责任。

（5）关于赔偿责任限额。

《汉堡规则》将每件货物的赔偿限额提高到835特别提款权或者每千克2.5特别提款权，取其高者。

（6）关于舱面货。

《汉堡规则》并不将舱面货排除在货物之外，而且明确规定，承运人只有按照同托运人达成的协议或符合特定的贸易惯例或依据法规或规章的要求，才有权在舱面上装货，否则承运人应对货物因装在舱面上而造成的损失负赔偿责任。

（7）关于承运人和实际承运人之间的关系。

如果承运人将全部运输或部分运输委托实际承运人（Actual Carrier）办理，承运人仍须按《汉堡规则》的规定对全部运输负责。如果实际承运人和承运人都有责任，则在此责任范围内，他们应负连带责任。

（8）关于保函问题。

《汉堡规则》规定，托运人为了换取清洁提单，可以向承运人出具承担赔偿责任的保函。该保函在托运人与承运人之间有效，对包括受让提单的收货人在内的第三方一概无效。与此同时还规定，如果发生欺诈，则该保函对托运人也属无效。

（9）关于诉讼时效问题。

第一，《汉堡规则》将诉讼时效扩展为两年；第二，被要求赔偿的人，可在诉讼时效期限内的任何时间，向索赔人提出书面说明延长时效期限，并可再次声明延长。这一规定使债务人有权声明延长时效，与《维斯比规则》固定的协议延长时效相比，虽无实质性差别，但它变得更为灵活了，也给当事人之间的友好协商提供了充分的时间。

（10）关于管辖权。

《海牙规则》和《维斯比规则》对管辖权均无规定，而提单上一般都订有由航运公司所在地法院管辖的规定，这对托运人、收货人显然不利。

《汉堡规则》规定，原告可以选择管辖法院，但该法院必须在下列范围内选定：一是被告主要营业场所所在地；二是合同订立地，而合同是通过被告在该地的营业场所或分支机构订立的；三是装货港或卸货港；四是海上运输合同中为此目的而指定的任何其他地点。该条同时又规定，扣押船舶的法院具有管辖权，但经承运人请求，原告仍应选择上述法院之一提起诉讼。按照该条的规定，提单上的管辖条款至多只能作为一项可供选择的法院而不是唯一的法院的条款。《汉堡规则》第二十二条中也对仲裁地点规定了申请人选择的权利。

（11）《汉堡规则》的适用范围。

《汉堡规则》除在保留原有规定的缔约国内签发的提单和提单上载有适用《汉堡规则》条款时适用外，还加列了以下适用范围：一是海上运输合同规定的装货港位于缔约国内，二是海上运输合同规定的卸货港或指定的备选卸货港，位于缔约国内。这样只要装货港或卸货港位于缔约国内均应适用《汉堡规则》，也就是说，缔约国的进出口贸易海运都要适用《汉堡规则》。

（12）允许使用其他单证。

《汉堡规则》规定，如果承运人签发除提单以外的其他单证，用以证明收到交运的货物，这种单证就是订立海上合同和由承运人接收该单证上所载货物的初步证据。这是为了适应现代科学电子技术的发展和有些航海海运开始使用海运单的情况而制定的。

4.《鹿特丹规则》

2008年12月11日，联合国在纽约召开第63届大会第67次会议，会议审议并通过了联合国国际贸易法委员会提交的《联合国全程或部分海上国际货物运输合同公约》（*United Nations Convention On Contracts for The International Carriage of Goods Wholly or Partly by Sea*）。该公约于2009年9月23日在荷兰鹿特丹获得了包括美国、丹麦、加蓬、加纳、希腊、几内亚、波兰、尼日利亚、挪威、塞内加尔、西班牙、瑞士、多哥和法国等16个成员国的签署。该公约也因此得名“鹿特丹规则”，其目的在于统一国际海运立法，并让参与国际海运过程的各方的责权更加明确。

此后，喀麦隆、亚美尼亚、马达加斯加、尼日尔和马里等国家也陆续签署了《鹿特丹规则》，但众多包括我国在内的影响力较大的国家至今尚未加入。

《鹿特丹规则》共有十八章九十六条，主要是围绕船货双方的权利义务、争议解决及公约的加入与退出等作出一系列规定。与传统的三大公约相比，《鹿特丹规则》作出的变革主要包括以下内容：

（1）提出了“批量合同”的概念。

批量合同是指在约定期间内分批装运约定总量货物的运输合同。货物总量可以是最低数量、最高数量。其常见的类型是远洋班轮运输中的服务合同。针对批量合同，《鹿特丹规则》允许承运人与托运人约定增加或者减少该公约中规定的权利、义务和赔偿责任，并承认上述约定在特定情况的约束力。

（2）提出了“履约方”与“海运履约方”的概念。

《鹿特丹规则》没有沿用《汉堡规则》提出的“实际承运人”概念，而是提出了“履约方”及“海运履约方”的概念。根据该公约，履约方是指承运人以外的，履行或者承诺履行承运人在运输合同下有关货物接收、装载、操作、积载、运输、照料、卸载或者交付的任何义务的人；海运履约方则指凡在货物到达船舶装货港至货物离开船舶卸货港期间履行或者承诺承运人任何义务的履约方，内陆承运人仅在履行或者履行其完全港区范围内的服务时方为海运履约方。

（3）明确承认了电子运输记录的法律效力。

《鹿特丹规则》明确规定了电子运输记录，确认了其法律效力，并将电子运输记录分为可转让与不可转让电子运输记录。该公约明确规定，凡应在运输单证上载明的内容，均可在电子运输记录中加以记载，但电子运输记录的签发和随后的使用须得到承运人和托运人的同意，并且电子运输记录的签发、排他性控制或者转让，与运输单证的签发、占有或者转让具有同等效力。

（4）扩大了承运人的责任期间。

与《海牙规则》“钩至钩”或“舷至舷”及《汉堡规则》“港至港”的调整范围不同，为适应国际集装箱货物“门到门”运输方式的变革，《鹿特丹规则》明确承运人的责任期间自承运人或者履约方为运输而接收货物时开始，至货物交付时终止。

（5）加重了承运人的适航义务。

与《海牙规则》明显不同的是，《鹿特丹规则》规定，必须在开航前、开航当时和海上航行中谨慎处理船舶，使其处于且保持适航状态；妥善配备船员、装备船舶和补给供应品，且在整个航程中保持此种配备、装备和补给；使货舱、船舶所有其他载货处所和由承运人提供的载货集装箱适于且能安全接收、运输和保管货物，且保持此种状态。

（6）进一步明确了承运人的责任。

《鹿特丹规则》对承运人的责任基础作出了明确的规定，采用了完全过失责任制，废除了此前较为主流的“航行过失”和“火灾过失”免责。同时，《鹿特丹规则》还规定，未在约定时间内在运输合同约定的目的地交付货物，即为延迟交付，这一规定删减了《汉堡规则》中“合理时间”的标准。在《鹿特丹规则》中，承运人的责任限制被提高到每件或每单位 875 特别提款权，或者毛重每千克 3 特别提款权，以两者中较高限额为准，但货物价值已由托运人申报且在合同事项中载明的，或者承运人与托运人已另行约定高于本条所规定的赔偿责任限额的，不在此列。此外，《鹿特丹规则》还对船、货双方的举证责任和顺序作了较为具体的规定。

（7）进一步明确了托运人的责任。

《鹿特丹规则》明确规定，除非运输合同另有约定，否则托运人应当交付备妥待运的货物。在任何情况下，托运人交付的货物应当处于能够承受住预定运输的状态，包括货物的装载、操作、积载、绑扎、加固和卸载，且不会对人身或者财产造成损害。托运人有提供信息、指示和文件的义务。对于承运人遭受的灭失或者损坏，如果承运人证明此种灭失或者损坏是由于托运人违反公约规定的义务而造成的，托运人应当负赔偿责任。

此外，《鹿特丹规则》还提出了“单证托运人”的概念，根据该公约，单证托运人是指托运人以外的、统一在运输单证或者电子运输记录中记名为“托运人”的人。单证托运人享有托运人的权利，并且也应承担其相应的义务。

（8）对货物交付作出了更为全面的规定。

《鹿特丹规则》较为细致地就货物交付问题作出了全面规定。根据该公约，当货物到达目的地时，要求接收货物的收货人应当在运输合同约定的时间或者期限内，在运输合同约定的地点接收交货；无此种约定的，应当考虑到合同条款和行业习惯、惯例以及运输情形，在合理预期的交货时间和地点接收货物。收货人应当按照交付货物的承运人或者履约方的要求，以交货地的习惯方式确认从承运人或者履约方收到了货物。收货人拒绝确认收到货物的，承运人可以拒绝交付。

如果没有签发可转让运输单证或者可转让电子运输记录，承运人应当在一定的时间和地点将货物交付给收货人，声称是收货人的人未按照承运人的要求适当表明其为收货人的，承运人可以拒绝交付；如果签发了必须提交的不可转让运输单证，承运人应当在收货人按照承运人的要求适当表明其为收货人并提交不可转让单证时，在一定的时间和地点将货物交付给收货人，声称是收货人的人不能按照承运人的要求适当表明其为收货人的，承运人可以拒绝交付；未提交不可转让单证的，承运人应当拒绝交付。所签发不可转让单证有一份以上正本的，提交一份单证即可，其余正本单证随即失去效力；如果签发的是可转让运输单证或可转让电子运输记录，可转让运输单证或可转让电子运输记录不能证明其为可转让运输单证或电子运输记录的持有人的，承运人应当拒绝交付，所签发可转让运输单证有一份以上正本，且该单证中注明正本份数的，提交一份正本单证即可，其余正本单证随即失去效力；使用可转让电子运输记录的，一经向持有人交付货物，该电子运输记录随即失去效力。

《鹿特丹规则》还对无单放货作出了规定，将航运实践中承运人凭收货人的保函和提单副本交货的习惯做法，改变为承运人凭托运人或单证托运人发出的指示交付货物，且只有在单证持有人对无单放货事先知情的情况下，才免除承运人无单放货的责任，此时承运人有权向上述发出指示的人索要担保。该公约为承运人实施上述无单放货设定了条件，即可转让运输单证必须载明可不凭单放货。

（9）明确提出了“货物控制权”的概念。

《鹿特丹规则》首次在国际海上货物运输领域明确规定了货物的控制权。货物控制权是指根据该公约按运输合同向承运人发出有关货物的指示的权利。《鹿特丹规则》所定义的控制权只能由控制方行使，且仅限于以下几个方面：就货物发出指示或者修改指示的权利，此种指示不构成对运输合同的变更；在计划挂靠港，或者在内陆运输情况下在运输途中的任何地点提取货物的权利；由包括控制方在内的其他任何人取代收货人的权利。控制权在公约规定的整个承运人责任期间有效，该责任期间届满时即告终止。《鹿特丹规则》规定，签发不可转让运输单证，其中载明必须交单提货的，托运人为控制方，且可以将控制权转让给运输单证中指定的收货人，该运输单证可不经背书转让给该人，所签发单证有一份以上正本的，应当转让所有正本单证，否则不能行使控制权；签发可转让运输单证的，持有人为控制方，所签发可转让运输单证有一份以上正本的，持有人得到所有正本单证，方可成为控制方；持有人可以根据公约，通过将可转让运输单证转让给其他人而转让控制权，所签发单证有一份以上正本的，应当向该人转让所有正本单证方可实现控制权的转让，并且为了行使控制权，持有人应当向承运人提交可转让运输单证，同时应适当表明其身份，所签发单证有一份以上正本的，应当提交所有正本单证，否则不能行使控制权；签发可转让电子运输记录的，持有人为控制方，持有人可以按照公约规定的程序，通过转让可转让电子运输记录，将控制权转让给其他人，并且为了行使控制权，持有人应当按公约规定的程序证明其为持有人。

其他情况下，托运人为控制方，除非托运人在订立运输合同时指定收货人、单证托运人或者其他人为控制方。控制方有权将控制权转让给其他人。此种转让在转让人向承运人发出转让通知时对承运人产生效力，受让人于是成为控制方，并且在行使控制权时，应当适当表明其身份。

（10）就权利转让问题作出了明确规定。

《鹿特丹规则》还就权利转让问题作了专门的规定。签发可转让运输单证的，其持有人可以通过向其他人转让该运输单证而转让其中包含的各项权利。若是指示单证，须背书给其他人；若是不记名提单或者空白背书单证，或者是凭记名人指示开出的单证，且转让发生在第一持有人与该记名人之间的，无须背书。签发可转让电子运输记录无论是凭指示开出还是凭记名人指示开出，其持有人均可以按照公约规定，通过转让该电子运输记录转让其中包含的各项权利。

3.5.2 海上货运事故处理

1. 货运事故的责任划分

（1）托运人的责任。

不论是海上货物运输、航空货物运输，还是公路或者铁路货物运输，也不论是单一运输方式的货物运输，还是多式联运的货物运输，托运人根据运输合同将货物交付承运人或者承运经营人之前所发生的一切货损、货差均由托运人自己负责。

（2）承运人的责任。

货物在承运人监管过程中所发生的货损、货差事故，除由于托运人的原因和不可抗力等原因外，原则上都由承运人承担责任。承运人管理货物的时间不仅仅指货物装载在运输工具上的阶段，也可以包括货物等待装运和等待提货阶段。

（3）第三方的责任。

在国际海上货物运输中，第三方责任人一般是港口装卸企业、陆路及水路运输企业、第三方船舶、车辆以及仓储企业等。在装卸作业过程中会由于装卸工人操作不当或疏忽致使货物受损；水路运输中会由于驳船方面的原因导致货物受损；陆运运输中也会由于交通事故、管理不善等原因而发生货物灭失。在仓储过程中，不良的保管条件、储存环境会使货物变质、失窃；与其他船舶、车辆的碰撞事故也是导致货损的原因之一。理货失误等也会造成货差事故的出现。对于这些损失，承运人和托运人如何分担责任以及如何向第三方索赔等事务处理，要根据货损、货差发生的时间、地点和性质而定。

2. 海运事故的索赔

货物在运输中发生了货损、货差后，受到损害的一方向责任方索赔和责任方处理受损方提出的索赔要求是货运事故处理的主要工作。货主对因货运事故造成的损失向承运人等责任人提出赔偿要求的行为称为索赔。承运人等处理货主提出索赔要求的行为称为理赔。

（1）索赔的原则和一般程序。

索赔时，索赔方应坚持实事求是、有根有据、合情合理、注重实效的原则。索赔方应该明白根据运输合同的规定，其索赔对象是运输合同中的承运人。各种运输方式进行索赔的程序基本上是相同的，即由索赔方发出索赔通知、提交索赔函，进而解决争议。如果无法解决争议，则可以进入诉讼或仲裁程序。

1）发出索赔通知。

我国《海商法》和有关的国际公约，以及相关的提单条款一般都规定，货损事故发生后，根据运输合同或提单有权提货的人，应在承运人或承运人的代理人、雇用人交付货物当时或规定时间内，向承运人或其代理人提出书面通知，声明保留索赔的权利，否则承运人可免除责任。

根据规则、法律、国际公约、提单以及航运习惯，一般都把交付货物当时是否提出货损书面通知视为按提单记载事项将货物交付给收货人的初步证据。

另外，在某种条件下，索赔人在接收货物时可以不提出货损书面通知。这种情况是货物交付时，收货人已经会同承运人对货物进行了联合检查或检验，无须就所查的灭失或者损坏的情况提交书面通知。

2）递交索赔申请书或索赔清单。

索赔申请书或索赔清单是索赔人向承运人正式要求赔偿的书面文件，递交索赔申请书意味着正式提出索赔要求。因此，如果索赔方仅仅提出货损通知而没有递交索赔申请书或索赔清单，或出具有关的货运单证，则可解释为没有提出正式的索赔要求，承运人就不会受理货损、货差的索赔，即承运人不会进行理赔。

货物一旦发生灭失或损坏，通常由收货人向承运人或其代理人提出索赔。但是，当收货人根据保险条款从承保货物的保险人那里得到了赔偿后，保险人可向承运人或其代理进行追偿。

在提出索赔时，作为举证的手段，索赔方应出具相关单证等证明文件，来证明货损的原因、种类和程度，确定最终责任方。

海运货损索赔中提供的主要单证有：提单正本；卸货港理货单或货物溢短单、残损单等卸货单证；重理单（复查或重新理货的单据）；货物残损检验报告；商业发票；装箱单；修理单；有关的证明文件（用于证明索赔的起因和计算索赔数目）；权益转让证书。

除了以上单证外，凡是能够证明货运事故的原因、损失程度、索赔金额、责任所在，以及索赔人具有索赔权利的单证都应提供。同时，还应该有索赔函。如有其他能够进一步说明责任人责任的证明，如船长或大副出具的货损报告，或其他书面资料，也应提交。索赔案件的性质、内容不同，所需要的索赔单证和资料也就不同，至于提供何种索赔单证，并没有统一的规定。总之，索赔单证必须齐全、准确，内容衔接一致，不能自相矛盾。

3）提出诉讼或仲裁。

索赔可以通过双方当事人之间的协调、协商，或通过非法律机关的第三人的调停予以解决。但是，这种协商、调停工作并不能保证出现可预见的解决问题的结果。这时，双方最终可能只有通过法律手段解决，也就是要进入司法程序，提出诉讼。另外，双方还可以通过仲裁解决争议。

（2）索赔权利的保全措施。

为了保证索赔得以实现，需要通过一定的法律手段，使得货损事故责任人对仲裁机构的裁决或法院判决的执行履行责任，这种行为就称为索赔权利的保全措施。

在实践中，货方作为索赔人，采取的保全措施主要有要求承运人提供担保和留置承运人的运输工具（如扣船）两种方式。

1）提供担保。

提供担保是指货损事故责任人对执行仲裁机构的裁决或法院的裁判提供的担保，主要有现金担保和保函担保两种形式。

现金担保：它是指由货损事故责任人提供一定数额的现金，并以这笔现金作为保证支付赔偿金的担保。现金担保在一定期间内影响着责任人的资金使用，因此较少采用。在实际业务中通常都采用保函担保的形式。

保函担保：它是指使用书面文件担保的形式。保函可由银行出具，也可由事故责任人的保赔协会等出具。银行担保的保函比较安全可靠。保函中一般应包括：受益人；担保金额；造成损失事故的运输工具，如船名及国籍；有效期；付款条件（应写明根据什么条件付款，如根据商检证书、仲裁机关裁定或法院判决书等）；付款时间和地点。

2）留置运输工具。

在货损事故的责任比较明确地判定属于承运人，又不能得到可靠的担保时，索赔人或对货物保险的保险公司，可以按照法律程序，向法院提出留置运输工具的请求，如扣船请求，并由法院核准执行。

扣留运输工具的目的是通过对运输工具的临时扣押，保证获得承运人对承运人责任的货损赔偿的担保，这样可避免货损赔偿得不到执行的风险。在承运人按照要求提供保证承担赔偿责任的担保后，应立即释放被扣运输工具。

扣留运输工具也会带来风险。如果法院判决货损责任不在承运人，则因不正确扣留运输工具而给承运人带来的经济损失，要由提出扣留要求的索赔人承担，同时也会产生其他不必要的纠纷和负面影响。因此，一些国家，如欧洲大陆国家及日本规定，索赔人提出扣留运输工具要求时，必须提供一定的担保作为批准扣留的条件。我国《海事诉讼特别程序法》也对此作了相应规定。

3. 海运事故的理赔

（1）索赔的受理与审核。

承运人或其代理受理索赔案件后，需要对这一索赔进行审核。审核是处理货损事故的重要工作。

理赔主要审核以下几个方面的内容：

1）对索赔单证完备性的审核。

由于索赔案的具体情况不同，索赔方需要提供的单证也不尽相同。如果索赔方提供的单证不足以表明事故的原因和责任，承运人或其代理还可以要求收货人或其代理进一步提供其他单证或公证机构签发的证明文件。索赔单证必须齐全、准确。

2）对索赔单证内容的审核。

审核的内容主要有：索赔的提出是否在规定的期限内提出；索赔所出具的单证是否齐全；单证之间有关内容是否相符，如船名、航次、提单号、货号、品种和检验日期等；货损是否发生在承运人的责任期限内；船方有无海事声明或海事报告；船方是否已在有关单证上签字确认；装卸港的理货数量是否正确。

（2）承运人举证的单证。

承运人对所发生的货损欲解除责任或意图证明自己并无过失行为，则需要出具有关单证，证明对所发生的货损不承担或少承担责任。除前述的收货单、理货计数单、货物溢短单、货物残损单、过驳清单等货运单证外，承运人还应提供积载检验报告、舱口检验报告、海事声明或海事报告、卸货事故报告等。

（3）赔偿金的支付。

通过举证与反举证，虽然已明确了责任，但在赔偿上未取得一致意见时，承运人则应根据法院裁决或决议支付一定的赔偿金。关于确定损失金额的标准，《海牙规则》并没有作出规定，但在实际业务中大多以货物的 CIF 价作为确定赔偿金额的标准。

3.6 小 结

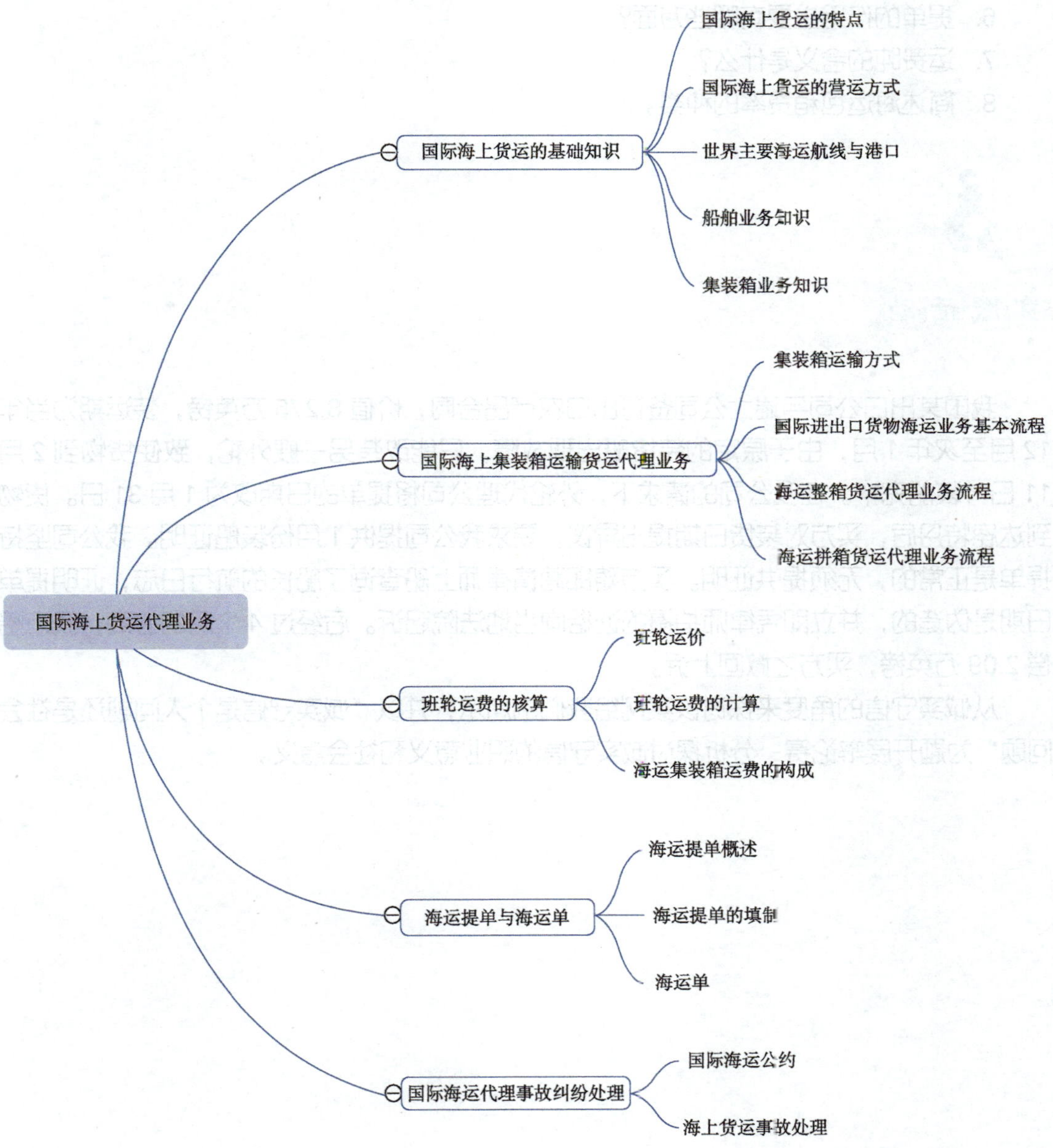

思考题

1. 简述国际海运的特点。
2. 简述班轮运输的特点。
3. 集装箱的装箱方式主要有哪几种?
4. 简述集装箱货物的九种交接方式。
5. 简述班轮提单和无船承运人提单的区别。
6. 提单的作用主要有哪些方面?
7. 运费吨的含义是什么?
8. 简述海运包箱费率的种类。

实践活动

我国某出口公司与瑞士公司签订出口农产品合同，价值 8.275 万英镑，装运期为当年 12 月至次年 1 月，由于原定的装货船出现故障，只能改装另一艘外轮，致使货物到 2 月 11 日才装船完毕。在我公司的请求下，外轮代理公司将提单的日期改为 1 月 31 日。货物到达鹿特丹后，买方对装货日期提出异议，要求我公司提供 1 月份装船证明。我公司坚持提单是正常的，无须提供证明。买方随即聘请律师上船查询了船长的航行日志，证明提单日期是伪造的，并立即凭律师拍摄的证据向当地法院起诉。后经过 4 个月的协商，我方赔偿 2.09 万英镑，买方才撤回上诉。

从诚实守信的角度来探讨该案例给我们的启示，并以“诚实守信是个人问题还是社会问题”为题开展辩论赛，分析探讨诚实守信的职业意义和社会意义。

模 块 4

国际航空货运代理业务

知识目标

1. 了解航空货物运输的概念及特点。
2. 了解航空运输业务区划。
3. 熟悉航空运输工具。
4. 认识航空货运代码。
5. 掌握航空运价的概念和航空运价体系。
6. 掌握航空运费的计算。

能力目标

1. 能够熟练计算各种航空运费。
2. 能够核算集运成本与利润。
3. 能够填制航空运单。

情感目标

1. 培养学生积极进取、细致周到的职业素养。
2. 培养学生的责任意识和服务意识。
3. 培养学生的风险防范意识。

重点难点

1. 航空货物运输的概念及特点。
2. 航空运价的概念和航空运价体系。
3. 航空运费的计算。
4. 集运成本与利润的核算。

案例导入

海航现代物流添翼"一带一路" 西安—德国货运航线开通

2017年8月28日，海航现代物流旗下扬子江航空货运集团正式开通西安至德国法兰克福哈恩货运航线。这是继西安—阿姆斯特丹货运航线开通后，海航现代物流集团开通的第二条西安至欧洲全货机货运航线，从而对打造以西安为枢纽的国际物流通道、促进中德乃至中欧的交流与合作，以及服务"一带一路"国家经贸往来等起到积极的作用。

中欧空中丝路再添生力军

西安作为古丝绸之路的起点，拥有深厚的文化资源，在中国对外贸易往来的历史中曾经大放异彩。如今，在国家"一带一路"倡议下，西安以其独特的地理位置、完善的现代产业体系，努力打造着具有"一带一路"特色的内陆型开放自贸试验区。西安不仅拥有中国最大的陆路港口，还吸引包括海航现代物流在内的170余家世界500强企业在此落户，尤其在获批国家全面创新改革试验区后，西安更是加紧打造自身成为内陆型改革开放新高地、建设"丝绸之路经济带"新起点。

法兰克福哈恩机场位于德国莱法州，距离德国乃至欧洲重要的交通中心法兰克福120千米，是德国重要的货运机场之一。哈恩机场辐射的广大区域是欧洲的最强经济区。凭借绝佳的地理位置，近几年来，哈恩机场已成为欧洲中部的重要交通枢纽之一。

西安—法兰克福哈恩货运航线的开通，将西安、法兰克福这两大亚欧大陆上的地理中心紧密地连接在一起，并由此搭建起一条新的"空中丝绸之路"。西安和法兰克福都在朝着物流交通枢纽的方向转型，两点连接将带来巨大的发展空间。

主动融入"一带一路"大布局

"一带一路"倡议提出后，西安积极融入"一带一路"大布局，着力构建交通体系。为加速推进中国内地航空物流枢纽建设，以西安为基地的海航现代物流抓住"一带一路"倡议推进的机遇，不断破局航空物流领域。

4月13日，海航现代物流旗下的扬子江货运开通了西安—阿姆斯特丹航线，为西安及欧洲架起了货运空中桥梁。此次西安—法兰克福哈恩货运航线的开通，进一步拓宽了中欧货运航线网络，扩大了中国货运市场在德国及东欧地区的辐射范围，促进了西安和欧洲各国之间的经贸合作和货物往来。对于航空运输业来说，航线是一切的基础，这一航线搭建起了西安这一中国西部名城和德国法兰克福之间的物流通道，德国的工业4.0技术与西安的古丝路文化将有更深入的碰撞。

据悉，德国当地时间8月9日，海航集团正式收购哈恩机场，这标志着海航正式参与欧洲核心区域的机场运营。这是中国企业从简单的资产项目收购到运营管理的重大转变，未来海航可整合集团航空、机场、旅游、金融、物流、租赁等产业，在为哈恩机场的发展注入活力的同时，也在"一带一路"的历史性机遇下为中德两国间的互联互通、相互发展打造良好的共享发展平台。“机场＋航线”是航空货运的重要基础性环节，在现代化的物流业态中可以更好地融入物流4.0概念，实现更加智能、更加高效、更加快速的物流新形态。因此，西安—法兰克福哈恩货运航线的开通，是海航集团进一步深化中德合作、加强物流领域布局、打造“一带一路”航空货运枢纽的又一实际行动。

助力古都走进物流4.0时代

随着“一带一路”倡议的推进，古都西安再度焕发活力，区位优势进一步提升，内陆腹地升级为向西开放的前沿，并承担起东西双向开放的纽带桥梁作用。正是因为看中了这一优势，今年5月18日，海航现代物流集团正式落户西安。海航现代物流集团董事长兼首席执行官张伟亮表示，海航现代物流将立足陕西，专注于构建高价值产业的全球供应链枢纽，致力于发展成为全球最大的现代物流4.0服务提供商。

随着“一带一路”各项基础设施的落地和项目的不断推进，古都西安正迸发出新的动能。在航空物流、机场管理、仓储投资、物流金融服务、智慧物流等方面全面布局的海航现代物流扎根西安，无疑为西安物流产业的发展写下了浓墨重彩的一笔。入驻西安不到半年的时间，在助力西安打造“中国孟菲斯”的这一道路上，海航现代物流开通西安出发的多条国际货运航线，在“一带一路”沿线继续开展项目的合作与交流。可以预见，在西安发展临空经济、构建国际航空货运物流大枢纽的道路上，海航现代物流将为其提供有力支撑，助力古都走进物流新时代，使之成为中国西部重要的航空物流名城。

（资料来源：hppt://www.cn156.com/artic/e-84412-1.html.）

资料卡

“工匠精神”是一种职业精神，它是职业道德、职业能力、职业品质的体现，是从业者的一种职业价值取向和行为表现。“工匠精神”的基本内涵包括敬业、精益、专注、创新等方面的内容。

4.1 国际航空货运基础知识

4.1.1 国际航空货运的概念和特点

1. 航空货物运输的概念

航空货物运输（Air Cargo Transportation）是指通过航空器将货物从一地运往另一地的空中交通运输。这种运输一般还包括从货物所在地到机场的地面运输。

2. 航空货物运输的特点

航空货物运输同其他运输方式相比，有着鲜明的特点。

（1）运输速度快。

航空货运所采用的运输工具是飞机，飞机的飞行时速为600～800千米，比其他的交通工具要快得多。航空货运满足了一些特种货物的运输需求，如海鲜、活体动物等鲜活易腐货物的运输，这些货物本身的特点导致其对运输时间的要求特别高，只能采用航空运输。

（2）空间跨度大。

在有限的时间内，飞机飞行的空间跨度是最大的。现在有的宽体飞机一次可以飞行7 000千米左右，进行跨洋飞行完全没有问题。例如，从中国飞到美国西海岸只需要13个小时左右。

（3）破损率低、安全性好。

飞机发生事故的概率远远低于地面运输。航空运输可降低货物的破损率和差错率，有时也可减少货物包装等费用。

（4）机舱容积和载运量比较小。

受到飞机本身载重容积的限制，航空货物运输量相对于其他运输工具来说要少得多。例如，B747-400F全货机的最大载运量为119吨，A380F全货机的最大载运量为150吨，相对于海运货船几万吨、十几万吨的载重来说，飞机的相对载运量很小。

（5）成本高、运价高。

由于飞机的机舱容积和载运量有限，而租赁、购买飞机和航材的花费不菲，加上世界范围内的能源危机日益严重，航空燃油价格持续上涨，因此运输成本和运价较高。例如，从中国到美国西海岸的空运价格至少是海运价格的10倍以上。

（6）易受天气影响。

飞机飞行受天气的影响非常大，如遇到大雨、大风、浓雾等恶劣天气，往往造成航班取消或延迟，从而对航空货物造成比较大的影响。例如，曾有一批螃蟹苗从沈阳运往温州，到了温州上空，由于天气原因飞机无法降落，只好备降到福州的长乐机场。由于螃蟹苗的运输有一定的时间限制，超过规定时间螃蟹苗可能会死亡，而当时如再改用汽车运输，时间已经来不及，最后只能降价贱卖给福州当地的水产批发市场。

4.1.2 国际航空货运的经营方式

1. 班机运输（Scheduled Airline）

航空公司使用的具有固定航线、固定时间、固定始发站和目的站和途经站的客机或货机或客货机从事的运输，称班机运输。

班机运输一般具有以下特点：

（1）班机有固定航线、固定停靠港、定期开飞，可以迅速、安全地把货物运达全球各通航点。

（2）对市场上急需的商品、鲜活易腐货物以及贵重商品的运送非常有利。

（3）班机运输一般是客货混载，因此舱位有限，不能使大批量的货物及时出运，往往需要分期分批运输，这是班机运输的不足之处。

2. 包机运输（Chartered Carriage）

包机运输是指租用整架飞机或飞机的一部分完成一票货物的运输。它可分为整包机和部分包机两类。

（1）整包机。

整包机是指航空公司或包机公司按照双方事先同意的费率与条件，将整架飞机租给租机人。包机自某一航空站或若干航空站装运整架飞机的货物至指定的目的地。

包机人一般要在货物装运前一个月与航空公司联系，包机的费用是一次一议。

（2）部分包机。

由几家航空货运代理公司（或发货人）联合包租一架飞机，或者由包机公司把一架包机的舱位分别卖给几家航空货运代理公司，这种部分包机形式适用于不足装一整架飞机的货物，或者1吨以上的货物。

包机有如下优点：

1）解决班机舱位不足。

2）节省时间。

3）弥补没有直达航班的需求。

4）减少货损、货差现象。

5）缓解空运旺季航班紧张状况。

6）解决活动物、海鲜等运输问题。

3. 集中托运（Consolidation）

（1）集中托运的含义。

集中托运业务又称为集拼业务，是指集中托运商（简称集运商，Consolidator）将多个托运人的货物集中起来作为一票货物交付给承运人，用较低的运价运输货物，用一份总运单整批发运到同一到站，或者运到某一预定的到站，货物到达目的站后，由分拨代理商统一办理海关手续后，再分别将货物交付给不同的收货人。

航空公司有按不同重量标准公布的多种运价，这就使航空货运代理公司可以把从不同的发货人那里收集的小件货物集中起来，使用航空公司的最便宜的运价。航空货运代理公司将节省下来的运费，一部分给发货人，另一部分作为自己的收益。

（2）集中托运的局限性。

1）集中托运只适合办理普通货物，对于等级运价的货物如贵重物品、危险品、活动物以及文物等，不能办理集中托运。

2）目的地相同或临近的可以办理集中托运，但非同一目的地的货物不能一起办理。

4. 国际航空快递业务

航空快递是指具有独立法人资格的企业将进出境货物或物品从发件人所在地通过自身或代理的网络运达收件人的一种快速运输方式。采用上述运输方式的进出境货物或物品称快件。航空快递实际也是一种联合运输，与空运方式前后衔接的一般是汽车运输。

快件业务从所发运快件的内容看，主要分为快件文件和快件包裹两大类。快件文件以商务文件、资料等印刷品为主，其中也包括银行单证、合同、照片、机票等。快件包裹又称小包裹服务，包裹是指采用快件方式运送的一些进出口货物和物品，如一些贸易成交的小型样品、零配件。

航空快件运输（尤其是包裹运输）与普通空运货物相比，需要办理的手续相同，运输单据和报关单证也基本一样，都要向航空公司办理托运，都要与收、发货人及承运人办理单货交接手续，都要提供相应的单证向海关办理进、出口报关手续。但其亦有自身特点，具体如下：

（1）完善的快递网络。

（2）以收运文件和小包裹为主。

（3）有多联的交付凭证（Proof of Delivery，POD）。

（4）运送速度快。

（5）安全可靠。

5. 陆空陆联运（TAT Combined Transport）

陆空陆联运是指使用飞机、火车、卡车等运输工具的联合运输方式。陆空陆联运还可以细分为三种：一种是 TAT，即 Train-Air-Truck 的联运；一种是 TA，即 Truck-Air 的联运；另一种是 TA，即 Train-Air 的联运。

4.1.3 国际航空运输工具

1. 航空器

航空器主要指飞机，其分类如下。

（1）按机身宽窄分类。

飞机按机身宽窄可分为宽体飞机和窄体飞机。

宽体飞机（Wide-body Aircraft）指的是机身宽度直径在 5m 以上的飞机；对于客机而言，至少有两条走道，经济舱座位每排有 7~10 个，通常可搭载 200~500 人。

窄体飞机（Narrow-body Aircraft）指的是机身直径为 3~4m 的飞机；对于客机而言，只有一条走道，经济舱座位一排有 2~6 个座位，通常可搭载 200 人以下。

常见宽体机型和窄体机型见表 4-1。

表4-1 常见宽体机型和窄体机型

常见宽体机型	常见窄体机
B747	B707
B767	B717
B777	B727
B787	B737

续前表

常见宽体机型	常见窄体机
DC-10	B757
MD-11	DC-8
A300/310	DC-9
A330/340	MD-80
A350/A380	A320

（2）按主要用途分类。

飞机按主要用途可分为货机、客机、客货混用机。

货机（Cargo Aircraft 或 Air Freighter）是以包机或定期航班的形式专门运输货物的飞机，其主舱和下舱全部用来载货，货机型号末位通常为字母 F（代表 Freighter）。常见的货机机型包括 B747-400F、B777-200F、B737-300F、A300-600F、A330-200F，除了 B737-300F 为窄体货机外，其他全为宽体货机。常见货机机型的主要参数如表 4-2 所示。

表4-2　常见货机机型的主要参数

常见机型	货运业务载量（t）	货舱容积（m^3）	舱门尺寸宽×高（cm）	地板承受重量（kg/m^2）	可装载集装板数量	收货重量限制（kg）	收货尺寸限制宽×高（cm）
B737-300F	14.5	98.3	主舱 269×168 散舱 121×86	主舱 976	主舱 8PIP / P6P	3 175	主舱 259×158 散舱 111×76
B747-400F	120	726	主舱 340×305 前舱 264×168 后舱 264×168 散舱 119×112	主舱 1 952 前舱 976 后舱 976 散舱 732	主舱 30PAG+PMC 前舱 5P1P/P6P 后舱 4 P6P	3 730	主舱 330×295 前舱 270×158 后舱 270×158 散舱 109×102
B777-200F	115	650	主舱 362×305 前舱 269×168 后舱 269×168 散舱 121×90	主舱 1 952 前舱 976 后舱 976 散舱 732	主舱 22P1P/P6P 前舱 8P1P/P6P 后舱 6 P6P	2 800	主舱 352×295 前舱 259×158 后舱 259×158 散舱 111×80
A300-600F	54.5	378	前舱 270×178 后舱 181×171 散舱 95×95	前舱 1 050 后舱 1 050 散舱 732	前舱 33P1P/P6P 后舱 13PIP/P6P	2 800	前舱 260×168 后舱 171×161 散舱 85×85
A330-200F	69	533	前舱 244×170 后舱 244×170 散舱 95×95	前舱 1 050 后舱 1 050 散舱 732	前舱 37PIP/P6P 后舱 13P1P/P6P	2 800	前舱 234×160 后舱 234×160 散舱 85×85

客机是以定期航班的形式载运旅客的飞机，但实际上大多数客机的下舱也用来载货。主要宽体货机 B747-400F 和主要宽体客机 B747-400 的机舱结构对比如图 4-1 所示。

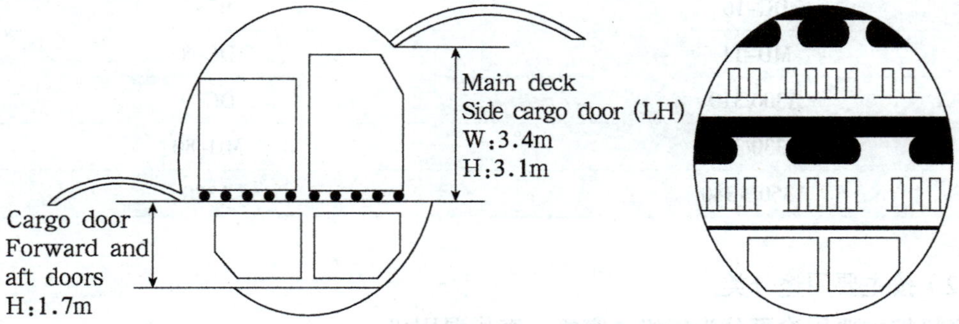

图4-1 B747-400F（左）与B747-400（右）机舱结构对比

客货混用机通常主舱一部分载客，另一部分载货，下舱内也可装载货物，此类机型为数不多，实践中使用也少。

小资料：两大飞机制造商

1. 美国波音公司（Boeing）

美国波音公司成立于1916年，由威廉·爱德华·波音创建，全球航空航天业的领先公司，总部位于芝加哥。1997年波音公司与另一个飞机制造巨头美国麦道公司强强合并，成为世界上最大的民用和军用飞机制造商。该公司生产的民用运输机主要包括：B717、B727、B737、B747、B757、B767、B777、B787系列飞机，提供从100座级别到500多座级别以及货运专用型号在内的各种民用运输机。全球同时现役运营的波音民用飞机有上万架之多。近年来，波音公司已经开发出B787系列飞机，目前重点研发波音797产品项目。

2. 空中客车公司（Airbus）

空中客车公司于1970年在法国成立，总部在图卢兹，创立公司的国家包括法国、德国、西班牙与英国，是一个欧洲联合企业，其创建的初衷是为了同波音和麦道那样的美国公司竞争。空中客车的生产线是从A300机型开始启动的，该机型是世界上第一个双通道、双引擎的飞机，发展到A320机型时就获得了巨大的商业成功，产品系列主要包括：A300、A310、A318、A319、A320、A330、A340、A350、A380系列飞机。目前空中客车的三个装配厂分别位于法国图卢兹、德国汉堡及中国天津。

2. 集装器

集装器（Unit Load Devices，ULD）是宽体飞机必备的装载器具，可看作飞机结构中可移动的部件，是提高装卸工作效率和飞机载运率、增加经济效益、提高货物运输质量的重要生产设备。承运人为了更好地处理大体积、大批量的货物运输，往往将货物按一定的流向装入集装器（集装箱/板）内进行整装整卸，以使装卸工作更加简便。

（1）集装器的分类。

根据不同的分类标准，集装器可划分为以下种类。

1）按是否已注册划分。

按是否已注册，飞机的集装器可分为注册的集装器和非注册的集装器。

注册的集装器是指由国家有关的政府部门授权的专业厂家生产，适宜于飞机的安全载运，在使用过程中不会对飞机的内部结构造成损伤的集装器。

非注册的集装器是指未经有关政府部门的许可而生产的，未取得适航证书的集装器。非注册的集装器不能被看作飞机的一部分，因为它与飞机不相匹配。一般而言，非注册的集装器是不允许装入飞机的主货舱的。这种集装器一般在地面环境中使用，在一些特定机型的货舱中，有时也使用非注册的集装器，例如在B767飞机上，可以使用DPE类的集装器。

2）按结构特点划分。

按结构特点，飞机的集装器可分为部件组合集装器和整体结构集装器。

a. 部件组合集装器。

飞机集装板加网罩（Aircraft Pallet and Net）：具有标准尺寸，四边带有卡锁轨或网袋卡锁，又有中间夹层的硬铝合金制成的平板，以便货物在平板上码放；网套是用来把货物固定在集装板上的工具，网套靠专门的卡锁装置来固定，集装板的识别代号以字母“P”打头。

飞机集装板、网罩加非结构性集装棚（Aircraft Pallet，Net and Non-structural Igloo）：除了板和网以外，增加一个非结构的拱形盖板（可用轻金属制成），罩在货物和网套之间。

b. 整体结构集装器。

下舱货物集装器：只能放在宽体客机下部集装货舱内，有全型和半型两种（高度不得超过163cm）。

主舱货物集装器：只能放在货机或客货机的主货舱内（高度在163cm以上）。

结构性拱形集装器：只能放在宽体货机的主货舱。

3）按种类划分。

飞机的集装器按种类可分为集装板、集装箱和集装棚。

a. 集装板。

集装板是根据机型要求制造的一块有平整底面的台板，货物在地面被预先放上集装板后，用网罩或集装棚盖住，然后装机，并固定在飞机的货舱地板上。采用集装板可以达到速装速卸的目的，具体见图4–2。

b. 集装箱。

飞机集装箱与飞机上的装载和固定系统可直接结合，不需要任何附属设备，集装箱的坚固程度足以保证所装货物的安全，防止飞机受到损坏。运输集装箱的底座与集装板相似，其货舱四壁及顶部不需要特别坚固，但是这种货舱不适合于散货或非标准集装箱的运输，具体见图4–3。

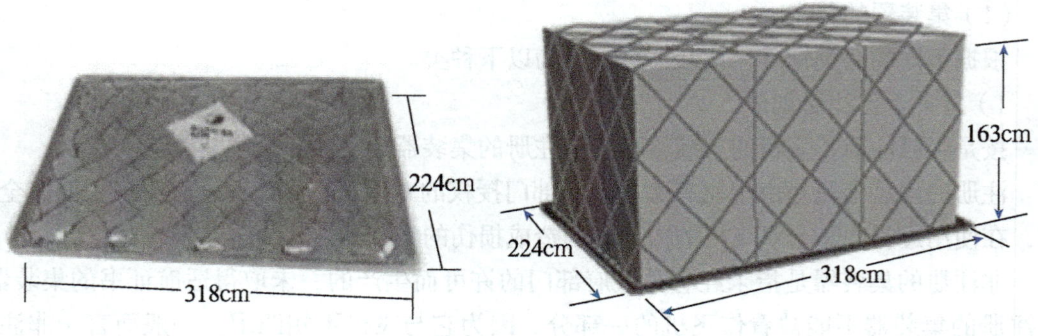

图4-2 集装板

图4-3 集装箱

内结构集装箱：宽为 51cm 或 102cm，高 20cm，可装在宽体货机的主舱内。此类集装箱非专用航空集装箱，主要用于空运转入地面运输时使用。

主舱集装箱：一般高 163cm 或更高一些，因此只能装在货机（或客货两用机）的主舱。

下舱集装箱：只能装在宽体飞机下部货舱内，有全型和半型两种类型。机舱内可放入一个全型和两个半型的此类集装箱，高度不得超过 163cm。

c. 集装棚。

一个非结构的集装棚是由玻璃纤维、金属及其他适合的材料制成的坚硬外壳，集装棚的前面敞开，无底，它的斜面与飞机货舱的轮廓相适应，正好罩住整个集装板。这个外壳与飞机的集装板和网套一起使用，因此称为非结构性集装棚。当这个硬壳从结构上与集装板一起形成一个整体，从而不需要用网套固定货物时，称为结构性集装棚。

（2）集装器代号的组成。

在集装器的面板和集装器的四周，常会看到诸如 PAP5001FM、PAP2233CA 等代号。这些代号是依据集装器的类型、尺寸、外形、是否注册等几方面因素编成的，它由以下几部分组成：

1）第 1 位字母。

第 1 位字母表示集装器的类型。各字母的含义如下：

A：Certified Aircraft Container（注册的飞机集装器）。

B：Non-certified Aircraft Container（非注册的飞机集装器）。

F：Non-certified Aircraft Pallet（非注册的飞机集装板）。

G：Non-certified Aircraft Pallet Net（非注册的集装板网套）。

J：Thermal Non-structural Igloo（保温的非结构集装棚）。

M：Thermal Non-certified Aircraft Container（保温的非注册的飞机集装箱）。

N：Certified Aircraft Pallet Net（注册的飞机集装板网套）。

P：Certified Aircraft Pallet（注册的飞机集装板）。

R：Thermal Certified Aircraft Container（注册的飞机保温箱）。

U：Non-structural Igloo（非结构集装棚）。

H：Horse Stall（马厩）。

V：Automobile Transport Equipment（汽车运输设备）。

X、Y、Z：Reserved for Airline Use Only（供航空公司内部使用）。

2）第 2 位字母。

第 2 位字母表示集装器的底板尺寸。各字母的含义如下：

A：224cm × 318cm，P1 板。

B：224cm × 274cm，P2 板。

G：244cm × 606cm，P7 板。

M：244cm × 318cm，P6 板。

E：224cm × 135cm。

K：153cm × 156cm。

L：153cm × 318cm。

3）3 位字母。

第 3 位字母表示集装器的外形或适配性，可查 *IATA ULD Technical Manual* 以获取相关信息。各字母的含义如下：

E：适用于 B747、TC310、DC10、L1011 下货舱无叉眼装置的半型集装箱。

N：适用于 B747、TC310、DC10、L1011 下货舱有叉眼装置的半型集装箱。

P：适用于 B747COMB 上舱及 B747、DC10、L1011、TC310 下舱的集装板。

A：适用于 B747F 上舱集装箱。

4）第 4~7 位数字（4 位或 5 位数字）。

第 4~7 位数字表示集装器的序号。

5）第 8~9 位字母。

第 8~9 位字母表示集装器的所有人或注册人，通常是航空公司的二字代码。

在航空运输中，除特殊情况外，货物均是以集装箱、集装板的形式进行集装运输。飞机的机舱内有固定集装器的设备，把集装器固定于飞机上，这时集装器就成为飞机的一部分，所以飞机集装器的大小有严格的规定。

4.1.4 国际航空货运组织

1. 国际民用航空组织

国际民用航空组织（International Civil Aviation Organization，ICAO）是协调世界各国政府在民用航空领域内各种经济和法律事务、制定航空技术国际标准的重要组织。1944 年 11 月 1 日至 12 月 7 日，52 个国家在美国芝加哥举行国际民用航空会议，签订了《国际民用航空公约》（以下简称《芝加哥公约》），并决定成立过渡性的临时国际民用航空组织。1947 年 4 月 4 日，《芝加哥公约》生效，国际民用航空组织正式成立。1947 年 5 月 13 日，国际民用航空组织正式成为联合国的一个专门机构，总部设在加拿大的蒙特利尔。国际民用航空组织的最高权力机构是成员大会，常设机构为理事会，常设执行机构为秘书处，下设航行、航空运输、技术援助、法律、行政服务 5 个局。理事会由大会选出的 33 名会员代表组成，我国于 1974 年正式加入该组织，也是理事国之一。

根据《芝加哥公约》的规定，国际民用航空组织的宗旨和目的主要有以下几点：

（1）保证全世界国际民用航空安全、有秩序地发展。

（2）鼓励为和平用途的航空器的设计和操作技术。

（3）鼓励发展国际民用航空应用的航路、机场和航行设施。

（4）满足世界人民对安全、正常、有效和经济的航空运输的需要，防止因不合理的竞争而造成经济上的浪费。

（5）保证各缔约成员的权利充分受到尊重，每一缔约成员均有经营国际空运企业的公平的机会。

（6）避免缔约成员之间的差别待遇。

（7）促进国际航行的飞行安全。

（8）促进国际民用航空在各方面的发展。

2. 国际航空运输协会

国际航空运输协会（International Air Transport Association，IATA）是世界各国航空公司所组成的大型国际组织，其前身是 1919 年在海牙成立并在二战时解体的国际航空业务协会。

1944 年 12 月，出席芝加哥国际民航会议的一些政府代表和顾问以及空运企业的代表聚会，商定成立一个委员会为新的组织起草章程。1945 年 4 月 16 日，在哈瓦那会议上修改并通过了草案章程后，国际航空运输协会正式成立。

国际航空运输协会的总部设在加拿大蒙特利尔，执行机构设在日内瓦，同时在日内瓦设置清算所，为各成员公司进行财务上的结算。该协会在全球有 7 个地区办事处：北美地区办事处（美国华盛顿）、南美地区办事处（智利圣地亚哥）、欧洲地区办事处（比利时布鲁塞尔）、非洲地区办事处（瑞士日内瓦）、中东地区办事处（约旦安曼）、亚太地区办事处（新加坡）和北亚地区办事处（北京）。协会的会员分为正式会员和准会员两类。如果申请加入的公司的批准政府是国际民航组织成员政府，并且该公司在两个或两个以上国家间从事航空服务，则该公司可以成为正式会员。其他公司可以申请成为准会员。目前，中国共有13家航空公司（不含港、澳、台地区）为国际航协会员公司，各航空公司加入的时间如下：

1993年：中国国际航空公司、中国东方航空公司和中国南方航空公司。

1996年：中国北方航空公司、中国西北航空公司和中国西南航空公司。

1998年：厦门航空公司、中国新疆航空公司、中国云南航空公司和上海航空公司。

2000年：海南航空公司。

2001年：山东航空公司。

2002年：深圳航空公司。

IATA的宗旨如下：

（1）为了世界人民的利益，促进安全、正常和经济的航空运输，扶持航空交通，并研究与此有关的问题。

（2）为直接或间接从事国际航空运输工作的各空运企业提供合作的途径。

（3）与国际民航组织及其他国际组织协力合作。

IATA的主要活动有以下几个方面：

（1）协商制定国际航空客货运价。

（2）统一国际航空运输规章制度。

（3）通过清算所统一结算各会员间以及会员与非会员间联运业务账目。

（4）开展业务代理。

（5）进行技术合作。

（6）协助各会员公司改善机场布局和程序标准，以提高机场营运效率等。

3. 国际航空电信协会

国际航空电信协会（SITA）是联合国民航组织认可的一个非营利性组织，是航空运输业世界领先的电信和信息技术解决方案的集成供应商。

SITA成立于1949年，目前在全世界拥有650家航空公司会员，其网络覆盖全球180个国家和地区。SITA的发展目标是带动全球航空业使用信息技术，并提高全球航空公司的竞争能力。SITA不仅为航空公司提供网络通信服务，还可为航空公司提供共享系统，如机场系统、行李查询系统、货运系统和国际票价系统等。

SITA从20世纪80年代初在中国设立办事处，中国会员已达11家。SITA货运系统已在中国国际航空公司（以下简称“国航”）、中国货运航空有限公司（以下简称“中货航”）使用。系统开通后，航空公司与外地营业部、驻外办事处联网，货运工作人员可及时地将航班信息、运单信息、入库信息、装载信息、货物到达信息及中转信息等数据输进网络，系统在航班关闭后自动给本站拍发仓单报、运单报等货运电报。只要打开网络，就能全程追踪货物的情况，从而为货主查询联程货物和进口货物提供了极大的方便。

4.1.5 国际航空区划

与其他运输方式不同的是，国际航空货物运输中与运费有关的各项规章制度、运费水平都是由国际航空运输协会统一协调、制定的。在充分考虑了世界上各个不同国家、地区的社会经济、贸易发展水平后，国际航协将全球分成三个区域，简称航协区（IATA Traffic Conference Areas），每个航协区内又分成几个亚区。由于航协区的划分主要从航空运输业务的角度考虑，依据的是不同地区不同的经济、社会以及商业条件，因此和我们熟悉的世界行政区划有所不同。

1. 一区（TC1）

一区包括北美、中美、南美、格陵兰、百慕大和夏威夷群岛。

2. 二区（TC2）

二区由整个欧洲大陆（包括俄罗斯的欧洲部分）及毗邻岛屿，冰岛、亚速尔群岛，非洲大陆和毗邻岛屿，亚洲的伊朗及伊朗以西地区组成。本区也是和我们所熟知的政治地理区划差异最多的一个区，它主要有三个亚区。

非洲区：含非洲大多数国家及地区，但北部非洲的摩洛哥、阿尔及利亚、突尼斯、埃及和苏丹不包括在内。

欧洲区：包括欧洲国家和摩洛哥、阿尔及利亚、突尼斯三个非洲国家、土耳其（既包括欧洲部分，也包括亚洲部分）和俄罗斯的欧洲部分。

中东区：包括巴林、塞浦路斯、埃及、伊朗、伊拉克、以色列、约旦、科威特、黎巴嫩、阿曼、卡塔尔、沙特阿拉伯、苏丹、叙利亚、阿拉伯联合酋长国、也门等。

3. 三区（TC3）

三区由整个亚洲大陆及毗邻岛屿（已包括在二区的部分除外），澳大利亚、新西兰及毗邻岛屿，太平洋岛屿（已包括在一区的部分除外）组成。它主要有四个亚区。

南亚次大陆区：包括阿富汗、印度、巴基斯坦、斯里兰卡等南亚国家。

东南亚区：包括中国（含港、澳、台）、东南亚诸国、蒙古、俄罗斯的亚洲部分及土库曼斯坦等独联体国家、密克罗尼西亚等群岛地区。

西南太平洋区：包括澳大利亚、新西兰、所罗门群岛等。

日本、朝鲜区：包含日本、朝鲜和韩国。

小拓展：计算时差与飞行时间

假如某货物搭乘的航班于10月5日23:25在中国香港起飞，于当地时间5:15到达德国法兰克福，请计算飞机共飞行了几个小时。

4.1.6　世界主要航线与航空港

1. 主要国际航线

国际航线是指飞机起点、经停点或终点超过一个国家的国境线的航线。

国际航线主要包括以下几个。

（1）西欧—北美的北大西洋航空线。

该航线主要连接巴黎、伦敦、法兰克福、纽约、芝加哥、蒙特利尔等航空枢纽。

（2）西欧—中东—远东航空线。

该航线连接西欧各主要机场至中国香港、北京、东京等机场，并途经雅典、开罗、德黑兰、卡拉奇、新德里、曼谷、新加坡等重要航空站。

（3）远东—北美的北太平洋航线。

这是北京、中国香港、东京等机场经北太平洋上空至北美西海岸的温哥华、西雅图、旧金山、洛杉矶等机场的航空线，并可延伸至北美东海岸的机场。太平洋中部的火奴鲁鲁是该航线的主要中继加油站。

此外，还有北美—南美、西欧—南美、西欧—非洲、西欧—东南亚—澳新、远东—澳新和北美—澳新等重要国际航空线。

2. 世界主要航空港

目前世界上主要的国际航空港共有175个，其中亚洲44个，非洲40个、欧洲41个，拉丁美洲29个、北美洲8个、太平洋岛屿及其他地区13个。

（1）北美地区的重要航空港有华盛顿、纽约、芝加哥、蒙特利尔（加拿大），亚特兰大（美国东南）、洛杉矶、旧金山、西雅图。

（2）欧洲地区的重要航空港有伦敦、巴黎、法兰克福、苏黎世、罗马、维也纳、柏林、哥本哈根、华沙、莫斯科、布加勒斯特（罗马尼亚首都）、雅典（希腊首都）。

（3）非洲地区的重要航空港有开罗、喀土穆（苏丹首都）、内罗毕（肯尼亚首都）、约翰内斯堡（南非）、布拉柴维尔［刚果（布）首都］、拉各斯（尼日利亚）、达喀尔（塞内加尔首都）、阿尔及尔（阿尔及利亚首都）。

（4）亚洲地区的重要航空港有北京、上海、东京、香港、马尼拉（菲律宾首都）、曼谷（泰国首都）、新加坡、仰光（缅甸首都）、加尔各答（印度）、孟买（印度）、卡拉奇（巴基斯坦）、贝鲁特（黎巴嫩首都）

（5）拉美地区的重要航空港有墨西哥城、加拉加斯（委内瑞拉首都）、里约热内卢（巴西）、布宜诺斯艾利斯（阿根廷首都）、圣地亚哥（智利首都）、利马（秘鲁首都）。

（6）大洋洲及太平洋岛屿地区的重要航空港有悉尼、奥克兰（新西兰）、楠迪（斐济）、火奴鲁鲁。

4.1.7 航空货运代码

为了识别和填写方便，航空运输中的一些名词，如航空公司、国家、城市（或其机场）等经常用代码来代替全称。

1. 国家 / 地区两字代码

在国际航空物流领域，各种业务单证和信息的国家、地区名称采用 IATA 两字代码表示，如中国为 CN，美国为 US，日本为 JP，德国为 DE。

2. 机场三字代码

国际航空货运业务单证和信息的机场名称采用 IATA 三字代码表示，部分机场代码与机场所在城市的代码一致，如深圳的机场代码与城市代码都是 SZX、天津机场代码与城市代码都是 TSN；大部分机场代码与机场所在城市的代码不同，如北京首都国际机场的代码是 PEK，而北京的城市代码是 BJS，巴黎戴高乐机场的代码是 CDG，而巴黎的城市代码是 PAR，伦敦希斯罗机场的代码是 LHR，而伦敦的城市代码是 LON，因此应仔细辨别识记。

3. 航空公司三字 / 两字代码

IATA 使用的航空公司代码有三种：两字代码（由两个英文字母或一个英文字母与一个阿拉伯数字组成）、三字代码（由三个英文字母组成）及三字数字代码（由三个阿拉伯数字组成）。两字代码是公司用的，一般由 IATA 公布；管制单位用三字代码，由 ICAO 公布。航班号中的航空公司信息采用前缀两字代码，三字数字代码主要用于票证，比如航空运单、机票号码等单据中。

4. 航班号

国际航班号由航空公司代码加 3 位数字组成。第一位数字表示航空公司，后两位为航班序号，单数为去程，双数为回程。例如 MU508，由东京飞往北京，是由中国东方航空公司承运的回程航班。

4.2 国际航空货物运价核算

4.2.1 国际航空货物运价体系

目前国际航空货物运价按制定的途径划分，主要分为协议运价和国际航协运价。

1. 协议运价

协议运价是指航空公司与托运人签订协议，托运人保证每年向航空公司交运一定数量的货物，航空公司则向托运人提供一定的运价折扣。

2. 国际航协运价

它是指 IATA 在 TACT 运价资料上公布的运价。国际货物运价使用《IATA 运价手册》（*Tact Rates Book*），并结合国际货运规则（Tact Rules）使用。IATA 运价体系见表 4–3。

表4-3　　　　　　　　IATA运价体系

公布直达运价（Published Through Rates）	普通货物运价（General Cargo Rate）
	指定商品运价（Specific Commodity Rate）
	等级货物运价（Commodity Classification Rate）
	集装货物运价（Unit Load Device Rate）
非公布直达运价（Un-published Through Rates）	比例运价（Construction Rate）
	分段相加运价（Combination of Rates and Charges）

（1）公布的直达运价种类。

1）普通货物运价（General Cargo Rate，GCR）。

在普通货物运价表中，货物运价通常用“N”（Normal Rate）、“Q”（Quantity Rate）和“M”（Minimum Charges）表示。45千克以下的普通货物运价用“N”表示，45千克以上的普通货物运价用“Q”表示，“M”表示最低运费。最低运费也称起码运费，是航空公司办理一批货物所能接受的最低运费，是航空公司在考虑办理即使很小的一批货物也会产生固定费用后制定的。如果承运人收取的运费低于起码运费，就不能弥补运送成本。因此航空公司规定若计算出的运费数值低于起码运费，则以起码运费计收，另有规定的除外。

2）指定商品运价（Specific Commodity Rate，SCR）。

它用“C”表示，通常是承运人根据在某一航线上经常运输某一种类货物的托运人的请求或为促进某地区某一种类货物的运输，经国际航空运输协会同意所提供的优惠运价。

国际航空运输协会公布特种货物运价时，将货物划分为以下类型：

0001~0999：食用动物和植物产品。
1000~1999：活动物和非食用动物及植物产品。
2000~2999：纺织品、纤维及其制品。
3000~3999：金属及其制品，但不包括机械、车辆和电器设备。
4000~4999：机械、车辆和电器设备。
5000~5999：非金属矿物质及其制品。
6000~6999：化工品及相关产品。
7000~7999：纸张、芦苇、橡胶和木材制品。
8000~8999：科学、精密仪器、器械及配件。
9000~9999：其他货物。

其中每一组又细分为10个小组，每个小组再细分，这样几乎所有的商品都有一个对应的组号，公布特种货物运价时只要指出本运价适用于哪一组货物就可以了。

3）等级货物运价（Class Cargo Rate，CCR）附加“S”（Surcharged Class Rate）、附减“R”（Reduced Class Rate）。

这是指适用于指定地区内部或地区之间的少数货物运输。IATA规定，等级货物包括活动物、贵重货物、书报杂志类货物、作为货物运输的行李等。前两种等级货物的运价在普通货物运价的基础上附加一定的百分比或不附加也不附减，后两种等级货物的运价在普通货物运价的基础上附减一定的百分比。

上述四种等级货物运价的具体情况如下：

第一种：活动物运价（Live Animals）。计算活动物的计费重量时须包含活动物的容器及食物。活动物运价规则表如表4–4所示。

表4–4 活动物运价规则表

IATA AREA(see Rules 1.2.2 Definition of Area)						
ALL LIVE ANIMALS Except:Baby Poultry Less Than 72 Hour Old	Within Area 1	Within Area 2	Within Area 3	Between Area 1 & 2	Between Area 2 & 3	Between Area 3 & 1
	175% of Normal GCR	175% of Normal GCR	150% of Normal GCR Except:① Below	175% of Normal GCR	150% of Normal GCR Except:① Below	150% of Normal GCR Except:① Below
BABY POULTRY Less Than 72 Hours Old	Normal GCR	Normal GCR	Normal GCR Except:① Below	Normal GCR	Normal GCR Except:① Below	Normal GCR Except: ① Below

注：

①Within and from the South West Pacific Sub-area（在西南太平洋次区之内或从该区始发）：200% of the applicable。

②活动物的最低运费为200% of Minimum GCR。

③不适用于ECAA（Europe Common Aviation Association）国家之间。

第二种：贵重物品运价（Valuable Cargo）。所有IATA航区都为200% of the Normal GCR。在IATA一区和三区之间经北或中太平洋（除朝鲜半岛至美国本土外），1 000kg或1 000kg以上贵重货物的运费，按150% of Normal GCR收取。贵重货物的最低运费为200% of Minimum GCR, 同时不低于50美元或等值货币。

第三种：书报、杂志运价。在IATA一区内运输的、在IATA一区和二区之间运输的书报、杂志都为67% of Normal GCR。其他航区的为50% of Normal GCR。最低运费按GCR最低运费M收取。同时，书报、杂志的CCR运费可以和GCR运费比较，取低者。

第四种：作为货物运输的行李运价（Personal Effects）。在IATA三区与一区之间、在IATA一区内空运此类货物，不能使用折扣运价，而应采用普通货物运价或指定商品运价。除此之外，其他所有的航区都为50% of Normal GCR。最低运费是以10kg为最低的计费重量与适用运价计算的运费，与GCR最低运费的M比较，取高者。同时，作为货物运输的行李CCR运费可以和GCR运费比较，取低者。

此外，尸体、骨灰（Human Remain）的运价如下：除了IATA二区骨灰的运价为300% of Normal GCR外，其他航区的运价都为适用的GCR；除了IATA二区尸体的运价为200% of Normal GCR外，其他航区的运价都为Normal GCR。尸体、骨灰的最低运费是按公布最低运费的 M 收取，但在 IATA 二区内最低运费为 200% 的 M，同时不低于 65 美元或等值货币。

（2）公布的直达运价的使用。

1）除起码运费外，公布的运价都以千克或磅为单位。

2）计算航空运费时，应首先适用指定商品运价，其次是等级货物运价，最后是普通货物运价。

3）按各种运价计算的运费总额低于起码运费的，以起码运费计收。

4）只适用于单向的一个机场到另一个机场。

5）仅指基本运费，不包括提货、报关、交接和仓储等附加费。

6）运价通常使用当地货币公布。

7）航空运单中的运价是按出具运单之日所适用的运价。

（3）非公布的直达运价种类。

1）比例运价。它是指货物的始发站至目的站公布直达运价时，可采用有关国际运价规则中公布的比例运价与已知的公布运价相加，构成非公布直达运价。比例运价分为三种，即普通货物运价、指定商品运价和集装货物运价，并且以美元和当地货币两种货币形式公布，托运人应当使用已公布的货币形式支付运费和其他费用。

2）分段相加运价。它是指在两地间既没有直达运价，也无法利用比例运价时，可以在始发地与目的地之间选择合适的计算点，分别找到始发地至该点、该点至目的地的运价，两段运价相加组成全程的最低运价。

无论是比例运价还是分段相加运价，不同航线的选择将直接关系到计算出来的两地之间的运价，因此承运人允许发货人在正确使用的前提下，以不同计算结果中的最低值作为该货物适用的航空运价。

（4）运价使用规则。

1）如果有协议运价的，优先使用协议运价。

2）如果没有协议运价，使用公布直达运价，并按下列顺序使用：

第一，直达货物运价优先于分段相加组成的运价。

第二，指定商品运价优先于等级货物运价和普通货物运价。

第三，等级货物运价优先于普通货物运价。

3）如果没有协议运价和公布的直达运价，则用非公布直达运价。

4.2.2 国际航空货物运价计算方法

1. 航空货运重量计费方式

（1）实际重量。

实际重量（Actual Weight）是指货物连外包装在内的实际总重量，即货物毛重（Gross Weight）。以实际重量计费的货物称为重货（6 000cm^3 的货物重量＞ 1kg）。

实际重量的最小计费单位是 0.5kg，以进尾法计重。不足 0.5kg 的按 0.5kg 计算；超过 0.5kg 不足 1kg 的按 1kg 计算。

（2）体积重量。

体积重量（Volume Weight）是指按照国际航协的规定，将货物的体积按一定的比例折合成的重量。轻泡货物（6 000cm^3 的货物重量＜ 1kg）以它的体积作为计费重量。

体积重量的计算公式为：［长（cm）× 宽（cm）× 高（cm）］÷6 000，即 6 000cm^3 体积的货物折合 1kg。

（3）计费重量。

计费重量（Chargeable Weight）是指按照实际重量和体积重量择大原则计算的重量。

2. 普通货物运价与运费计算

（1）普通货物运价的概念。

普通货物运价指除了指定商品和等级货物以外，适用于普通货物的国际航空运价，是应用最为广泛的一种运价，该运价一般公布在 *TACT Rates Section* 4。

（2）普通货物运价重量段。

普通货物运价根据货物重量等级分为若干个重量段运价，表 4–5 为航空公司公布的普通货物运价。

表4–5 航空公司公布的普通货物运价

GUANGZHOU		CN	CAN
AMSTERDAM		NL	AMS
		KG	CNY
	M		200.00
	N		20.37
	Q	+45	18.43
		+100	17.20
		+300	16.90
		+500	15.42
		+1 000	14.71

1）N（Normal）表示普通货物的标准运价，通常适用于 45kg 以下的普通货物。有些普通货物不存在 –45 和 +45 的运价，在 M 之后直接就是 –100 的运价，此时标准运价 N 适用于 100kg 以下的普通货物。

2）Q（Quantitive）表示普通货物的数量运价，适用于 45kg 以上（含 45kg）不同重量段的普通货物，＋45、＋100、＋300、＋500、＋1 000 分别表示不同的重量段。不同的重量段对应不同的运价。有些普通货物没有公布＋ 1 000 的重量段运价，或者＋ 100 与＋500 重量段之间没有＋300 重量段，这通常与航空公司的航线及价格策略、运力供求关系等因素密切相关。

国际航空公司承运的货物大多来自国际航空物流企业（以下简称“物流企业”）。航空公司公布的普通货物运价设置了多个重量段，运价随重量段的递增而逐步降低，目的是向物流企业争取更多货源，鼓励其更积极地开发业务，从而更充分地利用飞机运力，保证货舱有更高的利用率。当然，在实践中，航空公司会在公布的普通货物运价的基础上向各个物流企业提供不同程度的优惠折扣。

注意：从法律地位上讲，代理人型的物流企业无权向货主收取运费、自己制定运价，它只能赚取代理服务费或佣金，因此这里指的是当事人型物流企业制定公布自己的运价并据此计收运费，它是在航空公司普通货物运价的基础上定价的。物流企业采取与航空公司相同或相似的递增重量段结构，运价随重量段的递增而逐步降低，目的同样是提高客户托运货物的积极性，获得更大货量。

小拓展：航空公司与物流企业的运价进位单位

虽然航空公司和物流企业公布的运价小数点通常都保留两位，但因成本核算制度、定价策略等方面的区别，两者的进位单位有所不同。航空公司运价的进位单位为0.01，如CNY 18.43/kg；多数物流企业运价的进位单位为0.50，小数点后为“00”或“50”，如CNY 22.50/kg、CNY 2 100/kg。在实践中，物流企业这种简便归整的运价数目受到了广大客户的欢迎。

（3）经济分界点。

经济分界点（Economical Point，EP）是经济地使用普通货物运价的重量常数。它在实践中得到了普遍应用，具有重要意义。下面结合实例介绍。

A、B两个货主委托某物流企业从广州各空运一票普通货物至法兰克福，货物A的计费重量为980kg，货物B的计费重量为1 000kg；适用运价（Applicable Rate，AR）分别为CNY 16.00/kg和CNY 15.00/kg。

物流企业应收取的运费如下：

货物A的运费=16.00×980=15 680.00（元）

货物B的运费=15.00×1 000=15 000.00（元）

虽然货物A比货物B轻了20kg，但运费反而多了680元，显而易见，原因在于货物A的适用运价高于货物B的适用运价。

假设货物A的计费重量为900kg，算得的运费为14 400元，这时却又低于货物B的运费。可见，存在一个计费重量的分界点，当计费重量大于（或等于）分界点，以较高分段重量（1 000kg）和适用运价（CNY 15.00/kg）算得的运费更经济；当计费重量小于分界点，以原重量（如900kg）和适用运价（CNY 16.00/kg）算得的运费更经济。这个分界点即计费重量的经济分界点。经济分界点*EP*的计算公式如下：

$$EP=\frac{较高分段重量 \times 适用运价}{较低分段运价}$$

为了确保经济分界点 *EP* 与计费重量对比大小的准确性，*EP* 须在小数点后数字（四舍五入）。上例的经济分界点如下：

$EP=(1\ 000\times15.00)\div16.00=937.50$（kg）

当货物 A 的计费重量大于 937.50kg 时，适用较高分段重量 1 000.0kg，更节省运费。

假如＋1 000kg 运价不变，＋500kg 运价为 CNY 15.50/kg，则 *EP* 为 967.741 935，取 967.74kg。

小资料：在实践中应用经济分界点的方法

方法 1：增重法。当 *CW*>*EP* 时，将 *CW* 增加至较高分段重量，可以增加货物本身的数量，也可以增加货物的内外包装（如为内包装添加有效的填充物、为外包装添加合适的托盘等），这种方法实际上是支付更少的运费却托运了更多的货量，或提高了货物运输的安全性和可靠性。

方法 2：报重法。当 *CW*>*EP*，将 *CW* 申报至较高分段重量。当物流企业向航空公司交货采取这种方式时，能否应用 *EP* 还要取决于航空公司的制度。各航空公司的规定有所不同，常见的情况有两种：一种情况是对比复查重量与申报重量，取较高者，则报重法有效；另一种是以复查重量为准，则报重法无效。按行业惯例，当以较高分段重量和适用运价计算的运费较低时（即 *CW*>*EP*），可以较高分段重量作为计费重量。

3. 指定商品运价与运费计算

（1）指定商品运价概述。

指定商品运价是指适用于指定商品的、自指定始发地机场至指定地机场的国际航空运价。

一般情况下，指定商品运价低于对应的普通货物运价。就其性质而言，它是一种优惠性质的运价。因此，在使用指定商品运价时，对货物的起讫地点、运价使用期限、货物最低重量起点等均有特定的要求。

指定商品运价产生的原因主要有两方面：一方面，在某些特定航线上，一些货源较为稳定的货主频繁或定期地托运指定品名的商品，货主要求承运人提供一个较低的优惠运价；另一方面，航空公司为了更充分地利用飞机运力，争取更充足的货源，保证舱位有更高的配载率，主动向市场推出更有针对性和竞争力的优惠运价。

（2）指定商品运价的使用规则。

在国际航空物流业务中，只要满足下述三个条件，就可以直接使用指定商品运价：

1）始发地机场至目的地机场之间有公布的指定商品运价。

2）交运的货物品名与指定商品运价的商品品名吻合。

3）货物的计费重量满足指定商品运价的最低重量要求。

使用指定商品运价时，航空运单的运价类别“Rate Class”栏目应填写代码 C。

（3）运费计算步骤。

1）查找 *TACT Rates Books Section* 2 中指定商品品名表，找出与货物品名相吻合的指定商品编码。

2）如果计费重量达到指定商品运价的最低重量要求，则使用指定商品运价。

3）如果计费重量未达到指定商品运价的最低重量要求，则需要分别计算 SCR 运费和 GCR 运费并进行比较，取其低者。该货物同时又属于等级货物的除外。

4. 等级货物运价与运费计算

（1）等级货物运价的概念。

等级货物运价是指在 IATA 规定的业务区内或业务区之间空运特别规定的等级货物的运价。

（2）等级货物运价的使用规则。

等级货物运价是以普通货物运价为基础，以附加或附减一定的百分比或不附加也不附减的形式制定的，如何附加或附减需要根据特定的规则，这一规则公布在 *TACT Rules* 上，因此使用等级货物运价时需要结合规则表和适用的普通货物运价。

填制航空运单时，适用附加或不附加也不附减的等级货物运价（Surcharged Commodity Classification Rate，SCCR）的，在运价类别栏填写代码 S；适用附减的等级货物运价（Reduced Commodity Classification Rate，RCCR）的，填写代码 R。

（3）等级货物运费的计算及运单运费栏填制。

例：Routing：From Guangzhou(CAN)/China To Amsterdam(AMS)/Netherlands

Commodity：Live Dog

NOP：1 pc

Gross Weight：40.0kg(dog + kennel)

DIMS：90cm × 50cm × 68cm

GCR 与运价规则见表 4–4。

解：$GW = 40.0\text{kg}$

$VW = (90\text{cm} \times 50\text{cm} \times 68\text{cm}) \div 6000 = 51.0\text{kg}$

因为 $VW > GW$，所以 $CW = VW = 51.0\text{kg}$

因为 CAN 与 AMS 分属 IATA 的 3 区和 2 区，所以

$AR = 150\%\text{N GCR} = 150\% \times 18.43 = 27.645(\text{CNY})$

$WC = 51.0 \times 27.645 = 1\,409.90\ (\text{CNY})$

运单运费栏的填制见表 4–6。

表4–6　运单运费栏填制

No. of Piece	Gross Weight	Kg Lb	Rate Class	Chargeable Weight	Rate/ Charge	Total	Nature and Quantity of Goods (Dimensions or Volume)
1	40.0	K	S N150	51.0	27.645	1 409.90	DOG DIMS: 90cm × 50cm × 68cm LIVE ANIMAL

4.2.3　与国际航空货运有关的其他费用

1. 声明价值费（Valuation Charges）

与海运或铁路运输的承运人相似，航空运输的承运人也要求将自己对货方的责任限制在一定的范围内，以控制经营风险。

当托运人托运的货物毛重每千克价值超过100元人民币时，可以办理货物声明价值手续。办理货物声明价值手续时，托运人需要在托运书及货运单的“运输声明价值”栏内注明该票货物声明价值的金额

《华沙公约》中对由于承运人自身的疏忽或故意造成的货物的灭失、损坏或延迟规定了最高赔偿责任限额，这一金额一般被理解为每千克20美元或每磅9.07英镑或其他等值货币。如果货物的价值超过了上述值，即增加了承运人的责任，承运人要收取声明价值费，否则即使出现更多的损失，承运人对超出的部分也不承担赔偿责任。

货物的声明价值是针对整件货物而言的，不允许对货物的某部分声明价值。声明价值费的收取依据货物的实际毛重，计算公式为：

声明价值费＝（货物价值－货物毛重 ×20 美元 / 千克）× 声明价值费费率

声明价值费的费率通常为0.5%。大多数航空公司在规定声明价值费率的同时还要规定声明价值费的最低收费标准。如果根据上述公式计算出来的声明价值费低于航空公司的最低标准，则托运人要按照航空公司的最低标准缴纳声明价值费。

2. 其他附加费用及代号

其他附加费包括燃油费、战险费、地面运输费、报关费、报检费、危险货物处理费、货运单费、货到付款附加费、提货费等。

其他费用代号如表4–7所示。

表4–7　其他费用代号

代号	中文名称	代号	中文名称	代号	中文名称
AC	动物容器费	DB	代付款项手续费	SU	地面运输费
AS	集中服务费	IN	保险费	TR	中转费
AW	货运单费	MO	杂费	TX	捐税
CF	代收货款手续费	PU	取货和送货费	UH	集装箱处理费
CH	办理海关手续和处理费	SO	保管费		

4.3 国际航空运单

4.3.1 国际航空运单概述

1. 航空运单的概念和作用

航空运单是托运人和承运人之间在承运人的航线上运输货物所订立运输契约的凭证，是托运人或其代理人所使用的最重要的货运文件，其作用归纳如下：一是承运人与托运人之间缔结运输契约的凭证；二是承运人收运货物的证明文件；三是运费结算凭证及运费收据；四是承运人在货物运输组织的全过程中运输货物的依据；五是国际进出口货物办理通关的证明文件；六是保险证明。

2. 航空运单的特点和国际惯例

（1）一张货运单只能用于一个托运人在同一时间、同一地点托运的，由承运人承运的，运往同一目的站同一收货人的一件或多件货物。

（2）航空运单可以代表航空公司身份，该货运单由航空公司印制。航空运单还可以是不由航空公司印制、不代表任何一个航空公司的中性运单。

（3）运单的右上端印有“不可转让”字样，其意义是指航空运单仅作为货物航空运输的凭证，所有权属于出票航空公司，与可以转让的海运提单恰恰相反。因此，任何 IATA 成员都不允许印制可以转让的航空运单，运单上的“不可转让”字样不可被删去或篡改。

（4）空运交货方式下的航空运单不同于海运提单，不是通过转让单据来转让货物所有权。航空货运单不是货物所有权的凭证，也不能通过背书转让。收货人提货不是凭航空货运单，而是凭航空公司的提货通知单。

（5）《UCP600》规定，航空运单只有在特别要求实际发运日期时，才以运单批注的发运日期为装运日期，否则均以签发日期作为装运日期。因此，航空运单签发日期不能超过交单的限期，否则会违反信用证的规定。

3. 航空运单的填制责任

根据《华沙公约》《海牙议定书》和承运人运输条件的条款规定，托运人有责任填制航空运单。规定明确指出，托运人应自行填制航空运单，也可以要求承运人或承运人授权的代理人代为填制。托运人对货运单所填各项内容的正确性、完备性负责。由于航空运单所填内容不准确、不完全，致使承运人或其他人受到损失的，托运人负有责任。托运人在航空运单上的签字，证明其接受航空运单正本背面的运输条件。根据《中华人民共和国民用航空法》第 113 条和第 114 条的规定，承运人有权要求托运人填写航空运单，托运人有权要求承运人接收该航空运单。托运人未能出示航空运单、航空运单不符合规定或航空运单遗失，不影响运输合同的存在或者有效。托运人应当填写航空运单正本一式三份，连同货物交给承运人。

在实务中，航空运单一般由托运人的货运代理或承运人或其代理代为填开。货主所托运的货物如果是直接发给国外收货人的单票托运货物，货运代理填写航空公司总运单即可。但货物如果属于以国外货代为收货人的集中托运货物，货运代理必须先为每票货物填写分运单，再填写总运单，以便国外代理对总运单下的各票货物进行分拨。总运单下有几份分运单时，需要制作航空货物清单。总运单上货物的件数必须与相对应的几份分运单的件数相同。

4. 我国的航空运单。

我国国际航空运单由一式 12 联组成，包括 3 联正本、6 联副本和 3 联额外副本。3 联正本中，第一联交给货主；第二联由承运人（航空公司）留存，为运费账单和发票，作为各方结算费用的凭证；第三联注有“Original For The Consignee”字样，作为随机单据，到目的地后交收货人作为核收货物的依据，第三联正本也是收货人报关的主要凭证之一。

4.3.2 国际航空运单的填制

填制航空运单的主要依据是发货人提供的国际货物托运书。航空运单一般用英文大写字母填写。目的地为香港地区的航空运单可以用中文填写。托运书上的各项内容都应体现在航空运单上。各栏内容必须准确、清楚、齐全，不得随意涂改。已订舱的货物或运费到付的货物，运单上要注明已订妥的航班号、航班日期。对于运输途中需要特殊对待的货物，还应在航空运单上的“Handling Information”栏中注明。

航空运单的主要内容与填制要求如下：

（1）运单号（No.）。航空运单的运单号由航空公司编制，所以从航空运单号可以区别出是哪一国的航空公司。运单号一般由 11 位数字组成，前三位数字为航空公司代码，如中国国际航空公司的代码是 999，中国南方航空公司的代码是 784，日本航空公司的代码是 131，后面 7 位数是顺序号，最后一位是检查号 2。

（2）承运人名称（Carrier's Name）。根据《UCP600》的规定，如果信用证要求空运单据，银行将接收标明承运人名称的单据。各航空公司的运单均标明了承运人的名称。

（3）发货人名称及地址（Shipper's Name and Address）。本栏要求填托运人的全称、街名、城市名称、国名，以及便于联系的电话号、电传号或传真号。信用证项下必须与收益人名称及地址一致。托收项下按合同的卖方、地址填写。

（4）发货人账号（Shipper's Account Number）。本栏为便利双方结算而提供账号，可根据实际情况在必要时填入，一般可不填，所以本栏可留空。

（5）收货人名称及地址（Consignee's Name and Address）。航空运单的收货人一般不做指示式，因为航空运单不是物权凭证，只是表示承运人已收到货的收据。航空运单的正本共三份，其中一份航空公司自己留底，一份给发货人，另一份随机带去，货到目的地后承运人给指定的收货人发出到货通知（Notice of Arrival），并交给收货人航空运单正本。所以事实上收货人接到通知即可提货。因此，运单上收货人栏一般都是记名式，指明某人为收货人。本栏填收货人的全称、街名、城市名称、国名（特别是在不同国家内有相同城市名称时，必须要填上国名）以及电话号、电传号或传真号。

（6）收货人账号（Consignee's Account Number）。本栏根据实际需要，在必要时可填入收货人账号。若没有特别要求，一般可以不填。

（7）签发运单的承运人的代理人名称及城市（Issuing Carrier's Agent Name and City）。如果运单系由承运人的代理人签发的，则本栏填实际的代理人名称及城市名。如果运单是直接由承运人本人签发的，本栏可不填。

（8）代理人的IATA代号（Agent's IATA Code）。本栏填承运人代理人的IATA代号。一般本栏可不填。

（9）代理人账号（Agent's Account №.）。本栏填代理人的账号，供承运人结算使用。一般本栏可不填。

（10）起航机场和指定航线（Airport of Departure and Requested Routing）。起航机场和指定航线指该飞机起航机场名称和航线。一般填起航机场名称的三字代码即可。

（11）会计结算情况（Accounting Information）。本栏指与费用结算有关的情况。如运费预付、到付或发货人结算使用信用卡号以及其他必要的情况。

（12）运输路线（to ... by ... to ... by ...）。分别填入第一（二、三）中转机场的IATA代码和承运人。

（13）目的地机场（Airport of Destination）。本栏填符合信用证或合同规定的目的地机场名称。不知道机场名称时，可填城市名称。如果在不同的国家有相同的名称和城市，要指出该城市所属国家。例如，LONDON UK 即英国，伦敦；LONDON KY US 即美国肯达基州，伦敦；LONDON TO CA 即加拿大安大略省，伦敦。又如，BARCELONA，SPAIN 即西班牙，巴塞罗那；BARCELONA，VENEZUELA 即委内瑞拉，巴塞罗那。托运人所指的目的站没有机场时，要查看航空货运运价手册中的国内机场部分（Customs Airports），填目的站所在国中与该目的站最近的一个机场。

（14）航班/日期（仅供承运人使用）[Flight/Date（for carrier use only）] 航班/日期系航班号及该飞机实际起飞日期。但本栏所填的内容只能供承运人使用，故本栏所注明的起飞日期不能视为本货物的装运日期，一般以航空运单的签发日期作为装运日期。

（15）费用币制及费用代号（Currency and Charges Code）。支付费用使用的币制以货币国际标准代码表示，如人民币以"CNY"表示。费用代号一般可不填。

（16）运费/声明价值费和其他费用（WT/VAL and Other）。如果运费和声明价值费或其他费用是预付的，则在"PD"栏下填"×"，"PD"系"Prepaid"的缩写，表示费用已预付。如果费用是待付，则在"COLL"栏下填"×"，"COL"系"Collect"的缩写，表示费用待付。如果第11栏已填"FREIGHT PREPAID"或"FREIGHT COLLECT"，则本栏所填的"PPD"或"COL"不得与第11栏有抵触。

（17）供运输使用声明价值（Declared Value for Carriage）。本栏填供运输用的声明价值金额，该价值即为承运人负赔偿责任的限额。承运人按有关规定向托运人收取声明价值费，但如果所交运的货物毛重每千克不超过20美元（或其等值货币），则无须填写声明价值金额，可在本栏内填“NVD”（No Value Declared，未声明价值），如本栏空着未填写，承运人或其代理人可视为货物未声明价值。如在本栏填声明价值，其币制应与第 15 栏的币制一致。

（18）供海关使用声明价值（Declared Value for Customs）。本栏所填的价值作为海关征税的依据。目前有的地区以出口货物报关单申报价值或提供商业发票作为征税依据，此时本栏可不填。有的还在本栏填“ AS PER NVOICE №. ××”。如果作为样品等数量极少的货物，无商业价值，可填“NCV”或“N. C. V.”，表示“ No Commercial Value”（无商业价值）。

（19）保险金额（Amount of Insurance）。我国民航各空运企业暂未开展国际航空运输代理保险业务，本栏可空着不填。

（20）处理情况（Handling Information）。根据需要可利用本栏填写所需要的内容，比如注明下列内容：

1）必须首先填写危险货物（如有）的情况：第一，需要附托运人危险货物申报单的，则本栏填写“ DANGEROUS GOODS AS PER ATTACHED SHIPPER'S DECLARATION”字样，对于要求装上货机的危险货物，还应加上“CARGO AIRCRAFT ONLY”字样；第二，不需要附托运人危险货物申报单的，则本栏填写“SHIPPER'S DECLARATION NOT REQUIRED”字样。

2）被通知人。例如：另请通知（ALSO NOTIFY）。如托运人希望在货物到达的同时除通知收货人之外还通知他人，请另填写通知人的全名和地址。

3）货运单所附文件（DOCUMENT TO ACCOMPANY AIR WAYBILL）。填随附在货运单上送往目的地的文件，应填上所附文件的名称，例如：托运人的动物证明（SHIPPER' S CERTIFICATION FOR LIVE ANIMALS）。

4）包装情况。一般使用“货物交换电报程序”（CARGO-IMP）中的代号和简语填写。

5）发货人对货物在途中的某些特别指示，或对第二承运人的要求等。

（21）件数（№. of Pieces RCP）。本栏要正确填入所装载的包装件数，填该批货物的总件数，并注注明其包装方法，且应符合信用证的要求，例如包裹（Package）、纸板盒（Carton）、盒（Case）、板条箱（Crate）、袋（Bag）、卷（Rol）等，如货物没有包装，就注明为散装（Loose）。本栏的 RCP 系“Rate Combination Point”的缩写，即运价组成点。在填完（21）～（29）项后，在本栏另起一行填运价组成点，即填货物的总件数、总重量及运费总计。

（22）毛重（Gross Weight）。本栏填实际货物毛重。

（23）千克或磅（Kg/Lb）。本栏指第 22 栏毛重是以千克或以磅为计算单位，将使用的重量单位（K 或 L）填入该栏。

（24）运价分类（Rate Class）。运价分类代号有“M”“N”“Q”“C”“R”“S”。本栏根据不同的航空运价填相应的运价代号。例如：“M”即货物起码的费率，“N”即 45 千克以下普通货物的费率，“Q”即 45 千克以上普通货物的费率。运价分类代号可参考航空公司有关运价材料按实际填写。

（25）商品编号（Commodity Item №.）。属于“C”运价分类代号者，在“C”同一行的本栏内填入商品编号，例如填编号“0300”。如果属于“R”“S”运价分类代号者，在“R”“S”同一行的本栏内填其运价加或减的百分比。对于集装设备运输，还应在集装设备附加项代号“X”同一行的本栏内填入集装设备的类型代号。

（26）计费重量（Chargeable Weight）。以重量计算运费，填实际毛重，与第22栏毛重相同。如果属于“M”运价分类代号和以尺码计收运费者，本栏可不填。

（27）费率（Rate/Charge）。本栏按实际计费的费率填入。例如，费率是以每千克20.51元计算的，即填“20.51”。如果是“M”运价代号（起码费率计费），则列出起码费率。

（28）运费总额（Total）。本栏填计收运费的总额，即计费重量 × 费率 = 运费总额。

（29）货物的品名和数量（包括尺寸或体积）[Nature and Quantity of Goods（incl. Dimensions or Volume）]。本栏填货物的品名、数量、体积、尺寸等。货物中的每一项均须分开填写，并尽量填写详细。本栏所填写内容应与商业发票和进口许可证上所列明的内容一致。危险品应填写适用的准确名称及标贴的级别。

（30）以重量计算的运费额（Weight Charge）。本栏有两项：预付额（Prepaid）和待付额（Collect）。根据实际情况填制，并与第28栏的金额相同。

（31）其他费用（Other Charges）。例如，在本栏填“AWC：50.00”，“AWC”系“Air Waybill Charges”（运单费）的缩写。有的填“AWB”“AW”“AWBFEF”等。此外还有危险货物费、起运地仓储费和目的地仓储费等。

（32）由于承运人需要而产生的其他费用总额（Total Other Charges Due Carrier）。例如，除了运单费50元外无其他费用，则本栏总额也就填50元。

（33）预付费用总额（Total Prepaid）。本栏填预付运费及其他费用总额。

（34）发货人或其代理人签名（Signature of Shipper or His Agent）。发货人或其代理人在本栏签名后表示保证所托运的货物并非危险品。

（35）承运人或其代理人签字及签发运单日期、地点 [Executed on（date）at（place），Signature of Issuing Carrier or His Agent]。正本航空运单必须由承运人或其代理人签名盖章才能生效。承运人的任何签字或证实必须表明承运人的身份。代理人代为承运人签字或证实时，也必须表明其代理的委托人的名称及身份。本栏所表示的日期为签发本运单的日期，也是本批货物的装运日期。

4.4 国际航空集运业务

4.4.1 集运操作流程

集中托运（Consolidation）可以采用班机或包机运输方式，是指航空货运代理公司将若干批单独发运的货物集中成一批向航空公司办理托运，填写一份总运单送至同一目的地，然后由其委托当地的代理人负责分发给各个实际收货人。这种托运方式可降低运费，是航空货运代理的主要业务之一。其业务流程如图 4-4 所示。

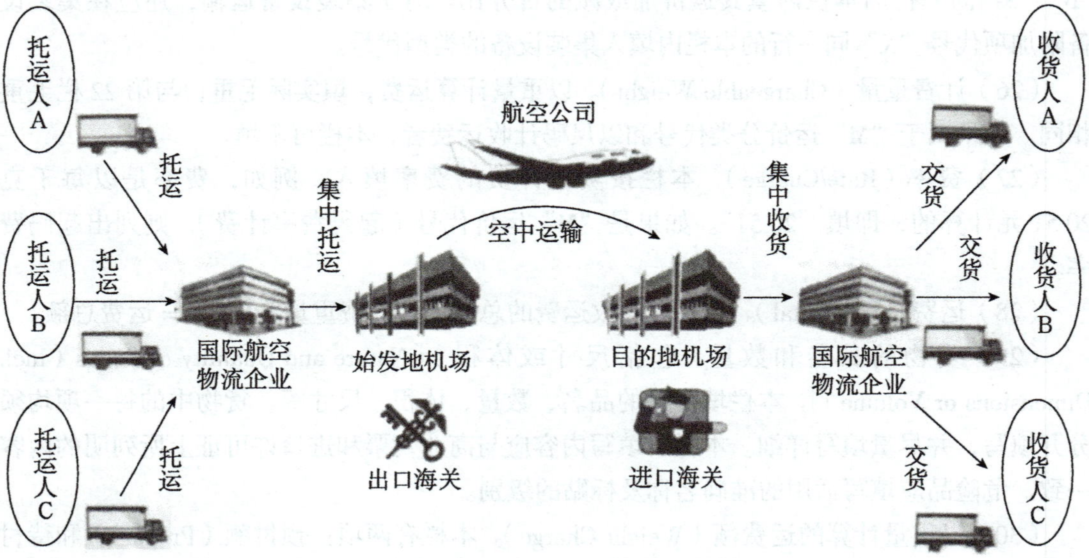

图4-4 集中托运业务流程图

1. 出口集运操作流程主要步骤

（1）完成多个托运人货物的集拼、订舱配载操作。

（2）签发分运单给多个托运人，制作总运单与集运舱单。

（3）与机场货运站妥善交接集运货物与文件，配合装箱或装板。

（4）当货物需入库储存时，物流中心提供出口前的仓储和相关物流服务。

（5）办理集运货物出口报关（报检）手续。

（6）向目的地物流企业传输集运文件和起运航班报告，并返退有关单证给托运人。

（7）正确核算集运收入、成本与利润。

2. 进口集运操作流程主要步骤

（1）从始发地物流企业接收集运文件和起运航班报告。

（2）办理集运货物进口报关（报检）手续。

（3）将集运货物从机场货运站提回物流中心；将大宗货物在货运站先分拆，然后直接送货到收货人指定地点。

（4）在物流中心分拆集运货物并交货给各收货人。

（5）当货物需要入库储存时，物流中心提供交货前的仓储和相关物流服务。

（6）在运费到付方式下，按有关规定分别向临时客户、固定客户妥善结算运费。

小资料：集运方式对货物的限制

并不是所有的货物都适合采用集运方式。物流企业把多个托运人的货物集拼在一张总运单项下运输，航空公司则用同样的方式处理它们。一般来说，不可能对同一张总运单项下的货物采取不同的处理方式，因此须特殊处理的特种货物（如活动物、鲜活易腐货物、贵重物品、危险品等）不能以集运方式空运，采取直接托运的方式更合适甚至是唯一的选择。此外，在实践中，只有目的地机场相同、收货人地域也相同或相近的货物才适宜集运，收货人地域不同或相距过远的，一般不宜集运，因为从目的地机场到收货人处的交货成本过高，地面运输成本的增幅可能会超过空中运输成本的降幅，从而削弱航空集运的经济性。

4.4.2　集运与直运的区别

物流企业对所有货物都采用集运方式是不现实的，除了集运方式对货物的上述限制外，还由于空运货物对运输速度要求高，在比较严格的时间限制下，完全保证运往同一目的地机场的多批货物赶上同一航班，这在实践中是难以做到的。因此，除了特种货物（大部分）不能集运外，还难免有一些错过集运航班的紧急货物，不能久等或拖延到下一个集运航班才起运，这时只能单独配载当前最早的航班（如当天），采取直接托运（简称“直运”）的方式。集运与直运的主要区别如下。

1. 集运

（1）多个货主（实际托运人）向物流企业托运，由物流企业集拼货物后再向航空公司集中托运，货物的承运人是物流企业（当事人型），而非航空公司。

（2）货主领取的运单为分运单，由物流企业签发；分运单的托运人栏和收货人栏分别填写实际托运人和实际收货人，而总运单的托运人栏和收货人栏分别填写始发地和目的地的物流企业。

（3）集运的货物大部分为普通货物。

2. 直运

（1）单个货主（实际托运人）向物流企业托运，由物流企业代理订舱等事务后向航空公司单独托运，通常货物的承运人是航空公司，而非物流企业（代理人型）。

（2）货主领取的运单通常为总运单，由航空公司签发或授权物流企业代理签发；总运单的托运人栏和收货人栏分别填写实际托运人和实际收货人。

（3）直接托运的货物通常是错过集运航班的紧急货物，以及大部分特种货物。

4.4.3　集运文件

1. 分运单（HAWB）

物流企业受理托运时，须给托运人一个凭证，这个凭证就是分运单，也是物流企业作为“无机承运人”与托运人之间运输合同的证明、货物收据、费用结算凭证。分运单的托运人栏和收货人栏上分别填写实际托运人和收货人。

分运单一般不超过十联，正本联通常包括托运人联、承运人联、收货人联，另有多份副本联备用，份数和构成比总运单简单一些。

2. 总运单（MAWB）

航空公司接收集运货物时，须给物流企业一个凭证，这个凭证就是总运单，也是航空公司作为“有机承运人”与物流企业之间运输合同的证明、货物收据、费用结算凭证。总运单的托运人栏和收货人栏分别填写始发地物流企业和目的地物流企业。

可见，物流企业具有双重身份，对于实际托运人而言它是承运人，对于航空公司而言它是托运人。

物流企业通常将一票集运货物的全部分运单装在专用文件袋内并附在总运单后面，随货传递给目的地物流企业供提货、报关与拆分交货时使用。随着无纸化和EDI应用的发展，不少物流企业传递的运单和有关文件以电子文件代替了传统纸质单据。此外，在集运方式下，总运单的“Nature and Quantity”（品名和数量）栏内一般只需填写“CONSOLIDATION AS PER ATTACHED MANIFEST”，表示“集运详见随附舱单”，而无须详细列明每一项货物的名称。

3. 集运舱单

由于总运单上不需要详细列明货名，而是通过随附的集运舱单申报总运单项下每份分运单包含的全部货物，因此集运舱单通常是开展集运业务的必备文件。集运舱单如表4-8所示。

表4-8 集运舱单

CONSOLIDATION MANIFEST					
CONSOLIDATOR	GUANGZHOU ZD AIR FORWARDING CO.,LTD.				
AIRLINE	AIR CHINA		MAWB №.	999-8688-6688	
FLIGHT №.	CA3202		FLIGHT DATE	20××-10-05	
ORIGIN PORT	CAN		DEST PORT	FRA	
HAWB №.	DEST CODE	NOP	NATURE OF GOODS	GW(KG)	VW(KG)
66223301	FRA	5	LED SCREEN	285.0	331.7
66223302	FRA	2	MEDICAL INSTRUMENTS	188.5	86.0
66223303	FRA	5	DECORATIVE LAMPS	72.0	250.0
66223304	FRA	20	PLASTIC SHEETS	200.0	155.5
66223305	FRA	9	MACHINERY PARTS	188.5	90.5

4. 集运标签

在集运业务中，物流企业需要在货物外包装上贴上识别标签，即物流企业标签，它是根据分运单上的信息填写的，以便货物在流转过程中被快速识别，也称分标签。分标签不同于航空公司标签（即总标签，一般仅适用于直接托运），为避免识别混乱，通常不能同时粘贴这两种标签。

4.4.4 集运成本与利润核算

1. 集运利润核算

国际空运以承运普通货物为主，适合集运的货物也多为普通货物，集运运费收入与集运运费成本的核算一般适用普通货物运价，因此货代企业与重点客户之间的协议运价、与航空公司之间的协议运价也是以普通货物运价为基础的优惠运价。

运费收入取决于运价和重量两个变量。在运价方面，货代企业向市场公布自己的运价，同时与重点客户签订协议并适用协议运价。在重量方面，货代企业遵循IATA的计费重量规则，分别计算货物毛重与体积重量，再取高者作为计费重量。此外，按照行业惯例，货代企业需要收取一些合理的附加费，主要为燃油附加费，有的还收取运单费、运费到付手续费等。

货代企业集拼多批货物，签发多份分运单，向多个托运人分别收取运费（收入），然后采用一份总运单向航空公司办理集运，统一支付运费（成本）。向托运人收取的运费收入与支付给航空公司的运费成本之间的差额，就是货代企业赚取的毛利润。将集运收入最大化、集运成本最小化，则集运利润可最大化。

2. 密泡组合产生重量差

总计费重量对集运成本的核算具有决定性影响。集运成本的总计费重量就是总运单上的计费重量，而集运收入的总计费重量就是所有分运单上的计费重量之和。需要特别注意的是，在很多情况下，总运单计费重量并不等于分运单计费重量之和，这是因为集运货物当中既有 $GW > VW$ 的“密货”，也有 $GW < VW$ 的“泡货”。比如在一票业务中第1票和第4票是密货，第2票和第3票是泡货，这种密泡货并存的情况称为“密泡组合”。由于IATA规定在集运总毛重与总体积重量之间取高者作为总计费重量，当集运货物存在密泡组合的情况下，必然出现总运单计费重量小于分运单计费重量之和，这就为货代企业创造了可观的利润空间，例如总运单计费重量为980kg，但分运单计费重量之和为1 150kg，也就是说，货代企业向航空公司支付成本的重量明显小于其向托运人计收运费的重量。

3. 集运利润的三个层次

在实践中，物流企业的集运业务可赚取三个层次的利润，这三个层次的利润层层递进、逐层深入。

第一层利润：一般情况下，物流企业通过集拼多个托运人货物即可赚取第一层利润——“规模利润”，它来自两部分：第一部分是航空公司基于对物流企业货量规模的预期而提供的运价折扣；第二部分是由于货物被集拼后总计费重量明显增加，集运成本适用的运价明显降低。即使不存在密泡组合，这种规模效应也同样存在。

第二层利润：由于密泡组合的存在，物流企业可赚取到第二层利润——密泡组合利润。也就是说，物流企业支付成本的重量明显低于物流企业获取收入的重量，这无疑大幅提高了集运利润。

第三层利润：在特殊情况下，物流企业还可以赚取到第三层利润——EP 利润，即应用计费重量的经济分界点获取的利润，如果重量超过 EP，则适用较高点运价可更节省成本。

4.4.5 集运运单的填制

一方面，货运代理企业作为承运人签发多份分运单，向各托运人收取运费；另一方面，货运代理企业作为托运人采用一份总运单，向航空公司支付集运成本，货代公司在双重身份之间的转换决定了分运单与总运单的填写规范有所不同。

分运单与总运单对比，不同之处主要包括运单的填写、签发、收发货人、运价运费、货物信息等方面，也有相同点。表 4-9 是分运单与总运单的主要异同点。

表4-9 分运单与总运单的主要异同点

对比项		总运单	分运单
主要不同点	填写	通常由物流企业填写	通常以SLI（Shipper's Letter of Instruction）为依据，由物流企业以托运人的名义代为填写
	签发	通常在货物入站交接、海关放行后由航空物流企业签发	物流企业
	填写与签发日期	填写与签发日期一般迟于分运单	填写与签发日期一般早于总运单
	托运人与收货人	始发地和目的地的物流企业	实际托运人与收货人
	货物件数与重量	所有分运单项下的总件数、总毛重、集运总计费重量	本分运单项下的件数、毛重、计费重量
	运价与运费	物流企业与航空公司结算的运价与运费	物流企业与托运人结算的运价与运费
	货物品名、尺寸或体积	通常填“集运详见随附舱单”、总体积	货物具体品名、详细尺寸
	运费支付方式	通常仅限于预付	预付或到付
主要相同点	始发地机场与目的地机场	作为空中运输的起止点，两种运单的始发地机场与目的地机场相同	
	航空公司及航班	承载该批货物的航空公司、航班及执飞日期相同	

4.5 国际航空运输法规

4.5.1 国际航空运输公约

国际航空运输公约是指世界各国在国际民用航空的政治、经济、技术等方面公开讨论、达成一致的意见，并且同意遵守的一些规定，是若干国家共同缔结的多边条约。

现行的国际航空条约涉及航空运输的方方面面，如航空运输、安全保卫、国际航空运输的业务权和双边协定等。有关航空货物运输方面的条约主要是关于统一国际航空运输规则的条约。该条约共有八个文件，总称“华沙体制”（The Warsaw System）。

1. 华沙体制的内容

华沙体制由以下八个文件组成。

1929 年在华沙签订的《统一国际航空运输某些规则的公约》，简称《华沙公约》（Warsaw Treat）。我国于 1958 年批准该公约。

1955 年在海牙签订的《修订 1929 年 10 月 12 日在华沙签订的〈统一国际航空运输某些规则的公约〉的议定书》，简称《海牙议定书》。我国于 1975 年批准该议定书。

1961 年在瓜达拉哈拉签订的《统一非缔约承运人所办国际航空运输的某些规则以补充华沙公约的公约》，简称《瓜达拉哈拉公约》。

1971 年在危地马拉城签订的《修订经海牙议定书修订的〈统一国际航空运输某些规则的公约〉的议定书》，简称《危地马拉城协议书》。

1975 年在蒙特利尔签订的第一、二、三、四号《关于修改〈统一国际航空运输某些规则的公约〉的附加议定书》，分别简称《蒙特利尔第一号议定书》《蒙特利尔第二号议定书》《蒙特利尔第三号议定书》《蒙特利尔第四号议定书》。

华沙体制主要以《华沙公约》《海牙议定书》《蒙特利尔第四号议定书》这三个文件为基础。

（1）《华沙公约》。

它于 1929 年 10 月 12 日签订于波兰华沙，自 1933 年 2 月 13 日起生效。《华沙公约》共分五章、四十一条，就国际航空运输的定义、运输凭证、承运人的责任制度以及诉讼的若干程序问题进行了规定。目前共有 149 个国家批准或加入该公约。

（2）《海牙议定书》。

它于 1955 年 9 月 28 日签订于荷兰海牙，1963 年 8 月 1 日起生效。在该议定书缔约国之间，《华沙公约》和该议定书被视为并解释为一个单一的文件。目前共 131 个国家批准或加入该公约。

《海牙议定书》对《华沙公约》的改动主要是：把航空承运人对旅客的赔偿限额提高了一倍；简化了运输凭证；取消了对货物运输的航空过失免责的规定；修改了第 25 条，删除了“有意的不良行为”的概念。但对承运人的责任制度未做实质性的变动。

我国于1958年7月20日加入《华沙公约》，1975年8月20日加入《海牙议定书》，并声明公约适用于我国的全部领土，包括台湾地区。我国与《华沙公约》的缔约国之间，适用于《华沙公约》；与《海牙议定书》的缔约国之间，适用于《海牙议定书》。

（3）《蒙特利尔公约》。

在《蒙特利尔公约》以前，国际上已经存在若干个关于国际航空运输赔偿的规则，具体包括1929年《华沙公约》、1955年《海牙议定书》、1961年《瓜达拉哈拉公约》、1971年《危地马拉城协议书》、1975年《蒙特利尔附加议定书》。上述第二项至第五项协议都是对《华沙公约》的修订，因此上述五项文件被统称为《华沙公约》。随着历史的发展，《华沙公约》中的某些规定已显陈旧，而且相关修订文件数量较多。为了使《华沙公约》及其相关文件现代化和一体化，产生了《蒙特利尔公约》，正式生效后取代原有的《华沙公约》文件。

《蒙特利尔公约》于1975年9月25日签订于蒙特利尔，1998年6月14日起生效。在该公约的各缔约国之间，《海牙议定书》和本公约被视为并解释为一个单一的文件，称为《1955年在海牙修正的和1975年蒙特利尔第四号议定书修正的〈华沙公约〉》。《蒙特利尔公约》主要在三个方面作出了新的规定：一是引入“特别提款权”作为赔偿金的计算单位；二是国际航空货物运输承运人的责任制度，由主观责任制修改成客观责任制；三是引入电子计算机储存货运资料，同时进一步简化了航空货运单的内容，也就是说，经托运人同意，可以用能够保存运输记录的其他任何方法代替出具航空货运单。

2. 华沙体制的应用

（1）华沙体制的适用范围。

华沙体制主要应用于国际航空运输。国际航空运输主要指航空器的始发地和目的地位于两个国家的运输；或者同属一个国家，但航空器在另一个国家有约定的经停点的运输。国际航空运输的国际航班的国内段同样适用于华沙体制，而不适用于国内航空法。例如，有一航班从法兰克福经北京中转至青岛，如果货物在北京至青岛段发生事故，则解决方案适用于华沙体制。

《海牙议定书》规定，该公约不调整根据国际邮政公约而发生的邮件运输。因为邮件运输不属于航空货运范畴，而属于邮政范畴。邮政行业是一个国家的公用事业，不属于商业行为。但物品类特快专递、邮政快件及包裹属于商业性运输，所以属于航空货运之列，受到华沙体制的约束。

（2）航空货运单。

关于航空货运单是运输合同的证明，《华沙公约》第五条规定，没有这种凭证，或凭证不符合规定或凭证遗失，不影响运输合同的存在和有效，除第九条另有规定外，这项运输合同同样受该公约的约束。《华沙公约》第十一条规定，在没有相反的证据时，航空货运单是订立合同、接收货物和承运条件的证明。

关于航空货运单的签发，《华沙公约》第五条规定，货物承运人有权要求托运人填写航空货运单，托运人有权要求承运人接受这项凭证。如果承运人承运货物而不出具运单，则无法享受法律所规定的免责和责任限额。在实践中，托运人一般只填写托运单，而航空货运单则由承运人或承运人的代理人签发。在没有相反证明的情况下，承运人填写的航空货运单视为代托运人填写。

关于航空货运单的流通性，《海牙议定书》在《华沙公约》第十五条内加入下款：“(3)本公约不限制填发可以流通的航空货运单。”流通的限制表现在两个方面：第一，托运人与收货人应当在履行航空货运合同所规定的条件下，才能转让航空货运单的权利：第二，即使航空货运单的权利进行了转让，在向承运人主张权利时，也只能由托运人或收货人以本人的名义进行。

(3)托运人的权利及义务

托运人的权利：

1)填写货运单。

根据行业习惯，托运人只填写委托书，也有权要求承运人代为填写货运单，并将承运人签章的第三份空运单正本交给自己，即正本3(Original 3)，序号A。

2)对货物享有处置权。

《华沙公约》第十二条有以下规定：

第一，托运人在履行运输合同所规定的一切义务的条件下，有权在起运地航空站或目的地航空站将货物提回，或在途中经停时中止运输，或在目的地或运输途中交给非航空货运单上所指定的收货人，或要求将货物退回起运地航空站，但不得因为行使这种权利而使承运人或其他托运人遭受损失，并且应该偿付由此产生的一切费用。

第二，如果托运人的指示不能执行，承运人应该立即通知托运人。

第三，如果承运人按照托运人的指示处理货物，而没有要求托运人出示其所持的航空货运单，因而使该航空货运单的合法持有人遭受损失，承运人应负责任，但并不妨碍承运人向托运人要求赔偿的权利。

因此，在行使对货物的处置权时，只能以本人名义进行方为有效，并不得损害承运人及其他托运人的权利。

3)声明价值权。

如果每千克货物的价值超过250法郎或20美元，托运人有权声明货物价值。承运人不得以任何理由拒绝托运人的声明价值。如交运的行李或货物的一部分或全部发生灭失、损坏或延误，用以确定承运人有限责任赔偿金额的重量，仅为有关包件的总重量。

托运人的义务：

1)货物项目与声明的正确性。在没有相反的证据时，承运人可以信赖托运人在航空货运单上的各项声明和说明是正确的。未经托运人、承运人当面查对的航空货运单不能构成使承运人负担航空货运单正确性的证据。

2)提供正确、完备的单证，以便承运人办理海关、税收等手续。由于单证不合规定造成的损失，应由托运人对承运人负责。

(4)收货人的权利和义务。

1)支付足额到付运费。

2）支付相关费用，如目的地机场仓库保管费等。

3）向承运人主张权利。在航空货运单上约定的到达时间届满 7 天内货物仍没有到达的，收货人可向承运人索赔。如果承运人自己承认货物已经遗失，则不受 7 天限制。

（5）承运人的责任。

1）负责由于运输延误，使货物未能按时到达产生的损失。

2）对于责任期间的损失，只需要承担责任限额内的赔偿责任，而不论其根据如何。

3）造成损失的原因属于承运人的故意不良行为时，则丧失责任限额的保护。航空承运人的责任期间是行李或货物在承运人保管下的期间，不论是在航空站内、航空器上或航空站外降落的任何地点。

航空运输的期间不包括在航空站以外的任何陆运、海运或河运。但是如果这种运输是为了履行空运合同，是为了装货、交货或转运，任何损失都应该被认为是在航空运输期间发生事故的结果，除非有相反的证据。

（6）承运人的免责。

《华沙公约》第二十条规定，承运人如果能够证明自己和其代理人为了避免损失的发生，已经采取一切必要的措施或不可能采取某种措施时，就不负责任。采取推定过失责任的办法，即要想不承担责任，必须证明自己无过错，强调承运人举证，倒置举证。

《华沙公约》第二十一条规定，如果承运人证明损失的发生是由于受害人的过失所引起或造成的，法院可以按相关法律规定，免除或减轻承运人的责任。只有货损全部由受害人过失造成时，承运人才不承担责任。

（7）索赔期限和诉讼期限。《华沙条约》第二十六条的规定如下：

1）除非有相反的证据，如果收件人在收受行李或货物时没有异议，就被认为行李或货物已经完好地交付，并和运输凭证相符。

2）如果有损坏情况，收件人应该在发现损坏后，立即向承运人提出异议。如果是行李，最迟应该在行李收到后三天内提出；如果是货物，最迟应该在货物收到后七天内提出。如果有延误，最迟应该在行李或货物交由收件人支配之日起十四天内提出。

3）任何异议都应该在规定期限内写在运输凭证上或另以书面形式提出。

4）除非承运人方面有欺诈行为，如果在规定期限内没有提出异议，就不能向承运人索赔。

《华沙条约》第二十九条规定如下：

1）诉讼应该在航空器到达目的地之日起，或应该到达之日起，或从运输停止之日起两年内提出，否则就丧失追诉权。

2）诉讼期限的计算方法根据受理法院适用的法律决定。

4.5.2 航空货运事故处理

1. 航空货运事故发生的原因

航空运输中发生的货运事故主要是指由于承运人的原因造成货物丢失、短缺、变质、污染、损坏等情况。发生这些情况的主要原因有以下几个：

（1）货物在承运人掌管期间发生盗窃、遗失造成货物的丢失。

（2）因货物包装方法或容器质量不符合运输要求，致使包装破损、货物泄漏，造成货物的短缺。

（3）承运人没有注意到货物本身性质引起的变质、污染、损坏。

（4）不适当的积载造成货物的污染、损坏。

（5）承运人没有按照指示标志进行装卸作业，造成货物变质、污染、损坏。

（6）运输过程中因保管货物不当造成货物变质、污染、损坏。

2. 航空承运人的责任

我国《民用航空法》第一百二十五条规定，航空运输期间是指在机场内、民用航空器上或者机场外降落的任何地点，托运行李、货物处于承运人掌管之下的全部期间。航空运输期间，不包括在航空站以外的任何陆路运输、海路运输、内河运输过程；但是，如果此种陆路运输、海路运输、内河运输是为了履行空运合同而装载、交付或转运，在没有相反证据的情况下，所发生的损失视为在航空运输期间发生的损失。由此可见，我国航空承运人应承担的责任与有关国际公约的规定相同。

3. 航空货运事故索赔的一般程序

各种运输方式下进行索赔的程序基本相同，即由索赔方发出索赔通知、提交索赔申请或索赔函，进而解决争议。如果无法解决争议，则可能进入诉讼或仲裁程序。

（1）发出索赔通知

1）索赔权益人。

国际航空运输中的索赔人可以是货运单上列明的托运人或收货人或者持有货运单上托运人或收货人签署的权益转让书的人（如承保货物的保险公司、受索赔人之托的律师、集运货物的主托运人和主收货人等）。

托运人、收货人是指总运单上填写的托运人或收货人。向航空公司提出索赔的应是总运单上填写的托运人或收货人。客户或分运单上的托运人、收货人或其他代理人应向总运单上填写的托运人或收货人提出索赔。

如果收货人在到达站已将货物提取，则托运人将无权索赔。如托运人要求索赔的话，应该有收货人出具的权益转让书。

2）索赔地点。

托运人、收货人或其代理人在货物的始发站、目的站或损失事故发生的中间站，可以书面的形式向承运人（第一承运人或最后承运人或当事承运人）或其代理人提出索赔要求。

3）索赔时限。

货物损坏或短缺属于明显可见的赔偿要求，应从发现时起立即提出并最迟延至收到货物之日起 14 天内提出。货物运输延误的赔偿要求，在货物由收货人支配之日起 21 天内提出。货物毁灭或遗失的赔偿要求，应自填开货运单之日起 120 天内提出。任何异议，均应按上述规定期限，向承运人以书面形式提出。除承运人有欺诈行为外，有权提取货物的人如果在规定时限内没有提出异议，即丧失向承运人索赔的权利。对于提出索赔的货物，货运单的法律有效期为两年。

（2）提交索赔函。

在申请索赔时，索赔人要提供能够证明货运事故的原因、损失程度、索赔金额、责任所在，以及索赔人具有索赔权利的单证，一般包括以下单证：索赔函；货运单正本或副本货物商业发票、装箱清单和其他必要资料；货物舱单；货物运输事故鉴定书；商检证明（货物受损后由商检中介机构所作的鉴定报告）；运输事故记录；来往电传等。

（3）提起诉讼或仲裁。

国际航空货物运输中的规定是除非承运人有欺诈行为，如果在规定期限内没有提出异议，就不能向承运人索赔。此外，当事人双方在合同事先已经约定，或者事后同意的情况下，还可以通过仲裁的手段解决纠纷。

4.6 小 结

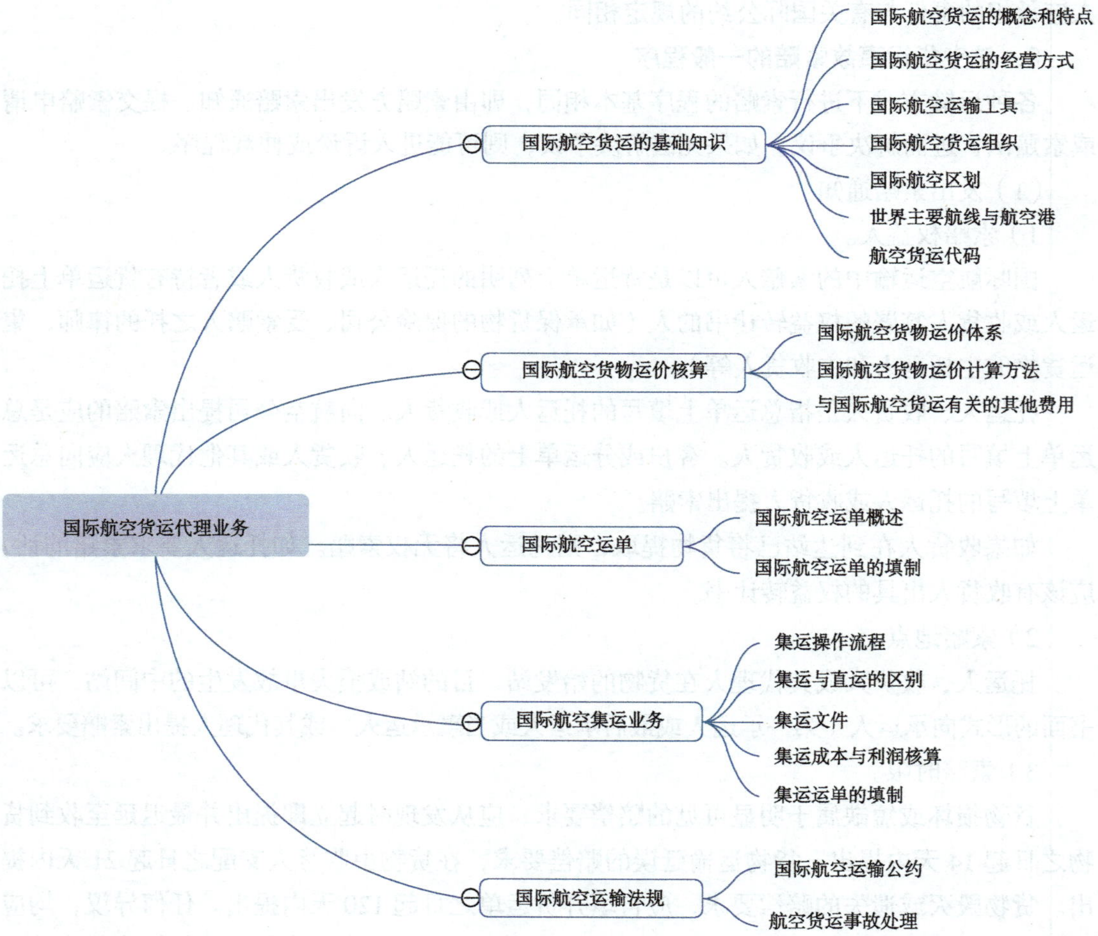

思考题

1. 简述直接运输与集中托运货物的区别。
2. 简述集装器代号 AKE2233MU 的含义。
3. 简述集装货物的基本原则。
4. 简述航空集装箱运输的特点。
5. 什么是协议运价?
6. 简述航空运价适用顺序。
7. 简述指定商品运价的使用规则。
8. 简述航空运单的用途。
9. 简述航空集运的成本与利润核算。

实践活动

我国 A 货代公司接受 B 进出口公司的委托，拟将一批货物发运到加拿大，按照贸易合同的规定，货物需要用塑料袋包装，且必须贴上英、法两种文字的唛头，但由于货代公司的疏忽，仅贴上了英文唛头的标签，而将法文的唛头标签贴到了 C 客户的货物外包装上，致使两批货物到达国外目的地后，国外收货人不得不雇人重新更换包装和唛头，后两个客户均向货代公司提出索赔，货代公司理亏，只好认赔。

分组讨论货代从业人员具备一丝不苟、认真细致、严谨精准的工匠精神对工作的重要性。

模 块 5

国际铁路联运货代业务

知识目标

1. 了解国际铁路货物运输的作用。
2. 熟悉我国与邻国的边境站位置。
3. 了解《国际货协》和《国际货约》。
4. 掌握国际铁路货物联运进出口的工作流程。
5. 了解铁路货物的保价运输。

能力目标

1. 能够规范填制国际铁路联运运单。
2. 会计算国际铁路联运运费。
3. 会填制国际铁路联运运单。
4. 会进行国际铁路联运索赔。

情感目标

1. 提高学生处理问题的能力。
2. 培养学生勤于动手、敢于动手的能力。
3. 培养学生的风险防范意识。
4. 培养学生的责任意识和服务意识。

重点难点

1. 国际铁路货物联运进出口的工作流程。
2. 填制国际铁路联运运费。
3. 计算国际铁路联运运单。
4. 国际铁路联运的索赔。

案例导入

中哈连云港物流合作基地开行跨境货运班列666列

2018年6月7日，记者从中国铁路上海局集团获悉，中哈亚欧跨境运输两国元首视频连线一周年，中哈连云港物流合作基地开行跨境货运班列666列，运送6.65万TEU（标箱），其中货运出口量占65%，通过基地走出国门的江苏产品越来越多。

作为"一带一路"建设的首个实体平台，中哈连云港物流合作基地依托亚欧跨境货运班列，正积极促进东西双向运输对流均衡化。来自苏南和连云港周边企业的汽车配件、医疗器械、建材产品等各类货物，通过货运班列运往中亚地区。来自哈萨克斯坦的粮食、棉花、有色矿等特色产品，通过货运班列由连云港向外出口到东南亚和日本、韩国、美国等。

2017年中哈连云港物流合作基地过境哈萨克斯坦的跨境货物班列达713列，发送货物71.2万吨，较上年增长超一倍。2018年1—5月，基地开行跨境货物班列达263列，发送货物26.3万吨。据介绍，跨境货运班列后续还将扩大规模，进一步向东向西拓展延伸业务，打造全程物流链，实现日韩、东南亚和环太平洋区域国家（地区）的货物通过海运到达连云港，再通过新亚欧大陆桥去往中亚和欧洲。

"中哈连云港物流合作基地已成为中亚五国过境运输、仓储物流、往来贸易的国际经济平台。"连云港中哈国际物流有限公司总经理刘斌说，基地发出的亚欧跨境货物班列覆盖中亚五国200多个站点，并延伸形成至土耳其伊斯坦布尔和德国杜伊斯堡两条通道，成功开通哈萨克斯坦出口小麦、乌兹别克斯坦通用汽车整车两条东向过境专列和德国杜伊斯堡—乌鲁木齐—连云港—印度新德里的公铁海联运班列。

（资料来源：http://www.sohu.com/a/234536119_123877.）

5.1 国际铁路联运的基础知识

5.1.1 国际铁路联运的概念及特点

国际铁路联运是指使用一份统一的国际联运票据，由铁路负责经过两国或两国以上的全程运送，并由一国铁路向另一国铁路移交货物，不需要发货人和收货人参加的货物运输组织方式。

国际铁路联运参加运送国多，运输距离长，因此铁路必须高标准、高质量地办理货物联运，对其质量、包装严格按照有关规定办理。

国际铁路联运的主要特点如下。

1. 必须由两个及两个以上的国家铁路参加运送

国际铁路联运要考虑到各参加国家铁路的设备条件、组织方式和相关法规，因此其运输票据、货物、车辆及有关单证都要符合各参加国家的规定和要求。

2. 运输方法采用一单到底制

国际铁路联运采用一次托运、一次付费、一单到底、统一理赔、全程负责的运输业务方法。这种运输业务方法能提高联运的管理水平，最大限度地发挥现有设备的作用，选择最佳的运输路线，组织合理化运输。

3. 运输责任采用统一责任制

自承运到交付的全过程，无论货物的灭失、毁损、短件或延迟交付的责任是在哪个联运国铁路段发生的，均按有关规定对发货人或收货人负责。

此外，集装箱国际铁路联运以集装箱为载体，是一种高效率的运输方式，可以实现“门到门”运输。在运输途中不需要拆箱、装箱，减少了中间环节及换装可能带来的货损、货差，缩短了运输时间，降低了运输成本，提高了运输质量。

5.1.2 国际铁路联运的相关规定

在世界上，由于铁路运输的国家垄断性，有关国际铁路运输承运人的权利和义务的规定，以及运输价格、赔偿责任等问题基本上是由国家主管当局，或者是国家间制定的有关协定来规范的，托运人试图同铁路部门就运输合同条款进行协商几乎是不可能的。可以这样说，在主要的国际货物运输方式中，没有哪一种运输方式比国际铁路联运更具有国家垄断性了，因此，在国际铁路货物联运中，掌握有关国际公约、规章就显得格外重要。

在我国，作为承运人的铁路公司和发货人、收货人在国际铁路货物联运中必须遵守的规章主要有以下几种。

1.《国际货协》

《国际货协》是《国际铁路货物联合运输协定》的简称，它是关于国际铁路联运合同的重要国际性协定，作为国际铁路联运的专门法律性规定，参加该协定的各国铁路公司和发货人、收货人在办理铁路货物联运时，都必须遵守。该协定对运输合同的缔结、履行和变更，对承运人、发货人、收货人的权利和义务等事项均作了具体规定。该协定在国际铁路联运中的地位就如同国际海上货物运输中的《海牙规则》《汉堡规则》一样重要。《国际货协》的主要内容有以下几个方面：

（1）协定的适用。

该协定共八章，第一章为总则，规定了协定的适用范围，即适用于各缔约国之间的铁路货物运送，与铁路货物运送有关的铁路、发货人、收货人在办理国际铁路货物运送时必须遵守该协定规定的各项条件。

（2）运输合同的订立与变更。

第二至四章对铁路货物运送合同的订立、变更作出规定。关于运输合同的订立，该协定规定，运单是国际铁路货物联运的运输合同。按照协定第六条和第七条的规定，发货人在托运货物时，应对每批货物按照规定的格式填写运单和运单副本，由发货人签字后交始发站。发货人向铁路公司提交全部货物和付清一切费用后，始发站在运单及其副本上加盖始发站的日期戳记，就证明运输合同已经成立并开始生效。运单随同货物从始发站送至终到站，由终到站负责交给收货人。

除作为运输合同外，运单还是铁路公司在终到站向收货人核收有关费用和交付货物的依据。与海运提单不同的是，铁路运单不是物权凭证，不可以流通转让，但是按照我国同参加《国际货协》各国所签订的贸易发货共同条件的规定，铁路运单的副本是卖方通过银行向买方结汇的单证。

关于合同的变更，该协定第十九条规定，发货人和收货人都有权对运输合同作必要的变更，但是发货人或者收货人都只能各自变更一次，而且不允许将同一批货物分开办理。铁路公司在遇到无法执行的情况下也可以拒绝变更申请。

（3）铁路承运人的责任。

关于承运人责任期间，《国际货协》第二十一条规定，承担铁路货物联运的始发站铁路公司，应当对货物承担连带责任，即铁路公司应当负责完成货物的全程运输。如果货物是在协定缔约国一方境内发货，铁路公司的责任从发货站接收货物时起至终到站交货时止。如果是向非协定缔约国发运，则按照另一国际铁路货物运输公约，到办完手续时为止。其中每一个续运铁路公司自接收附有运单的货物时起，即作为参加这项运输合同的当事人，承担承运人运输义务。

关于承运人赔偿责任，《国际货协》第二十六条规定，铁路承运人应对货物运输逾期抵达以及因货物灭失或毁损所发生的损失负责，同时，铁路公司还应对因自己的过失造成运单内所记载的添附文件的遗失后果负责。铁路公司还须对因自己的过失未能执行货方合理的变更运输合同的请求所产生的后果负责。

（4）铁路公司的免责事项。

根据《国际货协》第二十二条的规定，铁路公司对由于下列原因造成的货物损失免除责任：

1）铁路公司不能预防和不能消除的情况。

2）货物的特殊自然属性引起的自燃、损坏、生锈、内部腐烂或类似的结果。

3）发货人或收货人的过失，或由于其要求，而不能归咎于铁路公司的。

4）发货人或收货人装车或卸车。

5）发送铁路公司规章的许可，使用敞车类货车运送货物。

6）发货人或收货人的货物押运人未采取保证货物完整的必要措施。

7）承运时无法发现的容器或包装的缺陷造成的。

8）发货人用不正确的、不确切的或不完全的名称托运违禁品。

9）发货人未按该协定的规定办理特定条件货物托运。

10）货物的正常损耗。

此外，铁路公司对下列原因造成的货物逾期到达免除责任：

1）雪（沙）害、水灾、崩陷和其他自然灾害，按照有关国家铁路中央机关的指示，期限在 15 天以内。

2）因按照有关国家政府的指令，发生其他行车中断或限制，以政府规定的时间为准。

（5）铁路公司的赔偿限制。

《国际货协》第二十二条至第二十六条对铁路公司的赔偿计算方法和赔偿限额作了规定，目的是保护铁路承运人不受过重的索赔困扰。

根据该协定第二十二条的规定，铁路承运人在任何情况下对货物损失的赔偿金额都不得超过货物全部损失时的金额。

对货物赔偿金额的计算，协定第二十四条规定，铁路公司的赔偿金额应当按照货物发票金额计算；对发货人有声明价格的，按照声明价格计算；对未声明价格的家庭用品，按照每千克 2.7 卢布计算，对货物部分损失赔偿的计算，协定第二十五条规定，铁路公司只赔付货物价值减损部分，不赔偿其他损失。

对于货物逾期到达损失的赔偿，协定第二十六条规定，由铁路公司按照协定规定向收货人支付逾期罚款，但最高不超过所收运费总额。在全程运输过程中，某一铁路公司发生的提前到达时间可以冲抵另一铁路公司的逾期到达时间。

（6）货方的义务。

根据《国际货协》的有关规定，货方的合同义务主要有以下几项：

1）正确申报货物。发货人应当保证在运单中正确申报货物、正确填写运单中的声明事项，尤其是托运危险货物时，否则，托运人应当对由此产生的后果负责。

2）提交正确和齐全的必要出口文件。发货人应当向铁路公司提供必要的海关、商检等出口文件，并附在运单上，否则，应当承担铁路公司由此遭受的一切损失。

3）支付运费。支付运费是货方的主要合同义务之一。国际铁路联运的运费支付不同于其他运输方式下的运费支付，它是由发货人和收货人分别分段支付的。发货人或收货人均有义务根据《国际货协》的规定支付货物运送费用。

4）提领货物。根据《国际货协》第十六条的规定，收货人在收到铁路公司到货通知后，应当在规定的时间内向铁路公司交付运单上载明的一切运送费用，并提取货物。只有当货物损毁丧失原使用价值时，收货人才可以拒绝提领货物。按照《国际货协》的规定，如果货物在规定的运到期届满 30 天内铁路公司仍不能交付货物的，则认为货物已经灭失，但如果货物在规定的运到期届满后 4 个月内到达的，收货人仍有义务提领货物。如果收货人在此前获得了铁路公司的赔偿，应当将此赔偿退还铁路公司，但有权要求其支付合同中规定的迟到罚款。

（7）货物索赔。

《国际货协》第二十八条规定，索赔可由发货人向发送站提出，也可由收货人向到达站提出，索赔人应当提供充足的索赔证据，包括运单正本或副本、商务记录、损失证明等。货物逾期到达的索赔应当由收货人提出。铁路公司在收到索赔通知后的 180 天内，应当进行审查并予以答复。合同任何一方对另一方的索赔和诉讼应当在货物到站后的9个月内提出。

2.《国际货协统一过境运价规程》

《国际货协统一过境运价规程》(以下简称“《统一货价》”)是为了解决国际铁路联运中过境铁路运费的计收问题而专门制定的。它具体规定了参加《国际货协》的铁路运送过境货物时办理货物运送的手续、过境运送费用的计算、货物品名分级表、过境里程表和货物运费计算表等内容，是《国际货协》参加国的铁路公司和发货人与收货人都必须遵守的强制性过境运价表。

由于东欧地区在20世纪80年代末至90年代初发生了巨变，1991年6月27日，保加利亚、中国、朝鲜、蒙古、罗马尼亚和苏联的铁路部门在波兰华沙签订了《关于统一过境运价规程的协约》，该协约规定，《统一货价》不再从属于《国际货协》，而具有独立的法律地位。新的《统一货价》自1991年7月1日起施行，它是在原来的《统一货价》的基础上修改补充而成的，其费率以瑞士法郎计价。中国铁路公司自1991年9月1日起施行上述新规定。

3.《国境铁路协定》和《国境铁路会议议定书》

《国境铁路协定》是由相邻国家签订的，它规定了办理联运货物交接的国境站、车站及货物交接条件和方法，交接列车和机车运行办法及服务方法等内容。根据《国境铁路协定》的规定，两个相邻国家铁路公司定期召开国境铁路会议，对执行协定中的有关问题进行协商，签订《国境铁路会议议定书》，其主要内容为双方铁路公司之间关于行车组织、旅客运送、货物运送、车辆交接以及其他有关问题。我国与苏联、蒙古、朝鲜、越南各铁路公司均分别签有《国境铁路协定》和《国境铁路会议议定书》，这些文件是作为承运人的不同国家的铁路部门为协调国际铁路联运而签署的协定，与运输合同双方的权利和义务无直接关系。

4.《铁路货物运价规则》

《铁路货物运价规则》是各国的国内铁路运价规则，国际铁路货物联运运费的计收分为三段，中间段为过境段，运价按照《统一货价》的规定计收；发送铁路和到达铁路两段各自按照其国内铁路规定的费率计收运费。

各国铁路都制定有自己的铁路货物运价规则，可简称为“国内价规”。例如，我国铁道部颁布了《铁路货物运价规则》，它是办理国际铁路货物联运时国内段货物运送费用计算和核收的依据。

小拓展：“货协国成员”与“货约国成员”

1．“货协国”之间的运输

“货协国”之间的运输是指签署了《国际铁路货物联合运输协定》(以下简称“《国际货协》”)成员之间的货物运输，《国际货协》是1951年签订的，当时参加的国家有苏联、民主德国、捷克斯洛伐克、阿尔巴尼亚、保加利亚、罗马尼亚、波兰、匈牙利、中国、朝鲜、越南、蒙古国，尽管“货协”中的苏联、东欧国家于20世纪80年代末90年代初相继发生剧变，但铁路货物联运并未终止，原“货协”之间的货运仍然袭用。目前《国际货协》的签约国家主要有：阿塞拜疆、阿尔巴尼亚、白俄罗斯、保加利亚、越南、格鲁吉亚、伊朗、哈萨克斯坦、中国、朝鲜、吉尔吉斯斯坦、拉脱维亚，立陶宛、摩尔多瓦、蒙古、俄罗斯、塔吉克斯坦、土库曼斯坦、乌兹别克斯坦、乌克兰和爱沙尼亚。

我国与《国际货协》20个成员方以及捷铁、德铁之间货运全程采用《国际货协》运单办理运输，除朝鲜外，各国的所有车站都办理国际铁路货物联运。

2．“货协国”与“货约国”之间的运输

“货协国”与“货约国”之间的运输，是指参加了《国际货协》的国家与参加了《国际铁路货物运送公约》（以下简称“《国际货约》”）的国家之间的运输。《国际货约》是在1890年《国际铁路货物运输规则》的基础上发展起来的。1961年2月25日由奥地利、法国、联邦德国、比利时等国在瑞士伯尔尼签订，又于1970年修订，修订后的《国际货约》于1975年1月1日生效。目前该公约的参加国有：德国、奥地利、瑞士、法国、意大利、比利时、荷兰、西班牙、葡萄牙、土耳其、芬兰、瑞典、丹麦、波兰、匈牙利、保加利亚、罗马尼亚、捷克和斯洛伐克。

5.1.3 国际铁路联运的基础设施和常用设备

1. 机车

铁路车辆本身没有动力装置，无论是客车还是货车，都必须把许多车辆连接在一起编成列，由机车牵引才能运行。所以，机车是铁路运输的基本动力。

铁路上使用的机车种类很多，按照机车原动力，可分为蒸汽机车、内燃机车和电力机车三种。

2. 车辆及其标记

车辆（Freight Cars）是运送旅客和货物的工具，它本身没有动力装置，需要把车辆连挂在一起由机车牵引，才能在铁路线路上运行。铁路车辆可分为客车和货车两大类。铁路货车的种类很多。

（1）按照用途或车型划分，车辆可分为通用货车和专用货车两大类。

1）通用货车又可分为棚车、敞车和平车三类。

棚车（Covered Cars）车体由端墙、侧墙、棚顶、地板、门窗等部分组成，用于运送比较贵重和怕潮湿的货物。

敞车（Open Cars）仅有端墙、侧墙和地板，主要装运不怕湿损的散装或包装货物，必要时也可以加盖篷布装运怕潮湿的货物。所以，敞车是一种通用性较强的货车，灵活性较大。

大部分平车（Flat Cars）车体只有一平底板，部分平车装有很低的侧墙和端墙并且能够翻倒，适合装载重量、体积或长度较大的货物。也有将车体做成下弯的凹底平车或一部分不装地板的落下孔车，供装运特殊长大重型货物，因而也称长大货物车。

2）专用货车是专供装运某些指定种类货物的车辆，如保温车、罐车、家畜车等。

保温车（Cold Storage Cars）的车体与棚车相似，但其墙板由两层壁板构成，壁板间用绝缘材料填充，以减少外界气温的影响。目前我国以成列或成组使用的机械保温车为多，车内装有制冷设备，可自动控制车内温度。保温车主要用于运送新鲜蔬菜、鱼、肉等易腐货物。

罐车（Tank Cars）车体为圆筒形，罐体上设有装卸口。为保证液体货物运送时的安全，还设有空气包和安全阀等设备。罐车主要用来运送液化石油气、汽油、盐酸、酒精等液态货物及散装水泥等。

家畜车主要是运送活家禽、家畜等的专用车。车内有给水、饲料的储存装置，还有押运人乘坐的设施。

专用车还有煤车、矿石车、矿砂车等。

（2）按载重量划分。

我国的货车可分为20t以下、25～40t、50t、60t、65t、75t、90t等各种不同的车辆。为适应我国货物运量大的客观需要，有利于多装快运和降低货运成本，我国目前以制造60t车为主。

（3）按轴数划分。

货车按轴数可分为四轴车、六轴车和多轴车等。我国铁路以四轴车为主。

3. 铁路轨距

很早以前，各国铁路的轨距各不相同，窄的为610mm、762mm、891mm，中等的有1 000mm、1 067mm、1 372mm、1 435mm，宽的甚至达到1 524mm、1 880mm、2 141mm。

1937年，国际铁路协会作出规定：1 435mm的轨距为国际通用的标准轨距，1 520mm以上的轨距是宽轨，1 067mm以下的轨距是窄轨。

在东北亚地区，中国、俄罗斯、蒙古国、朝鲜和韩国陆路相连接。但是由于中国、朝鲜、韩国为标准轨距，而俄罗斯、蒙古国却是宽轨，因此尽管铁路线路可以连接起来，可仍然难以实现火车的直通。货物运到边境就要卸车，然后再装到对方国家的火车上，这就大大地提高了运输成本。

中国是亚洲铁路里程数第一的国家，但是受到轨距标准不一的制约，有21条铁路的连接点无法与周边国家连接。以著名的亚欧大陆桥铁路为例，它经过哈萨克斯坦、吉尔吉斯斯坦、乌兹别克斯坦和塔吉克斯坦等国家，延伸到欧洲或非洲。可是因为上述独联体国家现在仍然沿用1 520mm的宽轨铁路，致使行驶在“泛欧亚铁路干线”上的火车无法成为“欧亚直通车”，极大地限制了经哈萨克斯坦进入中国的欧亚铁路的国际联运业务。如果这条被称为“第二座欧亚大陆桥”的干线全程都能够使用1 435毫米的国际标准铁路，货车从欧洲到中国仅需8天时间。

4. 我国通往邻国的铁路干线

我国通往邻国的铁路干线主要有以下几条：

（1）滨洲线：自哈尔滨起向西北至满洲里，该线经满洲里可与俄罗斯的后贝加尔斯克接轨，与西伯利亚铁路相连接。由于我国与独联体国家的铁路轨距不同，对外贸易货物需要在国境车站进行换装作业后才能继续运送。

（2）滨绥线：自哈尔滨起，向东经绥芬河与俄罗斯远东地区铁路相连接。绥芬河车站是滨绥线的终点站，是我国对俄罗斯远东地区和库页岛进出口货物的国境交换站和换装站。

（3）集二线：自京包线的集宁站，向西北到二连浩特。进出口货物的换装作业在二连浩特站进行。从北京到莫斯科，经由二连浩特比经由满洲里可缩短 1 141km 的路程。

（4）沈丹线：自沈阳至丹东，越过鸭绿江与朝鲜铁路相接。由于中朝两国铁路轨距相同，车辆无须换装，原车过轨。

（5）长图线：自吉林长春，东至图们，横过图们江，与朝鲜铁路相连接。

（6）梅集线：自吉林省梅河口至集安，越过鸭绿江直通朝鲜满浦车站。

（7）湘桂线：自湖南衡阳起，经广西柳州、南宁到达终点站凭祥。货物须在凭祥车站办理换装。

（8）昆河线：自云南昆明经碧色寨到河口。由于中越铁路轨距相同，车辆无须换装，可原车过轨。

（9）北疆线：自乌鲁木齐到阿拉山口。该线连接连云港和鹿特丹两大亚欧港口，是新亚欧大陆桥的重要枢纽。因两国轨距不同，货物需要换装才能进行运送。

（10）精伊霍线：从兰新铁路西段的精河站引出，沿天山北麓西行，最终到达边境口岸霍尔果斯，是连接中亚地区的又一条交通大动脉。

我国通往邻国的铁路干线、国境站站名、货物和车辆的交换地点如表 5-1 所示。

表5-1 我国与邻国的国境站及轨距

我国与邻国	我国铁路干线	我国轨距（mm）	邻国轨距（mm）	我国国境站名	邻国国境站名	换装地点	
						出口	进口
中俄间	滨洲线	1 435	1 520	满洲里	后贝加尔斯克	后贝加尔斯克	满洲里
	滨绥线	1 435	1 520	绥芬河	格罗迭科沃	格罗迭科沃	绥芬河
中蒙间	集二线	1 435	1 524	二连浩特	扎门乌德	扎门乌德	二连浩特
中哈间	北疆线	1 435	1 520	阿拉山口	多斯托克	多斯托克	阿拉山口
	精伊霍线	1 435	1 520	霍尔果斯	霍尔果斯	霍尔果斯	霍尔果斯
中朝间	沈丹线	1 435	1 435	丹东	新义州	新义州	丹东
	长图线	1 435	1 435	图们	南阳	南阳	图们
	梅集线	1 435	1 435	集安	满浦	满浦	集安
中越间	湘桂线	1 435	1 000	凭祥	同登	凭祥	凭祥
	昆河线	1 000	1 000	山腰	老街	老街	山腰

需要注意的是：

第一，我国与俄罗斯、哈萨克斯坦、蒙古的铁路轨距不同，进出口货物需换装。独联体国家与蒙古的铁路轨距相差 4mm，货车可以直接过轨。

第二，中朝铁路轨距相同，货车可以直接过轨。

第三，越南铁路连接我国铁路凭祥段线路，为准轨和米轨的混合轨，我国铁路通越南铁路经由凭祥的联运货车可以相互过轨。我国昆明铁路局的昆河线为米轨铁路。

第四，确定进出口货物的国内段运输里程时，应将国境站至国境线的里程计算在内。例如，货物经由满洲里站出口，应加算满洲里站至中俄国境线的 9.8km。

小拓展：国际铁路主要车站代码

中文车站名	英文车站名	车站代码	所属国家
阿拉木图1	Almaty 1	700007	哈萨克斯坦共和国
阿拉木图2	Almaty 2	700100	哈萨克斯坦共和国
阿斯塔纳	Astana	690002	哈萨克斯坦共和国
塔什干	Tashkent	72000	乌兹别克斯坦共和国
阿什哈巴德	Ashkhabat	752800	土库曼斯坦共和国
比什凯克	Bishkek	716607	吉尔吉斯斯坦共和国
杜尚别2	Dushanbe2	745309	塔吉克斯坦共和国
莫斯科	Moskwa-tow-Paw	190504	俄罗斯
圣彼得堡	St.Petersburg-tov-Vitebskiy	33502	俄罗斯
车里亚宾斯克	Chelyabinsk	800101	俄罗斯
托木斯克	Tomsk	847302	俄罗斯
秋明	Tyumen	79040	俄罗斯

5.2 国际铁路联运的运费计收

国际铁路货物联运运送费用的计算和核收，必须遵循《国际货协》《统一货价》和中华人民共和国铁道部《铁路货物运价规则》（以下简称《国内价规》）的规定。联运货物运送费用包括货物运费、押运人乘车费、杂费和其他费用。

5.2.1 运送费用核收的规定

1. 参加《国际货协》各铁路运送费用核收的原则

发送路的运送费用：在发站向发货人或根据发送路国现行规定核收。

到达路的运送费用：在到站向收货人或根据到达路国现行规定核收。

过境路的运送费用：按《统一货价》在发站向发货人或在到站向收货人核收。

2.《国际货协》参加路与非《国际货协》铁路间运送费用核收的规定

发送路和到达路的运送费用与上同。

过境路的运送费用，按下列规定计收：

（1）参加《国际货协》并实行《统一货价》各过境路的运送费用，在发站向发货人（相反方向运送则在到站向收货人）核收。但办理转发送国家铁路的运送费用，可以在发站向发货人或在到站向收货人核收。

（2）过境非《国际货协》铁路的运送费用，在到站向收货人（相反方向运送则在发站向发货人）核收。

（3）在港口站所发生的杂费和其他费用，在这些港口站向发货人或收货人的代理人核收。

5.2.2 国际铁路货物联运国内段费用的计算

根据《国际货协》的规定，我国通过国际铁路联运的进出口货物，其国内段运送费用的核收应按照我国《铁路货物运价规则》进行计算。运费计算的程序如下：

（1）根据货物运价里程表确定从发站至到站的运价里程。

（2）根据运单上填写的货物品名查找货物品名检查表，确定适用的运价号。

（3）根据运价里程和运价号，在货物运价率表中查出相应的运价率。

（4）按《铁路货物运价规则》确定的计费重量与该批货物适用的运价率相乘，算出该批货物的运费。

运费计算公式如下：

整车货物每吨运价（运价率）＝发到基价＋运行基价 × 运价里程

运费＝运价率 × 计费重量

重量以吨为单位，吨以下四舍五入。

5.2.3 国际铁路货物联运过境运费的计算

国际铁路货物联运过境运费是按照《统一货价》的规定计算的。其运费计算的程序如下：

（1）根据运单记载的应通过的国境站，在《统一货价》过境里程表中分别找出货物所通过的各个国家的过境里程。

（2）根据货物品名，查阅《统一货价》中的通用货物品名表，确定所运货物应适用的运价等级。

（3）根据货物运价等级和各过境路的运送里程，在《统一货价》中找出符合该批货物的运价率。

（4）《统一货价》对过境货物运费的计算是以慢运整车货物的运费额为基础的（即基本运费额），其他种别的货物运费则在基本运费额的基础上分别乘以不同的加成率。

运费计算公式如下：

总运费＝基本运费额 × 加成率

基本运费额＝货物运价率 × 计费重量

小拓展：国际铁路相关学习网站

1. 中国铁路 95306 网：http://www.95306.cn。
2. 中铁物流网：http://www.railtie.com。
3. 中国铁路货运网：http://www.zgtlhy.com。
4. 中国电子口岸：http://www.chinaport.gov.cn。
5. 中华人民共和国商务部：http://www.mofcom.gov.cn。
6. 中华人民共和国交通运输部：http://www.moc.gov.cn。
7. 中华人民共和国乌鲁木齐海关：http://urumqi.customs.gov.cn。
8. 中华人民共和国满洲里海关：http://manzhouli.customs.gov.cn。

5.3　国际铁路联运货运代理业务流程

5.3.1　出口货物国际铁路联运

我国出口货物国际铁路联运运输组织工作的流程如图 5-1 所示。

图5-1　出口货物国际铁路联运业务流程

对货主（出口商或发货人）来说，要做的主要就是货物的托运。对货运代理来说，主要应完成如下四项工作。

1. 接受货主委托，向铁路部门提出要车计划

货运代理办理出口货物国际铁路联运事宜，首先要接受货主委托书。

凡发送整车货物的，均需具备铁路部门批准的月度要车计划和旬度要车计划。因此，货运代理要根据货主的贸易合同、备货和国际市场的需要等情况，按所在地铁路部门规定的月度要车计划，填写印有“国际联运”字样的月度要车计划表，向铁路局（分局、站）提出下月要车计划。

货运代理要制订装车方案，铁路部门要制作配载装车表。

2. 代理货物的托运

货物的托运可由货主办理，也可由货运代理代为办理。在托运前必须将货物的包装和标记严格按照合同中的有关条款以及《国际货协》等规定的有关条款办理。货物包装应能充分防止货物在运输中灭失和腐坏，保证货物多次装卸而不致毁坏。货物标记、标示牌及运输标记、货签等字迹均应清晰，不易擦除，保证多次换装中不致脱落。

（1）整车货托运的基本程序。

整车货托运主要有如下四步：

第一步，向铁路车站填报国际铁路联运运单。国际铁路联运运单（International Through Railway Bill）是参加国际铁路货物联运的铁路与发货人、收货人之间缔结的运输合同。它体现了参加联运的各国铁路和发货人、收货人之间在货物运送上的权利、义务、责任和豁免，对铁路和发货人、收货人都具有法律效力。运单签发即表示承运人已收到货物并受理托运，装车后加盖承运日戳即为承运。运单正本随同货物送至终点站交收货人，是铁路同收货人交接货物、核收运杂费用的依据。运单副本加盖日戳后是卖方办理银行结算的凭证之一。国际铁路联运运单与提单不同，它不是物权凭证，因此不能转让。

国际铁路联运运单一式五联。第一联为“运单正本”，它随货走，到达终点站时连同第五联和货物一并交收货人；第二联为“运行报单”，亦随货走，是铁路部门办理货物交接、清算运送费用、统计运量和收入的原始凭证，由铁路部门留存；第三联为“运单副本”，由始发站盖章后交发货人凭以办理货款结算和索赔用；第四联为货物交付单，随货走，由终点站铁路部门留存；第五联为“到达通知单”，由终点站随货物交收货人。

国际铁路联运运单必须记载的内容包括：到站名称；收货人名称和地址；货物名称；货物重量；零担货物件数、包装标志；发货人负责装车时的车号及集装箱、托盘或其他运送用具的自重；单证明细表；发货人名称和地址。

国际铁路联运运单需要记载的内容包括：货物交付方式；适用的运价规程；货物交付利息的金额；发货人负责支付的费用；现款交付和运费的金额；发送国和各过境国的出口国境站，如有可能从出口国境站通过邻国的几个进口国境站办理货物运送，则应注明运送所要通过的进口国境站；发货人和收货人相互间关于办理海关手续的约定；发货人关于收货人不得变更合同的声明；押运情况。

国际铁路联运运单可附加记载的内容仅供收货人参考，对铁路无约束力，用以向收货人提示有关货物的情况，如货物的来向、去向及运输方、货物的保险等。

国际铁路联运运单正面未划粗线的各栏由发货人填写。发货人应对其在运单中所填报的和声明的事项的正确性负责。由于记载和声明事项不正确、不确切或不完备，以及由于未将应报事项记入运单而发生的一切后果，均由发货人负责。铁路有权检查发货人在运单中所做的记载是否正确，但途中检查货物内容，仅限于在海关和其他规章有规定的情况下，以及为保证途中行车安全和货物完整。

第二步，车站接到运单后进行审核，对整车货物检查是否有批准的月度、旬度货物运输计划和要车计划，检查货物运单各项内容是否正确，如确认可以承运，给予签证。车站在运单上签订货物应进入车站的日期或装车日期，即表示受理托运。

第三步，按签证指定的日期将货物搬入车站或指定的货位。

第四步，车站根据运单查对货物，如无问题，待装车后由始发站在运单上加盖承运日期戳，负责发运。对棚车、保温车、罐车必须施封，发货人装车的，由发货人施封；铁路部门装车的，由铁路部门施封。铅封内容有站名、封志号、年、月、日。

整车货物一般在装车完毕后，由始发站在货物运单上加盖承运日期戳，即为承运。承运是铁路部门负责运送货物的开始，表示铁路部门开始对发货人托运的货物承担运送义务，并负运送上的一切责任。

（2）零担货物的托运程序。

与整车货物不同，零担货物的托运不需要编制月度、旬度要车计划，即可凭运单向车站申请托运。车站受理托运后，发货人应按签证指定的日期将货物搬进货场，送到指定的货位上，经查验、过磅后，即交由铁路部门保管。当车站将发货人托运的货物连同货物运单一同接收完毕，在货物运单上加盖承运日期戳时，即表示货物业已承运。铁路部门对承运后的货物负保管、装车发运责任。

3. 报检、报关

在货物发运前，货运代理要查验发货人提供的报检、报关文件，随车递交口岸站或在发运站报检、报关。铁路车站承运后，应在货物报关单上加盖站戳，货物报关单与运单随货同行，以便国境车站向海关办理申报。

国际铁路联运货物的进口申报手续有边境口岸报关和到达站报关两种形式。一般国际铁路联运货物在边境口岸报关和交纳海关应收、代收的税款。如在到达站设有驻地海关或有海关监管条件，在向海关提出申请后，可办理监管转关运输，运抵到达站报关，办理进口通关手续并交纳税费。

4. 办理发运后事项

铁路部门对承运后的货物负保管、装车发运、在国境站交接的责任，货运代理要办理好发运后的事项。

主要的发运后事项有以下三项：

（1）登记。在发货后，货运代理要将发货经办人员的姓名和货物名称、数量、件数、毛重、净重、发站、到站、经由口岸、运输方式、发货日期、运单号、车号及运费等项目，详细登记在发运货物登记表内，作为原始资料。

（2）信息传递。例如，将车号等信息通知口岸代理和国外代理，向货主递送运单（三正三副）以对外结汇，向国外代理递送运单副本一份，口岸代理办理货物交接时通知发货人交接时间，通知收货人等。

（3）与国外代理结算。根据协议与国外代理结算费用，向货主通报货物在国外的交付信息。

5.3.2 进口货物国际铁路联运

进口货物国际铁路联运的发运工作是由国外发货人根据合同规定，向该国铁路车站办理的。根据《国际货协》的规定，我国从参加《国际货协》的国家通过铁路联运进口货物，凡国外发货人向其所在国铁路部门办理托运，一切手续和规定均按《国际货协》和该国国内规章办理。我国国内有关进口商及货运代理处理联运进口货物的工作主要包括：联运进口货物在发运前编制运输标志；审核联运进口货物的运输条件，向国境站寄送合同资料；国境站交接、分拨、交付进口货物给收货人以及运到逾期计算，等等。

对货运代理来说，要做好如下工作：

（1）接受货主委托。货运代理要与货主（收货人）签订代理协议，沟通运输细节。收货人应提出确切的到达站的车站名称和到达路局的名称，注明货物经由的国境站，即注明货物是经二连浩特还是满洲里抑或阿拉山口进境。

（2）编制运输标志。我国规定，联运进口货物在订货工作开始前，由国家统一编制向国外订货的代号，作为收货人的唛头，进口商必须按照统一规定的收货人唛头对外签订合同。

（3）向国境站外运机构寄送合同资料。货运代理应及时将贸易合同的副本、附件、补充协议书、变更申请书、确认函电、交货清单等寄送国境站外运机构，在这些资料中有合同号、订货号、品名、规格、数量、单价、经由国境站到达路局、到站、唛头、包装及运输条件等内容。事后如有变更事项，也应及时将变更资料抄送外运机构。

（4）代理报检、报关。在口岸站委托报检报关代理办理报检、报关、换装运输等事宜，并将代理费和关税交报检报关代理或海关。

（5）进口货物在国境站的交接与分拨。联运进口货物的交接程序与做法是：我国国境站根据邻国国境站货物列车的预报和确报，通知交接所及海关做好到达列车的检查准备工作。进口货物列车到达后，铁路部门会同海关接车，由双方铁路部门进行票据交接，然后将车辆交接单及随车带交的货运票据呈交接所，交接所根据交接单办理货物和车辆的现场交接。海关则对货物列车执行实际监管。我国国境站交接所通过内部联合办公，开展单据核放、货物报关和验关工作，然后由铁路部门负责将货物调往换装线进行换装作业，并按流向编组向国内发运。货运代理要根据国外发货人提供的发货运输信息在口岸站安排接运事宜。货物到站向收货人发到货通知；收货人接到通知向铁路部门付清运送费用后，铁路部门将其背面已由铁路部门记载各段运输情况，并盖有各种运输戳记的运单第五联交给收货人或货运代理，收货人或货运代理凭运单第五联办理提货，在取货时应在运单上加盖收货戳记。提货时如发现货物部分或全部灭失或毁损，必须要求铁路部门编制商务记录。货运代理根据收货人的委托可办理国内运输，将货送交收货人。

（6）运费核收。货运代理要在国内到站核收口岸至到站的运费和口岸站产生的换装费用。

进口货物国际铁路联运还涉及运到逾期的问题。铁路部门承运货物后，应在最短期限内将货物运至最终到站，货物从发站至到站所允许的最大限度的运送时间，即为货物运到期限。货物运到期限应从承运货物的次日零时起开始计算，不足 1 天按 1 天计算。如承运的货物在发送前需要预先保管，运到期限则从货物指定装车的次日零时起开始计算。货物实际运到天数超过规定的运到期限天数，表示该批货物运到逾期。如果货物运到逾期，造成逾期的铁路部门应按该部门收取的运费的一定比例，向收货人支付逾期罚款。逾期罚款的规定及计算方法如下：

$$逾期罚款=运费\times罚款率$$

$$逾期百分率=\frac{实际运送天数-按规定计算运到期限天数}{按规定计算运到期限天数}\times 100\%$$

5.4　国际铁路运单

《国际货协》运单是指参加《国际货协》的各国之间办理铁路联运时所使用的单据。

5.4.1　《国际货协》运单的组成

（1）运单正本由下列五联组成：

第 1 联为运单正本（给收货人），随同货物至到达站，并连同第 5 联和货物一起交给收货人。

第 2 联为运行报单（给到达路），随同货物至到达站，并留存到达路。

第 3 联为运单副本（给发货人），是运输合同单据，在货物发运后交给发货人。也是用于外汇核销、信用证议付的发货凭证。

第 4 联为货物交付单（给到达路），随同货物至到达站，并留存到达路。

第 5 联为货物到达通知单（给收货人），随同货物至到达站，并连同第 1 联和货物一起交给收货人（作为收货人进口报关文件）。

发货人为报销运费，可自行填写一份印有运单抄件（报销运费）的不带号码的补充运行报单。此时，发货人应在运单副本（运单第 3 联）背面“应向发货人核收的总额（大写）”栏内加盖“运费报销无效”字样的戳记。运单副本上无上述戳记时不给抄件。

（2）发货车站带号码的补充运行报单，必须由发站填写，一式三份，一份留站存查，一份报铁路局，一份随同货物至出口国境站，由出口国境站留存。带号码的补充运行报单上印刷的号码即为批号（运单号），应填入运单和不带号码的补充运行报单的“25. 批号”栏内。

出口国境站应对带号码的补充运行报单同运单记载的运送费用进行核对、检查，如费用数字相符，上述运行报单即留存该站（保存一年）。如不相符，应在带号码的补充运行报单的“91. 有关计费记载”栏内作出相应记载，并将其寄送发送局财务部门处理。如发现缺少带号码的补充运行报单，应将不带号码的补充运行报单复制一份，并在第 91 栏作相应记载后寄发送局财务部门处理。

（3）铁路内部无号码的补充运行报单的使用和传递。

用途：每通过一个过境国加抄一份作清算单。

程序：发站—出口国境站—过境站。

货物由我国港口站运人，过境我国铁路运送时，港口站应多编制一份不带号码的补充运行报单，以便我国出口国境站截留后对外清算过境运送费用（我国现在的做法是：在港口站由代理人实交运费，不再施行对外清算过境运送费用）。

5.4.2 《国际货协》运单的作用

（1）《国际货协》运单是发、收货人（货主）与铁路之间缔结的运送契约，具有法律效力，发货人填制好运单，盖上发货人章后交付车站，发运站盖上带有日期的发运章后，即为签订运输合同。

（2）《国际货协》运单是国际铁路货物联运铁路连带责任的确认。发运国铁路、通过国铁路和到达国铁路（应都是《国际货协》的参加路和适用路）在接收运单后，都应对运输承担连带责任的义务。

（3）《国际货协》运单是用以银行议付货款、信用证核销的法律文件。

（4）《国际货协》运单是发货人用以报销运费的财务文件。

5.4.3 国际铁路运单的填写

国际铁路运单正面未画粗线的各栏由发货人填写，现将发货人填写的各栏说明如下。

第1栏：发货人及其通信地址。

填写发货人的名称及其通信地址。发货人只能是一个自然人或法人。

由中国、朝鲜、越南发货时，准许填写这些国家规定的发货人及其通信地址的代号。

第2栏：合同号码。

填写出口单位和进口单位签订的供货合同号码。

第3栏：发站。

填写运价规程中所载发站全称。

第4栏：发货人的特别声明。

发货人可在该栏中填写自己的声明，例如，关于对运单的修改及易腐货物的运送条件等。

第5栏：收货人及其通信地址。

注明收货人的名称及其通信地址，收货人只能是一个自然人或法人。从《国际货协》参加铁路向未参加《国际货协》的铁路发货而由站长办理转发送时，则在该栏填写“站长”。

第6栏，对铁路无约束效力的记载。

发货人可以对该批货物作出记载，该项记载仅作为对收货人的通知，铁路方面不承担任何义务和责任。

第7栏，通过的国境站。

注明货物应通过的发送路和过境路的出口国境站。如有可能，从一个出口国境站通过邻国的几个进口国境站办理货物运送的，还应注明运送所要通过的进口国境站。经路根据发货人注明的通过国境站确定。

第8栏，到达路和到站。

在斜线之前，应注明到达路的简称，在斜线之后，应用印刷体字母（中文用正楷粗体字）注明运价规程上到站的全称；运往朝鲜的货物，还应注明到站的数字代号；运往非货协国的货物而由站长办理转发时，记载《国际货协》参加路最后过境路的出口国境站，并在该站站名后记载："由铁路继续办理转发送至____铁路____站"。

9~11栏的一般说明如下：

填写9~11栏事项时，可不受各栏间竖线的严格限制。但是，有关货物事项的填写顺序，应严格符合各栏的排列次序。

第9栏：记号、标记、号码。

填写每件货物上的记号、标记和号码。货物如装在集装箱内，则还要填写集装箱号码。

第10栏：包装种类。

填写包装的具体种类，如纸箱、木桶等，不能统地填"箱""桶"，如用集装箱运输，则记载集装箱。

第11栏：货物名称。

货物名称应按《国际货协》的规定填写，或按发送路或到达路现行的国内运价规程品名表的规定填写，但需要注明货物的状态和特征；两国间的货物运送，可按两国商定的直通运价规程品名表中的名称填写。

在"货物名称"字样下面专设的栏内填写通用货物品名表规定的六位数字代码。

填写全部事项时，如篇幅不足，则应添附补充清单。

第12栏：件数。

注明一批货物的件数。

用敞车类货车运送不盖篷布或盖有篷布而未加封的货物，其总件数超过100件时，或运送仅按重量不按件数计的小型无包装制品时，注明"堆装"，不注明件数。

第13栏：发货人确定的重量（千克）。

注明货物的总重量。

第14栏：共计件数（大写）。

用大写填写第12栏中所记载的件数。

第15栏：共计重量（大写）。

用大写填写第13栏中所记载的总重量。

第 16 栏：发货人签字。

发货人应签字证明列入运单中的所有事项正确无误。发货人的签字也可用印刷的方法或加盖戳记。

第 17 栏：互换托盘。

该栏内的记载事项仅与互换托盘有关。

注明托盘互换办法，并分别注明平式托盘和箱式托盘的数量。

第 18~20 栏填写集装箱 / 运送用具信息。

第 18 栏：种类、类型。

在发送集装箱货物时，应注明集装箱的种类和类型。

使用运送用具时，应注明该用具的种类。

第 19 栏：所属者及号码。

运送集装箱时，应注明集装箱所属记号和号码。对不属于铁路的集装箱，应在集装箱号码之后注明大写字母“P”。

使用属于铁路的运送用具时，应注明运送用具所属记号和号码；使用不属于铁路的运送用具时，应注明大写字母“P”。

第 20 栏：发货人负担下列过境铁路的费用。

如发货人负担过境铁路运送费用，填写所负担过境铁路名称的简称。如发货人不负担任何一个过境铁路的运送费用，填写“无”字。

第 21 栏：办理种别。

办理种别分为：整车、零担、大吨位集装箱。

第 22 栏：由何方装车。

发货人应在该栏内注明由谁装车。

第 23 栏：发货人添附的文件。

注明发货人在运单上添附的所有文件的名称和份数。

第 24 栏：货物的声明价格。

用大写注明以瑞士法郎表示的货物价格。

27~30 栏：用于记载使用车辆的事项。

只有在运送整车货物时填写，至于各栏是由发货人填写还是由铁路车站填写，视由何方装车而定。

第 45 栏：铅封个数和记号。

填写车辆或集装箱上施加的封印个数和所有记号。至于铅封的个数和记号，视由何方施封而由发货人或铁路车站填写。

第 48 栏：确定重量方法。

注明确定重量的方法，例如，“用轨道衡”“按标准重量”“按货件上标记重量”等。由发货人确定货物重量时，发货人应在该栏注明确定重量的方法。

5.5　国际铁路货运的索赔和理赔

5.5.1　国际铁路货物保价运输

1. 铁路货物保价运输的概念和原则

铁路货物保价运输是指托运人在托运货物时向承运人声明货物的实际价值，并交纳相应的费用，当货物在运输过程中发生损坏时，承运人按照托运人的声明价值赔偿损失。

国际铁路保价运输原则上适用于按照《国际货协》条件办理的所有货物，国内发站至出境口岸站间或进口货物自进境口岸站至国内到达站间办理保价运输。收发货人或其代理人可自愿保价。

2. 保价金额和保价费

铁路所承运的货物，未按保价运输承运的，铁路实行限额赔偿。

不参加保价运输的货物，不按件数只按重量承运的货物，每吨最高赔偿 100 元。

按件数和数量承运的货物，每件最高赔偿 2 000 元。

个人托运的搬家货物、行李，每 10 千克最高赔偿 30 元。

实际损失低于上述赔偿限额的，按货物实际损失的价格赔偿。

3. 货物保价运输与货物运输保险的区别

（1）责任依据的法律不同。

保价责任依据的法律是铁路运输法规；保险依据的法律是保险法规。

（2）责任基础不同。

保价责任的基础主要是因铁路责任造成的损失；保险责任的基础主要是因自然灾害和意外事故等非人为因素造成的损失。

（3）目的不同。

保价的目的是解决铁路赔偿限额不足以补偿托运人损失而设立的一种特殊运输制度；保险的目的是解决因自然灾害和意外事故而造成的经济损失。

（4）对货物运输的安全管理不同。

铁路作为承保人是合同的一方，直接参加货物的运输工作，有条件对保价运输的货物采取特殊的安全管理措施。

资料卡

安全生产管理制度是一系列为了保障安全生产而制定的条文。它建立的目的主要是控制风险，将危害降到最小。

一家企业的安全管理制度，可以依据以下步骤制定：

（1）考虑存在什么风险，需要从哪些方面控制风险。

（2）考虑各个环节之间的关系，也就是流程。

（3）考虑每个环节实现的具体要求，也就是 5W1H 的应用。

（4）考虑法律法规的要求，将法律法规的条款转化为制度的内容。

（5）考虑制度中需要被追溯的内容，设置记录。

5.5.2 国际铁路货物运输的索赔

1. 索赔时提供的文件

（1）货物全部灭失时，如由发货人索赔，应提供运单副本；如由收货人索赔，应提供运单或运单副本。

（2）货物部分灭失、毁损或腐坏时，发货人或收货人都应提供运单正本和货物到达通知单以及铁路交给收货人的商务记录。

（3）货物逾期到达时，收货人必须提出运单正本和货物到达通知单。

（4）铁路多收运送费用时，发货人或收货人都应按其已交付的运费提出索赔金额并需提供运单。在我国，发货人可不提供运单，但收货人必须提供运单。

2. 索赔时效

（1）关于运送费用和损失的索赔应在 9 个月内提出。

（2）关于逾期运达的索赔应在 2 个月内提出。

自提出索赔之日起，铁路必须在 180 天内给予审理并答复索赔人，凡超过时效的索赔无效，并不得提起诉讼。

5.5.3 国际铁路货物运输的赔偿

办理保价运输的货物，全批货物损失时，赔偿金最高不超过保价金；部分损失时，赔偿金额按损失货物占全批货物的比例乘以保价金赔偿。

未办理保价运输的货物，按照实际损失赔偿，但最高不超过铁道部门规定的赔偿限额。

办理保险运输的货物，凭车站出具的运行记录，按照保险合同的约定，到当地保险公司办理赔偿。

铁路对国际联运货物从承运起至到站交付货物时止，对货物全部、部分灭失或损坏、逾期运达所造成的损失承担责任。

5.6　小　结

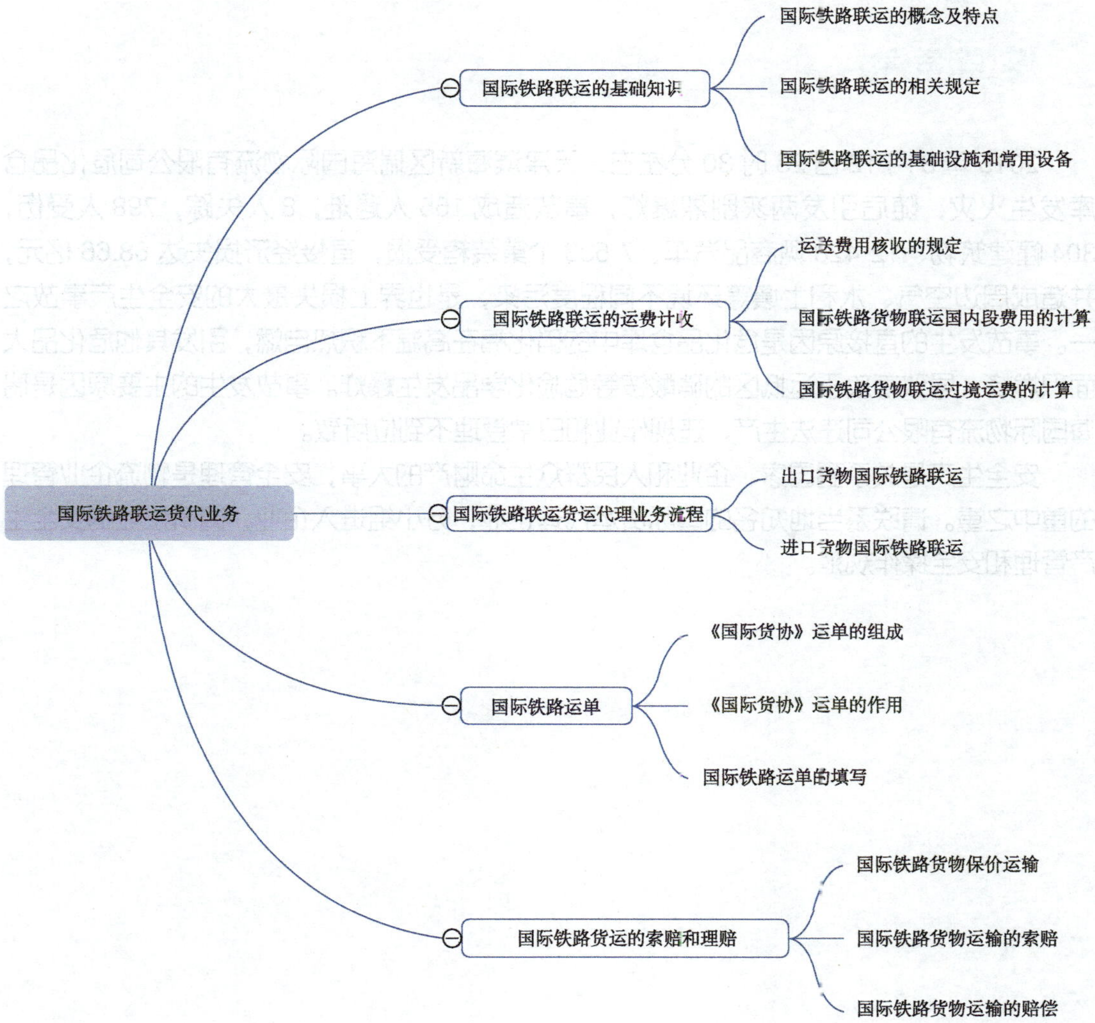

思考题

1. 简述国际铁路联运的相关法规。
2. 我国通往邻国的铁路线及国境站有哪些？
3. 国际铁路货物联运的特点有哪些？
4. 国际铁路运输出口货物运输流程是什么？
5. 国际铁路运单的构成和流转程序是怎样的？

实践活动

2015 年 8 月 12 日 23 时 30 分左右，天津滨海新区瑞海国际物流有限公司危化品仓库发生火灾，随后引发两次剧烈爆炸，事故造成 165 人遇难，8 人失踪，798 人受伤，304 幢建筑物、12 428 辆商品汽车、7 533 个集装箱受损，直接经济损失达 68.66 亿元，并造成周边空气、水和土壤等环境不同程度污染，是世界上损失最大的安全生产事故之一。事故发生的直接原因是危化品仓库中的硝化棉在高温下积热自燃，引发其他危化品大面积燃烧，导致存放于运抵区的硝酸铵等危险化学品发生爆炸。事故发生的主要原因是瑞海国际物流有限公司违法生产、违规作业和日常管理不到位所致。

安全生产是关系到国家、企业和人民群众生命财产的大事，安全管理是物流企业管理的重中之重。请联系当地知名的国际货运代理企业，分小组进入企业，调研企业的安全生产管理和安全操作规范。

模块 6
国际多式联运代理业务

知识目标

1. 了解国际多式联运的定义、特点、优越性与构成条件。
2. 了解国际多式联运经营人的责任形式。
3. 了解大陆桥运输。
4. 熟悉国际多式联运的业务流程。
5. 掌握国际多式联运单证的内容及效力。
6. 了解多式联运的成本构成。
7. 了解多式联运赔偿责任和保险。

能力目标

1. 会组织多式联运。
2. 会填写多式联运提单。
3. 会计算多式联运的成本。
4. 会分析货损责任和进行保险理赔。

情感目标

1. 塑造学生良好的工作意识。
2. 提高学生的团队协作和沟通能力。
3. 培养学生的应变能力、挫折承受力、自我调节能力。

重点难点

1. 国际多式联运经营人的责任形式。
2. 国际多式联运操作流程。
3. 国际多式联运提单。

名人名言

宝剑锋从磨砺出，梅花香自苦寒来。

案例导入

从歌乐山到爱琴海——中远海运物流惠普项目

圣诞节前，在布拉格工作的张鹏在亚马逊网站上订购了一台惠普笔记本电脑，三天后，电脑送到了他手中。比起六年前他第一次在欧洲网购惠普电脑时的收货时间整整快了一周。每年圣诞节前后，是欧洲笔记本电脑销售旺季，“暂无库存”的字样往往会出现在订单上半个多月，甚至更久。在圣诞节已经用上了新电脑的张鹏并不知道，这台惠普笔记本电脑，经历了铁路—海运—铁路—公路等多种运输方式，从他的家乡中国重庆运达位于捷克的惠普配送中心，只用了不到一个月的时间。

随着中国成为全球最大的笔记本电脑生产基地，重庆的笔记本电脑的年产量已占到全球产量的 1/4。然而，“蜀道之难，难于上青天”，诗人李白的一声叹息，千余年来一直回荡在川渝大地，中西部产品“外运难”的现象一直困扰着川渝地区经济的发展。

2010 年，中远海运物流为惠普项目创造性地制定了渝深五定班列铁海联运方案，打通了我国西部出海通道；2014 年，中远海运物流利用中远海运集团经营希腊最大港口比雷埃夫斯港的有利条件，为客户提供了比雷埃夫斯港转运方案，一条贯穿中国重庆—深圳—希腊比雷埃夫斯—中欧地区的海铁联运通道，使得惠普产品“物畅其流”，通行全欧。比港转运方案依托中欧陆海快线，辐射地中海、黑海、北非、西亚、中东欧等国家，成为 21 世纪海上丝绸之路的重要组成部分。

资料来源：http://www.news.cyol.com/content/2017-05/10/content.16050277.htm.

6.1 国际多式联运基础知识

6.1.1 国际多式联运的含义

国际多式联运（International Multimodal Transport）简称“多式联运”。《联合国国际货

物多式联运公约》对国际多式联运所下的定义是：按照多式联运合同，以至少两种不同的运输方式，由多式联运经营人把货物从一国境内接管货物的地点运至另一国境内指定交付货物的地点。

国际多式联运必须满足以下条件：

（1）必须具有一份多式联运合同，明确规定多式联运经营人（承运人）和托运人/收货人之间的权利、义务、责任、豁免的合同关系和多式联运性质。

（2）必须是至少两种不同运输方式的连贯运输。这是确定一票货物是否属于多式联运的最重要特征。

（3）必须是国际货物运输。

（4）必须由一个国际多式联运经营人对全程运输承担责任。采用一次托运、一次付费、一票到底、统一理赔、全程负责的运输业务办法。

（5）必须使用一份全程多式联运单据，证明多式联运经营人已接管货物并负责按照合同条款交付货物。

（6）必须执行全程单一运费费率。

多式联运是在集装箱运输的基础上产生和发展起来的，可以为客户提供门到门的货物运输服务，这种运输方式具有如下优点：

第一，手续简便，责任统一。在国际多式联运方式下，货物运程不论远近、不论由几种运输方式共同完成货物运输、不论货物在途中经过多少次转运，所有运输事项均由多式联运经营人负责办理，货主只需办理一次托运、订立一份运输合同、支付一次运费、办理一次保险，并取得一份多式联运单据。由于责任统一，在运输过程中如果发生货物灭失或损坏时，由多式联运经营人对全程运输负责，而每一运输区段的分承运人仅对自己运输区段的货物损失承担责任。所以，托运人/收货人在出现货损货差时只需要找多式联运经营人进行交涉。

第二，运送迅速，货运安全。多式联运虽然是由两种以上运输方式组成的，但是它作为一个单独的运输过程进行安排和协调运作，这样就减少了在运转地的时间损失和货物灭失、损坏、被盗的风险。多式联运经营人通过其经营网络和信息系统的联络和协调，在运转地各种运输方式的交接可连续进行，使货物更安全、快速地运输。

第三，门到门运输，运输合理。多式联运可以提高运输的组织水平，改善了不同运输方式间的衔接工作，实现了各种运输方式的连续运输，可以把货物从发货人的工厂或仓库运到收货人的内地仓库或工厂，做到了门到门的运输，使合理运输成为现实。

第四，成本降低，收汇提早。国际多式联运由于使用了集装箱运输，货物装箱后装上一程运输工具后即可用联运提单结汇，有利于加快资金周转，减少利息损失，同时也节省了人、财、物资源，从而降低了运输成本，有利于减少货物的出口费用，提高商品在国际市场上的竞争能力。

6.1.2 国际多式联运经营人

1. 国际多式联运经营人的含义

《联合国国际货物多式联运公约》规定：国际多式联运经营人是指本人或通过其代表订立国际多式联运合同的人，它是事主，而不是发货人的代理人或代表，也不是参加多式联运的承运人的代理人或代表，并且负有履行合同的责任。即国际多式联运经营人是指本人或者委托他人以本人的名义与托运人订立一项多式联运合同，并以承运人身份承担完成此项合同责任的人。

2. 国际多式联运经营人的性质和法律特征

（1）多式联运经营人是“本人”而非代理人，其承担承运人的义务。

（2）国际多式联运经营人在以“本人”身份开展业务的同时，并不妨碍他同时也以“代理人”的身份兼营有关货运代理服务，或者在一项国际多式联运中不以“本人”身份而是以其他诸如代理人、居间人等身份开展业务。

（3）国际多式联运经营人是“中间人”，有双重身份：对于货主是承运人，对于实际承运人是货主。

（4）国际多式联运经营人可以拥有运输工具，也可以不拥有运输工具。

所以，国际多式联运经营人不同于无船承运人和货运代理，它们之间的异同见表6-1。

表6-1 国际多式联运经营人、无船承运人和传统货运代理异同比较

比较项目		国际多式联运经营人	无船承运人	传统货运代理
不同之处	涉及运输方式	至少两种运输方式	海运	海、陆、空
	法律地位	对货主而言是承运人，对各区段承运人而言是货主	对货主而言是承运人，对船公司而言是货主	代理人
	资金占用	很大	较大	很少
	是否拥有船舶	必要时可以拥有	禁止拥有	禁止拥有
	是否拥有陆运与空运工具	必要时可以拥有	必要时可以拥有	禁止拥有
	是否有自己的提单	有	有	无
	是否有自己的运价表	有	有	无
	收入性质	运费（差价）	运费（差价）	代理费和佣金
相同之处		它们均属于运输代理中间商，其主要业务是为供需双方提供运输服务或代理服务，以求赚取运费或代理费。		

3. 国际多式联运经营人的类型

根据是否拥有运输船舶，国际多式联运经营人可分为如下几类。

（1）以船舶运输为主的国际多式联运经营人。这类经营人在利用自己拥有的船舶（比如船公司）提供港至港服务的同时，将其服务扩展到包括陆上运输甚至空运在内的门到门服务。

（2）无船国际多式联运经营人。它又分为下列三种类型：

1）承运人型。这种无船国际多式联运经营人不拥有船舶，但拥有汽车、火车或飞机（如航空公司）等运输工具。与以船舶运输为主的国际多式联运经营人一样，这类国际多式联运经营人既是契约承运人，又是某几个区段的实际承运人。

2）场站经营人型。这种无船国际多式联运营人拥有货运站、堆场、仓库（比如物流公司）等场站设施。

3）代理人型。这种无船国际多式联运营人没有任何运输工具和场站设施。

4. 国际多式联运经营人应具备的基本条件

（1）取得从事国际多式联运的资格。

（2）具备国际多式联运线路和相应的经营网络。

（3）与自己经营的国际多式联运线路有关的实际承运人、场站经营人之间存在长期的合作协议。

（4）具备必要的运输设备，特别是场站设施和短途运输工具。

（5）资金雄厚。

（6）拥有符合国际多式联运规定要求的国际多式联运单据。

（7）具备自己所经营的国际多式联运线路的运价表。

6.1.3 国际多式联运的组织形式

按照国际多式联运的定义，国际多式联运必须是以至少两种不同的运输方式组成的。目前，国际货物的运输方式主要有海运、空运、铁路运输、公路运输。所以，国际多式联运的组织形式主要有海铁联运、海公联运、海铁海联运（又称大陆桥运输）、海空联运等。

根据多式联运组织方式和具体体制的不同，国际多式联运又可以分为协作式联运和衔接式多式联运（联运的主要形式）。

1. 协作式联运

协作式联运是指两种或两种以上运输方式的不同运输企业按照统一的公约、规章或商定的协议，共同将货物从接管货物的地点运到指定交付货物的地点的联运。每一区段的承运人均可受理托运人的托运申请、接收货物、签署全程运输单据，并负责自己区段的运输，后续承运人需做好衔接工作，最后承运人要承担货物交付以及受理收货人货损货差的索赔。

每一区段的承运人都具有双重身份：对外而言，他们是共同的承运人，均视为与货主存在运输合同关系；对内而言，每个承运人完成自身区段的运输和货运组织工作，并承担风险和分配利益。

2. 衔接式多式联运

衔接式多式联运是指由一个多式联运经营人综合组织两种或两种以上运输方式的不同运输企业，将货物从接管货物的地点运到指定交付货物的地点的联运。多式联运经营人可能是不拥有运输工具的国际货运代理人、场站经营人或仓储经营人，也可能是某一区段的实际承运人。不管何种类型，多式联运经营人都必须持有国家有关主管部门核准的许可证书，能独立承担责任。在这种方式下，运输组织工作与实际运输实现了分离。

多式联运经营人具有双重身份：对货主而言，它是全程承运人，与货主订立全程运输合同，向货主收取全程运费及其他费用，并承担承运人的义务；对各区段实际承运人而言，它是托运人，订立分运合同，向实际承运人支付运费和其他必要费用。

6.1.4 国际多式联运的成本

1. 国际多式联运成本的构成

国际多式联运企业在开展业务时，需要借助船公司、港口、内陆运输公司、装卸仓储公司等运输供应商来完成具体的运输业务。显然，国际多式联运企业的总成本包括两大部分：一是企业为获得运输、仓储等而支付给各运输供应商的运输总成本；二是企业自身付出的经营管理费。

（1）运输总成本。

运输总成本包括内陆运输费、拆拼箱服务费、码头堆场服务费、装卸车费和海运空运等运费。

（2）经营管理费。

经营管理费主要包括集装箱多式联运企业与货主、各派出机构、代理人、实际承运人之间信息、单证传递费用，通信费用，单证成本和制单手续费，以及各派出机构的管理费用，这部分费用既可以单独计算，也可以分别加到不同区段的运输成本中一并计算。

此外，多式联运过程中还涉及口岸管理机关所收取的检查费、检验费、检疫费与管理等费用，原则上这些费用应由实际承运人和货主各自支付，如果多式联运企业代收代付了这些费用，可向相关责任人追偿这些费用。

2. 国际多式联运成本的控制

除了压缩自己的经营管理费用支出之外，国际多式联运企业应采取相应的措施来控制支付给各分包商的费用支出。

（1）选择合理的计费方式。

第一，单一制。它是指集装箱从托运到交付，所有运输区段均按照一个相同的运费率计算全程运费。

第二，分段制。它是指按照组成多式联运的各运输区段，分别计算海运、陆运、空运及港站等各项费用，然后合计为多式联运的全程运费，由多式联运经营人向货主一次计收，最后再由多式联运经营人与各区段的实际承运人分别结算。目前大部分多式联运的全程运费采用这种计费方式。

第三，混合制。从理论上讲，国际多式联运企业应制定全程运价表，且应采用单一运费率制。然而，由于制定单一运费率是一件较为复杂的事情。因此，作为过渡方法，目前有的多式联运经营人尝试采取混合计收的办法：从国内接收货物地点至到达国口岸采取单一费率，向发货人收取（预付运费）；从到达国口岸到内陆目的地的费用按实际成本确定，另向收货人收取（到付运费）。当然，也有企业采取分段累加计收，或者根据分段累加的总费用换算出单一运费率计收。

（2）适时调整国际多式联运运价。

1）制定合适的运价表。一般来说，多式联运企业可采取以下三种定价方法：一是成本导向定价方法（Cost-oriented Pricing）。二是需要导向定价方法（Demand-oriented Pricing），它是从多式联运服务需求者的角度出发，依据多式联运服务所创造的价值的多少以及承运商品的价值的高低制定企业的运价。三是竞争导向定价法（Competition-oriented Pricing），它主要依据竞争对手的运价水平来确定自身的运价水平。

2）适时调整运价。一般来说，内陆运费率及有关费用的变化要比海商运费率的变化频繁得多。因此，当内陆运费率及有关费用发生变化时，多式联运运价必须尽快作出相应的变化。

3）对各分包商的费用支出。具体可采取诸如与分包商签订长期合作协议，集中托运、订舱，优化运输方式组合形式与运输路线等措施。

6.1.5 国际多式联运业务操作流程

1. 接受托运申请，订立多式联运合同

多式联运经营人根据货主提出的托运申请和自己的运输路线等情况，判断是否接受该托运申请。如果能够接受，则双方议定有关事项后，在交给发货人或其代理人的场站收据副本上签章，证明接受托运申请，多式联运合同订立并开始执行。

发货人或其代理人根据双方就货物交接方式、时间、地点、付费方式等达成协议，填写场站收据，并把其送至多式联运经营人处编号，多式联运经营人编号后留下货物托运联，将其他联交还给发货人或其代理人。

2. 集装箱的发放、提取及运送

多式联运中使用的集装箱一般应由多式联运经营人提供。这些集装箱来源可能有三种：一是经营人自己购置使用的集装箱；二是由公司租用的集装箱，这类集装箱一般在货物的起运地附近提箱而在交付货物地点附近还箱；三是由全程运输中的某一区段承运人提供，这类集装箱一般需要在多式联运经营人为完成合同运输与该区段承运人订立分运合同后获得使用权。

如果双方协议由发货人自行装箱，则多式联运经营人应签发提箱单或者由租箱公司或

区段承运人签发提箱单交给发货人或其代理人，由发货人或其代理人在规定日期到指定的堆场提箱并自行将空箱托运到货物装箱地点准备装货。如发货人委托，也可由经营人办理从堆场装箱地点的空箱托运。如是拼箱货或整箱货，但发货人无箱条件不能自装时，则由多式联运经营人将所用空箱调运至接收货物集装箱货运站，做好装箱准备。

3. 出口报关

若联运从港口开始，则在港口报关；若从内陆地区开始，应在附近的海关办理报关。出口报关事宜一般由发货人或其代理人办理，也可委托多式联运经营人代为办理。报关时应提供场站收据、装箱单、出口许可证等有关单据和文件。

4. 货物装箱及接收货物

若发货人自行装箱，发货人或其代理人提取空箱后在自己的工厂和仓库组织装箱。如需理货，还应请理货人员现场理货并与之共同制作装箱单。若发货人不具备装箱条件，可委托多式联运经营人或货运站装箱，发货人应将货物以原来形态运至指定的货运站由其代为装箱。若是拼箱货物，发货人应负责将货物运至指定的集装箱货运站，由货运站按多式联运经营人的指示装箱。无论装箱工作由谁负责，装箱人均需制作装箱单，并办理海关监装与加封事宜。

对于由货主自行装箱的整箱货物，发货人应负责将货物运至双方协议规定的地点，多式联运经营人或其代理人在指定地点接收货物。若是拼箱货，经营人在指定的货运站接收货物。验收货物后，代表联运经营人接收货物的人应在场站收据正本上签章并将其交给发货人或其代理人。

5. 订舱及安排货物运送

多式联运经营人在合同订立之后，即应制订货物的运输计划，该计划包括货物的运输路线和区段的划分，各区段实际承运人的选择确定及各区段衔接地点的到达、起运时间等内容。这里所说的订舱泛指多式联运经营人要按照运输计划安排洽定各区段的运输工具，与选定的各实际承运人订立各区段的分运合同。这些合同的订立由多式联运经营人本人或委托的代理人办理，也可请前一区段的实际承运人作为代表向后一区段的实际承运人订舱。

6. 办理保险

在发货人方面，应投保货物运输险。该保险由发货人自行办理，或由发货人承担费用而由多式联运经营人代为办理。货物运输保险可以是全程投保，也可分段投保。在多式联运经营人方面，应投保货物责任险和集装箱保险，由多式联运经营人或其代理人向保险公司或以其他形式办理。

7. 签发多式联运提单，组织完成货物的全程运输

多式联运经营人的代表收取货物后，多式联运经营人应向发货人签发多式联运提单。在把提单交给发货人之前，应注意按双方议定的付费方式及内容、数量向发货人收取全部应付费用。

多式联运经营人有完成或组织完成全程运输的责任和义务。在接收货物后，要组织各区段实际承运人、各派出机构及代表人共同协调工作，完成全程中各区段的运输以及各区段之间的衔接工作，运输过程中所涉及的各种服务性工作和运输单据、文件及有关信息等的组织和协调工作。

8. 运输过程中的海关业务

按照惯例，国际多式联运的全程运输均应视为国际货物运输，因此该环节工作主要包括货物及集装箱进口国的通关手续，进口国内陆段保税运输手续及通关等内容。如果陆上运输要通过其他国家海关和内陆运输线路时，还应包括这些海关的通关及保税运输手续。

这些涉及海关的手续一般由多式联运经营人的派出机构或代理人办理，也可由各区段的实际承运人作为多式联运经营人的代表办理，由此产生的全部费用应由发货人或收货人负担。

如果货物在目的港交付，则通关应在港口所在地海关进行。如在内陆地交货，则应在口岸办理保税运输手续，海关加封后方可运往内陆目的地，然后在内陆海关办理通关手续。

9. 货物交付

当货物运至目的地后，由目的地代理通知收货人提货。收货人需凭多式联运提单提货，多式联运经营人或其代理人需按合同规定，收取收货人应付的全部费用，收回提单后签发提货单，提货人凭提货单到指定堆场和集装箱货运站提取货物。如果整箱提货，则收货人要负责至掏箱地点的运输，并在货物掏出后将集装箱运回指定的堆场，运输合同终止。

10. 货运事故处理

如果全程运输中发生了货物灭失、损毁和运输延误，无论是否能确定发生的区段，发（收）货人均可向多式联运经营人提出索赔。多式联运经营人根据提单条款及双方协议确定责任并作出赔偿。如果已对货物及责任投保，则存在要求保险公司赔偿和向保险公司进一步追索问题。如果受损人和责任人之间不能取得一致，则需在诉讼时效内通过提起诉讼和仲裁来解决。

6.2　大陆桥运输

6.2.1　大陆桥运输概述

大陆桥运输（Land Bridge Transport）也称陆桥运输，是指利用横贯大陆的铁路（公路）运输系统作为中间桥梁，把大陆两端的海洋连接起来，形成跨越大陆、连接海洋的运输组织形式。大陆桥运输的基本形式是海—陆—海连贯运输。

大陆桥运输的特点：

（1）采用海陆联运方式，全程由海运段和陆运段组成。

（2）比全程采用海运缩短了路程，但增加了装卸次数。

6.2.2 世界主要大陆桥运输线路

1. 北美大陆桥

北美大陆桥是指从日本向东，利用海路运输到北美西海岸，再经由横贯北美大陆的铁路线，陆运到北美东海岸，再经海路运输到欧洲的“海—陆—海”运输结构。

北美大陆桥包括美国大陆桥运输和加拿大大陆桥运输。美国大陆桥有两条运输线路：一条是从西部太平洋沿岸至东部大西洋沿岸的铁路和公路运输线；另一条是从西部太平洋沿岸至东南部墨西哥湾沿岸的铁路和公路运输线。

北美大陆桥是世界上历史最悠久、影响最大、服务范围最广的陆桥运输线。北美大陆桥运输对巴拿马运河的冲击很大，由于陆桥运输可以避开巴拿马运河宽度的限制，许多海运承运人开始建造超巴拿马型集装箱船，增加单艘集装箱船的载运箱量，放弃使用巴拿马运河，使集装箱国际海上运输的效率更为提高。

2. 西伯利亚大陆桥

西伯利亚大陆桥（Siberian Land Bridge Transport，SLB）又称“亚欧第一大陆桥”，全长 1.3 万公里，东起俄罗斯东方港，西至俄芬（芬兰）、俄白（白俄罗斯）、俄乌（乌克兰）和俄哈（哈萨克斯坦）边界，过境欧洲和中亚等国家。

我国通过西伯利亚铁路可进行陆桥运输的路线有三条：铁—铁路线、铁—海路线、铁—公路线。

西伯利亚大陆桥存在的问题：运输时间不稳定；铁路运输过程中货物位置难确认；往返货源不平衡。

3. 新亚欧大陆桥

新亚欧大陆桥也称亚欧第二大陆桥。该大陆桥东起中国的连云港，西至荷兰鹿特丹港，全长 10 837km，其中在中国境内有 4 143km，途径中国、哈萨克斯坦、俄罗斯、白俄罗斯、波兰、德国和荷兰 7 个国家，可辐射到 30 多个国家和地区。1990 年 9 月，中国铁路与哈萨克斯坦铁路在多斯托克站正式接轨，标志着该大陆桥的贯通。1991 年 7 月 20 日开通了新疆—哈萨克斯坦的临时边贸货物运输。1992 年 12 月 1 日由连云港发出首列国际集装箱联运列车“东方特别快车”，经陇海、兰新铁路，西出边境站阿拉山口，分别运送至阿拉木图、莫斯科、圣彼得堡等地，标志着该大陆桥运输的正式开通。自开通后，该大陆桥运量逐年增长，具有巨大的发展潜力。

与西伯利亚大陆桥相比，新亚欧大陆桥的主要优势是：

（1）地理位置优越、气候适宜。整个陆桥避开了高寒地区，港口无封冻期，自然条件优越，吞吐能力大，可以常年作业。

（2）运输距离短。新亚欧大陆桥比西伯利亚大陆桥缩短陆上运距 2 000～2 500km，到中亚、西亚各国的优势突出。陆桥运输比海上运输可以节省运费 20%～25%，时间缩短一个月左右。

（3）辐射面广。新亚欧大陆桥辐射亚欧大陆 30 多个国家和地区，总面积达 5 071

万 km^2，居住人口占世界总人口的75%左右。

（4）对亚太地区吸引力大。除我国（大陆）外，日本、韩国、东南亚各国、一些大洋洲国家和中国台湾、香港、澳门地区，均可利用此线开展集装箱运输。

4. 其他运输形式

（1）北美地区的陆桥运输不仅包括上述大陆桥运输，而且还包括小陆桥运输和微桥运输等运输组织形式。小陆桥运输从运输组织方式上看与大陆桥运输并无大的区别，只是其运送的货物的目的地为沿海港口。微桥运输与小陆桥运输基本相似，只是其交货地点在内陆地区。

（2）中蒙过境小陆桥。此小陆桥的运输线路是从天津新港上岸，通过我国铁路运抵二连浩特出境蒙古，经乌兰巴托进入俄罗斯与西伯利亚大陆桥接轨，到布列斯特分流，直至西抵鹿特丹港。中蒙小陆桥的开通为各国出口到蒙古、俄罗斯等国和蒙古出口货物到其他国家创造了条件。

小拓展：过境贸易与转口贸易

1．过境贸易

过境贸易是指甲国向乙国运送商品，由于地理位置的原因，必须通过第三国，对第三国来说，虽然没有直接参与此项交易，但商品要进出该国的国境或关境，并要经过海关统计，从而构成了该国进出口贸易的一部分。过境贸易分为直接过境贸易和间接过境贸易两种。

（1）直接过境贸易。

直接过境贸易是指外国商品经过本国，并不存放在本国海关仓库，在海关监督下，从一个港口通过国内航线装运到另一个港口再输出国外，或在同一港口内从这艘船装到另一艘船，或在同一车站从这列火车转装到另一列火车后离开国境。

（2）间接过境贸易。

间接过境贸易是指外国商品运到国境后，先存放在海关保税仓库，以后未经加工改制，又从海关保税仓库提出，再运出国境。根据专门贸易体系，这种商品移动作为过境贸易处理，不计入对外贸易额内。

2．转口贸易

转口贸易是指货物消费国和货物生产国通过第三国进行的贸易活动，对于第三国而言就是转口贸易。商品的生产国把商品卖给第三国（或地区）的商人，然后第三国（或地区）的商人再把商品卖给真正的商品消费国。这种贸易对商品生产国和消费国来说是间接贸易，对第三国（或地区）来说，则是转口贸易。

3．过境贸易与转口贸易的区别

在转口贸易中，商品的所有权先从生产国出口者那里转到第三国（或地区）商人手中，再转到最终消费该商品的进口国商人手中。在过境贸易中，商品的所有权无须向第三国商人转移。

6.2.3 小陆桥运输、内陆点多式联运、内陆公共点运输概述

1. 小陆桥运输

小陆桥运输（Mini Land Bridge，MLB）是指集装箱的海陆或陆海联运，即集装箱通过海运，再由陆桥铁路或公路运送至内地或陆桥另一侧海岸的目的地，或者相反方向的运输。也就是比大陆桥的“海—陆—海”形式缩短了一段海上运输，形成“海—陆”或“陆—海”运输。

北美小陆桥运输主要是指远东、日本经美国西太平洋沿岸港口、墨西哥湾海岸港口到美国东海岸各港的集装箱海铁联运，例如，天津港—美国长滩—美国休斯敦。它与大陆桥运输的区别是运输终点为美国东海岸，而不再下海。这种运输方式使海运和陆运结合，达到了加快运输速度、降低运输成本的目的。北美小陆桥运输于1972年开始运营，避免了绕道巴拿马运河，并且可以享受美国铁路集装箱专用列车的优惠运价，所以，它不但路途缩短，提高了运输效率，而且运输成本下降。

美国总统轮船公司的双层集装箱列车，每标准箱成本比单层列车节省1/3。例如，从日本大阪到美国东海岸纽约，如果走巴拿马运河，全程海运，航线距离大约9 700海里，运输时间21～24天。而采用小陆桥运输，运输距离约7 400海里，运输时间为16天，可节省大约一周的时间。

2. 内陆点多式联运

内陆点多式联运（Interior Point of Intermodal，IPI）是指使用联运提单，经美国西海岸和墨西哥湾沿海港口，利用集装箱拖车或铁路运输将货物运至美国内陆城市（IPI点）的海陆联运。

内陆点多式联运属于微型陆桥运输（Micro Bridge or Micro Land Bridge），“微”的意思就是没有通过整条陆桥，只是利用了部分陆桥区段，所以，内陆点多式联运又称为半陆桥运输。

3. 内陆公共点运输

内陆公共点运输（Overland Common Points，OCP）也称陆上公共点运输，它的含义是使用两种运输方式将卸至美国西海岸港口的货物通过铁路转运至美国的内陆公共点地区，并享有优惠运价。

SLB、OCP、MLB、IPI四种运输组织方式的比较见表6–2。

表6–2 SLB、OCP、MLB、IPI四种运输组织方式的比较

比较项目	SLB	OCP	MLB	IPI
货物成交价	采用FCA或CIP，应视合同中约定	卖方承担的责任、费用终止于美国西海岸港口	卖方承担的责任、费用终止于最终交货地	与MLB相同
提单签发	适用于全程运输区段	仅适用于海上区段的货物运输	适用于全程运输区段	适用于全程运输区段

续前表

比较项目	SLB	OCP	MLB	IPI
运费计收	收取全程运费	海、陆运输区段分别计收运费	收取全程运费	收取全程运费
保险区段	可全程投保	海、陆运输区段分别投保	可全程投保	可全程投保
货物运抵区域	不受限制	内陆公共点	美国东海岸和墨西哥湾	内陆公共点
多式联运方式	是多式联运方式	不是多式联运方式	是多式联运方式	是多式联运方式

6.3 国际多式联运单据

6.3.1 国际多式联运单据概述

1980年《联合国国际多式联运公约》中对多式联运单据的定义是："国际多式联运单据（Multimodal Transport Document，MTD），是指证明多式联运合同以及证明多式联运经营人接管货物并负责按照合同条款交付货物的单据。"

1991年联合国贸易和发展会议/国际商会《多式运输单据规则》对多式联运单据的定义是："多式联运单据是指证明多式联运合同的单证，该单证可以在适用法律的前提下，以电子数据交换信息取代，而且可以以可转让方式签发，或者表明记名收货人，以不可转让方式签发。"

根据《多式运输单据规则》，国际多式联运单据分为可转让的多式联运单据和不可转让的多式联运单据两种形式，这两种形式单据的性质是有差别的。

1. 可转让的多式联运单据

可转让的多式联运单据通常称为国际多式联运提单（Multimodal Transport Bill of Lading or Combined Transport Bill of Lading），具有多式联运合同的证明、货物收据与物权凭证三大功能。

目前，国际货运代理协会联合会（FIATA）、波罗的海国际航运公会（BIMCO）等行业组织已制定了标准格式的多式联运提单（FIATA的代码为FBL92，BIMCO的代码为MULTIDOC95）供会员使用。此外，一些大型航运公司也制定了自己的多式联运提单。为了扩大其使用范围，航运公司制定的多式联运提单几乎都是"一单两用"的港至港式联运提单。

2. 不可转让的多式联运单据

不可转让的多式联运单据通常称为多式联运提单。目前，常见的标准格式为FIATA运单（代码为FWB，1992）和BIMCO运单（代码为MULTIWAYBILL95）。

不可转让的多式联运单据不具有物权凭证功能，即类似于运单（如海运单、空运单），仅具有多式联运合同的证明和货物收据两大功能，不具有流通性。因此，收货人一栏必须是记名的。

6.3.2 国际多式联运单据的缮制

1. 国际多式联运单据的内容

无论是国际货运代理协会联合会标准格式的国际多式联运提单和运单，还是船公司的港至港多式联运提单，其格式和主要内容与海运提单没有大的区别，主要包含以下内容：

（1）货物品类、标志、件数、重量、尺寸，如属危险货物，还要有危险货物危险特性的明确声明。

（2）货物外表状况。

（3）多式联运经营人的名称和主要营业地。

（4）发货人名称。

（5）如经发货人指定收货人，要填写收货人的名称。

（6）多式联运经营人接管货物的地点和日期。

（7）交货地点。

（8）经双方明确协议的在交付地点交货的日期或期间。

（9）表示多式联运单据可转让或不可转让的声明。

（10）航线、运输方式和转运地点。

（11）每种运输方式的运费、用于支付的货币；运费由收货人支付的声明。

（12）多式联运经营人或经其授权的人的签字。

（13）多式联运单据的签发地点和日期。

（14）关于多式联运遵守公约或法律的规定的声明。

（15）双方商定的其他事宜。

如果多式联运经营人知道或者有合理的依据怀疑多式联运单据所列的货物品类、标志、件数、重量、尺寸等没有准确地表明实际接管货物的状况，或者无适当方法进行核对的，多式联运经营人应在多式联运单据上作出保留，注明不符合之处及怀疑根据或无适当核对方法。如果不加批注，则应视为已在多式联运单据上注明货物外表状况良好。

2. 国际多式联运单据的签发

（1）签发国际多式联运单据的时间是多式联运经营人接管货物的时间；根据发货人的选择，签发的单据可以是可转让单据或不可转让单据。

（2）国际多式联运单据应由国际多式联运经营人或经其授权的人签字。

（3）国际多式联运单据上的签字，如不违背签发多式联运单据所在国的法律，可以是手签、手签笔迹的复印、打透花字、盖章或用任何其他机械或电子仪器打出。

3. 多式联运提单与各运输区段承运人单据的区别

多式联运提单与各运输区段承运人单据的区别见表6–3。

表6–3　多式联运提单与各运输区段承运人单据的区别

项目	多式联运提单	各运输区段承运人单据（提单、运单）
收货地	起始收货地点	区段运输工具实际收货地
装货港	一程承运船的装港	区段运输工具（船）的实际装货港
卸货港	末程承运船的卸港	区段运输工具（船）的实际卸货港
交货地	最终交货地点	区段运输工具的实际交货地
签单地	起始收货地点	区段运输工具的收货地（港）
托运人	依贸易合同而定	多式联运经营人或其代理
通知人	依贸易合同而定	多式联运经营人或其代理
收货人	依贸易合同而定	多式联运经营人或其代理
签发人	多式联运经营人或其代理	区段承运人或其代理
责任区间	承担全程责任	承担各自负责区段责任
主要用途	结汇	货物交接与提取

6.4　国际多式联运的责任范围

6.4.1　国际多式联运的责任形式与责任期间

1. 国际多式联运的责任类型

（1）统一责任制。

所谓统一责任制，是指多式联运经营人在全程运输中使用统一的赔偿标准向货主负责。也就是说，多式联运经营人在全程运输中，无论货运事故发生在哪一区段，也无论事故是明显的还是隐藏的，都按统一的标准向货主赔偿。

（2）经修正后的统一责任。

《国际货物多式联运公约》所规定的多式联运经营人的责任制为经修正后的统一责任制。所谓经修正后的统一责任制，是指多式联运经营人在全程运输中对货损事故按统一赔偿标准负责向货主赔偿，但同时又规定，如果该统一赔偿标准低于实际货运事故发生区段的适用法律法规所规定的赔偿标准时，按该区段高于统一赔偿标准的标准，由多式联运经营人负责向货主赔偿。

（3）网状责任制。

所谓网状责任制，是指多式联运经营人对全程运输的货物责任，局限在各个运输区段的责任范围内，如果能确定货运事故区段的，则按该区段适用法律法规，由多式联运经营人负责向货主直接赔偿，如果对隐藏损害等不能确定货运事故区段的，则推定发生在海运区段，按海运区段的适用法律法规，由多式联运经营人负责向货主直接赔偿。

2. 国际多式联运的责任期间

《国际货物多式联运公约》规定，多式联运的责任期间是“自多式联运经营人接管货物之时起到交付货物时止”。《中华人民共和国海商法》规定：“多式联运经营人对多式联运货物的责任期间，自接收货物时起至交付货物时止。”

6.4.2 国际多式联运经营人的赔偿限制

1. 赔偿责任限制原则

对承运人赔偿责任的原则，目前各种运输公约的规定不一，但大致可分为过失责任制和严格责任制两种，以过失责任制为主。《国际货物多式联运公约》对多式联运经营人规定的赔偿责任基础包括：

（1）多式联运经营人对于货物的灭失、受损或延迟交货所引起的损失，如果该损失发生在货物由多式联运经营人掌管期间，则应负赔偿责任。除非多式联运经营人能证明其本人受雇人、代理人，或其他有关人为避免事故的发生及其后果已采取了一切能符合要求的措施。

（2）如果货物未在议定的时间内交货，或者如无此种协议，但未在按照具体情况对一个多式联运经营人所能合理要求的时间内交付，即构成延迟交货。

（3）如果货物未在按照上述条款确定的交货日期届满后连续 90 日内交付，索赔人即可认为这批货物业已灭失。

2. 赔偿责任限制

目前绝大多数国家的多式联运经营人采用网状责任制，与网状责任制有关的各运输区段国际货运公约以及《国际多式联运公约》所规定的赔偿标准（即责任限额）如下：

（1）《国际货物多式联运公约》：含水运，每件 920SDR，每千克 2.75SDR；不含水运的，每千克 8.33SDR。如区段适用法律规定限高，则使用该法。

（2）《1991 年国际商会多式联运单证规则》：含水运，每件 666.67SDR，每千克 2SDR，不含水运，每千克 8.33SDR。

（3）水运部分赔偿限额：《海牙规则》每件 100 英镑；《维斯比规则》每件 666.67SDR，每千克 2SDR；《汉堡规则》每件 835SDR，每千克 2.5SDR。

（4）《国际铁路货运公约》：每千克 16.66SDR。

（5）《国际公路货运公约》：每千克 8.33SDR。

（6）《华沙公约》《海牙议定书》《蒙特利尔公约》：空运，每千克 17SDR。

各国际公约关于货物延迟交付的赔偿责任限额的规定如下：

（1）《联合国多式联运公约》规定应付运费的 2.5 倍（40％以下），但不超过合同应付运费总额。

（2）《华沙公约》：无限额规定。

（3）《海牙规则》：无限额规定。

（4）《汉堡规则》：应付运费的 2.5 倍，但不超过合同应付运费总额。

（5）《铁路货物公约》：应付运费的 2 倍，无限额规定。

（6）《公路货物公约》：延误货物运费总额，无限额规定。

3. 赔偿责任限制权利的丧失

（1）如经证明货物的灭失、受损或延迟交货是由于多式联运经营人有意造成，或明知有可能造成而又毫不在意的行为或不作为行为所引起，多式联运经营人则无权享受赔偿责任限制的权益。

（2）如经证明货物的灭失、受损或延迟交货是由于多式联运经营人的受雇人或代理或为履行多式联运合同而使用其服务的其他人有意造成或明知可能造成而又毫不在意的行为或不作为行为所引起，则该受雇人、代理人或其他人无权享受有关赔偿责任限制的规定。

6.4.3　索赔期限

《国际货物多式联运公约》规定，货物受损人在收到货物 2 年之内没有提起诉讼或交付仲裁，即失去时效。如果货物在交付之日后 6 个月内，或于货物未交付后 6 个月内没有提出书面通知，说明索赔性质和主要事项，则在期满后失去诉讼时效。

小拓展：学习网站

1．中铁集装箱：http：//www.crct.com。

2．中国外运陆桥运输有限公司：http：//luqiao.sinotrans.com。

3．亚欧大陆桥网：http：//www.iyaxin.com。

4．大陆桥国际航贸网：http：//www.porttrade.net。

6.5 小结

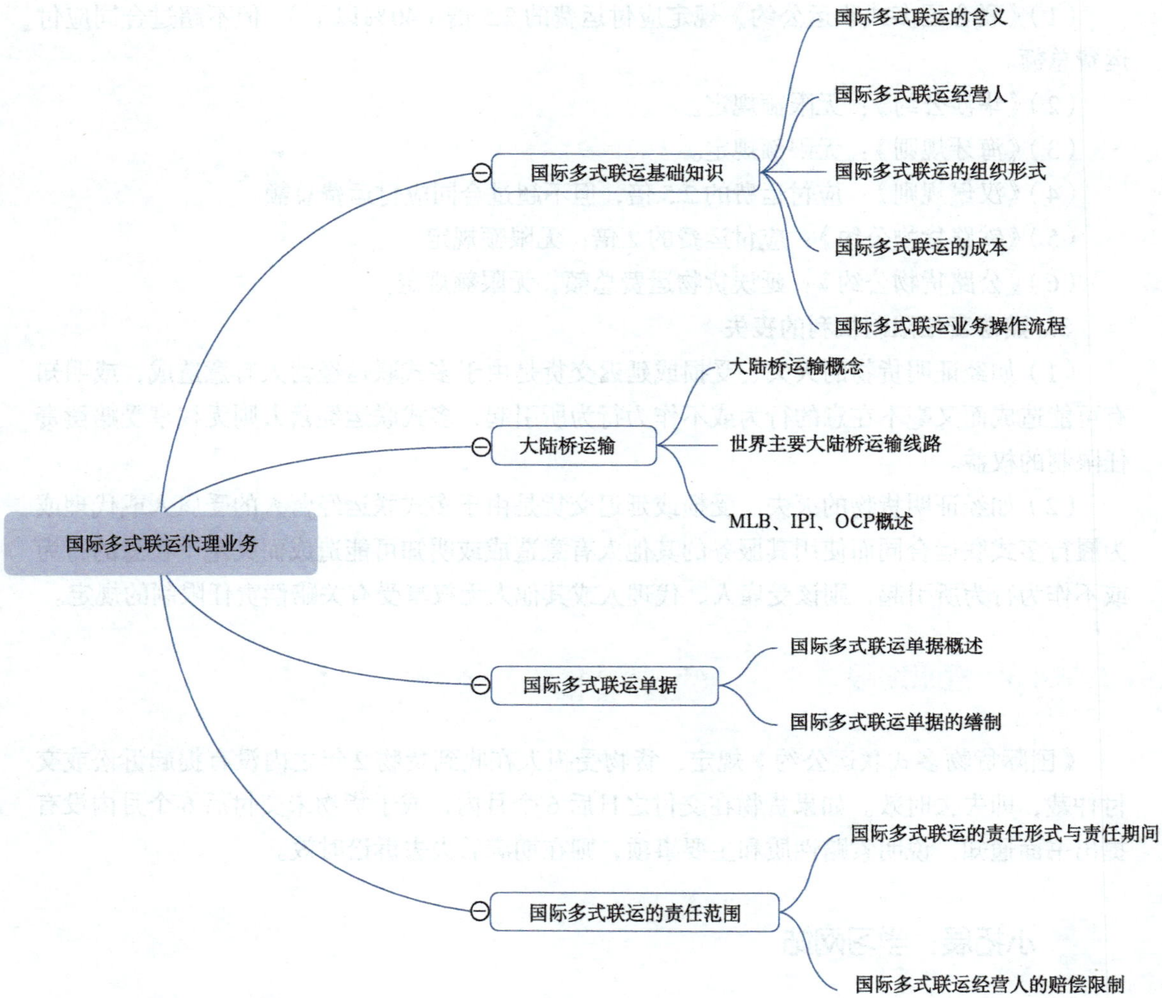

思考题

1. 国际多式联运的优越性是什么？简述其构成条件。
2. 目前多式联运经营人的责任类别有哪些？
3. 多式联运单据一般包括哪些内容？
4. 简述 SLB、OCP、MLB、IPI 四种运输组织方式的区别。

实践活动

国际货运代理行业是物流管理专业学生就业的主要方向之一，国际货运代理工作在实践操作中经常要面临突发事件，货运代理从业人员的心理压力较大。因此，货运代理从业人员要有很好的心理素质和应变能力。在复杂多变的市场中，国际货运代理从业人员不仅要有自信心，还要具备开阔的思路和竞争意识，勇于承受压力，勇于面对失败，当遇到突发事件时，能够借助经验快速应变，高效处理。

邀请优秀学长返校，与优秀学长就如何适应就业环境、提升自身职业素养开展座谈会，议一议吃苦耐劳、勇于承担责任、不怕困难的精神在职业生涯中的作用。

附录1

国际货运业常见单证

官方单证

进出口许可证 (Import License/Export License)（出口许可证见附件一）

报关单 (Customs Declaration Form)（出口货物报关单见附件二）

商检证 (Inspection Certificate)（见附件三）

原产地证 (Certificate of Origin)（见附件四）

普惠制产地证 (Generalized System of Preferences Certificate of Origin Form A)（见附件五）

报关委托书 (Customs Declaration Entrustment Note)（见附件六）

报检委托书 (Letter of Entrustment of Inspection)（见附件七）

外汇核销单 (Foreign Exchange Cancellation-After-Verification Note)（见附件八）

出口退税单（Export Tax Form）

商务单证

贸易合同（Trade Contract)（见附件九）

装箱单（Packing List）（见附件十）

商业发票 (Commercial Invoice)（见附件十一）

保险单 (Insurance Policy)（见附件十二）

借记证明 (Debit Note)（见附件十三）

信用证 (Letter of Credit)（见附件十四）

汇票 (Bill of Exchange or Draft)（见附件十五）

海关发票（Customs Invoice）

领事发票（Consular Invoice）

寄单证明（Beneficiary's Statement）
装船通知（Shipping Advice）
船长收据（Captain Receipt）
航程证明（Itinerary Certificate）
寄样证明（Certificate of Sample）
贷记证明（Credit Note）

货运单证

订舱委托书 (Booking Note) （见附件十六）
订舱单 (Space Booking Note) （见附件十七）
装货单（Shipping Order,S/O）
收货单（Mate's Receipt）
集装箱场站收据 (Dock Receipt) （见附件十八）
集装箱装箱单（一式十联）(Container Load Plan, CLP) （见附件十九）
海运提单 (Bill of Lading)(MB/L&HB/L,Sea Waybill) （见附件二十）
联运提单 (Combined Transport B/L) （见附件二十一）
提货单 (Delivery Order,D/O) （见附件二十二）
设备交接单（一式六联）（Equipment Interchange Receipt） （见附件二十三）
承运货物收据（Cargo Receipt,C/R）
舱单（Cargo Manifest）
货物积载图（Cargo Plan）
国际空运货物托运单 (International Cargo Transport Bill) （见附件二十四）
航空总运单（Master Air Waybill ,MAWB） （见附件二十五）
航空分运单（House Air Waybill ,HAWB） （见附件二十六）
国际铁路联运单（一式五联）(Railway Bill of Lading) （见附件二十七）

附件一

中华人民共和国出口许可证

EXPORT LICENCE OF THE PEOPLE'S REPUBLIC OF CHINA　　NO.0077522

1.出口商： Exporter			3.出口许可证号： Export licence No.		
2.发货人： Consigner			4.出口许可证有效截止日期： Export licence expiry date		
5.贸易方式： Terms of trade			8.进口国（地区）： Country/Region of purchase		
6.合同号： Contract No.			9.付款方式： Payment		
7.报关口岸： Place of clearance			10.运输方式： Mode of transport		
11.商品名称： Description of goods		商品编码： Code of goods			
12.规格、型号 Specification	13.单位 Unit	14.数量 Quantity	15.单价 Unit price	16.总值 Amount	17.总值折美元 Amount in USD
18.总计 Total					
19.备注 Supplementary details			20.发证机关签章 Issuing authority's stamp & signature 21.发证日期 Licence date		

对外贸易经济合作部监制（99）　　TZ241-118

第一联 正本 发货人办理海关手续

海关验放签注栏在背面

附件二

中华人民共和国海关出口货物报关单

预录人编号：　　　　　　　　　　　　海关编号：　　　　　　　　　　　　页码/页数：

<table>
<tr><td colspan="3">境内发货人</td><td colspan="2">出境关别</td><td colspan="2">出口日期</td><td colspan="2">申报日期</td><td colspan="2">备案号</td></tr>
<tr><td colspan="3">境外收货人</td><td colspan="2">运输方式</td><td colspan="2">运输工具名称及航次号</td><td colspan="4">提运单号</td></tr>
<tr><td colspan="3">生产销售单位</td><td colspan="2">监管方式</td><td colspan="2">征免性质</td><td colspan="4">许可证号</td></tr>
<tr><td colspan="3">合同协议号</td><td colspan="2">贸易国（地区）</td><td colspan="2">运抵国（地区）</td><td>指运港</td><td></td><td colspan="2">离境口岸</td></tr>
<tr><td colspan="3">包装种类</td><td>件数</td><td>毛重（千克）</td><td>净重（千克）</td><td>成交方式</td><td>运费</td><td colspan="2">保费</td><td>杂费</td></tr>
<tr><td colspan="11">随附单证及编号</td></tr>
<tr><td colspan="11">标记唛码及备注</td></tr>
<tr><td>项号</td><td>商品编号</td><td colspan="3">商品名称及规格型号</td><td>数量及单位</td><td>单价/总价/币制</td><td>原产国（地区）</td><td>最终目的国（地区）</td><td>境内货源地</td><td>征免</td></tr>
<tr><td>1</td><td></td><td></td><td></td><td></td><td></td><td></td><td></td><td></td><td></td><td></td></tr>
<tr><td>2</td><td></td><td></td><td></td><td></td><td></td><td></td><td></td><td></td><td></td><td></td></tr>
<tr><td>3</td><td></td><td></td><td></td><td></td><td></td><td></td><td></td><td></td><td></td><td></td></tr>
<tr><td>4</td><td></td><td></td><td></td><td></td><td></td><td></td><td></td><td></td><td></td><td></td></tr>
<tr><td>5</td><td></td><td></td><td></td><td></td><td></td><td></td><td></td><td></td><td></td><td></td></tr>
<tr><td></td><td></td><td></td><td></td><td></td><td></td><td></td><td></td><td></td><td></td><td></td></tr>
<tr><td colspan="11">特殊关系确认：　　　　价格影响确认：　　　　支付特许权使用费确认：　　　　自报自缴：</td></tr>
<tr><td colspan="8">报关人员　　报关人员证号　　电话　　兹申明对以上内容承担如实申报、依法纳税之法律责任</td><td colspan="3" rowspan="2">海关批注及签章</td></tr>
<tr><td colspan="8">申报单位　　　　　　申报单位（签章）</td></tr>
</table>

附件三

商检证

中华人民共和国出入境检验检疫

ENTRY-EXIT INSPECTION AND QUARANTINE

OF THE PEOPLE'S REPUBLIC OF CHINA

编号No.:

品质证书

CERTIFICATE OF QUALITY

发货人
Consignor

收货人
Consignee

品名 Description of Goods	标记及号码 Marks & No.
报验数量/重量 Quantity/Weight Declared	
包装种类及数量 Number and Type of Packages	
运输工具 Means of Conveyance	

检验结果
Inspection Results

签证地点 Place of Issue　　签证日期 Date of Issue

授权签字人 Authorized Officer　　签名 Signature

我们已尽所知和最大能力实施上述检验，不能因我们签发本证书而免除卖方或其他方面根据合同和法律所承担的产品质量责任和其他责任。All inspections are carried out conscientiously to the best of our knowledge. This certificate does not in any respect absolve the seller and other related parties from his contractual and legal obligations when product quality is concerned.

附件四

原产地证

ORIGINAL

<table>
<tr><td colspan="2">1.Exporter</td><td colspan="3" rowspan="2">Certificate No.

CERTIFICATE OF ORIGIN OF THE PEOPLE'S REPUBLIC OF CHINA</td></tr>
<tr><td colspan="2">2.Consignee</td></tr>
<tr><td colspan="2">3.Means of transport and route</td><td colspan="3" rowspan="2">5.For certifying authority use only</td></tr>
<tr><td colspan="2">4.Country/region of destination</td></tr>
<tr><td>6.Marks and numbers</td><td>7.Number and kind of packages description of goods</td><td>8.H.S.Code</td><td>9.Quantity</td><td>10.Number and date of invoices</td></tr>
<tr><td colspan="2">11.Declaration by the exporter
The undersigned hereby declares that the above details and statements are correct, that all the goods were produced in China and that they comply with the Rules of Origin of the People's Republic of China.

Place and date, signature and stamp of authorized signatory</td><td colspan="3">12.Certification
It is hereby certified that the declaration by the exporter is correct.

Place and date, signature and stamp of certifying authority</td></tr>
</table>

附件五

普惠制产地证

COPY

<table>
<tr><td>1.Goods consigned from (Exporter's business name, address, country)</td><td rowspan="2">Reference No.
GENERALIZED SYSTEM OF PREFERENCES
CERTIFICATE OF ORIGIN
(Combined declaration and certificate)
FORM A
issued in THE PEOPLE'S REPUBLIC OF CHINA
(country)
See notes overleaf</td></tr>
<tr><td>2.Goods consigned to (Consignee's name, address, country)</td></tr>
<tr><td>3.Means of transport and route (as far as known)</td><td>4.For official use</td></tr>
</table>

5.Item number	6.Marks and numbers of packages	7.Number and kind of packages; description of goods	8.Origin criterion (See notes overleaf)	9.Gross weight or other quantity	10.Number and date of invoices

<table>
<tr><td>11.Certification
It is hereby certified, on the basis of control carried out, that the declaration by the exporter is correct.

Place and date, signature and stamp of certifying authority</td><td>12.Declaration by the exporter
The undersigned hereby declares that the above details and statements are correct; that all the goods were produced in
----
(country)
and that they comply with the origin requirements specified for those goods in the Generalized System of Preferences for goods exported to
----
(importing country)

Place and date, signature of authorized signatory</td></tr>
</table>

附件六

报关委托书

编号：

委托单位		十位编码	
地址		联系电话	
经办人		身份证号码	

我单位委托________________代理以下进出品货物的报关手续，保证提供的报关资料真实、合法与实际货物相符，并且愿承担由此产生的法律责任。

货物名称		商品编号		数量	
重量毛/净		价值		币值	
贸易性质		货物产地		合同号	
是否退税		船名航次		税务登记证号	
委托单位开户银行			账号		

随附单证名称，份数及编号：

1.合同	份	6.机电证明	份	编号：
2.发票	份	7.商检证	份	
3.装箱清单	份			
4.登记手册	本	编号：		
5.许可证	份	编号：		

（以上内容由委托单位填写）

被委托单位		十位编码	
地址		联系电话	
经办人		身份证号	

（以上内容由被委托单位填写）

代理（专业）报送企业章及法人代表章：		委托单位章及法人代表章：	

年　月　日

附件七

报检委托书

　　　　　出入境检验检疫局：

本委托人声明，保证遵守《中华人民共和国进出口商品检验法》《中华人民共和国进出境动植物检疫法》《中华人民共和国国境卫生检疫法》《中华人民共和国食品安全法》等有关法律、法规的规定和检验检疫机构制定的各项规章制度。如有违法行为，自愿接受检验检疫机构的处罚并负法律责任。

本委托人所委托受委托人向检验检疫机构提交的“报检单”和随附各种单据所列内容是真实无讹的。具体委托情况如下：

本单位将于　　　　年　　　　月间进 / 出口如下货物：

品　　　名：

数（重）量：

合　同　号：

信 用 证 号：

特委托 ______________________（地址：　　　　　　　　）

代表本公司办理本批货物所有的检验检疫事宜，请贵局按有关法律规定予以办理。

委托单位名称（签章）：	受委托单位名称（签章）：
单位地址：	单位地址：
邮政编码：	邮政编码：
法人代表：	法人代表：
本批货物业务联系人：	本批货物业务联系人：
联系电话（手机）：	联系电话（手机）：
企业性质：	企业性质：
日　　期：　　年　　月　　日	日　　期：　　年　　月　　日

本委托书有效期至　　　　年　　　月　　　日

附件八

外汇核销单

<table>
<tr><td>出口收汇核销单存根
（苏）编号：</td><td rowspan="9">（出口单位盖章）</td><td colspan="5">出口收汇核销单监制章
（苏）编号：</td><td rowspan="9">（出口单位盖章）</td><td colspan="3">出口收汇核销单出口退税专用
（苏）编号：</td><td rowspan="9">未经核销此联不得撕开</td></tr>
<tr><td>出口单位：</td><td colspan="5">出口单位：</td><td colspan="3">出口单位：</td></tr>
<tr><td>单位编码：</td><td colspan="5">单位编码：</td><td colspan="3">单位编码：</td></tr>
<tr><td>出口币种总价：</td><td rowspan="4">银行签注栏</td><td>类别</td><td>币种金额</td><td>日期</td><td>盖章</td><td>货物名称</td><td>数量</td><td>币种总价</td></tr>
<tr><td>收汇方式：</td><td rowspan="3"></td><td rowspan="3"></td><td rowspan="3"></td><td rowspan="3"></td><td rowspan="3"></td><td rowspan="3"></td><td rowspan="3"></td></tr>
<tr><td>预计收款日期：</td></tr>
<tr><td>报关日期：</td></tr>
<tr><td>备注：</td><td colspan="5">海关签注栏：</td><td colspan="3">报关单编号：</td></tr>
<tr><td>此单报关有效期截止到
年　月　日</td><td colspan="5">外汇局签注栏
年　月　日（盖章）</td><td colspan="3">外汇局签注栏
年　月　日（盖章）</td></tr>
</table>

附件九

贸易合同
SALES CONTRACT

Contract No.:
Date:
Signed at:

Sellers:
Buyers:
This contract is made by and between the Buyers and the Sellers, whereby the Buyers agree to buy and the Sellers agree to sell the under-mentioned commodity according to the terms and conditions stipulated below:

Name of Commodity Specifications & Packing	Quantity	Unit Price	Total Value

Shipping Mark:
Insurance:
Time of Shipment:
Port of Shipment:
Port of Destination:
Terms of Payment:

附件十

装箱单

PACKING LIST

To:

Invoice No.:

Invoice Date:

Marks & Nos.	Number and Kind of Packages Description of Goods	Weight(Kgs)		Measurement (M^3)
		Net	Gross	

TOTAL:

SAY TOTAL:

附件十一

商业发票

COMMERCIAL INVOICE

To: Invoice No.:

Invoice Date:

S/C No.:

From: To:

L/C No.: Issued by:

Marks & Nos.	Description of Goods	Quantity	Unit Price	Amount

TOTAL:

SAY TOTAL:

附件十二

保险单

中保财产保险有限公司
The People's Insurance(Property)Company of China Ltd

Head Office: BEIJING Established in 1949

海洋货物运输保险单
MARINE CARGO INSURANCE POLICY

发票号码 保险单号次
Invoice No. Policy No.
被保险人:
Insured:

中国人民保险公司（以下简称本公司）根据被保险人的要求，及其所缴付的保险费，按照本保险单承保险别和背面所载条款与下列特别条款承保下述货物运输保险，特签发本保单。
This policy of insurance witnesses that The People's Insurance Company of China (hereinafter called "The Company")at the request of the "Insured" and in consideration of the agreed premium paying to The Company by the Insured undertakes to insure the undermentioned goods in transportation subject to the conditions of this policy as per the clauses printed overleaf and other special clauses attached hereon.

标记及号码 Marks & Nos.	包装数量 Quantity	保险货物项目 Description of Goods	保险金额 Amount Insured
总保险金额 Total Amount Insured:________			
保费 Premium________	费率 Rate________	装载运输工具 Per Conveyance S.S.________	
开航日期 Slg. on or abt________	起运港 From________	目的港 To________	
承保险别 Conditions			
所保货物，如发生本保单项下可能引起索赔的损失或损坏，应立即通知本公司下述代理人勘察。如有索赔，应向本公司提交保险单正本（本保险单共有 份正本）及有关部门文件。如一份正本已用于索赔，其余正本则自动失效。 In the event loss or damage which may result in a claim under this policy , immediate notice applying for survey must be given to The Company's Agent as mentioned hereunder. Claims, if any, one of the original policy which has been issued in______original (s) together with other relevant documents shall be surrendered to The Company. If one of the original policy has been accomplished, the others to be void.			

赔款偿付地点
Claim payable at

中保财产保险有限公司
THE PEOPLE'S INSURANCE (PROPERTY) COMPANY OF CHINA LTD

日期 地址
Date Address

附件十三

借记证明

DEBIT NOTE

NO.:

Date:

TO: SHANDONG D&L ELECTROPICS CO.,LTD

FROM: TIANJIN ZD INTERNATIONAL FREIGHT FORWARDER CO.,LTD

OCEAN FEE:

BAF:

CAF:

PSS:

THC:

DOC:

CURRENCY :USD1=RMB6.5

TOTAL:

A/C HOLDER'S NAME: TIANJIN ZD INTERNATIONAL FREIGHT FORWARDER CO.,LTD

BANK NAME :BANK OF CHINA BEIJING BRANCH BANK

ADDRESS:NO.2CHAOYANGMEN NEI DAJIE, DONGCHENG DISTRICT,BEIJING 100010, CHINA

SWIFT CODE : BKCHCNBJ110

A/C NO :3428 5602 5580

附件十四

信用证

TLXG: 73092 DAOHN HX
PRI TXT075 9406241737—
(6784)—
OCR132 9406241738 . . . Missing eom
73092 DAOHN HX

MSG NO. 08216
(TESTED TELEX)
①TO/BANK OF CHINA, HEAD OFFICE, BEIJING, CHINA
FROM/DAO HENG BANK LTD, HONG KONG
DATE/24 JUNE 1994
②TEST FOR USD 137, 615.00
OUR REF. 51941—113924(PLS QUOTE IN ALL CORRESPONDENCE)
ATTN/L/C ADVISING DEPT
WITHOUT ANY RESPONSIBILITY ON OUR PART, PLS ADVISE TRANSFEREE/
③CHINA TEX KNITWEAR AND MANUFACTURED GOODS I/E CORP.
WOOLLEN KNITWEAR DEPT
82 DONG AN MEN STREET, BEIJING, CHINA (A/C NO. 40100554)
④THAT FLWG CREDIT HAS BEEN PARTIALLY TRANSFERRED TO THEM BY FIRST BENEFICIARY/LIST FINE LTD., HONG KONG
⑤AMOUNT OF TRANSFER/USD 137,615.00
(UNITED STATES DOLLAR ONE HUNDRED THIRTY SEVEN THOUSAND SIX HUNDRED FIFTEEN ONLY)
///THE FIRST BENEFICIARY RETAINS THE RIGHT TO REFUSE AMENDMENT(S) TO BE ADVISED TO THE SECOND BENEFICIARY///
DETAILS ARE AS FOLLOWS/
⑥ISSUING BANK /REPUBLIC NATIONAL BANK OF NEW YORK
NEW YORK USA
⑦FORM OF DOC. CREDIT /IRREVOCABLE
DOC. CREDIT NO. /L099711
DATE OF ISSUE 940413

⑧APPLICANT /SADIMARA KNITWEAR, INC.
· 512 SEVENTH AVENUE
NEW YORK, NY 10018

⑨FIRST BENEFICIARY /LIST FINE LTD.
UNIT 11038,11/FL CONIC INVESTMENT
BUILDING, 13 HOK YUEN STREET,
HUNGHOM KOWLOON, HONG KONG

⑩DRAFTS AT /SIGHT
DRAWEE /REPUBLIC NATIONAL BANK OF NEW YORK L/C
DEPARTMENT
452 FIFTH AVENUE
NEW YORK , N. Y. 10018

⑪PARTIAL SHIPMENTS /PERMITTED AS INDICATED BELOW
TRANSHIPMENT /PERMITTED
ON BOARD/DISP/TAKING BEIJING/SHANGHAI, CHINA/HONG KONG
CHARGE
FOR TRANSPORTATION TO /NEW YORK

⑫DESCR GOODS AND/OR
SERVICES/LADIES APPAREL
STYLE 5515.2 TOP P.O. 048316 6,500 PCS AT USD 5.91/PC
5515.2 BOTTOM P.O. 048315 6,500 PCS AT USD 4.96/PC
TO BE SHIPPED NOT LATER THAN JUNE 30,1994 BY BOAT
STYLE 5515 P.O. 009027 4,800 PCS AT USD5.52/PC—BY BOAT
5513 P.O. 009027 3,600 PCS AT USD6.00/PC—BY BOAT
5514 P.O. 009027 1,200 PCS AT USD4.32/PC—BY AIR
5519 P.O. 009027 2,400 PCS AT USD5.70/PC—BY BOAT
TO BE SHIPPED NOT LATER THAN JULY 05, 1994
ALL ABOVE C AND F NEW YORK

⑬DOCUMENTS REQUIRED

1.COMMERCIAL INVOICE IN QUADRUPLICATE INDICATING APPLICANT'S PURCHASE ORDER NUMBER AND ALSO INDICATING FULL DESCRIPTION OF MERCHANDISE AND FABRIC CONTENT.

2.CHINA TEXTILE EXPORT LICENSE/COMMERCIAL INVOICE SHOWING UNIT PRICE AS WELL AS VALUE DIFFERENT FROM COMMERCIAL INVOICE ISSUED BY LIST FINE LTD. IS ACCEPTABLE.

3.DETAILED PACKING LIST IN TRIPLICATE SHOWING NUMBER OF PIECES PACKED IN

EACH CARTON, NET AND GROSS WEIGHT OF EACH CARTON AND TOTAL NET AND TOTAL GROSS WEIGHT OF EACH SHIPMENT, ALSO SHOWING APPLICANT'S PURCHASE ORDER NO. AND STYLE.

4.MANUFACTURER'S STATEMENT CERTIFYING THAT THE EXTERIOR OF EACH CARTON SHIPPED AGAINST THIS L/C SHOWS IN CLEAR PRINT FINAL DESTINATION—NEW YORK.

5.MANUFACTURER'S SIGNED STATEMENT CERTIFYING MERCHANDISE SHIPPED UNDER THIS L/C IS NOT SUBJECT TO US EMBARGO PRIOR TO SHIPMENT.

6.LIST FINE LIMITED'S SIGNED STATEMENT CERTIFYING THAT THEY HAVE SENT ONE COMPLEIE SET OF NON-NEGOTIABLE DOCUMENTS DIRECTLY TO THE APPLICANT.(FOR BOAT SHIPMENTS)

7.MANUFACTURER'S SIGNED STATEMENT CERTIFYING THAT THE SIZE AND COLOR BREAKDOWN SHIPPED IS WITHIN 2 PERCENT OF WHAT IS INDICATED ON PURCHASE ORDER WHILE MAINTAINING THE SAME SIZE AND COLOR RATIO.

8.DECLARATION OF COUNTRY OF ORIGIN.

9.QUOTA STATEMENT.

10.CERTIFICATE OF ORIGIN.

11.LIST FINE LIMITED'S STATEMENT CERTIFYING THAT SAMPLES SENT APPLICANT FOR APPROVAL.

12.COPY OF FAX SENT BY APPLICANT APPROVING SAMPLES FOR PRODUCTION.

13.INSPECTION CERTIFICATE ISSUED BY LIST FINE LTD. SIGNED BY MR. GARRY HUI.

14.LIST FINE LTD'S STATEMENT CERTIFYING THAT THEY HAVE AIRMAILED ONE COMPLETE SET OF NON-NEGOTIABLE DOCUMENTS DIRECTLY TO THE APPLICANT ATT. ANNIE VIA ANY OVERNIGHT COURIER.

15.FULL SET PLUS TWO NON-NEGOTIABLE COPIES OF CLEAN ON BOARD OCEAN BILLS OF LADING ISSUED TO ORDER OF ISSUING BANK(L099711)MARKED NOTIFY APPLICANT INDICATING FREIGHT PREPAID EVIDENCING SHIPMENT VIA AMERICAN PRESIDENT LINES.

16.AIR WAYBILL CONSIGNED TO ISSUING BANK SHOWING L/C NO. L099711 MARKED NOTIFY APPLICANT INDICATING FREIGHT PREPAID AND MUST INDICATE THE FLIGHT NUMBER AND DATE OF FLIGHT.

17.LIST FINE LTD.'S STATEMENT CERTIFYING THAT ALL ORIGINAL DOCUMENTS ACCOMPANIED AIR SHIPMENT. AS ORIGINAL DOCUMENTS ARE DIRECTLY FORWARDED AS INDICATED COPIES/PHOTO COPIES OF SAME ARE TO BE PRESENTED FOR PAYMENT PURPOSES.(FOR AIR SHIPMENTS ONLY)

⑭ADDITIONAL CONDITIONS/

A—DOCUMENTS INDICATING BOYCOTT CLAUSES OR RESTRICTIVE US TRADE PRACTICE CLAUSES ARE NOT ACCEPTABLE FOR PAYMENT.

B—THIRD PARTY SHIPPER AND DOCUMENTS ACCEPTABLE.

C—INSURANCE COVERED BY BUYERSE.

D—PARTIAL SHIPMENTS ARE ALLOWED ONLY WHEN A STYLE IS SHIPPED COMPLETE AS PER THE QUANTITY COVERED IN THIS LETTER OF CREDIT PER SHIPMENT DATE.

E—HOUSE AIRWAY BILL IS ACCEPTABLE IN LIEU OF AN AIRWAY BILL.

⑮CHARGES /ALL BANKING CHARGES OTHER THAN THOSE OF ISSUING BANK ARE FOR BENEFICIARY'S ACCOUNT

⑯A FEE OF USD 50.00 WILL BE IMPOSED ON EACH SET OF DOCUMENTS RECEIVED BY ISSUING BANK CONTAINING ANY DISCREPANCIES, UNDER THIS CREDIT. ISSUING BANK WILL HONOR DRAFTS DRAWN UNDER IN COMPLICANCE WITH THIS CREDIT TERMS IF PRESENTED WITHIN THE VALLDITY OF CREDIT.

⑰EXCEPT SO FAR AS OTHER WISE EXPRESSLY STATED, THIS DOCUMENTARY CREDIT IS SUBJECT TO UNIFORM CUSTOMS AND PRACTICE FOR DOCUMENTARY CREDITS, 1993 REVISION , ICC PUBLICATION NO. 500.

⑱EXPIRY DATE/15 JULY 1994

AT THE COUNTER OF DAO HENG BANK LTD., HONG KONG

⑲ALL DOCUMENTS MUST BE PRESENTER TO DAO HENG BANK LTD., 33/F WU CHUNG HOUSE, 213 QUEEN'S ROAD ESAT, HONG KONG IN ONE MAILTHROUGH YOUR BANKER, FOR SUBSTITUTION OF DRAFT(S) AND INVOICES BY THE FIRST BENEFICIARY, WITHIN 10 DAYS FROM DATE OF SHIPMENT BUT WITHIN THE VALIDITY OF THIS TRANSFERRED CREDIT.

⑳///PLS NOTE THAT PAYMENT WILL BE EFFECTED ONLY UPON RECEIPT OF FUNDS BY US FROM L/C ISSUING BANK.

THIS IS AN OPERATIVE INSTRUMENT.

PLEASE ADVISE TRANSFEREE ACCORDINGLY. RGDS

PTC/OB

73092 DAOHN HX

附件十五

汇　票

BILL OF EXCHANGE

凭
Drawn Under ______ 不可撤销信用证　第　　号
Irrevocable L/C　No.

日期
Dated ______ 按　　息
Payable with interest @ ...... % per annum

号码
No. ______ 汇票金额
Exchange for ______ 中国　　年　月　日
China

见票
At ______ 日后（本汇票之副本未付）付
sight of this FIRST of Exchange (Second of Exchange Being unpaid)

Pay to the order of
______ 或其指定人

金额
the sum of ______

此致
To ______

______

附件十六

订舱委托书

委托编号（Entrusing Serial）	提单号（B/L No.）		合同号（Contract No.）	委托日期（Entrusting Date）
发货人名称地址（Shipper's Full Name and Address）				
收货人名称地址（Consignee's Full Name and Address）				
通知方名称地址（Notify Party's Full Name and Address）				
装货港（Port of Loading）	目的港（Port of Destination）		船名（Vessel）、航次（Voy.）	
唛头标记（Marks & No.）	包装件数及种类（No. & Kind of Packages）	货物说明（Description of Goods）	重量（Weight in Kgs）	体积（Measurement in CBM）
装船日期（Loading Date）	可否转船（Transhipment）		可否分批（Partial Shipment）	
结汇（L/C Expiry Date）		提单份数（Copies of B/L）	正本（Original）	副本（Copy）
运费及支付地点（Freight Payable at）				
备注（Remarks）：				
委托人签字（Entrusting Party Signature）： 地址（Address）： 电话（Telephone）：		代理人签字（Agent Signature）： 地址（Address）： 电话（Telephone）：		

附件十七

订舱单

Space Booking Note

出口许可证号		委托编号	
合同号	开证日期	银行编号	提单号 B/L No.
信用证号	收到日期	海关商品编号	
船名 Vessel 航次 Voy.		卸货港（注明国名） Port of Discharge	
发货人 Shipper	电话及联系人 Telephone No. Arranged by		
收货人 Consignee			
通知人名称、详细地址、电话号码 Notify Party, Full Address & Tel. No.			

标记及号码 Marks & Nos.	件数 Quantity	货名 Description of Goods	毛重（Kgs） G.W.(Kgs)	净重（Kgs） N. W.(Kgs)	尺码 Meas.(M^3)
货物发运地/储运地		预计到达口岸日期	产地	单价（UDS）	总价（USD）
可否分批		可否转船	贸易国别		
装运期限		运费：到付/预付	消费国别		
最后结汇期		正本　份、副本　份	收汇方式		
开证行		贸易（　）（　）（　） 方式 贸易　来补　退运			
		价格（　）（　）（　） 条件 CIF　CFR　FOB		每件尺码（M） 长　宽　高	
金额、币制		装船电报地址、电挂、电传号：		每件重量　Kg	

随附单据	报关单	装箱重量单	发票	海关发票	商检证	品质证	重量证	普惠制产地证	卫生证	保险单	装船电报稿	提货单	寄单证明	汇票	码单	包装单	航行证	出口许可证		海关放行日期
份数																				

特殊条款	保险	险别
		保额
		赔款地点
	FOB成交价（供报关用）	
备注	单价	
	总价	

委托单位盖章：　　审核　　制单员　　制单日期

附件十八

集装箱场站收据

Shipper （发货人）

D/R No.（编号）

Consignee （收货人）

装 货 单
场站收据副本

第四联

Notify Party （通知人）

Received by the Carrier the Total number of containers or other packages or units stated below to be transported subject to the terms and conditions of the Carrier's regular form of Bill of Lading (for Combined Transport or port to Port Shipment) which shall be deemed to be incorporated herein.

Date （日期）：

场站章

Pre carriage by（前程运输） Place of Receipt（收货地点）

Ocean vessel（船名） Voy. No.（航次） Port of Loading（装货港）

Port of Discharge（卸货港） Place of Delivery（交货地点） Final Destination for Merchant's Reference（目的地）

Particulars Furnished by Merchants

Container No.（集装箱号）	Seal No.（封志号） Marks & Nos.（标记与号码）	No. of containers or P'kgs.（箱数或件数）	Kind of Packages; Description of Goods（包装种类与货名）	Gross Weight 毛重（千克）	Measurement 尺码（立方米）

TOTAL NUMBER OF CONTAINERS OR PACKAGES (IN WORDS) 集装箱数或件数合计（大写）

Container No.（箱号）	Seal No.（封志号）	Pkgs.（件数）	Container No.（箱号）	Seal No.（封志号）	Pkgs.（件数）

Received（实收） By Terminal clerk（场站员签字）

FREIGHT & CHARGES	Prepaid at（预付地点）	Payable at（到付地点）	Place of Issue（签发地点）
	Total Prepaid（预付总额）	No. of Original B(s)/L（正本提单份数）	BOOKING APPROVED BY（订舱确认）

Service Type on Receiving ☐-CY，☐-CFS，☐-DOOR	Service Type on Delivery ☐-CY，☐-CFS，☐-DOOR	Reeter Temperature Required.（冷藏温度）	℉	℃

TYPE OF GOODS（种类）	☐ Ordinary，（普通）	☐ Reefer，（冷藏）	☐ Dangerous，（危险品）	☐ Auto.（裸装车辆）	危险品	Glass： Property： IMDG Code Page： UN NO.
	☐ Liquid，（液体）	☐ Live Animal，（活动物）	☐ Bulk（散货）	☐______		

附件十九

集装箱装箱单

装 箱 单
CONTAINER LOAD PLAN

集装箱号 Container No.	集装箱规格 Type of Container：20　40
铅封号 Seal No.	冷藏温度　℉　℃ Reefer. temp. Required

船名 航次 Ocean Vessel Voy. No.	收货地点 Place of Receipt □-场 CY　□-站 CFS　□-门 Door	装货港 Port of Loading	卸货港 Port of Discharging	交货地点 Place of Delivery □-场 CY　□-站 CFS　□-门 Door

箱主 Owner	提单号 B/L No.	1. 发货人 Shipper　2. 收货人 Consignee　3. 通知人 Notify	标志和号码 Marks & Numbers	件数及包装种类 No. & Kind of Pkgs.	货名 Description of Goods	重量(千克) Weight kg.	尺码(立方米) Measurement Cu. M.
		底 Front 门 Door					
					总件数 Total Number of Packages 重量及尺码总计 Total Weight & Measurement		

危险品要注明危险品标志分类及闪点 In case of dangerous goods, please enter the label classification and flash point of the goods.	重新铅封号 New Seal No.	开封原因 Reason for Breaking Seat	装箱日期 Date of Vanning:…………… 装箱地点 at:…………… (地点及国名 Place & Country)		皮重 Tare Weight
	出口 Export	驾驶员签收 Received by Drayman	堆场签收 Received by CY	装箱人 Packed by: 发货人 货运站 (Shipper/CFS)	总毛重 Gross Weight
	进口 Import	驾驶员签收 Received by Drayman	货运站签收 Received by CFS	…………… (签署)Signed	发货人或货运站留存 1. SHIPPER/CFS (1)一式十份　此栏每份不同

附件二十

海运提单

Shipper Insert Name, Address and Phone

B/L No.

中远集装箱运输有限公司
COSCO CONTAINER LINES

TLX: 33057 COSCO CN
FAX: +86(021) 6545 8984

ORIGINAL

Port-to-Port or Combined Transport

BILL OF LADING

Consignee Insert Name, Address and Phone

Notify Party Insert Name, Address and Phone
(It is agreed that no responsibility shall attach to the Carrier or his agents for failure to notify)

Combined Transport * Precarriage by	Combined Transport* Place of Receipt
Ocean Vessel Voy. No.	Port of Loading
Port of Discharge	Combined Transport * Place of Delivery

RECEIVED in external apparent good order and condition except as other-wise noted. The total number of packages or unites stuffed in the container, The description of the goods and the weights shown in this Bill of Lading are furnished by the Merchants, and which the carrier has no reasonable means of checking and is not a part of this Bill of Lading contract. The carrier has issued the number of Bills of Lading stated below, all of this tenor and date, one of the original Bills of Lading must be surrendered and endorsed or signed against the delivery of the shipment and whereupon any other original bills of Lading shall be void. The Merchants agree to be bound by the terms and conditions of this Bill of Lading as if each had personally signed this Bill of Lading.
SEE clause 4 on the back of this Bill of Lading (Terms continued on the back Hereof, please read carefully).
*Applicable Only When Document Used as a Combined Transport Bill of Lading.

Container / Seal No.	Marks & Nos.	No. of Containers or Packages	Description of Goods	Gross Weight (Kgs)	Measurement(M^3)

Total number of containers and/or packages (in words)

Freight & Charges	Revenue Tons	Rate	Per	Prepaid	Collect

Ex. Rate	Prepaid at	Payable at	Place and date of issue
	Total Prepaid	No. of Original B(s)/L	Signed for the Carrier, COSCO CONTAINER LINES

LADEN ON BOARD THE VESSEL
DATE BY

附件二十一

联运提单

托运人 Shipper	B/L No. 中国对外贸易运输总公司 CHINA NATIONAL FOREIGN TRADE TRANSPORTATION CORP. 联运提单 **COMBINED TRANSPORT** **BILL OF LADING**
收货人或指示 Consignee or order	RECEIVED the goods in apparent good order and condition as specified below unless otherwise stated herein. The Carrier, in accordance with the provisions contained in this document. 1) undertakes to perform or to procure the performance of the entire transport from the place at which the goods are taken in charge to the place designated for delivery in this document, and 2) assumes liability as prescribed in this document for such transport. One of the Bills of Lading must be surrendered duly indorsed in exchange for the goods or delivery order.
通知地址 Notify address	

前段运输 Pre-carriage by	收货地点 Place of receipt		
海运船只 Ocean vessel	装货港 Port of loading		
卸货港 Port of discharge	交货地点 Place of delivery	运费支付地 Freight payable at	正本提单份数 Number of original Bs/L

标志和号码 Marks and Nos.	件数和包装种类 Number and kind of packages	货名 Description of goods	毛重(千克) Gross weight (kgs.)	尺码(立方米) Measurement (m^3)

以上细目由托运人提供
ABOVE PARTICULARS FURNISHED BY SHIPPER

运费和费用 Freight and charges	IN WITNESS whereof the number of original Bills of Lading stated above have been signed, one of which being accomplished, the other(s) to be void.
	签单地点和日期 Place and date of issue
	代表承运人签字 Signed for or on behalf of the Carrier 代 理 as Agents

SUBJECT TO THE TERMS AND CONDITIONS ON BACK

附件二十二

提货单

中国外轮代理公司上海分公司

CHINA OCEAN SHIPPING AGENCY SHANGHAI BRANCH

提　货　单

DELIVERY ORDER　　　　No.　0043601

致：＿＿＿＿港区、场、站

收货人：＿＿＿＿

下列货物已办妥手续，运费结清，准予交付收货人。

船名	航次	起运港		目的地	
提单号	交付条款		到付海运费		
卸货地点	到达日期	进库场日期		第一程运输	
标记与集装箱号	货　名	集装箱数	件　数	重量（kgs）	体积（m^3）

请核对放货。

中国外轮代理公司上海分公司

年　月　日

凡属法定检验、检疫的进口商，必须向有关监督机构申报。

收货人章 1	海关章 2	3	4
5	6	7	8

附件二十三（1）

设备交接单

中国外运天津集团集装箱公司

TIANJIN GROUP CONTAINER COMP ANY FOR CHINA SINOTRANS　　IN 进　场

集装箱发放/设备交接单

EQUIPMENT INTERCHANGE RECEIPT　　N o

0016582

用箱人/运箱人（CONTAINER USER/HAULIER）	提箱地点（PLACE OF DELIVERY）

来自地点（WHERE FROM）	返回/收箱地点（PLACE OF RETURN）

船名/船次（VESSEL/VOYAGE NO.）	集装箱号（CONTAINER NO.）	尺寸/类型（SIZE/TYPE）	营运人（CNTR. OPTR.）

提单号（B/L NO.）	铅封号（SEAL NO.）	免费期限（FREE TIME PERIOD）	运载工具牌号（TRUCK，WAGON，BARGE NO.）

出场目的/状态（PPS OF GATE-OUT/STATUS）	进场目的/状态（PPS OF GATE-IN/STATUS）	进场日期（TIME-IN）
		月　日　时

进场检查记录（INSPECTION AT THE TIME OF INTERCHANGE）

普通集装箱（GP CONTAINER）	冷藏集装箱（RF CONTAINER）	特种集装箱（SPECIAL CONTAINER）	发电机（GEN SET）
□ 正常（SOUND） □ 异常（DEFECTIVE）	□ 正常（SOUND） □ 异常（DEFECTIVE）	□ 正常（SOUND） □ 异常（DEFECTIVE）	□ 正常（SOUND） □ 异常（DEFECTIVE）

损坏记录及代号（DAMAGE & CODE）

BR	D	M	DR	DL
破损（BROKEN）	凹损（DENT）	丢失（MISSING）	污箱（DIRTY）	危标（DGLABEL）

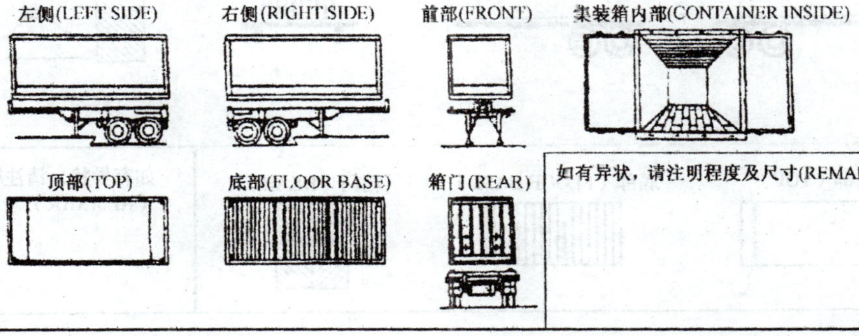

如有异状，请注明程度及尺寸(REMARK)

除列明者外，集装箱及集装箱设备交易时完好无损，铅封完整无误。

THE CONTAINER/ASSOCIATED EQUIPMENT INTERCHANGED IN SOUND CONDITION AND SEAL INTACT UNLESS OTHERWISE STATED

用箱人/运箱人签署
(CONTAINER USER/HAULIER'S SIGNATURE)

码头/堆场值班员签署
(TERMINAL/DEPOT CLERK'S SIGNATURE)

附件二十三（2）

集装箱公司

CONTAINER COMP AND FOR CHINA SINOTRANS　　　　OUT

集装箱发放/设备交接单

EQUIPMENT INTERCHANGE RECEIPT　　　　No.

用箱人/运箱人（CONTAINER USER/HAULIER）		提箱地点（PLACE OF DELIVERY）	
运往地点（DELIVERED TO）		返回/收箱地点（PLACE OF RETVRN）	
船名/船次（VESSEL/VOYAGE NO.）	集装箱号（CONTAINER NO.）	尺寸/类型（SIZE/TYPE）	营运人（CNTR.OPTR.）
提单号（B/L NO.）	铅封号（SEAL NO.）	免费期限（FREE TIME PERIOD）	运载工具牌号（TRUCK, WAGON, BARGE NO.）
出场目的/状态（PPS OF GATE-OUT/STATUS）	进场目的/状态（PPS OF GATE-IN/STATUS）		出场日期（TIME-OUT）

出场检查记录（INSPECTION AT THE TIME OF INTERCHANGE）

普通集装箱（GP CONTAINER）	冷藏集装箱（RF CONTAINER）	特种集装箱（SPECIAL CONTAINER）	发电机（GEN SET）
□ 正常（SOUND） □ 异常（DEFECTIVE）	□ 正常（SOUND） □ 异常（DEFECTIVE）	□ 正常（SOUND） □ 异常（DEFECTIVE）	□ 正常（SOUND） □ 异常（DEFECTIVE）

损坏记录及代号（DAMAGE & CODE）	BR	D	M	DR	DL
	破损（BROKEN）	凹损（DENT）	丢失（MISSING）	污箱（DIRTY）	危标（DGLABEL）

左侧（LEFT SIDE）

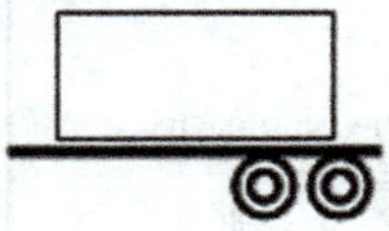

右侧（RIGHT SIDE）

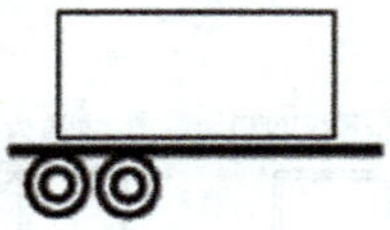

前部（FRONT）

集装箱内部（CONTAINER INSIDE）

顶部（TOP）

底部（FLOOR BASE）

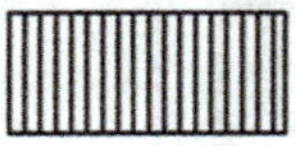

箱门（REAR）

如有异状，请注明程度及尺寸（REMARK）

除列明者外，集装箱及集装箱设备交易时完好无损，铅封完整无误。

THE CONTAINER/ASSOCIATED EQUIPMENT INTERCHANGE IN SOUND CONDITION AND SEAL INTACT UNLESS OTHERWISE STATED

用箱人/运箱人签署（CONTAINER USER/HAULIER'S SIGNATURE）　　　码头/堆场值班员签署（TERMINAL/DEPOT CLERK'S SIGNATURE）

附件二十四

国际空运货物托运单

GENERAL ADMINISTRATION OF CIVIL AVIATION OF CHINA

中国民用航空局

SHIPPER'S LETTER OF INSTRUCTION

国际货物托运单

航空运单号码：

NO. OF AIR WAY BILL:

始发站 AIRPORT OF DEPARTURE		到达站 AIRPORT OF DESTINATION
航班/日期 FLIGHT/DAY	路线及到达站 ROUTING AND DESTINATION	运费 CHARGES

收货人账号（CONSIGNEE'S ACCOUNT NO.） 收货人姓名及地址（CONSIGNEE'S NAME AND ADDRESS）

另行通知人（ALSO NOTIRY）

托运人账号（SHIPPER'S ACCOUNT NO.） 托运人姓名及地址（SHIPPER'S NAME AND ADDRESS）

托运人声明价值 SHIPPER'S DECLARED VALUE		保险金额 AMOUNT INSURED
供运输用 FOR CARRIAGE	供海关用 FOR CUSTOMS	

在货物不能交与收货人时，托运人指示的处理办法。
SHIPPER'S INSTRUCTION IN CASE OF INABILITY TO DELIVER SHIPMENT AS CONSIGNED.

处理情况（包括包装方式、货物标识及号码等）
HANDLING INFORMATION (INCLUDING METHOD OF PACKING, MARKS AND NUMBERS ETC.)

件数 NO. OF PACKAGES	实际毛重（千克） ACTUAL GROSS WEIGHT(KGS)	运价类别 RATE CLASS	收费重量 CHARGEABLE WEIGHT	费率 RATE/ CHARGE	货物名称及数量 NAME AND QUANTITY OF GOODS

储运注意事项

托运人证实以上所填全部属实并愿意遵守承运人的一切载运章程。
THE SHIPPER CERTIFIES THAT THE PARTICULARS ON THE FACE ARE CORRECT AND AGREES TO THE CONDITIONS OF CARRIAGE OF THE CARRIER.

托运人签字__________ 日期 承运人签字__________ 日期

（Signature of Shipper） Date （Signature of Carrier） Date

附件二十五

航空总运单

999 | | 999-

Shipper's Name and Address | Shipper's Account Number

NOT NEGOTIABLE 中国民航 CAAC

AIR WAYBILL (AIR CONSIGNMENT NOTE,
ISSUED BY: THE CIVIL AVIATION ADMINISTRATION OF CHINA
BEIJING CHINA)

Copies 1, 2 and 3 of this Air Waybill are originals and have the same validity

Consignee's Name and Address | Consignee's Account Number

It is agreed that the goods described herein are accepted in apparent good order and condition (except as noted) for carriage SUBJECT TO THE CONDITIONS OF CONTRACT ON THE REVERSE HEREOF. THE SHIPPER'S ATTENTION IS DRAWN TO THE NOTICE CONCERNING CARRIER'S LIMITATION OF LIABILITY. Shipper may increase such limitation of liability by declaring a higher value for carriage and paying a supplemental charge if required.

ISSUING CARRIER MAINTAINS CARGO ACCIDENT LIABILITY INSURANCE

Issuing Carrier's Agent Name and City

Accounting Information

Agent's IATA Code | Account No.

Airport of Departure (Addr. of First Carrier) and Requested Routing

to	By First Carrier	Routing and Destination	to	by	to	by	Currency	CHGS Code	WTNAL PPD	WTNAL COLL	Other PPD	Other COLL	Declared Value for Carriage	Declared Value for Carriage

Airport Destination | Flight/Date | For Carrier Use only | Flight/Date | Amount of Insurance

INSURANCE if carrier offers insurance, and such insurance is requested in accordance with conditions or reverse here of, indicate amount to be insured infigure in box marked amount of insurance.

Handing Information

(for USA only) Those commodities licensed by US for ultimate destination .... Diversion contrary to US law is prohibited

No. of Pieces RCP	Gross Weight	Kg lb	Rate Class Commodity Item No.	Chargeable Weight	Rate Charge	Total	Nature and Quantity of Goods (incl. Dimensions or Volume)

Prepaid | Weight Charge | Collect | Other Charge

Valuation Charge

Tax

Total Other Charges Due Agent

Shipper certifies that the particulars on the face hereof are correct and that insofar as any part of the consignment contains dangerous goods, such part is properly described by name and is in proper condition for carriage by air according to the applicable Dangerous Goods Regulations.

Total Other Charges Due Carrier

Signature of Shipper or his Agent

Total Prepaid | Total Collect

Currency Conversion Rates | CC Charges in Dest. Currency

Executed on (date) at (place) Signature of Issuing Carrier or its Agnet

For Carriers Use only at Destination | Charges at Destination | Total Collect Charges | 999 -

附件二十六

航空分运单

Shipper's Name and Address	Shipper's Account Number	Not Negotiable **Air Waybill** Issued by Copies 1, 2 and 3 of this Air Waybill are originals and have the same validity
Consignee's Name and Address	Consignee's Account Number	It is agreed that the goods described herein are accepted in apparent good order and condition (except as noted) for carriage SUBJECT TO THE CONDITIONS OF CONTRACT ON THE REVERSE HEREOF ALL GOODS MAY BE CARRIED BY ANY OTHER MEANS INCLUDING ROAD OR ANY OTHER CARRIER UNLESS SPECIFIC CONTRARY INSTRUCTIONS ARE GIVEN HEREON BY THE SHIPPER, AND SHIPPER AGREES THAT THE SHIPMENT MAY BE CARRIED VIA INTERMEDIATE STOPPING PLACES WHICH THE CARRIER DEEMS APPROPRIATE. THE SHIPPER'S ATTENTION IS DRAWN TO THE NOTICE CONCERNING CARRIER'S LIMITATION OF LIABILITY. Shipper may increase such limitation of liability by declaring a higher value for carriage and paying a supplemental charge if required.
Issuing Carrier's Agent Name and City		Accounting Information/Also Notify
Agent's IATA Code	Account No	
Airport of Departure (Addr. of first Carrier) and requested Routing		Reference Number / Optional Shipping Information
To / By First Carrier / Routing and Destination / to / by / to / by		Currency / CHGS Code / WT/VAL PPD COLL / Other PPD COLL / Declared Value for Carriage / Declared Value for Customs
Airport of Destination	Requested Flight/Date	Amount of Insurance / INSURANCE - If Carrier offers insurance, and such insurance is requested in accordance with the conditions thereof, indicate amount to be insured in figures in box marked Amount of Insurance. / TC

HANDLING INFORMATION

SCI

(For USA only) These commodities, technology or software were exported from the United States in accordance with the Export Administration Regulations. Diversion contrary to USA law prohibited.

No. of Pieces RCP	Gross Weight	kg lb	Rate Class / Commodity Item No.	Chargeable Weight	Rate / Charge	Total	Nature and Quantity of Goods (incl. Dimensions or Volume)

Prepaid	Weight Charge	Collect
	Valuation Charge	
	Tax	
	Total other Charges Due Agent	
	Total other Charges Due Carrier	
Total prepaid		Total collect
Currency Conversion Rates		cc charges in Dest, Currency
For Carriers Use only at Destination		Charges at Destination

Other Charges

Shipper certifies that the particulars on the face hereof are correct and that INSOFAR AS ANY PART OF THE CONSIGNMENT CONTAINS DANGEROUS GOODS SUCH PART IS PROPERLY DESCRIBED BY NAME AND IS IN PROPER CONDITION FOR CARRIAGE BY AIR ACCORDING TO THE APPLICABLE DANGEROUS GOODS REGULATIONS.

Signature of Shipper or his Agent

Executed on (Date) at (Place) Signature of Issuing Carrier or its Agent

Total collect Charges

COPY 11 (EXTRA COPY)

附件二十七

国际铁路联运单

运单副本 — Дубликат накладной
（给发货人）—（для отправителя）

批号— Отправка №
25（检查标签— контрольная этикетка）

运输号码

发送路简称（Сокращенное наименование дороги отправления）
中铁 КЖД
3

1 发货人，通信地址— Отправитель, почтовый адрес

2 合同号码— Договор №

3 发站 Станция отправления

4 发货人的特别声明— Особые заявления отправителя

5 收货人，通信地址— Получатель, почтовый адрес

26 海关记载— Отметки таможни

6 对铁路无约束效力的记载— Отметки, необязательные для железной дороги

7 通过的国境站— Пограничные станции перехода

27 车辆— Вагон/ 28 标记载重（吨）Подъемная сила（т）/29 轴数— Оси
30 自重— Масса тары/31换装后的货物重量— Масса груза после перегрузки

27	28	29	30	31

8 到达路和到站— Дорога и станция назначения

国际货协—运单 СМГС- Накладная
慢运 малой скорости

9 记号、标记、号码 Знаки, марки, номера	10 包装种类 Род упаковки	11 货物名称 Наименование груза	50 附件第2号 прил. 2	12 件数 Число мест	13 发货人确定的重量(公斤)— Масса(в кг) определен отправителем	32 铁路确定的重量（公斤）— Масса（в кг）определен железной дорогой

14 共计件数（大写）— Итого мест прописью

15 共计重量（大写）— Итого масса прописью

16 发货人签字— Подпись отправителя

17 互换托盘— Обменные поддоны
数量— Количество

集装箱/运送用具— Контейнер/Перевозочные средства
18 种类— Вид
类型— Категория
19 所属者及号码 Владелец и №

20 发货人负担下列过境铁路的费用— Отправителем приняты платежи за следующие транзитные дороги

21 办理种别— Род отправки
整车*）повагонная*）
零担*）мелкая*）
大吨位集装箱*）Крупнотоннажного Контейнера*）

22 由何方装车 Погружено
发货人*）отправителем*）
铁路*）железной дорогой*）

*）不需要的划消— Ненужное зачеркнуть

23 发货人添附的文件— Документы, приложенные отправителем

24 货物的声明价格 Объявленная ценность груза
瑞士法郎 Шв. фр.

45 封印 Пломбы
个数 Количество
记号— Знаки

33
34
35
36
37
38
39
40
41
42
43
44

46 发站日期戳— Календарный штемпель станции отправления

47 到站日期戳— Календарный штемпель станции назначения

48 确定重量方法 Способ определения Массы

49 过磅站戳记，签字— Штемпель станции взвешивания, подпись

53 联运— Сообщение	60 类项号码 № позиции	61等级 Класс	62 费率 Ставка	63 计费重量（公斤）Расчётная Масса(кг)	68 向发货人计算的费用 Расчёты с отправителем		69 向收货人计算的费用 Расчёты с получателем	
					70 款额 瑞士法郎 — Сумма в Шв. фр.	71 款额单位 Сумма в	72 款额 瑞士法郎 — Сумма в Шв. фр.	73 款额单位 Сумма в
54 运费 Провозная плата 自 от 至 до					74	75	76	
杂费 Дополнительные сборы					78	79	80	
64　65	66 км 公里		67运价 Тариф	共计 Итого	82	83	84	85
55 运费 Провозная плата 自 от 至 до	60	61	62	63	74		76	
杂费 Дополнительные сборы					78		80	
64　65	66 км 公里		67运价 Тариф	共计 Итого	82	83	84	85
56 运费 Провозная плата 自 от 至 до	60	61	62	63	74		76	
杂费 Дополнительные сборы					78		80	
64　65	66 км 公里		67运价 Тариф	共计 Итого	82	83	84	85
57 运费 Провозная плата 自 от 至 до	60	61	62	63	74		76	
杂费 Дополнительные сборы					78		80	
64　65	66 км 公里		67运价 Тариф	共计 Итого	82	83	84	85
58 运费 Провозная плата 自 от 至 до	60	61	62	63	74		76	
杂费 Дополнительные сборы					78		80	
64　65	66 км 公里		67运价 Тариф	共计 Итого	82	83	84	85
59 运费 Провозная плата 自 от 至 до	60	61	62	63	74		76	77
杂费 Дополнительные сборы					78		80	81
64　65	66 км 公里		67运价 Тариф	共计 Итого	82	83	84	85
90 兑换率— Курс пересчёта 发送路— дороги отправления	到达路— дороги назначения			总计 Всего	86	87	88	89

91 有关计费记载— Отметки о расчётах платежей	87′ 应向发货人核收的总额（大写）— Всего взыскать с отправителя (прописью)	签　字— Подпись
	89′ 应向收货人核收的总额（大写）— Всего взыскать с получателя (прописью)	签　字— Подпись
	92 应向发货人补收的费用— Дополнительно взыскать с отправителя за	

附录 2

代码/简称

2.1 中外船公司简称与缩写一览表

公司	简称	缩写
澳大利亚国家航运公司	澳国航运	ANL
美国总统轮船有限公司	美国总统	APL
波罗的海航运公司	波罗的海	BOL
南美邮船公司	南美邮船	CLAN S.A.
南美智利国家航运公司	智利航运	CCNI
法国达飞轮船公司	达飞轮船	CMA
中远海运集装箱运输有限公司	中远海运集运	COSCO-CLS
德国胜利航运公司	德国胜利	SENATOR
长荣海运股份有限公司	长荣海运	EVERGREEN
远东轮船公司	远东轮船	FESCO
赫伯罗特船务有限公司	赫伯罗特	HAPPAG-LIOYD
现代商船有限公司	现代商船	HYUNDAI
川崎汽船株式会社	川崎汽船	KLINE
高丽海运株式会社	高丽海运	KMTC
阿拉伯联合国家轮船公司	阿拉伯轮船	UASC
万海航运股份有限公司	万海航运	WANHAI
阳明海运股份有限公司	阳明海运	YANGMING
以星轮船船务有限公司	以星轮船	ZIM
意大利邮船公司	意大利邮船	LT
马来西亚国际航运有限公司	马来西亚航运	MISC
商船三井有限公司	商船三井	MOL

续前表

公司	简称	缩写
地中海航运公司	地中海航运	MSC
马士基海陆有限公司	马士基海陆	MAERSK SEALAND
北欧亚航运有限公司	北欧亚航运	NORASIA
南星海运株式会社	南星海运	NS
日本邮船有限公司	日本邮船	NYK
东方海外货柜航运有限公司	东方海外	OOCL
太平船务有限公司	太平船务	PIL
邦拿美船务有限公司	邦拿美	BNML
中波轮船股份有限公司	中波	C-P
天敬海运	天敬海运	CK
京汉航运有限公司	京汉航运	CO-HE
朝阳（香港）有限公司上海办事处	朝阳公司	CYL
长荣香港有限公司上海办事处	香港长荣	EMC
金发船务有限公司	金发船务	GFNG
浩洲船务公司	浩洲船务	HCSC
香港航运有限公司	香港海运	HKMSH
上海海隆轮船有限公司	海隆轮船	HNT
七星轮船有限公司	七星轮船	SSCL
上海中福轮船公司	中福轮船	SZFSC
上海天海货运有限公司	天海货运	TMSC
宁波泛洋船务有限公司	宁波泛洋	TOS
立荣海运公司	立荣海运	UGL
浙江远洋运输公司	浙江远洋	ZOSCO
中日国际轮渡有限公司	中日轮渡	CHINJ
达贸国际轮船公司	达贸国际	DELIMA
埃及国际船务公司	埃及船务	EILKL
上海海华轮船公司	海华轮船	HASCO
香港明华船务有限公司	香港明华	HKMW
金华航运有限公司	金华航运	JH
上海育海航运公司	育海航运	SYH
墨西哥航运有限公司	墨西哥航运	TMM
东航船务有限公司	东航船务	TOHO

续前表

公司	简称	缩写
环球船务有限公司	环球船务	UNIWD
伟航船务有限公司	伟航船务	WH
联华航业（香港）有限公司上海办事处	联华航业	LC
联丰船务有限公司	联丰船务	LIFEN
瑞士地中海航运公司	地中海	MSC
民生神原海运有限公司	民生神原	MSKM
太古船务代理有限公司	太古船代	NGPL
渣华邮船（中国）有限公司	渣华邮船	NLL
英国铁行箱运有限公司	英国铁行	P&O
瑞克麦斯轮船公司	瑞克麦斯	RILI
南非国家轮船有限公司	南非轮船	SAF
上海国际轮渡有限公司	国际轮渡	SFCO
长锦有限公司	长锦公司	SINKO
中国对外贸易运输总公司	中外运	SNTBJ
新加坡海皇轮船有限公司	新海皇	NOLSH
宁波远洋运输公司	宁波远洋	NOSCO
沙特阿拉伯国际航运公司	沙特航运	NSCSA
泛洋海运	泛洋海运	PC
泛洋商船株式会社	泛洋商船	POBU
美商海陆联运（中国）有限公司	美商海陆	S/L
东映海运有限公司	东映海运	SBL
中海发展股份有限公司	中海发展	CSD
上海市锦江国际船务代理有限公司	锦江船代	SJJSA
志晓船务有限公司	志晓船务	SSC

2.2 世界主要航空公司代码

航空公司	两字代码	航空公司	两字代码
美国航空公司	AA	德国汉莎航空公司	LH
加拿大航空公司	AC	全日空航空公司	NH
法国航空公司	AF	澳门航空公司	NX
芬兰航空公司	AY	韩亚航空公司	OZ
意大利航空公司	AZ	澳大利亚航空公司	QF
英国航空公司	BA	卡塔尔航空公司	QR
长荣航空公司	BR	尼泊尔皇家航空公司	RA
中华航空公司	CI	新加坡航空公司	SQ
国泰航空公司	CX	俄罗斯航空公司	SU
阿联酋航空公司	EK	泰国航空公司	TG
日本航空公司	JL	美国联合航空公司	UA
港龙航空公司	KA	英国维珍航空公司	VS
大韩航空公司	KE	美国西南航空公司	WN
美国达美航空公司	DL	中国东方航空公司	MU
中国南方航空公司	CZ	中国国际航空公司	CA
台湾中华航空公司	CI	韩国大韩航空公司	KE
马来西亚航空公司	MH	印度航空公司	IC
澳洲航空公司	QF	智利国家航空公司	LA
中国货运航空公司	CK	香港国泰航空公司	CX
卢森堡货运航空	CV	扬子江快运航空公司	Y8
奥地利航空公司	OS	德国敦豪航空公司	ER
以色列航空公司	LY	乌克兰航空公司	6U
印尼鹰航航空公司	GA	加拿大航空公司	CP
伊朗航空公司	IR	埃塞俄比亚航空公司	ET
波兰航空公司	LO	芬兰航空公司	AY
巴基斯坦航空公司	PK	南斯拉夫航空公司	JU
文莱航空公司	BI	蒙古航空公司	OM
瑞士航空公司	SR	美国西北航空公司	NW
泰国国际航空公司	TG	北欧航空公司	SK
荷兰皇家航空公司	KL	罗马尼亚航空公司	RO

2.3 世界主要城市简码

城市名		三字代码	所属国家
LONDON	伦敦	LON	英国
FRANKFURT	法兰克福	FRA	德国
MUNICH	慕尼黑	MUC	德国
AMSTERDAM	阿姆斯特丹	AMS	荷兰
BARCELONA	巴塞罗那	BCN	西班牙
BRUSSELS	布鲁塞尔	BRU	比利时
COPENHAGEN	哥本哈根	CPH	丹麦
GENEVA	日内瓦	GVA	瑞士
ISTANBUL	伊斯坦布尔	IST	土耳其
KIEV	基辅	IEV	乌克兰
MADRID	马德里	MAD	西班牙
MILAN	米兰	MIL	意大利
MOSCOW	莫斯科	MOW	俄罗斯
PARIS	巴黎	PAR	法国
ROME	罗马	ROM	意大利
STOCKHOLM	斯德哥尔摩	STO	瑞典
ST.PETERSBURG	圣彼得堡	LED	俄罗斯
VIENNA	维也纳	VIE	奥地利
ZURICH	苏黎世	ZRH	瑞士
CAIRO	开罗	CAI	埃及
JOHANNESBURC	约翰内斯堡	JNB	南非
BAHRAIN	巴林	BAH	巴林
DUBAI	迪拜	DXB	阿联酋
DOHA	多哈	DOH	卡塔尔
BOGOTA	波哥大	BOG	哥伦比亚
BUENOS AIRES	布宜诺斯艾利斯	BUE	阿根廷
MEXICO CITY	墨西哥城	MEX	墨西哥
RIO DE JANEIRO	里约热内卢	RIO	巴西
SAO PAULO	圣保罗	SAO	巴西
MONTREAL	蒙特利尔	YMQ	加拿大
OTTAWA	渥太华	YOW	加拿大

续前表

城市名		三字代码	所属国家
TORONTO	多伦多	YTO	加拿大
VANCOUVER	温哥华	YVR	加拿大
ATLANTA	亚特兰大	TAL	美国
CHICAGO	芝加哥	CHI	美国
CINCINNATI	辛辛那提	CVG	美国
DALLAS	达拉斯	DPW	美国
DENVER	丹佛	DEN	美国
DETROIT	底特律	DTT	美国
HONOLULU	火奴鲁鲁	HNL	美国
HOUSTON	休斯敦	HOU	美国
LAS VEGAS	拉斯维加斯	LAS	美国
LOS ANGELES	洛杉矶	LAX	美国
MEMPHIS	孟菲斯	MEM	美国
MIAMI	迈阿密	MIA	美国
MINNEAPOLIS	明尼阿波利斯	MSP	美国
NEW YORK	纽约	NYC	美国
PHILADELPHIA	费城	PHL	美国
PHOENIK	凤凰城	PHX	美国
PITTSBURGH	匹斯堡	PIT	美国
SAIPAN	塞班	SPN	美国
SALT LAKE CITY	盐湖城	SLC	美国
SAN FPANCISCO	旧金山	SFO	美国
SAN JOSE	圣何塞	JIC	美国
SEATTLE	西雅图	SEA	美国
ST.LOUIS	圣路易斯	STL	美国
WASHINGTON DC	华盛顿	WAS	美国
BANDERSEIR BEGAWAN	斯里巴加湾	BWN	文莱
MUMBAI	孟买	BOM	印度
CALCUTTA	加尔各答	CCU	印度
DELHI	德里	DEL	印度
JAKARTA	雅加达	JKT	印度尼西亚
OSAKA	大阪	OSA	日本

续前表

城市名		三字代码	所属国家
TOKYO	东京	TYO	日本
SEOUL	首尔	SEL	韩国
PUSAN	釜山	PUS	韩国
KUALA LUMPUR	吉隆坡	KUL	马来西亚
KATHMANDU	加德满都	KTM	尼泊尔
KARACHI	卡拉奇	KHI	巴基斯坦
MANILA	马尼拉	MNL	菲律宾
SINGAPCORE	新加坡	SIN	新加坡
COLOMBO	科伦坡	CMB	斯里兰卡
TAIPEI	台北	TPE	中国
KAOHSIUNG	高雄	KHH	中国
BANGKOK	曼谷	BKK	泰国
HANOI	河内	HAN	越南
HO CHI MINH CITY	胡志明市	SGN	越南

2.4 常用险种的英文名称

险种名称	英文名称
平安险	Free from Particular Average—F.P.A.
水渍险	With Average or With Particular Average—W.A. or W.P.A.
一切险	All Risk—A.R.
一般附加险	General Additional Risks
特殊附加险	Special Additional Risks

2.5 常用货运单位示例

单位名称	英文名称	单位名称	英文名称
公斤/千克	Kilogram	袋	Bag, Sack
磅	Pound	麻袋	Jute Bag
盎司	Ounce	塑料袋	Polythelene Bag, Plastic Bag
吨	Ton	尼龙绳网袋	Polythelene Net

续前表

单位名称	英文名称	单位名称	英文名称
长度	Length	拉链袋	Zippered Bag
米，公尺	Meter	箱	Case, Chest
英尺	Foot	盒	Box
码	Yard	木箱	Wooden Case
面积	Square Meter	纸箱	Carton
平方米	Square Meter	集装箱	Container
平方英尺	Square Foot	板条箱	Rate
体积	Volume	纤维板箱	Fibre Board Case
立方米	Cubic Meter	小包	Packet
容积	Capacity	包	Bale
升	Litre	捆	Bundle
加仑	Gallon	罐(主要是罐头类)	Tin , Can
蒲式耳	Bushel	篮，篓，筐	Basket
件	Piece	竹篓	Bamboo Basket
对，双	Pair	瓶	Bottle
套	Set	小木桶	Wooden Keg
打	Dozen	大桶	Hogshead
罗	Gross	铁桶	Iron Drum
令	Ream	圆柱	Cylinder
琵琶桶	Barrel		

附录3

货代词汇汇总表

英文	中文
A Circular Letter	通告信通知书
Advanced B/L	预借提单
Air Express	航空快递
Anti-Dated B/L	倒签提单
ATA/ATD (Actual Time of Arrival/Actual Time of Departure)	实际到港 / 离港时间
AWB (Air Waybill)	航空货运单
B/L(Bill of Lading)	提单
B/N (Booking Note)	托运单
Booking	订舱
Booking Agent	订舱代理
Booking Note	订舱单
Booking Number	订舱号
BP(Base Port)	基本港
Brokerage/Commission	佣金
Bulk Cargo	散件货物
C/P (Charter Party)	租船合同
Cable/Telex Release	电放
Cancellation	取消
CAO(Cargo for Freighter Only)	仅限货机承运
Cargo	货物
Cargo Availability at Destination in	货物运抵目的地
Cargo Canvassing	揽货

续前表

英文	中文
Cargo Owner	货主
Carrier	承运人
CFS(Container Freight Station)	集装箱货运站
Chargeable Weight	计费重量
Charges Collect	到付运费
Charges Prepaid	预付运费
Chartered Carrier	包机运输
CIFA	中国国际货运代理协会
Clean B/L	清洁提单
CLP (Container Load Plan)	集装箱装箱单
COC (Carriers Own Container)	船公司箱
Combination of Rate	分段相加运价
Combined Transport B/L (Intermodal Transport B/L Multi-modal Transport B/L)	多式联运提单
Commodity Classification Rates(CCR)	等价货物运价
Consignee	收货人
Consignment	交运货物
Consignor	发货人
Consolidated Consignment	集运货物
Consolidation	集中托运
Consolidator	集运代理人
Construction Rate	比例运价
Customs	海关
Customs Clearance	清关
Customs Code	海关代码
CY (Container Yard)	集装箱堆场
D/O (Delivery Order)	提货单，也称小提单
D/R (Dock's Receipt)	场站收据
Dangerous Goods	危险货物
Declared Value for Carriage	运输申报价值
Declared Value for Customs	海关申报价值
Direct B/L	直达提单

续前表

英文	中文
Disbursements	垫付款
DWT (Dead Weight Tonnage)	载重吨
EIR (Equipment Interchange Receipt)	设备交接单
Embargo	禁运
ETA/ETD(Estimated Time of Arrival /Estimated Time of Departure)	预计到港／离港时间
FAS (Free Alongside Ship)	船边交接货条款，即船方负担装卸费
FCL (Full Container Load)	整箱货
FFF (Freight Forwarding Fee)	货代佣金
FIATA	国际货运代理协会联合会
Forwarding Agent	运输代理人
Foul B/L (Unclean B/L)	不清洁提单
General Cargo Rates(GCR)	普通货物运价
Gross Weight	装运货物的全部重量，包括货箱和包装材料的重量
GRT (Gross Registered Tonnage)	总登记吨，简称总吨
H B/L (House Bill of Lading)	代理行提单，或称子提单、分提单、货代提单、无船承运人提单、仓至仓提单等
Handling Agent	操作代理
HAWB (House Air Way Bill)	货运代理空运提单（即货运分运单）
High Density Cargo	重货
IATA(International Air Transport Association)	国际航空运输协会
In Transit	中转
International Freight Forwarding	国际货运代理行业
International Civil Aviation Organization (CAO)	国际民用航空组织
International Freight Forwarder	国际货运代理企业
LCL (Less Container Load)	拼箱货
Liability Insurance	责任险
Liner Terms	班轮条款，即船方负担装卸费
LOA (Length Over All)	船舶总长度
Low Density Cargo	轻货
M/F (Manifest)	载货清单，也称舱单

续前表

英文	中文
Master Air Way Bill	航空公司货运单
Minimum B/L	最低运费提单，也称起码提单
MT (Metric Tons)	吨
No Customs Valuation (NCV)	无声明价值
No Value Declared (NVD)	无声明价值
NRT (Net Registered Tonnage)	净登记吨，简称净吨
NVOCC (Non-Vessel Operations Common Carrier)	无船公共承运人或无船承运人
On Board B/L, Shipped B/L	已装船提单
Open B/L (Blank B/L, Bearer B/L)	不记名提单
Order B/L	指示提单
Perishable Cargo	鲜活货物
PIC (Person in Charge)	具体负责操作人员
Prompt Release	即时放行
Rail Transport	铁路运输
Received for Shipment B/L	收货待运提单
Reception Checklist List	收货核对清单
Risk	风险
S/O (Shipping Order MR Mate's Receipt)	收货单，也称大副收据
S/P (Stowage Plan)	货物积载图，也称船图、舱图
Scheduled Airline	班机运输
Sea B/L (Master B/L, Ocean B/L, Memo B/L)	海运提单，或称母提单、主提单、船公司提单、备忘提单等
Second Carrier	二程船
SF(Stowage Factor)	货物积载因数
Shipment Release Form	提货单
Shipper or Consignor	托运人
Shipper's Letter of Instruction	托运人托运声明书（简称“托运书”）
Shipping Agent	船舶代理
SOC (Shippers Own Container)	货主箱
Specific Commodity Rates(SCR)	特种货物运价
STA/STD(Schedule Time of Arrival/Schedule Time of Departure	预计到港／离港时间
Stevedoring Company	装卸公司

续前表

英文	中文
Straight B/L	记名提单
SWB Seaway Bill	海运单
Switch B/L	转换提单
T/C (Time Charter)	定期租船，简称期租
TACT (The Air Cargo Tariff)	由国际航空出版社（IAP）与国际航空运输协会（IATA）合作出版的《空运货物运价表》
Tally Company	理货公司
Tariff	运费表
TCT (Time Charter on Trip Basis)	航次期租
TEU (Twenty Foot Equivalent Units)	计算单位，也称20英尺换算单位
Through B/L	联运提单
Transit Time	航程时间/中转时间
Transport	运输
Transportation Hub	中转港
Transshipment B/L	转船提单
Unit Load Devices(ULD)	集装设备
V/C (Voyage Charter)	航次租船，简称程租
Valuable Cargo	贵重货物
Valuation Charge	声明价值附加费
Vulnerable Cargo	易受损坏或易遭盗窃的货物

参考文献

1. 张荣．国际货运代理［M］．北京：清华大学出版社，2017.
2. 李勤昌．国际货物运输实务［M］．北京：清华大学出版社，2017.
3. 李旭东．国际航空物流实务［M］．北京：清华大学出版社，2017.
4. 郑克勤．国际货运代理业务处理［M］．北京：清华大学出版社，2016.
5. 王艳．国际航空货运实务［M］．北京：清华大学出版社，2016.
6. 弓永钦．国际货运代理实训教程［M］．北京：机械工业出版社，2016.
7. 姜宏．国际贸易单证实训［M］．北京：机械工业出版社，2015.
8. 顾永才．国际货运代理实务［M］.3 版．北京：首都经济贸易大学出版社，2015.
9. 张敏．国际货运代理实务［M］.3 版．北京：北京理工大学出版社，2015.
10. 陈文莉．国际货运代理服务［M］．北京：机械工业出版社，2014.
11. 姚新超．国际贸易运输［M］.3 版．北京：对外经济贸易大学出版社，2014.
12. 王传见．国际货代物流实务英语手册［M］.2 版．上海：华东理工大学出版社，2011.
13. 中国国际货运代理协会．国际海上货运代理理论与实务［M］．北京：中国商务出版社，2010.
14. 中国国际货运代理协会．国际航空货运代理理论与实务［M］．北京：中国商务出版社，2010.
15. 中国国际货运代理协会．国际货物运输代理概论［M］．北京：中国商务出版社，2010.
16. 中国国际货运代理协会．国际货运代理专业英语［M］．北京：中国商务出版社，2010.

图书在版编目（CIP）数据

国际货运代理 / 胡成琳主编. —北京：中国人民大学出版社，2018. 11
21世纪高职高专规划教材. 物流管理系列
ISBN 978-7-300-26352-6

Ⅰ. ①国… Ⅱ. 胡… Ⅲ. ①国际货运 - 货运代理 - 高等职业教育 - 教材 Ⅳ. ① F511. 41

中国版本图书馆CIP数据核字（2018）第236471号

21 世纪高职高专规划教材 · 物流管理系列
国际货运代理
主　编　胡成琳
副主编　王晓虎　胡玉洁
Guoji Huoyun Daili

出版发行	中国人民大学出版社		
社　　址	北京中关村大街 31 号	**邮政编码**	100080
电　　话	010-62511242（总编室）		010-62511770（质管部）
	010-82501766（邮购部）		010-62514148（门市部）
	010-62515195（发行公司）		010-62515275（盗版举报）
网　　址	http://www.crup.com.cn		
经　　销	新华书店		
印　　刷	固安县铭成印刷有限公司		
规　　格	185mm×260mm　16 开本	**版　　次**	2018 年 11 月第 1 版
印　　张	22.25	**印　　次**	2025 年 6 月第 6 次印刷
字　　数	480 000	**定　　价**	48. 00 元

普通高等职业教育"十三五"规划教材

21世纪高职高专规划教材●物流管理系列

《国际货运代理》实训教程

主　编◎胡成琳

副主编◎白马鹏　王晓虎　胡玉洁

中国人民大学出版社

·北京·

目录

情境 1

国际海运整箱出口货代业务

知识目标

1. 了解常见贸易术语对货代业务的影响。
2. 了解各种贸易结汇方式的风险管控。
3. 了解世界主要海运航线。
4. 了解船舶和集装箱的种类。
5. 了解海运整箱出口基本流程。
6. 能看懂并理解海运整箱出口的各类单据。
7. 了解电放、共同海损、滞箱费的内涵。
8. 了解海运保险的范围。
9. 了解国际惯例对海运承运人赔偿限额的规定。

能力目标

1. 培养沟通与业务表达能力。
2. 会计算海运整箱运费。
3. 掌握报关、报检的大致流程。
4. 掌握海运整箱出口货代操作流程。
5. 会填写订舱单和整箱海运提单。
6. 能够判断货损责任和进行索赔。

学习与实践操作流程图

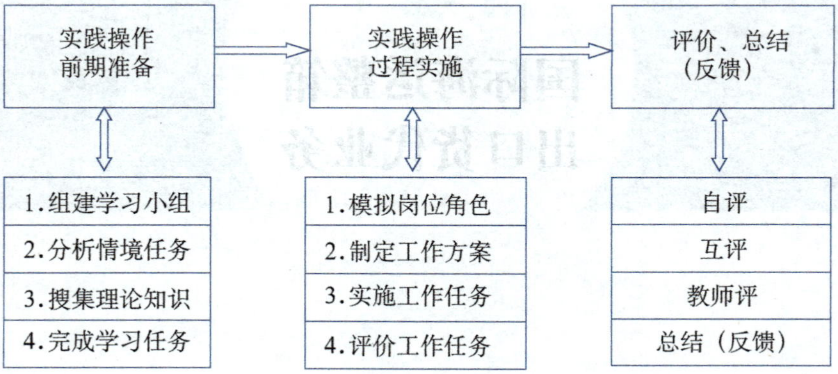

1.1 情境任务

工作过程描述

<table>
<tr><th>时间</th><th>工作过程描述</th></tr>
<tr><td>20××-02-22</td><td>
山东D&L照明设备公司与西班牙巴塞罗那的客户BRO签订了一份销售合同。
CONTRACT
NO.DTD2933
DATE:20××-02-22
PARTY A(THE BUYER):
BRO ACTIVE S.L
ADDRESS: SANT PERE 35,0810, BARCELONA, SPAIN
PARTY B(THE SELLER):
SHANDONG D&L ELECTROPICS CO.,LTD
ADDRESS:NO.89 ZHONGSHAN ROAD,JINAN, CHINA
1.An agreement is reached on this date between Party A to B on the products according to the provisions of this contract;
<table>
<tr><th>Pack&Shipping Mark</th><th>Description</th><th>Quantity</th><th>Unit Price</th><th>Amount</th></tr>
<tr><td>N/M</td><td>ELECTROSCOPE
LED POWER SUPPLY</td><td>1 000SETS
1 000SETS</td><td>USD5.439.00/SET
USD8.450.00/SET
CIF BARCELONA</td><td>USD5 439.00
USD8 450.00</td></tr>
<tr><td colspan="4">TOTAL:</td><td>USD13 889.00</td></tr>
</table>
2.COUNTRY OF ORIGIN & MANUFACTURE:CHINA;
3.PACKING:IN 2 000 CASES;
4.TERMS OF PAYMENT:T/T;
5.INSURANCE:TO BE EFFECTED BY THE SELLER;
</td></tr>
</table>

续前表

时间	工作过程描述
20××-02-22	6.TIME OF SHIPMENT:BEFORE THE END OF 20××-04-25; 7.PORT OF SHIPMENT:TIANJIN XINGANG PORT; 8.PORT OF DESTINATION:BARCELONA, SPAIN; 9.REMARKS:
20××-02-25	天津ZD国际货运代理有限公司业务部的张先生接到了山东D&L照明设备公司Anna女士的电话。 Anna：张经理，您好！我是山东D&L照明设备公司的业务员Anna，我公司预计20××年3月中旬从天津新港整箱出口一批照明设备，按照贸易合同要求20××年4月底到西班牙巴塞罗那。您能给我报一下船期和价格吗？ 张先生：好的，请问货物是特殊品吗？例如体积很大、很重或者易碎易损坏？ Anna：商品为验电器、LED灯电源和LED灯。总体积为65立方米，每件货物采用独立的防震包装，非超长超宽货物。 张先生：那一共多少件？多重？ Anna：一共2 000件，大约23吨。 张先生：好的，Anna，根据您描述的货物情况，我建议采用海运整箱运输，安排一个20' GP和一个40' GP的集装箱，采用FCL/FCL且CY到CY的运输交接方式。 Anna：好。您的建议符合我们客户的期望。 张先生：请问什么贸易条款？需要为货物上保险吗？ Anna：是CIF条款，按照与客户的协议，需要给货物购买“一切险”。 张先生：好的，我们可以代理购买保险。在货物出运后，我们将安排购买保险。 Anna：那太好了！ 张先生：您需要哪些运输文件？ Anna：我们需要3份已装船提单。出口手续您不用负责，我们自己办理。但是我希望您能给我一个确定的船期和价格，这样便于我们核算成本。 张先生：没问题。我做一份运输合同，合同里包含船期和价格，您将在运输合同里找到所有的细节。如果您同意，就在合同上签字，并发回给我。然后接下来都会按照合同约定的执行。 Anna：没问题，我听您的消息。 为了确定航线和船期以及运费，张先生从公司获取了如下资料： **欧美航线出运船期及航行天数表** （见下表）

欧美航线出运船期及航行天数表

目的港	直航或中转	开船日	船期
沙特吉达（Jeddah）	迪拜中转	周五	30天左右
德国汉堡（Hamburg）	直航	周四/周日	27天左右
西班牙巴塞罗那（Barcelona）	香港中转	周五	35天左右
美国长滩（Long Beach）	直航	周五/周一	11天/13天
意大利那不勒斯（Napoli）	直航	周四	30多天

续前表

时间	工作过程描述
20××-02-25	欧美航线出运船期表；欧美航线出运船期表（二程）；天津—欧美航线海运费率表（见下表）

欧美航线出运船期表

VESSEL NAME	VOYAGE COMMON	TSN 天津新港		NGB 宁波		YTN 盐田		HKG 中国香港	
		ETA	ETD	ETA	ETD	ETA	ETD	ETA	ETD
		FRI	SAT	WED	THU	FRI	SUN	MON	TUS
YM UPWARD	030W	3.2	3.3	3.7	3.8	3.9	3.10	3.11	3.12
HENRY HUDSON	020W	3.9	3.10	3.14	3.15	3.16	3.17	3.18	3.19
YM UTMOST	033W	3.16	3.17	3.21	3.22	3.23	3.24	3.25	3.26
HONG KONG	014W	3.23	3.24	3.28	3.29	3.30	3.31	4.1	4.2
YM UBERTY	033E	3.30	3.31	4.4	4.5	4.6	4.7	4.8	4.9
HONOLULU	001W	4.6	4.7	4.11	4.12	4.13	4.14	4.15	4.16

欧美航线出运船期表（二程）

VESSEL NAME	VOYAGE COMMON	HKG 香港		SUE 苏伊士		GOA 热那亚		BCN 巴塞罗那	
		ETA	ETD	ETA	ETD	ETA	ETD	ETA	ETD
		TUS	WED	FRI	SAT	SAT	SUN	TUS	WED
AL NOOF	010W	3.6	3.7	3.23	3.24	3.31	4.1	4.3	4.4
AL MUTANABBI	010W	3.13	3.14	3.30	3.31	4.7	4.8	4.10	4.11
HANJIN ELIZ-ABETH	135E	3.20	3.21	4.7	4.8	4.14	4.15	4.17	4.18
HANJIN MALTA	160E	3.27	3.28	4.14	4.15	4.21	4.22	4.24	4.25
DEIRA	003W	4.3	4.4	4.21	4.22	4.28	4.29	5.1	5.2
NAJRAN	010W	4.10	4.11	4.28	4.29	5.5	5.6	5.8	5.9

天津—欧美航线海运费率表

DESTINATION	公布运价			TERM
	20'GP	40'GP	40'HQ	
欧洲基本港（HAM/RTM/FXT/ANR/LEH）	1 300	2 500	2 600	CY/CY
GENOVA/NAPOLI/LIVORNO/LA SPEZIA/FOS/BARCELONA/VALENCIA	1 200	2 300	2 400	CY/CY
PIRAEUS	1 200	2 300	2 400	CY/FO
HAYDARPASA/IZMIR	1 200	2 300	2 400	CY/FO
MERSIN	1 450	2 800	2 900	CY/FO
PORT SAID	1 250	2 400	2 500	CY/FO
ALEXANDRIA	1 500	2 900	3 000	CY/FO
CASABLANCA/TUNIS	1 800	3 500	3 600	CY/FO
ALGER	1 800	3 500	3 600	CY/FO

续前表

<table>
<tr><th>时间</th><th>工作过程描述</th></tr>
<tr><td>20××-02-25</td><td>上述所有运价均为ALL IN BUT SUBJECT TO THC/THD/ENS。
张先生根据以上信息给客户配比了航线和船期，计算了海运运费，并拟写了一份货运合同。</td></tr>
<tr><td>20××-02-26</td><td>山东D&L照明设备公司接受了天津ZD国际货运代理有限公司的船期和价格，并与其签订了订舱委托书。
<table>
<tr><td colspan="5">订 舱 委 托 书
ENTRUSTING ORDER FOR CARGO TRANSPORT</td></tr>
<tr><td colspan="2">货运代理(Forwarding Agent): TIANJIN ZD INTERNATIONAL FREIGHT FORWARDER CO., ITD.</td><td colspan="3">联系人(Ctc):Mr. Zhang</td></tr>
<tr><td>起运港
Port of Departure</td><td>XINGANG PORT,TIANJIN,CHINA</td><td colspan="2">运输方式
Mode of Transport</td><td>BY SEA</td></tr>
<tr><td>目的港
Port of Destination</td><td>BARCELONA, SPANISH</td><td colspan="3">编号
No.</td></tr>
<tr><td>标记/唛头
Marks/Nos.
N/M</td><td>展品名称
Description of Goods
ELECTROSCOPE
LED POWER SUPPLY</td><td>件数
No./Kind of
2 000 SETS</td><td>毛重
G.W.(KG)
23 000KGS</td><td>长×宽×高
L×W×H=M³
65CBM</td></tr>
<tr><td rowspan="5">提单/运单要求
ITEMS OF B/L</td><td>发货人
Shipper</td><td colspan="3">SHANDONG D&L ELECTROPICS CO.,LTD</td></tr>
<tr><td>收货人
Consignee</td><td colspan="3">BRO ACTIVE S.L</td></tr>
<tr><td>另请通知
Notify Party</td><td colspan="3">BRO ACTIVE S.L</td></tr>
<tr><td>运费何处付
Freight Payable at</td><td colspan="3">PREPAID</td></tr>
<tr><td>提单B/L</td><td colspan="3">SURRENDER B/L</td></tr>
<tr><td>声明事项
Remarks</td><td colspan="4">1.请订1×20'GP和1×40'GP;
2.请订3月16日YM UTMOST 033W的舱位;
3.购买海运“一切险”。</td></tr>
<tr><td>Issued by</td><td colspan="2">SHANDONG D&L ELECTROPICS CO.,LTD</td><td colspan="2">日期Date：20××-02-26</td></tr>
</table></td></tr>
<tr><td>20××-03-02</td><td>天津ZD国际货运代理公司的订舱专员根据订舱委托书向船公司定妥了舱位后，收到了船公司的S/O（S/O No.：YM2000456789），操作员将S/O传给了车队，通知其派车去集装箱堆场取一个20'GP和一个40'GP的集装箱，然后去客户工厂装货。车队凭S/O在集装箱码头的箱管部换取EIR（IN&OUT）。车队凭EIR（OUT）进场提取空箱，待客户装箱完毕，车队将重箱拉回，凭EIR（IN）将重箱还回堆场。
箱号：YMHL045162/20'GP；YMDE788856/40'GP　铅封号：DC56222；WE45221</td></tr>
</table>

续前表

<table>
<tr><th>时间</th><th>工作过程描述</th></tr>
<tr><td>20××-03-03</td><td>
货主把全部运输单据邮寄到了货代公司，单证员审核了这些单据。
主要出口单据包括：
1. 外贸合同（一式两份）。
2. 发票（一式两份）。
3. 装箱单（一式两份）。
4. 报关、报检委托书（加盖委托方公章）。
5. 包装证明书。
6. 换单介绍信。
7. 其他单据，如品质证书、原产地证等。

商业发票
COMMERCIAL INVOICE
INV.NO.:THD22030
DATE:20××-02-22
<table>
<tr><th>Marks</th><th>Descriptions and Quantities</th><th>Unit Price</th><th>Amount
CIF BARCEL ONA</th></tr>
<tr><td rowspan="3">N/M</td><td>ELECTROSCOPE</td><td>USD5.439.00/SET</td><td>USD5 439.00</td></tr>
<tr><td>LED POWER SUPPLY</td><td>USD8.540.00/SET</td><td>USD8 450.00</td></tr>
<tr><td></td><td></td><td>USD13 889.0</td></tr>
</table>
SAY US DOLLARS THIRTEEN THOUSAND EIGHT HUNDRED AND EIGHTY-NINE ONLY.

装箱单
PACKING LIST
INV.NO.:THD22030
DATE:20××-02-22
<table>
<tr><th>MARKS</th><th>Descriptions and Quantities</th><th>PACKAGE</th><th>G.W.
(KGS)</th><th>N.W.
(KGS)</th><th>Cbm</th></tr>
<tr><td rowspan="2">N/M</td><td>ELECTROSCOPE</td><td>1 000</td><td>8 500</td><td></td><td>20</td></tr>
<tr><td>LED POWER SUPPLY</td><td>1 000</td><td>14 500</td><td></td><td>45</td></tr>
<tr><td>TOTAL</td><td></td><td>2 000</td><td>23 000</td><td></td><td>65</td></tr>
</table>
SAY TOTAL PACKED IN TWO THOUSAND CASES ONLY.
</td></tr>
<tr><td>20××-03-06</td><td>报关员查询网站 http://e-service.shciq.gov.cn/shesp/，看本商品是否需要报检。在网站http://pfrx.shcus.gov.cn/szjl/szjl.php查询申报要素，并进行报关预录入。之后，报关员向海关提交报关资料。</td></tr>
<tr><td>20××-03-08</td><td>货物被海关抽检，报关员配合海关工作人员开箱查验。查验封箱后，铅封号变更为：HU224466。海关放行后，船公司根据货物配载图安排货物装船，大副签发M/R。</td></tr>
</table>

续前表

时间	工作过程描述
20××-03-16	货物正常出运后， 天津ZD货代公司财务人员根据船公司的账单完成付款，单证员领取提单，提单号：YMBL2000456789。 天津ZD货代公司单证员联系保险公司购买了海运一切险，保单号为：PICC20000316。
20××-03-17	单证员拿到提单，通知D&L客户根据DEBIT NOTE上的信息安排付款赎单。 **DEBIT NOTE** NO.ZDTJ001 DATE: 20××-03-17 TO: SHANDONG D&L ELECTROPICS CO.,LTD FROM: TIANJIN ZD INTERNATIONAL FREIGHT FORWARDER CO.,LTD OCEAN FEE：USD1 500/20'GP;USD2 700/40'GP 拖车费: RMB1 300/20'GP;RMB1 800/40'GP 报关费:RMB250/Shipment 海关查验费：RMB300/20'GP；RMB500/40'GP THC:USD75/20'GP;USD150/40'GP DOC:USD25/Shipment CURRENCY :USD1=RMB6.5 TOTAL：RMB33 075 THIRTY-THREE THOUSAND AND SEVENTY-FIVE ONLY A/C HOLDER'S NAME: TIANJIN ZD INTERNATIONAL FREIGHT FORWARDER CO., LTD BANK NAME :BANK OF CHINA BEIJING BRANCH BANK ADDRESS:NO.2CHAOYANGMEN NEI DAJIE, DONGCHENG DISTRICT,BEIJING 100010, CHINA SWIFT CODE : BKCH CN BJ 110 A/C NO :3428 5602 5580
20××-03-18	D&L付款。卖方申请电放提单，并出具了电放保函。 **Letter of Guarantee** **电放申请函** TO:　　　　Date: For cargo delivery against company guarantee B/L NBR(提单号): VSL/VOY(船名/船次): SAILING DATE(开航日期): POL/POD(装运港/目的港): CNTR NBR(柜号): SHIPPER(发货人): CONSIGNEE(收货人): N.PARTY(通知方):

续前表

时间	工作过程描述
20××-03-18	我司委托贵司安排出运上述货物，因业务需要申请贵司电放此票货物。 我司申明已交还全套正本提单连同发货人背书至美国总统轮船天津分公司。 请凭我司出具的电放保函将此票货物放给以上收货人。 我司特此承诺由此产生的一切责任和风险由我司承担! 发货人/订舱托运人（签字/盖章） ______________ （必须盖上发货人/订舱公司的公司章） 特别提示： 1.Shipper/发货人必须在正本的提单后面背书及提交以上电放申请后才可安排电放。 2.若订舱公司与提单显示的出货人非同一公司的，我司要求盖上两家公司的公章并将原件交回我司。
20××-04-25	货物到港，目的港审核单据，收货人用电放提单换D/O。
20××-04-26	收货人凭D/O及相关文件向海关报关。
20××-04-28	报关放行后，凭D/O在码头提取重箱。拖车公司送货至收货人仓库后，将空集装箱送回码头。

典型工作过程

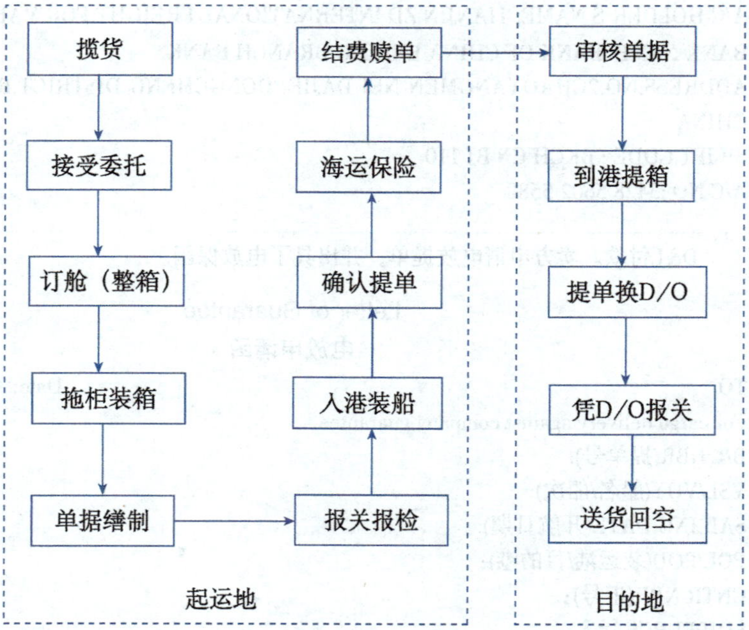

工作任务描述

1. 假如你是天津 ZD 国际货运代理有限公司业务部的张先生，请根据以上的情境描述提供的信息给客户配比航线和船期，计算海运运费，并拟写一份货运代理合同。

2. 假如你是天津 ZD 国际货运代理有限公司的单证员，请根据以上情境提供的信息缮制海运提单。

3. 根据情境工作过程，绘制海运整箱出口的岗位操作流程图。

工作岗位 / 工作流程	岗位流转 →
工作任务流转 ↓	

1.2　学习任务

1.2.1　国际货运代理与国际贸易的关系

运用所学的知识，分析国际货运代理与国际贸易的关系。任务要求如下：

1. 5~6 人一组，小组讨论后，每组派一个代表陈述观点。

2. 回答要点：国际物流在国际贸易中处于什么环节？地位如何？国际货运代理行业是做什么的？这个行业是什么时候产生的？

3. 每位同学认真听代表的发言，并填写下面的记录表和打分表。

记录表

组名	陈述内容

打分表

班级： 姓名： 日期：

组名	讲述者	内容丰富程度	叙述的条理性	演说技巧	得分
1					
2					
3					
4					
5					

技能点：查询信息的能力、沟通能力、演讲能力、倾听能力。

1.2.2 适用水上运输的贸易术语

运用所学的知识，完成下表。

适用水上运输贸易术语的责任、风险和费用一览表

贸易术语	中文	交货地点	风险转移界限	出口报关责任、费用由谁承担	谁负责办理运输、支付运费	谁负责办理保险，支付运费	进口报关责任、费用由谁承担
FAS							
FOB							
CFR							
CIF							

1.2.3 国际贸易结算方式

运用所学的知识，完成以下案例分析。

我国某进出口公司与澳大利亚 B 公司有 3 年多的合作历史，双方一直保持着良好的贸易关系。合作初期，虽然 B 公司的订单数量不大，但是该公司的订货量稳定且付款情况较好。随着双方贸易的深入，我进出口公司为 B 公司提供了优惠的付款条件，由最初的信用证即期、D/P 即期、D/A 60 天到 D/A 90 天，而双方的贸易额也由每年的六七万美元增加至七八十万美元。

2001 年 9 月，B 公司订了一批价值 25 万美元的货物，贸易术语为 CIF 墨尔本，而我进出口公司在未对该客户进行严格信用审核的情况下，同意给予对方 D/A 180 天的信用条件。11 月，货物如期出运，我进出口公司也及时向银行议付了单据。2002 年 5 月，汇票

承兑日到期，B 公司以市场行情不好、货未全部卖出为由要求延迟付款。之后，我进出口公司不断发传真、E-mail 要求对方付款或退货，但 B 公司都以各种理由推脱。2003 年 1 月，B 公司总经理 K 先生辞职，之后，B 公司对我进出口公司的所有函件没有任何回复。

2003 年 5 月，东方国际保理中心受理此案。通过调查得知，B 公司已于 2003 年 3 月申请破产。根据当地清算委员会的最初报告，东方国际保理中心了解到，B 公司的债务是其资产的 3 倍，且 90% 以上的资产都已经抵押给银行。不言而喻，我进出口公司将蒙受巨大的坏账损失。

1. 分析贸易结算方式中，L/C、D/P、D/A、T/T 结汇的优缺点及风险分析。

2. 分析信用证方式在国际贸易结算中的性质、作用及需注意的问题。

1.2.4 绘制海运航线

运用所学知识，绘制如下 3 条航线，并标出主要挂靠港口：

1. 中国—澳大利亚东南岸航线。主要挂靠的港口有：悉尼港、格拉德斯通港、布里斯班港、纽卡斯尔港、墨尔本港、杰隆港、波兰特港等。

2. 中国—北美洲太平洋沿岸航线。挂靠的主要港口有：长滩港、洛杉矶港、旧金山港、卡拉马港、西雅图港、温哥华港、鲁伯特港等。

3. 中国—西欧航线。挂靠的主要港口有：里斯本港、布勒斯特港、鲁昂港、勒阿费尔港、敦刻尔克港、根特港、安特卫普港、鹿特丹港、汉堡港、利物浦港、都柏林港、伯明翰港等。

1.2.5 了解船舶种类

课前通过学习和网络查找，将船舶的种类和图片制作成 PPT，每组派一个代表向全班同学讲解。

1.2.6 了解集装箱种类

课前通过学习和网络查找，将集装箱的种类、型号、图片制作成 PPT，课上向全班同学讲解。

1.2.7 配比航线和船期

广东 DN 科技有限公司预计 20×× 年 4 月初有一批 LED 显示屏需从深圳出口到德国汉堡。按照信用证的要求需在 5 月中旬运到目的港。根据下面提供的信息，完成以下内容：

1. 学习相关知识，了解班轮运输的特点，查询 ETA、ETD、T/T、码头截箱时间、海关截单时间的含义。

2. 小组讨论如何根据客户要求配比航线和船期，给客户提供建议方案（可模拟货代与客户沟通选择船公司和出运时间的对话）。

4月						
日	一	二	三	四	五	六
1	2	3	4	5	6	7
8	9	10	11	12	13	14
15	16	17	18	19	20	21
22	23	24	25	26	27	28
29	30					

5月						
日	一	二	三	四	五	六
		1	2	3	4	5
6	7	8	9	10	11	12
13	14	15	16	17	18	19
20	21	22	23	24	25	26
27	28	29	30	31		

深圳至国际主要港口集装箱班轮运价及船期表

PORT OF DISCHARGE	CARRIER	OCEAN FEE(USD)			SURCHARGES(USD)	ETA	ETD	T/T
		20'GP	40'GP	40'HQ				
Dubai	MSC	1 700	2 100	2 200	BAF+CAF+ORC+DOC	THU	FRI	16 DAYS
Napoli	OOCL	2 200	2 800	2 900	BAF+CAF+ORC+DOC	THU	FRI	23 DAYS
Hamburg	DSEN	2 300	2 900	3 000	BAF+CAF+ORC+DOC	TUE/SAT	WED/SUN	26 DAYS
Barcelona	CMA	2 200	28 00	2 900	BAF+CAF+ORC+DOC	TUE/SAT	WED/SUN	24 DAYS
New York	MSC	2 500	3 000	3 200	BAF+CAF+ORC+DOC	THU	FRI	35 DAYS
Long Beach	APL	1 500	2 200	2 300	BUC+ORC+AMS+CAS+DOC	WED/SUN	FRI/MON	11 DAYS
Sydney	MSL	1 800	2 200	2 200	BUC+ORC+AMS+CAS+DOC	WED	FRI	16 DAYS
Buenos Aires	NYK	1 900	2 400	2 500	THC+DOC	THU/FRI	WED/SAT	18 DAYS
Cap Town	APL	2 100	2 800	3 000	THC+DOC	WED	THU	25 DAYS

1.2.8 计算整箱运费

运用所学知识，根据下面提供的信息，计算广东DN科技有限公司从深圳至汉堡这票货物的运费。

要求：

1. 独立学习相关知识，了解集装箱整箱运费的计收方法。

2. 独立学习相关知识，了解附加费的含义，完成附加费一览表。

3. 先独立完成运费计算，再小组讨论公布答案。

海运附加费一览表

SURCHARGES	20'GP	40'GP	40'HQ	SURCHARGES	20'GP	40'GP	40'HQ
BAF	$130	$250	$260	BUC	$100	$200	$200
CAF	$120	$230	$240	AMS	$35/SHIPMENT		
ORC	$120	$230	$240	CAS	$25	$50	$50
THC	$75	$150	$150	DOC	$25/SHIPMENT		

附加费一览表

附加费	英文	含义及解释
燃油附加费		
货币贬值附加费		
直航附加费		
超重附加费		
港口附加费		
港口拥挤附加费		
选港附加费		
变更卸货港附加费		
绕航附加费		

1.2.9 填写订舱单

根据 1.1 情境任务中与客户签订的订舱委托书，向船公司订舱，填写订舱单（见主教材附录 1）。

1.2.10 处理与车队相关的意外情况

20×× 年 3 月 2 日，订舱专员根据订舱委托书向船公司定妥了舱位。操作员打电话给车队，要他们派车去堆场取一个 20'GP 和一个 40'GP 货柜，然后运到客户那里，待客户装箱完毕，车队将重箱拉回堆场。

小组讨论假设遇到下面两种情况，应该如何处理，每组派代表陈述小组观点。

1. 陆运途中耽误，货柜到达时间太晚，次日才完成还箱，产生了大量押车费和人员留宿费。

2. 装箱中出现货物太多、订舱货柜体积不够装载，临时加调货柜或者置换货柜装箱，产生额外费用。

1.2.11 比较设备交接单

通过分析设备交接单进场样本，比较 EIR OUT 和 EIR IN 有什么区别（见主教材附录 1）。

1.2.12 查询商品是否需要报检

检查客户送来的货物单据（见 1.1 情境任务），看有没有不一致的地方和错误，如发现错误和不符之处，需要通知货主修改单据，以免影响出口。

1. 查询网站 http://e-service.shciq.gov.cn/shesp/，看情境任务中的商品是否需要报检。

2. 通过学习和网络查询，完成下表。

代码对应的含义

"海关监管条件"项下的代码	
代码	含义
A	
B	
"检验检疫类别"项下的代码	
代码	含义
M	
N	
P	
Q	
R	
S	
L	

1.2.13 模拟出口报关流程

小组分角色模拟报关流程。可在网站 http://pfrx.shcus.gov.cn/szjl/szjl.php 查询申报要素。

1.2.14 缮制海运提单

假设山东 D&L 照明设备公司与西班牙巴塞罗那的 BRO 公司签订的贸易条款是 FOB TIANJIN，且天津 ZD 国际货运代理公司与船公司的班轮合约价为预付价，请思考在此种情境下，如果你是天津 ZD 国际货运代理公司的单证员，运用所学知识，模拟与客户的沟通过程，缮制海运提单（见主教材附录 1）。

1.2.15 了解倒签提单

运用所学知识，小组讨论：

假如这笔出口业务是按信用证方式结汇的，规定提单日期不得迟于 3 月 15 日。但是 15 日没有合适的船，只能选 16 日装船出运。如果已装船提单写上 3 月 16 日，银行将拒付货款。你该怎么办？有什么风险和后果？

1.2.16 模拟电放流程

假如因为航程较短，提单原件还没到，但是船已经到港。买方着急提货，要求你采取电放形式提货。小组模拟电放流程，填制电放保函，并阐述其后果。

1.2.17 计算海运保险费

某公司出口一批货物，成交价为 CIF NEW YORK。货物的 CIF 价格为 USD20 000，卖方与买方在买卖合同中未约定货物运输保险事项。该公司欲向中国人民财产保险公司依据其海洋运输保险条款投保货物保险。（保险费率：一切险为 0.2%，水渍险为 0.15%，平安险为 0.1%，战争、罢工险为 0.1%。）该公司业务员向国际货运代理人咨询以下事项，请解答：

1. 依据保险惯例，该公司应如何确定货物的保险金额？
2. 该批货物的保险金额是多少？
3. 应投保何种险种？缴纳多少保险费？

1.2.18 货损与理赔

1. 4 月 27 日，在预计到达巴塞罗那的日子还有几天时，不幸的消息传来：载着这两个集装箱的货轮在红海海域遇到恶劣天气，整船触礁沉没，货物全部灭失。买方拒付货款，卖方要求货代承担损失。张经理召集相关人员开会讨论解决办法。

小组讨论货损解决方案，每组派代表陈述观点。

2. 货物到达目的地，开箱验货后发现有 3 箱机器遭到严重撞击而破损，客户找货代索赔。小组讨论货损责任和解决办法，模拟货代与收货人的磋商过程。

学习任务单

学习任务	完成内容
承诺书	本人自愿接受“国际货运代理”课程展开的学习任务相关训练，并郑重承诺： 1. 认真阅读能力评价的相关内容。 2. 严格遵守评分规则，绝不弄虚作假。 3. 保证课程结束时，按时上交。 承诺人： 年　月　日

1.3　评价与总结

	方法能力/综合能力	专业能力	社会能力	个人能力
能力评价	3分：主动在学习训练环节使用信息技术、提出创意方法 2分：被动在学习训练环节使用信息技术、提出创意方法 1分：没有在学习训练环节使用信息技术、提出创意方法	3分：主动参与思维概念相关内涵思考，并有自己的见解 2分：参与思维概念相关内涵思考 1分：没有参与思考	3分：主动参与小组训练活动 2分：被动参与小组训练活动 1分：没有参与小组训练活动	3分：主动参与分享/回答问题 2分：被老师点名参与分享/回答问题 1分：没有参与分享/回答问题
	自评成绩：			
	互评成绩：			
	教师评价：			
总结				

学生姓名：　　　　　　　　　　　　教师签名：

情境2 国际海运整箱进口货代业务

知识目标

1. 了解常见贸易术语对货代业务的影响。
2. 了解各种贸易结汇方式的风险管控。
3. 了解世界主要海运航线。
4. 了解船舶和集装箱的种类。
5. 了解海运整箱进口基本流程。
6. 看懂并理解海运整箱进口的各类单据。
7. 了解滞箱费的内涵。
8. 了解海运保险的范围。
9. 了解国际惯例对海运承运人赔偿限额的规定。

能力目标

1. 培养沟通与业务表达能力。
2. 会计算海运整箱运费。
3. 掌握报关、报检的大致流程。
4. 掌握海运整箱进口货代操作流程。
5. 会填写订舱单和整箱海运提单。
6. 能够判断货损责任和进行索赔。

学习与实践操作流程图

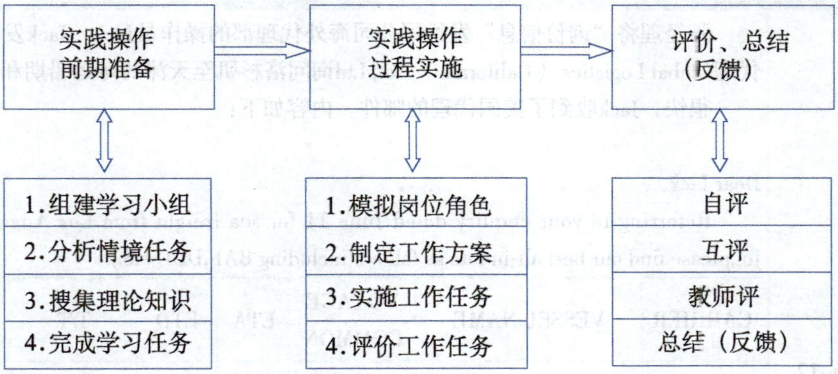

2.1 情境任务

工作过程描述

时间	工作过程描述
20××-06-10	天津FM进出口贸易有限公司与美国A&B Trading Co.签订了一份贸易合同。商品为液压阀门（POUND VALVE），商品编码为94032000。每箱尺寸为61×61×152（0.56CBM），共110箱，总重量为18.2吨。总金额为USD200 000，贸易条款为FOB LOS ANGELES。贸易合同规定货物必须在6月31日前从美国洛杉矶港发运到中国天津港。
20××-06-11	天津FM进出口贸易有限公司外贸员Robert联系天津ZD 国际货运代理有限公司业务部的张经理询问海运整箱进口的运费。 Robert：张经理，您好，我是天津FM进出口贸易有限公司外贸员Robert，我公司现有一批货物预计20××年6月下旬从美国洛杉矶整箱进口到天津，您能给我报下船期和价格吗？ 张经理：好的，请告知这批货物的具体信息。 Robert：商品为液压阀门（POUND VALVE），商品编码为94032000。每箱尺寸为61×61×152（0.56CBM），共110箱，总重量为18.2吨。总金额为USD200 000，贸易条款为FOB LOS ANGELES。 张经理：根据您提供的货物体积和重量，我建议安排1×40'HQ的集装箱。 Robert：您的建议符合我公司的要求。 张经理：好的，Robert。待我查询后，我将邮件回复您船期和价格。 Robert：好的，我等您的消息。 张经理：不客气！

续前表

时间	工作过程描述
20××-06-12	张经理将“询价信息”发给了公司海外代理部的操作员Jack，Jack发邮件给美国代理Global Logistics （California） Co., Ltd询问洛杉矶至天津的海运船期和运费。 很快，Jack收到了美国代理的邮件。内容如下：

Dear Jack,

Referring to your enquiry dated June 11 for sea freight from Los Angeles to Tianjin,please find our best all-in rate as follows(including BAF,DDC etc.).

CARRIER	VESSEL NAME	VOYAGE COMMON	ETA	ETD	T/T	40’HQ
MSK	SINOKOR TOKYO	1141W	FRI	SAT	20 Days	USD2 800
MSC	EVER SHINE	007N	WED	THR	21 Days	USD2 800
APL	SARAH UNIVERSO	1900M	MON	TUE	18 Days	USD3 000

Advise your comment on the rates.Should you have other questions,please feel free to contract me.

Best regards,

Jonny

Global Logistics (California) Co., Ltd

时间	工作过程描述
20××-06-12	Jack将代理的邮件转发给张经理。随后，张经理查询了本公司货代进口操作费用明细表。

进口操作费用明细

代理费用	费用明细（RMB）	
	1×20'GP	1×40'GP
换单费	180	300
商检费	实报实销	实报实销
THC	430	620
港杂费	180	300
转站费	300	380
回空费	110	160
商检验货	210	310
报检费	160	160
报关费	260	260
代理费	150	150

天津港洗箱费、修箱费、滞箱费、海关滞报金、海关验货费等实报实销。

续前表

<table>
<tr><th>时间</th><th>工作过程描述</th></tr>
<tr><td>20××-06-12</td><td>
<table>
<tr><th colspan="3">仓库费用明细</th></tr>
<tr><th rowspan="2">仓库费用</th><th colspan="2">费用明细（RMB）</th></tr>
<tr><th>1×20'GP</th><th>1×40'GP</th></tr>
<tr><td>陆运费</td><td>600</td><td>800</td></tr>
<tr><td>仓储费</td><td>1.00/天/立方吨</td><td></td></tr>
<tr><td>拆箱费</td><td>260</td><td>520</td></tr>
<tr><td>上下车费</td><td>180</td><td>280</td></tr>
<tr><td>进库费</td><td>16.00/天/立方吨</td><td></td></tr>
<tr><td>出库费</td><td>16.00/天/立方吨</td><td></td></tr>
</table>
张经理核算运费后，给Robert回复了一封报价邮件，并拟写了一份货运协议。</td></tr>
<tr><td>20××-06-15</td><td>天津FM进出口贸易有限公司选择APL的船，接受了天津ZD国际货运代理有限公司的船期和报价。双方签订了货运协议。天津ZD国际货运代理有限公司接受了天津FM进出口贸易有限公司的订舱委托书。
张经理将天津FM进出口贸易有限公司的订舱委托书转给了海外操作部的Jack，Jack联系美国代理Global Logistics （California） Co., Ltd，委托其安排订舱；并将发货人A&B Trading Co.的信息发给了美国代理。</td></tr>
<tr><td>20××-06-16</td><td>Global Logistics （California） Co., Ltd联系发货人A&B Trading Co.安排出运事宜，双方确认在美国时间6月20日（Monday）安排装箱事宜。
根据发货人的备货时间，Global Logistics （California） Co., Ltd在与发货人确认后，预订了6月27日APL的舱位，并安排了拖车公司于6月20日去发货人仓库装箱。</td></tr>
<tr><td>20××-06-21</td><td>拖车公司去堆场取空箱，到发货人仓库装货，并将重箱还回码头堆场。发货人将装箱单发给了Global Logistics （California） Co., Ltd，集装箱号为：APLU8866442；铅封号为：123456。</td></tr>
<tr><td>20××-06-22</td><td>Global Logistics （California） Co., Ltd收到了发货人的全套报关资料，缮制报关和出运单据，并向海关申报出口。</td></tr>
<tr><td>20××-06-25</td><td>海关放行，货物待集港装船。</td></tr>
<tr><td>20××-06-28</td><td>集装箱装船发运。Global Logistics （California） Co., Ltd确认MB/L信息正确无误后，APL船公司签发MB/L给Global Logistics （California） Co., Ltd。</td></tr>
<tr><td>20××-06-30</td><td>A&B TRADING CO.购买了海运保险。A&B Trading Co.支付起运港的FOB本地费用后，Global Logistics （California） Co., Ltd向其签发了HB/L。</td></tr>
<tr><td>20××-07-10</td><td>天津ZD国际货运代理有限公司向Global Logistics （California）Co., Ltd结清运费后，Global Logistics（California）Co., Ltd把MB/L转给了天津ZD国际货运代理有限公司。</td></tr>
<tr><td>20××-07-12</td><td>天津ZD国际货运代理有限公司收到了天津FM进出口贸易有限公司的全套进口清关文件，包括Global Logistics （California） Co., Ltd向A&B Trading Co.签发的HB/L。</td></tr>
<tr><td>20××-07-16—
20××-07-18</td><td>货物到达天津港。天津FM进出口贸易有限公司向天津ZD国际货运代理有限公司支付运费以及相关费用后，凭借从发货人那里拿到的HB/L，换取了MB/L。
同时，凭MB/L换D/O，天津ZD国际货运代理有限公司安排报关报检，海关放行后，安排车队送货回空。</td></tr>
</table>

典型工作过程

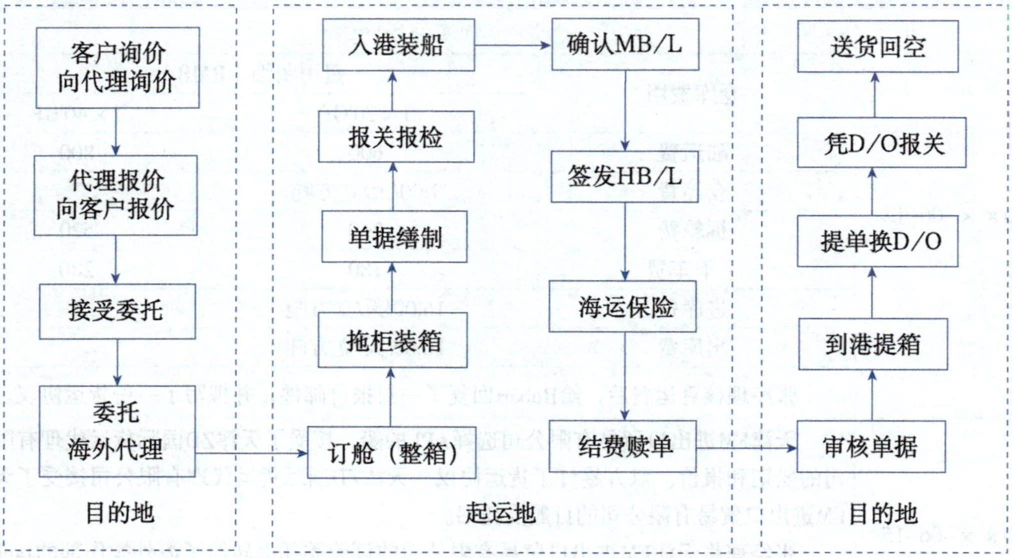

工作任务描述

1. 假如你是 Jack，请撰写一封给海外代理的询价邮件。

2. 根据情境任务的信息，假如你是张经理，核算此票业务运费，制作一份报价单。

3. 根据情境任务的信息，假如你是张经理，请拟写一份货运代理合同以及签订运输代理合同时的注意事项。

4. 假如你是张经理，帮助客户填制一份“订舱委托书”。

5. 假如你是 Global Logistics (California) Co., Ltd 的单证员，请根据情境任务的信息，缮制此票业务的 MB/L 和 HB/L。

6. 绘制海运整箱进口的岗位操作流程图。

工作岗位 / 工作流程	岗位流转 →
工作任务流转 ↓	

2.2　学习任务

2.2.1　梳理货运代理关系人

1. 根据情境描述，补充完成名称表。

名称表

名称	公司名字
A：出口商（Seller）	
B：进口商（Buyer）	
C：起运港货代（Appointed Forwarder）	
D：目的港货代（Forwarder）	

2. 梳理货运代理关系人，回答下列问题：

（1）Shipper 和 Consignee 分别是哪两家公司？

（2）A 和 B 是什么关系？ C 和 D 是什么关系？ A 和 C、B 和 D 是什么关系？

2.2.2　了解海外代理的类型

情境描述中，Global Logistics (California) Co.，Ltd 是 Tianjin ZD International Freight Forwarder Co.，Ltd 的起运港代理，Tianjin ZD International Freight Forwarder Co.，Ltd 是 Global Logistics (California) Co.，Ltd 的目的港代理。

运用所学知识，分析二者的关系。思考：除了情境中这种类型的海外代理，还有其他类型的海外代理吗？

2.2.3　审核提单

运用所学知识，分析情境描述，完成 MB/L 和 HB/L 内容表。思考和总结 FOB 贸易术语下的整箱进口货物在填制和审核船东单及货代单时，应该注意的事项。

MB/L和HB/L内容表

	SHIPPER栏	CONSIGNEE栏	运费预付或到付	签发人
MB/L				
HB/L				

2.2.4 绘制单据流转图

根据情境描述的信息，绘制 MB/L 和 HB/L 的单据流转图。

2.2.5 缮制船东单和货代单

根据名称表提供的信息，思考如何缮制船东单和货代单，并完成 MB/L 和 HB/L 表的内容。

名称表

名称	公司名字
A：出口商（Seller）	北京财华顺科贸有限公司 Beijing CHS Co., Ltd
B：进口商（Buyer）	美国大西洋食品配料有限公司 Atlantic Food Ingredients Co., Ltd
C：起运港货代（Appointed Forwarder）	北京飞捷腾达货运代理有限公司 Beijing FJTD Freight Forwarder Co., Ltd
D：目的港货代（Forwarder）	纽约环球物流有限公司 Global Logistics (New York) Co., Ltd

MB/L和HB/L内容表

	SHIPPER栏	CONSIGNEE栏	运费预付或到付	签发人
MB/L				
HB/L				

2.2.6 了解不同包箱费率下的计收

包箱费率是按航线以每一个集装箱作为计算单位计算包箱运费，船公司根据自身情况以不同类型的集装箱为计费单位，确定整箱货的不同航线包干费。

1. 运用所学知识，比较 FAK、FCS、FCB 三种包箱费率的不同。
2. 通过网络查询，找出三种不同包箱费率的运价表，并在课堂上展示。

2.2.7 了解滞箱费

1. 运用所学知识和网络查询，了解什么是滞箱费，如何产生，如何避免。
2. 车队在完成装箱后，将重箱还至码头。报关员向海关报关，此货物被海关抽检，需要开箱查验。由于海关查验货物耽误时间，导致货物未能赶上预订的班轮，需延到下一水船舶。假如客户订的是 APL 的 40'HQ 舱位，还重箱时间为 3 月 5 日，下一水船舶的装船时间为 3 月 18 日。根据船公司滞箱费示例，计算此案例中的滞箱费。

3. 收货人 AB 公司，由于进口清关手续不齐全，在货物到港 10 天后，才完成清关。假如承运人是中远海，请根据船公司滞箱费示例，计算此案例中的滞箱费。

船公司滞箱费示例

箱型	20'GP		40'GP		40'HQ	
船公司	时间	费用/天	时间	费用/天	时间	费用/天
APL	1~10天	免费	1~10天	免费	1~7天	免费
	11~20天	40元	11~20天	80元	8~15天	112元
	21~30天	80元	21~30天	160元	16~27天	200元
中远海	1~7天	免费	1~7天	免费	1~7天	免费
	8~15天	50元	8~15天	100元	8~15天	120元
	16~30天	100元	16~30天	200元	16~30天	240元
	≥31天	150元	≥31天	300元	≥31天	360元

2.2.8　了解清洁提单

运用所学知识，小组讨论。

案例：金泰戈尔食品有限责任公司出口大豆 1 500 吨，由某远洋运输公司承运，远洋公司安排 114 号轮运输。为了防止大豆霉变损失，金泰戈尔食品有限责任公司请求船长在航行途中，开仓晒货。船长担心晒货会发生货物短重，在提单上批注“开仓晒货，在卸货港发生短重，船长不负责任”。

为了取得清洁提单，金泰戈尔食品有限责任公司向船方出具了保函，表示愿意承担相应的责任。船方接受了保函，签发了清洁提单。航行途中，多次开仓晒货。货船抵达目的港后，发现大豆短重 52 吨。收获人要求承运人远洋运输公司赔偿。之后，远洋运输公司凭保函向金泰戈尔食品有限责任公司索赔，金泰戈尔食品有限责任公司拒绝。远洋运输公司起诉于法院。

问：该保函是否有效？法院是否应判决托运人赔偿承运人因依保函而签发清洁提单引起的损失？

2.2.9　选择海运保险

运用所学知识，完成海洋运输保险表。

海洋运输保险表

险种名称	英文	保险范围	能否单独投保
平安险			
水渍险			
一切险			
一般附加险			
特别附加险			

2.2.10 计算保额和保费

上海某贸易公司以 CFR 价出口一批货物到日本神户，数量为 10 吨，货物的价值（成本）为 USD99 580，上海—神户班轮条款运价为 USD200/ 吨。国外买方要求卖方代为办理保险，加成 10%，将 CFR 价变更为 CIF 价，但未说明投保何种险别。卖方向中国人民财产保险公司投保了平安险，保险费率为 0.2%。

请计算：

1. 该批货物的运费总额。
2. 该批货物的 CFR 价总额。
3. 该批货物的 CIF 价总额。
4. 该批货物的保险金额。
5. 该批货物的保险费。

2.2.11 索赔和理赔

1. 假设发货人已将重箱送至码头堆场，且完成报关，不料起运港港口工人罢工，拖延船期，目前还不知道什么时候能装船，买方要求卖方赔偿，遭卖方拒绝。买方找天津 ZD 国际货运代理有限公司解决问题。

运用所学知识，分析买卖双方、货代、承运人、保险公司的相关责任，给出解决方案。

2. 假设货物顺利发运，到达目的港后，被卸至堆场，不幸发生火灾，造成货物损坏。运用所学知识，分析保险是否能够赔偿，谁有权向保险公司索赔。

2.2.12 了解共同海损

假设某货轮上既有集装箱又有一些件杂货。货轮在航行途中由于触礁而漏水，为了能够到达最近的停泊港，船长下令把一些件杂货扔进海里以减轻船体重量。货轮和大部分货物终于获救。太原厂家收到理算中心的通知，说要参与共同海损赔偿。厂家从来没遇过这种事，向货代询问。运用所学相关知识，分小组模拟货代向厂家解释的过程。

学习任务单

学习任务	完成内容
承诺书	本人自愿接受“国际货运代理”课程展开的学习任务相关训练，并郑重承诺： 1. 认真阅读能力评价的相关内容。 2. 严格遵守评分规则，绝不弄虚作假。 3. 保证课程结束时，按时上交。 承诺人： 年　月　日

2.3 评价与总结

<table>
<tr><td rowspan="5">能力
评价</td><td>方法能力/综合能力</td><td>专业能力</td><td>社会能力</td><td>个人能力</td></tr>
<tr><td>3分：主动在学习训练环节使用信息技术、提出创意方法
2分：被动在学习训练环节使用信息技术、提出创意方法
1分：没有在学习训练环节使用信息技术、提出创意方法</td><td>3分：主动参与思维概念相关内涵思考，并有自己的见解
2分：参与思维概念相关内涵思考
1分：没有参与思考</td><td>3分：主动参与小组训练活动
2分：被动参与小组训练活动
1分：没有参与小组训练活动</td><td>3分：主动参与分享/回答问题
2分：被老师点名参与分享/回答问题
1分：没有参与分享/回答问题</td></tr>
<tr><td colspan="4">自评成绩：</td></tr>
<tr><td colspan="4">互评成绩：</td></tr>
<tr><td colspan="4">教师评价：</td></tr>
<tr><td>总结</td><td colspan="4"></td></tr>
</table>

学生姓名：　　　　　　　　　　　　　　　　教师签名：

情境3

国际海运拼箱出口货代业务

知识目标

1. 了解海运拼箱出口的基本流程。
2. 看懂并理解海运拼箱出口的各类单据。
3. 了解海运拼箱的知识和技巧。
4. 了解海运保险的基本内容。
5. 了解世界主要海洋运输航线和港口的位置。
6. 了解集装箱的种类及标志。
7. 了解海运保险的大致流程。
8. 了解国际惯例对海运承运人赔偿限额的规定。

能力目标

1. 具有一定的沟通与业务表达能力。
2. 会计算海运拼箱运费。
3. 能够审核运输单据。
4. 能够进行出口拼箱代理报价。
5. 会填写海运提单和订舱委托书。
6. 会看船期表和计算航程。
7. 能够模拟报关报检大致流程。
8. 能够判断货损责任和进行索赔。

学习与实践操作流程图

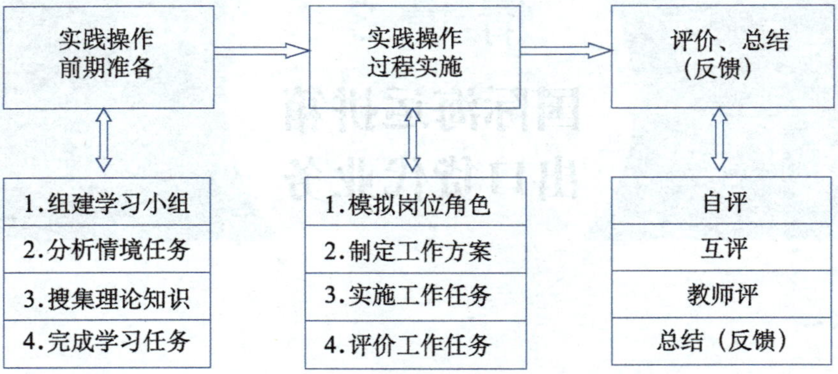

3.1 情境任务

工作过程描述

时间	工作过程描述
20××-01-01	上海W&D进出口贸易公司与印尼INDO公司签订了一份贸易合同。

CONTRACT

No.AHB43

DATE:20××-01-01

PARTY A(THE BUYER):	PARTY B(THE SELLER):
INDO TRADE LLC	SHANGHAI W&D IMPORT & EXPORT TRANING CO.,LTD.
ADDRESS:	ADDRESS:

1.An agreement is reached on this date between Party A and B on the products according to the provisions of this contract.

Pack & Shipping Mark	Description	Quantity	Unit Price	Amount
N/M	**PREFORM INJECTION MOLD**	**1 SET** **1 SET**	**USD 14 218.00/SET** **USD 14 218.00/SET** **CIF JAKARTA**	**USD 14 218.00** **USD 14 218.00**
TOTAL			**USD 28 436.00**	

2.COUNTRY OF ORIGIN & MANUFACTURE:CHINA.

3.PACKING:IN 2 CASES.

4.TERMS OF PAYMENT:T/T.

5.INSURANCE:TO BE EFFECTED BY THE SELLER.

6.TIME OF SHIPMENT:BEFORE THE END OF JAN. 20××.

7.PORT OF SHIPMENT:SHANGHAI PORT,CHINA.

8.PORT OF DESTINATION:JAKARTA,INDONESIA.

9.REMARKS:

续前表

<table>
<tr><th>时间</th><th>工作过程描述</th></tr>
<tr><td>20××-01-02</td><td>
上海ZD国际货运代理有限公司业务部的张先生接到了上海W&D进出口贸易公司Steven先生的电话。
Steven：张经理，您好，我是上海W&D进出口贸易公司的业务员Steven，我们公司预计20××年1月中旬从上海出口一批机械设备，按照贸易合同要求1月底到达印尼雅加达，您看怎么运输比较合适？
张先生：好的，请问是什么货物？商品编码是多少？什么包装？
Steven：商品名称为塑料机械（PREFORM INJECTIONMOLD），商品编码为84807190，均为木质包装货物。
张先生：那一共多少件？多重？尺寸多少？货值多少？
Steven：一共2件，尺寸均为207cm×147cm×83cm（5.05CBM），重量分别为3 775kgs和3 760kgs，共7 535kgs。货值为USD 14 218.00。
张先生：请问是什么贸易条款？
Steven：CIF雅加达。
张先生：好的。请问什么时候能备好货，安排出运呢？
Steven：货物已经备好，随时可安排出运。
张先生：好的，根据您提供的货物信息，我建议安排海运拼箱出口，您只需要把货物送进我们的仓库，我们将根据收货情况安排合适的船期，并保证在1月底前将货物送到雅加达。
Steven：太好了，您的建议符合我们客户的要求。
张先生：需要我们代理买保险吗？
Steven：需要，请购买海运“平安险”。
张先生：好的，Steven先生，我将尽快为您核算运费，请留下联系方式，以便我们把报价单发给您。
Steven：好的，我的Email是steven-export@126.com。等候您的回复。
<hr>
张先生从操作部东南亚航线的拼箱操作员Andy处获知，上海W&D进出口贸易公司的此批货物如果能在9日前完成报关，就可以和公司已收的货物进行拼箱，赶上11日从上海去往雅加达的班轮，此班轮在新加坡中转，预计到达雅加达的日期为1月25日。
随后，张先生查阅了公司东南亚航线的海运拼箱运价表，制作报价单，并发邮件给了Steven。
<table>
<tr><th colspan="5">海运拼箱运价表</th></tr>
<tr><td rowspan="10">东南亚</td><td>SINGAPORE</td><td>USD 10/FRT</td><td rowspan="9">DOC：USD 35SHPT
CHC：USD 25/FRT
PSS：USD 25/FRT
DAD：USD 35/FRT</td><td rowspan="9">备注：
FRT为计费吨；
SHPT为Shipment</td></tr>
<tr><td>HONGKONG</td><td>USD 8/FRT</td></tr>
<tr><td>MANILA（北港/南港）</td><td>USD 30/FRT</td></tr>
<tr><td>PORTKELANG（北港）</td><td>USD 13/FRT</td></tr>
<tr><td>JAKARTA（1号码头TAN JUNG PRIOK PORT）</td><td>USD 15/FRT</td></tr>
<tr><td>BANGKOK（PAT/TPT/BMT）</td><td>USD 22/FRT</td></tr>
<tr><td>LAEM CHABANG</td><td>USD 7/FRT</td></tr>
<tr><td>SURABAYA</td><td>USD 14/FRT</td></tr>
<tr><td>SEMARANG</td><td>USD 15/FRT</td></tr>
<tr><td colspan="4">东南亚中转：（经SINGAPORE）</td></tr>
</table>
</td></tr>
</table>

续前表

时间	工作过程描述
20××-01-03	上海W&D进出口贸易公司Steven接受了上海ZD国际货运代理有限公司张先生的报价，并签订了订舱委托书。

订舱委托书
ENTRUSTING ORDER FOR CARGO TRANSPORT

货运代理 Forwarding Agent: **SHANGHAI ZD INTERNATIONAL FREIGHT FORWARDER**		联系人 Ctc: **MR.ZHANG**		
起运港 Port of Departure	**SHANGHAI,CHINA**	运输方式 Mode of Transport		**BY SEA**
目的港 Port of Destination	**JAKARTA,INDONESIA**	编号 No.		**JKA4512**
标记/唛头 Marks/Nos. Dimension: **207×147×83×2**	展品名称 Description of Goods **PREFORM INJECTION MOLD**	件数 No./Kind of: **2 PCS**	毛重 G.W.（KGS） **7 535KGS**	长×宽×高 L×W×H=M^3 **10.10M^3**
提单/运单要求 ITEMS OF B/L	发货人 Shipper	**SHANGHAI W&D IMPORT&EXPORT TRADING CO.,LTD.**		
	收货人 Consignee	**INDO TRADE LLC**		
	另请通知 Notify Party	**INDO TRADE LLC**		
	运费何处付 Freight Payable at	**PREPAID**		
	提单 B/L	**HOUSE B/L**		
声明事项 Remarks	安排LCL运输，需购买海运平安险			
Issued by	**SHANGHAI W&D IMPORT&EXPORT TRADING CO.,LTD.**		日期 Date	**20××-01-03**

业务部张先生将签订的订舱委托书和报价单转交给了操作部的操作员Andy，并介绍了客户和货物的状况，Andy详细记录了信息。随后，将“进仓通知书”发给上海W&D进出口贸易有限公司，并通知仓库管理人员等待其货物进仓。

续前表

时间	工作过程描述
20××-01-03	**进仓通知书** TO：**SHANGHAI W&D IMPORT AND EXPORT TRADING COMPANY** FM：**SHANGHAI ZD INTERNATIONAL FREIGHT FORWARDER CO.，LTD.** DATE：1月4日 目的港：PORT JAKARTA　　船期：每周六 件数：2PCS　毛重：7 535 KGS　体积：10.10M³ 进仓编号：CLMNL1234 仓库地址：上海市浦东新区唐镇顾唐路123号 联系人：张先生 查货问路电话：021-12345678 请于1月5日前将货物送抵仓库！
20××-01-05	操作员Andy接到了仓库管理员的电话，获知上海W&D进出口贸易公司已把机械设备运到库房，经查验，货物外表状况良好。同时，张先生也收到了上海W&D进出口贸易公司通过快递寄来的出口单据。单据明细如下： 1. 外贸合同（一式两份）。 2. 发票（一式两份）。 3. 装箱单（一式两份）。 4. 报关、报检委托书（加盖委托方公章）。 5. 包装证明书。 6. 换单介绍信。 7. 其他单据：品质证书、原产地证。 张先生将出口单据转交给操作员Andy，Andy表示她会立即审核出口单据，如发现错误，则马上通知货主修改单据，以免影响货物出口。 **上海W&D进出口贸易有限公司** SHANGHAI W&D IMPORT&EXPORT TRADING CO.,LTD. **商业发票** COMMERCIAL INVOICE INV.№.:TACV090956 DATE: 20××-01-05 <table><tr><td>Marks N/M</td><td>Descriptions and Quantities PREFORM INJECTION MOLD PREFORM INJECTION MOLD</td><td>Unit Price USD 14 218.00/SET USD 14 218.00/SET</td><td>Amount CIF BARCELONA USD 14 218.00 USD 14 218.00 USD 28 436.00</td></tr></table> SAY US DOLLARS TWENTY-EIGHT THOUSAND FOUR HUNDRED AND THIRY-SIX ONLY

续前表

<table>
<tr><th>时间</th><th>工作过程描述</th></tr>
<tr><td>20××-01-05</td><td>
上海W&D进出口贸易有限公司
SHANGHAI W&D IMPORT&EXPORT TRADING CO.,LTD.
装箱单
PACKING LIST
INV.№.:TACV090956
DATE: 20××-01-05
<table>
<tr><th>MARKS</th><th>Descriptions and Quantities</th><th>PACKAGE</th><th>G.W.
(KGS)</th><th>N.W.
(KGS)</th><th>CBM</th></tr>
<tr><td>N/M</td><td>PREFORM INJECTION MOLD
PREFORM INJECTION MOLD</td><td>1
1</td><td>3 775
3 760</td><td></td><td>5.05
5.05</td></tr>
<tr><td>TOTAL</td><td></td><td>2</td><td>7 535</td><td></td><td>10.1</td></tr>
</table>
SAY TOTAL PACKED IN TWO PACKAGES ONLY
</td></tr>
<tr><td>20××-01-06</td><td>
操作员Andy在审核单据无误后，根据客户提供的报关和报检委托书安排货物报关和报检。
报关委托协议
为明确委托报关具体事项和各自责任，双方经平等协商签订协议如下：
<table>
<tr><td>委托方</td><td>上海W&D进出口贸易有限公司</td><td>被委托方</td><td colspan="2">上海ZD国际货运代理有限公司</td></tr>
<tr><td>主要货物名称</td><td>塑料机械</td><td>*报关单编码</td><td colspan="2">No.______________</td></tr>
<tr><td>H.S.编码</td><td>84807190</td><td>收到单证日期</td><td colspan="2">20××年01月05日</td></tr>
<tr><td>货物总价</td><td>28 436.00美元</td><td rowspan="4">收到单证情况</td><td>□合同</td><td>□发票</td></tr>
<tr><td>进出口日期</td><td>20××年1月11日</td><td>□装箱清单</td><td>□提（运）单</td></tr>
<tr><td>提单号</td><td></td><td>□加工贸易手册</td><td>□许可证件</td></tr>
<tr><td>贸易方式</td><td>一般贸易</td><td colspan="2">其他：</td></tr>
<tr><td>原产地/货源地</td><td>上海</td><td>报关收费</td><td colspan="2">人民币：　　　元</td></tr>
<tr><td colspan="2">其他要求：
背面所列通用条款是本协议不可分割的一部分,对本协议的签署构成了对背面通用条款的同意。

委托方业务签章：
上海W&D进出口贸易有限公司

经办人签章：
联系电话：
20××年01月05日</td><td colspan="3">承诺说明：
背面所列通用条款是本协议不可分割的一部分，对本协议的签署构成对背面通用条款的同意。

被委托方业务签章：
上海ZD国际货运代理有限公司

经办报关员签章：
联系电话：
20××年01月05日</td></tr>
</table>
（白联：海关留存；黄联：被委托方留存；红联：委托方留存）　　中国报关协会监制
</td></tr>
</table>

续前表

<table>
<tr><th>时间</th><th>工作过程描述</th></tr>
<tr><td>20××-01-06</td><td>
报检委托书
出入境检验检疫局：
本委托人声明，保证遵守《中华人民共和国进出口商品检验法》《中华人民共和国进出境动植物检疫法》《中华人民共和国国境卫生检疫法》《中华人民共和国食品安全法》等有关法律、法规的规定和检验检疫机构制定的各项规章制度。如有违法行为，自愿接受检验检疫机构的处罚并负法律责任。
本委托人所委托受委托人向检验检疫机构提交的“报检单”和随附各种单据所列内容是真实无讹的。具体委托情况如下：
本单位将于20××年1月间进/出口如下货物：
品名：塑料机械
数（重）量：2件7 535KGS
合同号：AHB43
信用证号：
特委托：上海ZD国际货运代理有限公司（地址：上海市津南区雅深路2号）代表本公司办理本批货物所有的检验检疫事宜，请贵局按有关法律规定予以办理。

委托单位名称（签章）：
上海W&D进出口贸易有限公司
单位地址：上海市汉中路334号
邮政编码：200070
法人代表：曹冰
本批货物业务联系人：王钰
联系电话（手机）：18769541847
企业性质：
日期：20××年1月5日

受委托单位名称（签章）：
上海ZD国际货运代理有限公司
单位地址：上海市津南区雅深路2号
邮政编码：200350
法人代表：刘志洁
本批货物业务联系人：张萌
联系电话（手机）：18222280974
企业性质：
日期：20××年1月5日
</td></tr>
<tr><td>20××-01-08</td><td>操作员Andy从报关行获知此货物海关已放行，Andy将之前预订的OOCL船公司11日去往雅加达的S/O传给了仓库，要求仓库安排拼箱操作。仓库安排车队去码头提空箱，并返回仓库装货。车队在完成装箱后，将重箱还回码头。此拼箱的集装箱号为：YAKA022654，签封号为：HU556235。</td></tr>
<tr><td>20××-01-11</td><td>班轮于1月11日顺利出运，上海ZD国际货运代理有限公司的财务人员根据船公司的账单完成付款后，凭“提单申领单”向船公司索取船东单。同时，上海ZD国际货运代理有限公司单证人员给各拼箱货主缮制了货代单。</td></tr>
</table>

续前表

<table>
<tr><th>时间</th><th>工作过程描述</th></tr>
<tr><td>20××-01-11</td><td>

提单申请单

TO：OOCL船务公司

为确保贵我双方能够准确、及时地交接正本提单，现特派我司通信员到贵公司领取如下提单：

船次、航次：

提单号：

我司作为以上提单号的订舱人或/及提单合法持有人或其代理，到贵公司领取提单。请贵公司凭此申领单（盖章有效）签发提单，并据此抗辩第三人，由此产生的一切责任与风险由我司承担。

单位（签章）：

日期：

提单签收单

TO：OOCL船务公司

今我司已领取以下全套正本提单（3份），并依此承担持有该套正本提单的一切风险。特此出函，兹以证明。

航名、航次：

提单号：

单位（签章）：

日期：

</td></tr>
<tr><td>20××-01-11</td><td>

上海ZD国际货运代理有限公司按照上海W&D进出口贸易公司的要求向中国人保财险申请购买海运“平安险”，投保申请单如下。

货运单保险申请单

<table>
<tr><td colspan="2">Name of Assured
被保险人</td><td colspan="4">SHANGHAI W&D IMPORT &EXPORT TRADING CO.,LTD.</td></tr>
<tr><td rowspan="2">Shipping
Marks
标记
ASPERB/L</td><td>Invoice №.
发票号码
TACV090956</td><td>Description
of Cargo
货物名称</td><td>Packing
包装</td><td>Quantity
件数</td><td>发票金额</td></tr>
<tr><td>L/C №.
信用证号码</td><td>PREFORM
INJECTION
MOLD</td><td>PKG</td><td>2</td><td>USD 28 436.00</td></tr>
<tr><td colspan="2">Sum Insured
保险金额
USD 31 279.60</td><td>Name of
Consignee
收货人名称</td><td colspan="3">INDO TRADE LLC</td></tr>
</table>

</td></tr>
</table>

续前表

<table>
<tr><th>时间</th><th>工作过程描述</th></tr>
<tr><td>20××-01-11</td><td>
<table>
<tr><td colspan="2">Conveyance
运输工具（航班号/船次/车牌号）</td><td>FASTOSA 947</td><td>Sailing On
起航日期</td><td colspan="2">20××/01/11</td></tr>
<tr><td>Voyage
航程</td><td>From从
SHANGHAI</td><td>Transshipped
at 转运地点</td><td>SIG</td><td>Claim Payable
at 赔偿地点</td><td>JAKARTA</td></tr>
<tr><td></td><td>Via 经
SINGAPORE</td><td></td><td></td><td></td><td></td></tr>
<tr><td></td><td>TO 到
JAKARTA</td><td></td><td></td><td></td><td></td></tr>
<tr><td colspan="4">Terms Requested
F.P.A.</td><td colspan="2">Applicant Stamp and Seal
投保单位签章</td></tr>
<tr><td colspan="4">备注：</td><td colspan="2" rowspan="2">Date
日期：20××-01-11</td></tr>
<tr><td>保险费</td><td colspan="3"></td></tr>
</table>
</td></tr>
<tr><td>20××-01-12</td><td>
上海W&D进出口贸易公司按照上海ZD国际货运代理有限公司出具的DEBIT NOTE，完成了付款，赎回货代提单。

DEBIT NOTE
No. ZDSH01
Date:
TO: SHANGHAI W&D IMPORT & EXPORT TRADING CO.,LTD.
FROM: SHANGHAI ZD INTERNATIONAL FREIGHT FORWARDER CO.,LTD.
<table>
<tr><th>ITERM</th><th>UNIT PRICE</th><th>QUANTITY</th><th>AMOUNT</th></tr>
<tr><td>OCEAN FEE</td><td>USD 15</td><td>10.10</td><td></td></tr>
<tr><td>CHC</td><td>USD 25</td><td>10.10</td><td></td></tr>
<tr><td>PSS</td><td>USD 25</td><td>10.10</td><td></td></tr>
<tr><td>DAD</td><td>USD 35</td><td>10.10</td><td></td></tr>
<tr><td>THC</td><td>USD 25</td><td>10.10</td><td></td></tr>
<tr><td>DOC</td><td>USD 35</td><td>1</td><td></td></tr>
<tr><td colspan="2">TOTAL</td><td></td><td>USD 1 297.50</td></tr>
<tr><td colspan="4">ONE THOUSAND TWO HUNDRED AND NINETY-SEVEN POINT FIVE ONLY</td></tr>
</table>
A/C HOLDER'S NAME:SHANGHAI ZD INTERNATIONAL FREIGHT FORWARDER CO.,LTD.
BANK NAME :BANK OF CHINA SHANGHAI BRANCH BANK
ADDRESS:№. 2 ZHONGSHAN STREET, DONGCHENG DISTRICT.SHANGHAI, CHINA
SWIFT CODE : BKCH CN SH 022
A/C №.:3428 5602 5580
</td></tr>
</table>

续前表

时间	工作过程描述
20××-01-20	货物到达目的港之前，上海ZD国际货运代理有限公司在印度尼西亚的代理公司AAA INTERNATIONAL FREIGHT FORWARDER CO.,LTD.收到了此拼箱货物的单据，操作人员对单据进行了审核。
20××-01-25	AAA INTERNATIONAL FREIGHT FORWARDER CO.,LTD.收到此拼箱货物的到港通知。
20××-01-26	AAA INTERNATIONAL FREIGHT FORWARDER CO.,LTD.凭MB/L换取了D/O，安排拖车公司从码头提重箱至CFS的海关监管仓，并安排仓库人员进行分拨理货。
20××-01-27	包括INDO TRADE LLC在内的各拼箱收货人凭D/O及相关文件向印尼海关申请通关，商检完毕，海关放行后，INDO TRADE LLC安排车队凭HB/L和D/O在CFS提取了货物，并送货至雅加达所在的仓库。

典型工作过程

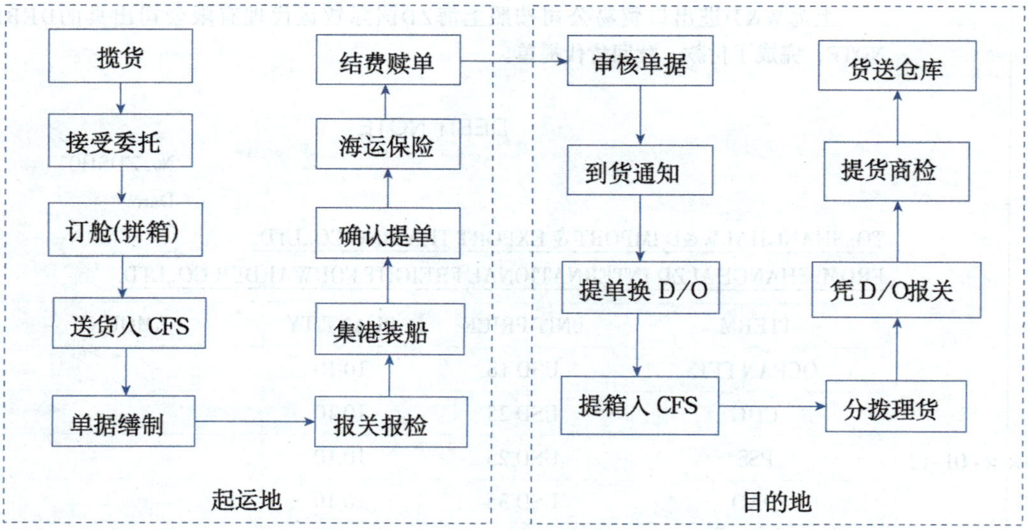

工作任务描述

1．假如你是上海ZD国际货运代理有限公司业务部的张先生，请根据以上的情境描述拟写一份报价单。

2．假如你是上海ZD国际货运代理有限公司的单证员，请根据以上情境提供的信息缮制海运提单（见主教材附录1）。

3．根据情境工作过程，绘制海运拼箱出口的岗位操作流程图。

工作岗位 / 工作流程	岗位流转 →
工作任务流转 ↓	

3.2 学习任务

3.2.1 判断国际货运代理人的法律身份

上海 ZD 国际货运代理有限公司运输的一票货物在海运途中遭遇雨淋导致货物变质，客户要求上海 ZD 国际货运代理有限公司按货物价值全额赔偿。如果你是负责此货物的客服人员，在与客户交涉前，你查阅了此票货物的相关资料。

1. 假如此客户与公司签订的是货运代理协议，且只按照运费的 5% 收取佣金。
2. 假如此客户与公司签订的是运输协议，且按 USD 30/FRT 收取运费。

请根据所学相关知识，思考如何处理此事件。

3.2.2 分析不同交接方式下的装箱方式

根据所学相关知识，完成不同交接方式下的装箱方式表。

不同交接方式下的装箱方式

交接方式	接货时的装箱方式	交货时的装箱方式	几个发货人	几个收货人
DOOR-DOOR				
DOOR-CY				
DOOR-CFS				
CY-DOOR				
CY-CY				
CY-CFS				
CFS-DOOR				
CFS-CY				
CFS-CFS				

3.2.3 了解拼箱运输下的承运人和船期的选择

根据所学相关知识，思考如下案例：

上海ZD国际货运代理有限公司的客户有票10m^3的货物预计4月上旬备好，想采用拼箱运输的方式从上海海运至迪拜。按照信用证的要求，此批货物必须配比MAERK中东航线的船舶，且要求4月15日前发运。请问上海ZD国际货运代理有限公司能否承诺满足客户的要求？为什么？

3.2.4 计算运费吨

设备为2件塑料机械（PREFORM INJECTION MOLD），商品编码84807190。均为木制包装货物，尺寸均为207cm×147cm×83cm（5.05CBM），重量为3 775kgs和3 760kgs（7 535kgs）。

不锈钢工具一批，计100箱，每箱体积为20cm×30cm×40cm，每箱重量为25kg。

根据所学相关知识，计算运费吨。

计算运费吨（FRT）

序号	品名	毛重（kg）	毛重（t）	体积（m^3）	FRT
1	机械设备1	3 775.00			
2	机械设备2	3 760.00			
3	不锈钢工具	2 500.00			
总计					

3.2.5 计算拼箱运费

根据计算标准，计算下面这票货物的运费。

深圳运往印度加尔各答港口的一批不锈钢工具，共计80箱。每箱体积为20cm×30cm×40cm。每箱重量为25kg。当时的燃油附加费为20%；货币贬值附加费为20%；港口拥挤附加费为10%。

商品所属等级及其计费标准

货名	计算标准	等级
农业机械（包括拖拉机）	W/M	9
棉布及棉织品	M	10
小五金及工具	W/M	10
玩具	M	20

中国—东非航线等级费率表

等级（CLASS）	费率（RATES）	等级（CLASS）	费率（RATES）
1	243.00元	6	314.00元
2	254.00元	7	341.00元
3	264.00元	8	367.00元
4	280.00元	9	404.00元
5	299.00元	10	443.00元

深圳—加尔各答海运拼箱运费报价单

费用明细	费用（CNY）	费用（USD）
基本运费		
附加费用		
总费用：（1 USD=6.5 CNY）		

3.2.6　填写订舱委托书

对比“1.1 情境任务”和“3.1 情境任务”中的订舱委托书，了解订舱委托书的重要性及其风险性，分析两者的差异。

3.2.7　了解报关和报检

假如你是实习生 Mike，请学习报关报检的相关知识，查阅出口货物报关单（见主教材“附录”），就不懂的问题向报关员王先生请教。请补全你俩的对话。

Mike：王先生，请教一下，出口报关通常需要多少天？
报关员：________________

Mike：出口报关除了要注意单单相符、单货相符外，还需要注意什么问题呢？
报关员：________________

Mike：那是先报关还是先报检呢？不是每票货物都需要报检吧？
报关员：________________

Mike：报关一般不会出现什么问题吧？

报关员：____

Mike：这么严重啊！

报关员：是啊，所以报关员和报检员的工作都是很重要的，要求细心、耐心和有责任心。

3.2.8 填写集装箱设备交接单

根据"2.1 情境任务"中的信息，试填写集装箱设备（OUT）交接单（见主教材"附录"）。

3.2.9 计算集装箱装载量

一批货物采用纸装箱，尺寸为60cm×40cm×20cm，每箱毛重为8.8kg，每箱净重为8.2kg，共2 100箱，用40英尺钢制集装箱（体积为12 050mm× 2 343mm× 2 386mm），最大载重量为27 380kg，内容积为67.4m^3。请计算该批货物需要几个40英尺钢制集装箱？

3.2.10 了解拼箱技巧

假如你是实习生Mike，你去请教张经理有关拼箱的问题，张经理对你的疑问进行了解答。请根据相关知识把以下对话补全。

Mike：张经理，去新加坡的货已经拼了一个柜子了，过几天就能装船了。

张经理：好啊。

Mike：会不会有的时候没有那么多去同一个港口的货啊？那我们不就赔了吗？

张经理：____

Mike：哦，是这样啊。那客户会不会觉得吃亏啊？不如直接找船公司去交货。

张经理：____

Mike：船公司只和货代打交道，那提单上的托运人是我们还是真正的货主呢？

张经理：____

Mike：可是货主也需要用提单去结汇啊，而且收货人也得凭提单去提货吧。

张经理：____

Mike: House B/L 毕竟不是已装船提单，银行认吗？

张经理：____

Mike：昨天有个客户要运一批货去纽约，跟我说一定要马士基的船。我正犹豫，幸亏一个同事帮我解了围。

张经理：____

Mike：一个拼箱的货柜报关时用一个大类商品代码可以吗？还是要把每种货物代码都写出来？

张经理：____

Mike：谢谢经理耐心回答我的问题！

张经理：不客气，做货代就是要多学、多看、多思考，可以经常到网上论坛看看，比如福步外贸论坛、锦程物流网等，当然更要向有经验的同事虚心求教。

3.2.11 了解集装箱装箱单

根据集装箱装箱单的相关知识，说出它的作用。

3.2.12 缮制信用证结汇下的提单

学习海运提单的相关知识，根据以下信用证上的内容，完成海运提单的缮制。

Irrevocable documentary credit

Number: LC123-258866

Date: August 24，20××

Date and place of expiry : October 30，20××，Qingdao，China

Advising bank: Bank of China

Beneficiary: China XYZ import and export corp.

Applicant: UVW corporation.

Total amount: USD 9 000（SAY US DOLLARS NINE THOUSAND ONLY）

Shipment from: Qingdao, China

To: Osaka Japan

At the latest: October 15，20××

Description of goods: 100% Cotton Towel as per S/C №. CH200

Total quantity: 8 000 pieces packing: 800 Cartons

Total gross weight: 20 000 KGS

Total measurement: 30CBM

Price term: CIF Osaka

Following documents required:

1. Signed commercial invoice in three copies.

2. Full set of clean on board ocean bill of lading made out to order and endorsed in blank and marked “freight prepaid” and notify applicant.

3. Insurance policy for 110 PCT of the invoice value covering the Institute Cargo Clauses (A), the Institute War Clauses.

Ocean Vessel: "Golden Star" Voy. №.: 018E

Container №. GSTU3156712/20'

Marks & Nos : ITOCHU OSAKA №.1-800

Laden on board the vessel : October 14，20× ×

B/L date: October 14，20× ×

B/L signed by BBB shipping agency

Carrier: AAA Shipping Co.

3.2.13 审核保险单

根据 3.2.12 所提供的信用证条款的主要内容及有关制单资料，填制海洋货物运输保险单中 1 至 5 项内容。

中 保 财 产 保 险 有 限 公 司
The people's insurance (Property) Company of China, Ltd.

发票号码
Invoice No.

保险单号次
Policy No.

海 洋 货 物 运 输 保 险 单
MARINE CARGO TRANSPORTATION INSURANCE POLICY

被保险人： 1
Insured:..

中保财产保险公司（以下简称本公司）根据被保险人的要求，及其所缴付约定的保险费，按照本保险单承担险别和背面所载条款与下列特别条款承保下列货物运输保险，特签发本保险单。

This policy of Insurance witness that The People's Insurance (Property) Company of China, Ltd (hereinafter called "The Company"), at the request of the Insured and in consideration of the agreed premium paid by the Insured, undertakes to insure the undermentioned goods in transportation subject to the conditions of this Policy as per the Clauses printed overleaf and other special clauses attached hereon.

保险货物项目 Description of Goods	包装 单位 数量 Packing Unit Quantity	保险金额 Amount Insured
2	800 Cartons	3

承保险别
Conditions
4

货物标记
Marks of Goods

总保险金额：
Total Amount Insured:..

保费 as agreed
Premium......................

载运工具
Per conveyance S.S ....

开航日期
Slg. On or abt ....

起运港
From ....

目的港
To ....

所保货物，如发生本保险单项下可能引起索赔的损失或损坏，应立即通知本公司下述代理人查勘。如有索赔，应向本公司提交保险单正本（本保险单共有 2 份正本）及有关文件。如一份已用于索赔，其余正本则自动失效。

In the event of loss or damage which may result in a claim under this Policy, immediate notice must be given to the Company's agent as mentioned hereunder. Claims, if any, one of the Original Policy which has been issued in Original（s）together with the relevant documents shall be surrendered to the Company, if one of the Original Policy has been accomplished, the others to be void.

中保财产保险有限公司

THE PEOPLE'S INSURANCE（PROPERTY）COMPANY OF CHINA, LTD.

赔偿地点 Osaka, Japan

Claim payable at ....

日期 5 在 Qingdao, China

Date .... at ....

地址

Address:

3.2.14 了解货代责任险

某出口商将500包丝绸委托给宁波一家货代公司，令其运至新加坡。该公司接受委托后，向出口商签发了清洁的无船承运人提单，并收取了全程运费，然后自行将货物装箱，并整箱委托船公司从宁波运至新加坡。向船公司支付运费后，船公司向该货代公司签发了清洁提单。货物运抵目的港后，铅封完好，但箱内少了100包丝绸。请分析：

1. 该情况是否属于货运代理人责任险的承保范围？
2. 货代公司在此案例中的法律地位是什么？
3. 船公司在此案中的地位是什么？有无义务进行赔偿？

3.2.15 索赔与理赔

某国际货运代理企业经营国际集装箱拼箱业务，此时它是CONSOLIDATOR，由于它签发自己的提单，所以它是无船承运人（以下称“无船承运人”）。20×4年9月15日，该无船承运人在KOBE港自己的CFS将分别属于六个不同发货人的拼箱货装入一个20英尺的集装箱，然后向某班轮公司托运。该集装箱于20×4年9月18日装船，班轮公司签发给无船承运人CY/CY交接的FCL条款下的MASTER B/L一套；无船承运人然后向不同的发货人分别签发了CFS/CFS交接的LCL条款下的HOUSE B/L共六套，所有的提单都是清洁提单。20×4年9月23日，载货船舶抵达提单上记载的卸货港。第二天，无船承运人从班轮公司的CY提取了外表状况良好和铅封完整的集装箱（货物），并在卸货港自己的CFS拆箱，拆箱时发现两件货物损坏。20×4年9月25日，收货人凭无船承运人签发的提单前来提货，发现货物损坏。请问：

1. 收货人向无船承运人提出货物损坏赔偿的请求时，无船承运人是否要承担责任？为什么？

2. 如果无船承运人向班轮公司提出集装箱货物损坏的赔偿请求时，班轮公司是否要承担责任？为什么？

3. 无船承运人如何防范这种风险？

学习任务单

学习任务	完成内容
承诺书	本人自愿接受“国际货运代理”课程展开的学习任务相关训练，并郑重承诺： 1. 认真阅读能力评价的相关内容。 2. 严格遵守评分规则，绝不弄虚作假。 3. 保证课程结束时，按时上交。 承诺人： 年　月　日

3.3 评价与总结

	方法能力/综合能力	专业能力	社会能力	个人能力
能力评价	3分：主动在学习训练环节使用信息技术、提出创意方法 2分：被动在学习训练环节使用信息技术、提出创意方法 1分：没有在学习训练环节使用信息技术、提出创意方法	3分：主动参与思维概念相关内涵思考，并有自己的见解 2分：参与思维概念相关内涵思考 1分：没有参与思考	3分：主动参与小组训练活动 2分：被动参与小组训练活动 1分：没有参与小组训练活动	3分：主动参与分享/回答问题 2分：被老师点名参与分享/回答问题 1分：没有参与分享/回答问题
	自评成绩：			
	互评成绩：			
	教师评价：			
总结				

学生姓名： 教师签名：

情境4

国际海运拼箱进口货代业务

知识目标

1. 了解常见贸易术语对货代业务的影响。
2. 了解海运拼箱进口的基本流程。
3. 看懂并理解海运拼箱进口的各类单据。
4. 了解海运拼箱的费用构成。
5. 了解海运保险的范围。
6. 了解拼箱货代的责任范围。

能力目标

1. 具有一定的沟通与业务表达能力。
2. 会计算海运拼箱进口的运费。
3. 掌握进口报关、报检的大致流程。
4. 掌握海运拼箱进口的货代操作流程。
5. 会审核海运拼箱提单。
6. 能够判断货损责任并进行索赔。

学习与实践操作流程图

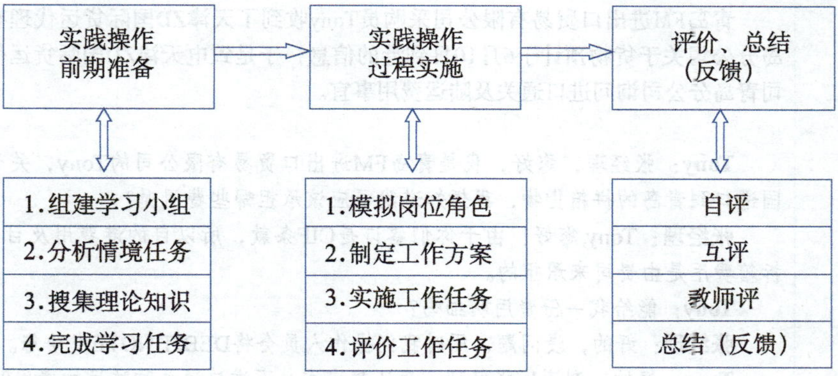

4.1　情境任务

工作过程描述

时间	工作过程描述
20××-05-02	山东TH电子机械制造有限公司委托青岛FM进出口贸易有限公司从德国D&B TRADING CO.进口一批货物，双方签订了一份贸易合同。商品名称为过滤器，商品编码为69149090；一共20箱，每箱尺寸为61cm×61cm×152cm(0.56CBM)，重量为6 280KGS。货值为USD 2 000.00。贸易条款为CIF。
20××-05-03	德国D&B TRADING CO.联系了包括GLOBAL LOGISTICS (HAMBURG) Co.,Ltd.在内的几家物流公司，询问汉堡至青岛“CFS-CFS”交接的LCL费用。通过比较，最终与GLOBAL LOGISTICS (HAMBURG) CO.Ltd.签订了运输协议，把货物委托给了GLOBAL LOGISTICS (HAMBURG) CO., LTD.运输，并按照要求把货物送进了仓库。
20××-05-15	GLOBAL LOGISTICS (HAMBURG) CO., LTD.完成了一个20英尺货物的拼装，委托马士基船公司发运。
20××-05-17	船舶发运，马士基签发MB/L给GLOBAL LOGISTICS (HAMBURG) CO. LTD.，GLOBAL LOGISTICS (HAMBURG) CO., LTD.给包括D&B TRADING CO.在内的每一个发货人签发HB/L。
20××-05-18	天津ZD国际货运代理有限公司是GLOBAL LOGISTICS (HAMBURG) CO., LTD.在中国的代理。天津ZD国际货运代理有限公司青岛分公司海外操作部Linda收到了GLOBAL LOGISTICS (HAMBURG) CO., LTD.关于这批货物的MB/L和所有HB/L，以及船舶预计到港时间和装箱明细单。Linda在FMS（货代信息管理系统）上创建业务单，并向报关行、车队和仓库通知货物信息及到港信息。

续前表

时间	工作过程描述
	青岛FM进出口贸易有限公司采购员Tony收到了天津ZD国际货运代理有限公司青岛分公司关于货物预计于6月10日到港的信息，于是致电天津ZD国际货运代理有限公司青岛分公司询问进口通关及陆运费用事宜。 **Tony**：张经理，您好，我是青岛FM进出口贸易有限公司的Tony，关于我们从德国进口到青岛的拼箱货物，我想知道我司应该承担哪些费用呢？ **张经理**：Tony,您好！由于你们签订是CIF条款，所以目的港费用及目的港CFS的拆箱费用是由贵司来承担的。 **Tony**：能给我一份费用明细吗？ **张经理**：好的，没问题，届时我们操作人员会将DEBIT NOTE发给您。 **Tony**：好的，谢谢！张经理，我还想咨询一下进口通关和陆运的费用？ **张经理**：关于进口费用，除了报关费、三检代理费、陆运费外，其他费用都是不可预计的，因为都是船公司代理、港区和商检局直接收取。如果委托我司操作，我司可以垫付费用，并且实报实销。 **Tony**：这样倒挺方便。 **张经理**：是啊。请问货物的最终陆运到哪里呢？我好核算陆运费用。 **Tony**：陆运到山东济南。 **张经理**：好的，Tony，稍后我会将报价单发送至您邮箱，请注意查收。 **Tony**：好的，谢谢！
20××-05-30	张经理查询了公司进口费用明细表和陆运费用表，给Tony回复了报价邮件。

进口费用明细表

手续费	文件费	报关费	报检费
RMB 200/SHPT	RMB 200/SHPT	RMB 250/SHPT	RMB 100/SHPT
其他费用实报实销			

青岛至各省市陆运运价表

青岛至各省市陆运费	费用明细（RMB）	
	1×20′	1×40′
	5t以上	10t以上
	6/km	7.5/km

天津港至各地里程数（km）	
青岛市内	20~60
济南	350
石家庄	670
天津	700
太原	850
郑州	750

续前表

时间	工作过程描述
20××-06-05	青岛FM进出口贸易有限公司委托天津ZD国际货运代理有限公司青岛分公司做进口通关和陆路运输。 同时将通关的正本文件，以及山东TH电子机械制造有限公司的地址和联系人给了张经理。 张经理将通关文件和送货地址转交给了Linda，Linda审核了单据。

PACKING LIST

To:QINGDAO IMPORT & EXPORT TRADING Co., LTD.		Invoice No.:DB001 Invoice Date:20××-05-02		
Marks & Nos.	Number and Kind of Packages Dsecrip-tion of Goods	Net Weight(kgs)	Gross Weight(kgs)	Measurement (m^3)
N/M	GAS FILTERS	5 460.00	6 280.00	11.20
TOTAL:6 280.00KGS SAY TOTAL:TOTAL PACKED IN TWENTY PACKAGES ONLY				

COMMERCIAL INVOICE

To:QINGDAO IMPORT & EXPORT TRADING Co.,LTD.			INVCICE No.:DB001 INVOICE Date:20××-05-02 S/C No.:	
From：Hamburg，Germany L/C No.:			To:Qingdao,China Issued by:	
Marks & Nos.	Description of Goods	Quantity	Unit Price	Amount
N/M	GAS FILTERS	20 PACKAGES	USD 100.00	USD 2 000.00
TOTAL USD 2 000.00				
SAY TOTAL: USD TWO THOUSAND ONLY				

时间	工作过程描述
20××-06-10	货物到达目的港，天津ZD国际货运代理有限公司青岛分公司凭GLOBAL LOGISTICS (HAMBURG) CO., LTD.邮寄的MB/L换取D/O，将集装箱送入监管仓，并进行分拨理货，同时安排报关报检，待海关放行后，进行结关出单。
20××-06-14	青岛FM进出口贸易有限公司按照天津ZD国际货运代理有限公司青岛分公司出具的DEBIT NOTE付清了所有费用后，Linda安排车队将货物送到山东TH电子机械制造有限公司的仓库。

典型工作过程

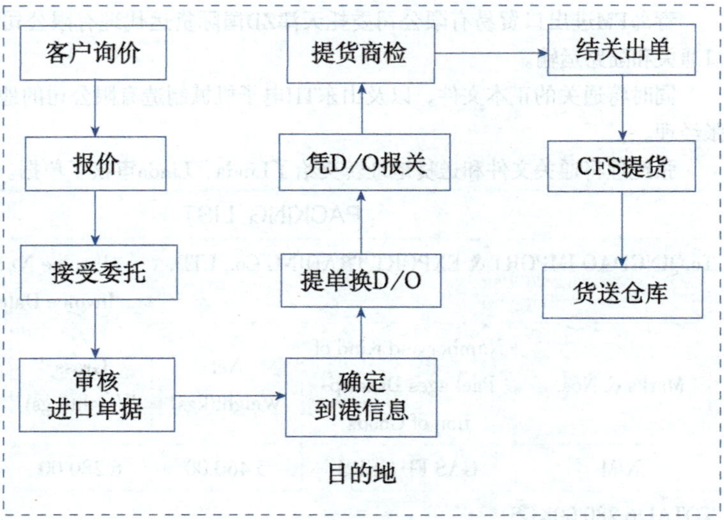

工作任务描述

1．根据情境描述，分析“CFS-CFS”交接方式下，海运拼箱人应该如何根据贸易条款来划分收、发货人所承担的责任和费用？假设情境中的贸易条款改为FOB，请问收、发货人所承担的责任和费用应该如何划分？

2．根据情境描述的信息，假如你是张经理，请按照Tony的要求核算费用，制作一份报价单，拟写一份报价邮件。

3．假设情境中的贸易条款改为FOB，请结合之前学习的海运整箱进口和海运拼箱出口的相关知识，绘制FOB贸易条款下，天津ZD国际货运代理有限公司的典型工作过程。

4．假如你是GLOBAL LOGISTICS (HAMBURG) CO., LTD.的单证员，请根据情境任务的信息，缮制此票业务的MB/L和HB/L。

5．绘制此情境下的海运拼箱进口岗位操作流程图。

工作岗位 / 工作流程	岗位流转 →
工作任务流转 ↓	

4.2　学习任务

4.2.1　梳理货运代理关系人

1. 根据情境描述，补充完成名称表。

名称表

名称	公司名字
A：出口商（Seller）	
B：进口商（Buyer）	
C：起运港集拼人（Consolidator）	
D：目的港集拼人（Consolidator）	

2. 梳理货运代理关系人，回答下列问题：

（1）Shipper 和 Consignee 分别是哪两家公司？

（2）A 和 B 是什么关系？ C 和 D 是什么关系？ A 和 C、B 和 D 是什么关系？

4.2.2　分析 FCL 和 LCL 货物的交接方式

分析九种交接方式下，FCL 和 LCL 货物的交接方式，完成下表。

FCL和LCL货物的交接方式

装箱方式	交接方式
FCL-FCL	
FCL-LCL	
LCL-LCL	
LCL-FCL	

4.2.3　比较拼箱货的船东单和货代单

货物出运后，海外代理发送了船东单和所有的货代单，通过学习相关理论，比较船东单和货代单，完成 MB/L 和 HB/L 的对比表。

MB/L和HB/L的对比

对比项	MB/L	HB/L
签发人		
托运人		
收货人		
货物的件数和重量		
运价和运费		
货物品名、尺寸或体积		
运费支付方式		
填写与签发日期		
起运港和目的港		
船名、航次和船公司		

4.2.4　计算集装箱标志核对数

每个集装箱上都印有集装箱标志，学习相关知识，解释标志的含义，并计算被遮住的核对数。

集装箱标志

APLU 123400□	
RCX 2030	
MAX GROSS	**** (kg)
	**** (lb)
TARE	**** (kg)
	**** (lb)

4.2.5　根据提单确认到港信息

请根据船东单信息，分析此票货物的承运人、船名、换取提货单地点、港口和大致船期等运输信息，并汇报讨论结果。

4.2.6　比较提单与提货单

货物到港后，需拿提单去船代那里换取提货单。小组讨论提单和提货单的区别，并积极发言。提单和提货单样本见主教材“附录”。

4.2.7　判断陆运事故责任

假如货物在从青岛港运往收货人仓库的路上发生车祸，货物遭受损失，应该怎么办？

4.2.8　索赔和理赔

1. 假如货物到达山东 TH 电子机械制造有限公司仓库后开箱查验，发现质量或数量与合同规定不符，求助于你们公司，你应该怎么办？

2. 假如此货物超过预定到港时间 10 天才到港，货主询问货代：是否可以向船公司索赔？

学习任务单

学习任务	完成内容
承诺书	本人自愿接受“国际货运代理”课程展开的学习任务相关训练，并郑重承诺： 1. 认真阅读能力评价的相关内容。 2. 严格遵守评分规则，绝不弄虚作假。 3. 保证课程结束时，按时上交。 承诺人： 年　　月　　日

4.3 评价与总结

能力评价	方法能力/综合能力	专业能力	社会能力	个人能力
	3分：主动在学习训练环节使用信息技术、提出创意方法 2分：被动在学习训练环节使用信息技术、提出创意方法 1分：没有在学习训练环节使用信息技术、提出创意方法	3分：主动参与思维概念相关内涵思考，并有自己的见解 2分：参与思维概念相关内涵思考 1分：没有参与思考	3分：主动参与小组训练活动 2分：被动参与小组训练活动 1分：没有参与小组训练活动	3分：主动参与分享/回答问题 2分：被老师点名参与分享/回答问题 1分：没有参与分享/回答问题
	自评成绩：			
	互评成绩：			
	教师评价：			
总结				

学生姓名：　　　　　　　　　　　　　　　　教师签名：

情境 5

国际航空集运货代业务

知识目标

1. 了解空运出口的基本流程。
2. 了解国际航线以及航空区划。
3. 看懂并理解空运出口的各类单据。
4. 了解 ATA 单证册出口货物的报关特点。
5. 了解空运出口保险的基本内容。
6. 了解航空货代的种类。

能力目标

1. 会审核运输单据。
2. 会计算航空运费。
3. 会计算航行时间。
4. 会填写航空运单和托运单。
5. 会进行空运出口货代流程操作。
6. 会分析空运责任和保险。

学习与实践操作流程图

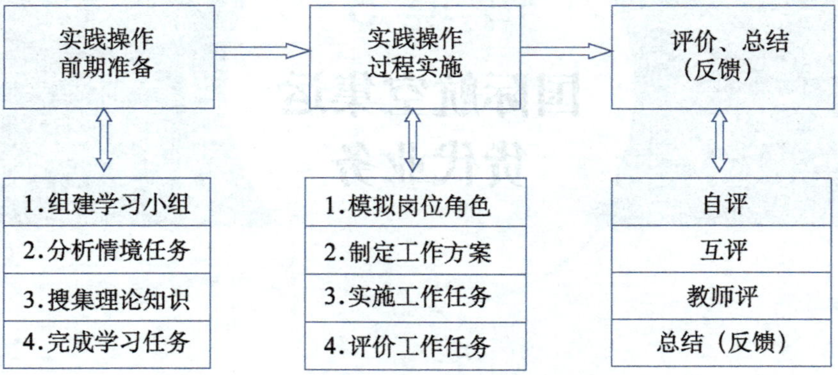

5.1 情境任务

工作过程描述

时间	工作过程描述
20××-10-01	广州亚东科技有限公司与西班牙客户NATASA TRADE CO.签订了一份销售合同。 **SALES CONTRACT** Date: Oct.1,20×× Order №.: Invoice №.:INVSZ001 Buyer:NATASA TRADE CO. Seller:GUANGZHOU YADONG TECHNOLOGY CO.,LTD. This contract is made by and between the Buyer and the Seller, whereby the Buyer agree to buy and the Sellers agree to sell the undermentioned commodity according to the terms and conditions stipulated below: LED SCREEN 10 PCS 5 PACKAGES 221/285KGS 1.99CBM Total amount:USD 13 300.00 1.Packing: AT SELLER'S OPTION 2.Time of shipment: IN Oct.,20×× 3.Port of shipment: 4.Port of discharge: Barcelona 5.Payment: T/T Confirmed & Accepted by: NATASA TRADE CO. GUANGZHOU YADONG TECHNOLOGY CO.,LTD. (Buyer's signature) (Seller's signature)

续前表

<table>
<tr><th>时间</th><th>工作过程描述</th></tr>
<tr><td>20××-10-02</td><td>
广州ZD国际货运代理有限公司业务部的张先生接到了广州亚东科技有限公司Lisa女士的电话。
Lisa：张经理，您好，我是广州亚东科技有限公司的业务员Lisa，我们公司预计10月初有一票货物要从广州空运至西班牙的巴塞罗那。您能给我报一下价格吗？
张先生：好的，Lisa，请问是什么货物？
Lisa：商品名称为LED显示屏。
张先生：一共多少件？多重？货值多少？
Lisa：一共5箱，尺寸均为116cm×33cm×104cm（1.99CBM），总重量为285KGS。货值为USD 13 300.00。
张先生：好的，Lisa女士，请留下联系方式，稍后我把报价单发给您。
Lisa：好的，我的E-mail是LISA-export@126.com。等待您的回复。
张先生查询了与航空公司之间的协议运价。
GENERAL CARGO CONTRACT RATE(CAN–BCN)，CNY/KG
<table>
<tr><th>M</th><th>N</th><th>+45</th><th>+100</th><th>+300</th><th>+500</th><th>+1 000</th></tr>
<tr><td>200.00</td><td>20.37</td><td>18.43</td><td>17.20</td><td>16.90</td><td>15.42</td><td>14.71</td></tr>
</table>
随后制作运价单并发给了Lisa。
GENERAL CARGO CONTRACT RATE(CAN–BCN)，CNY/KG
<table>
<tr><th>M</th><th>N</th><th>+45</th><th>+100</th><th>+300</th><th>+500</th><th>+1 000</th></tr>
<tr><td>350.00</td><td>23.00</td><td>21.00</td><td>20.00</td><td>19.00</td><td>18.50</td><td>17.00</td></tr>
</table>
广州ZD国际货运代理有限公司随后又接到了4个客户委托从广州空运货物到西班牙巴塞罗那，货物均为普货，包括广州亚东科技有限公司在内的5个客户的协议运价如下。
GENERAL CARGO CONTRACT RATE(CAN–BCN)，CNY/KG
<table>
<tr><th>重量段
适用客户</th><th>M</th><th>N</th><th>+45</th><th>+100</th><th>+300</th><th>+500</th><th>+1 000</th></tr>
<tr><td>客户1、2、5</td><td>350.00</td><td>23.00</td><td>21.00</td><td>20.00</td><td>19.00</td><td>18.50</td><td>17.00</td></tr>
<tr><td>客户3、4</td><td>300.00</td><td>21.00</td><td>19.00</td><td>18.00</td><td>17.00</td><td>16.50</td><td>15.00</td></tr>
</table>
</td></tr>
<tr><td>20××-10-02</td><td>广州ZD国际货运代理有限公司在陆续收到了5个客户的国际空运货物托运单后，将进仓通知书分别发给客户。</td></tr>
</table>

续前表

<table>
<tr><th>时间</th><th>工作过程描述</th></tr>
<tr><td>20××-10-03</td><td>仓库陆续收到5个客户的货物和全套报关单证。
仓库对货物进行了入库审查、理货、贴标签等工作；单证人员对货物和单据进行了复查，保证单货的一致性，确保单证的完整性和准确性。
在确认无误后，广州ZD国际货运代理有限公司将货物送到航空公司的海关监管货运站，并安排货物报检和报关。</td></tr>
<tr><td>20××-10-04</td><td>海关放行后，广州ZD国际货运代理有限公司对此批货物进行了订舱配载，并制作了集运舱单。
<table>
<tr><th colspan="6">CONSOLIDATION MANIFEST</th></tr>
<tr><td>CONSOLIDATOR</td><td colspan="5">GUANGZHOU ZD AIR FORWARDING CO.,LTD.</td></tr>
<tr><td>AIRLINE</td><td>AIR CHINA</td><td>MA№.</td><td>999-8688-6688</td><td></td><td></td></tr>
<tr><td>FLIGHT №.</td><td>CA3202</td><td>FLIGHT DATE</td><td>20××-10-05</td><td></td><td></td></tr>
<tr><td>ORIGIN PORT</td><td>CAN</td><td>DEST PORT</td><td>FRA</td><td></td><td></td></tr>
<tr><td>HAWB №.</td><td>DEST CODE</td><td>NOP</td><td>NATURE OF GOODS</td><td>GW(KG)</td><td>VW(KG)</td></tr>
<tr><td>66223301</td><td>FRA</td><td>5</td><td>LED SCREEN</td><td>285.0</td><td>331.7</td></tr>
<tr><td>66223302</td><td>FRA</td><td>2</td><td>MEDICAL INSTRU-MENTS</td><td>188.5</td><td>86.0</td></tr>
<tr><td>66223303</td><td>FRA</td><td>5</td><td>DECORA-TIVE LAMPS</td><td>72.0</td><td>250.0</td></tr>
<tr><td>66223304</td><td>FRA</td><td>20</td><td>PLASTIC SHEETS</td><td>200.0</td><td>155.5</td></tr>
<tr><td>66223305</td><td>FRA</td><td>9</td><td>MACHINERY PARTS</td><td>188.5</td><td>90.5</td></tr>
</table></td></tr>
<tr><td>20××-10-05</td><td>广州ZD国际货运代理有限公司根据客户签章的托运书，给各个客户缮制和签发了HAWB。装机起运前，航空公司根据广州ZD国际货运代理有限公司签章的托运书和集运舱单进行了签单确认。签单后，随货附上单据，航空公司装卸部门进行排舱装机，装机完毕后，货物开始起运。</td></tr>
<tr><td>20××-10-05</td><td>广州ZD国际货运代理有限公司购买航空一切险。</td></tr>
<tr><td>20××-10-05</td><td>广州ZD国际货运代理有限公司西班牙代理ABC AIR FORWARDING CO.于当地时间10月5日收到了到货通知，遂通知各分运单上的收货人，并安排和配合各收货人进行进口通关。</td></tr>
<tr><td>20××-10-06</td><td>报关完成后，西班牙代理ABC AIR FORWARDING CO.与航空货运站进行货物交接，将货物运至仓库进行分拆，按照收货人要求的时间和地点派送货物。</td></tr>
</table>

典型工作过程

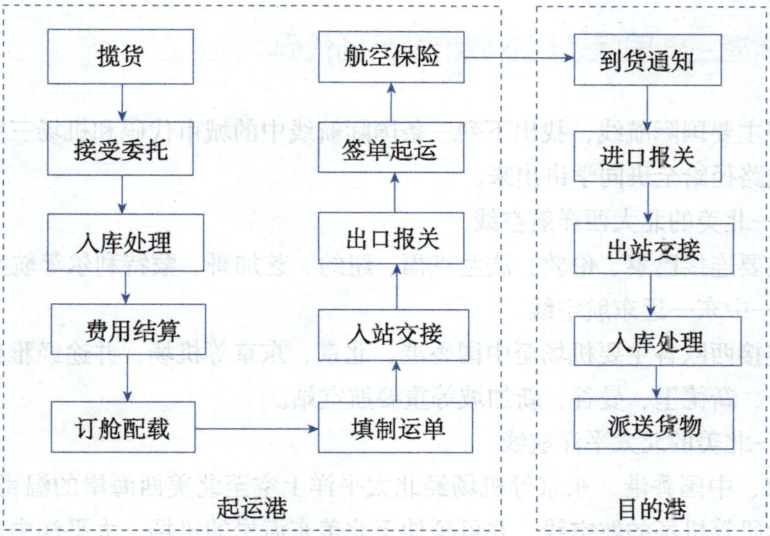

工作任务描述

1．假如你是广州 ZD 国际货运代理有限公司操作部的操作人员，请根据以上的情境描述缮制给航空公司的航空托运单。

2．假如你是广州 ZD 国际货运代理有限公司的单证员，请根据以上情境提供的信息缮制国际航空货物托运单、航空主单和航空分单（见主教材“附录”）。

3．根据情境描述，计算广州 ZD 国际货运代理有限公司此批集运货物的利润。

4．根据情境工作过程，绘制国际航空集运货代的岗位流程图。

工作岗位 / 工作流程	岗位流转 →
工作任务流转 ↓	

5.2 学习任务

5.2.1 掌握主要国际航线的城市及机场代码

小组学习主要国际航线，找出下列三条国际航线中的城市代码和机场三字代码，并结合地图将航线路径给全班同学讲出来。

1. 西欧—北美的北大西洋航空线

该航线主要连接巴黎、伦敦、法兰克福、纽约、芝加哥、蒙特利尔等航空枢纽。

2. 西欧—中东—远东航空线

该航线连接西欧各主要机场至中国香港、北京、东京等机场，并途经雅典、开罗、德黑兰、卡拉奇、新德里、曼谷、新加坡等重要航空站。

3. 远东—北美的北太平洋航线

这是北京、中国香港、东京等机场经北太平洋上空至北美西海岸的温哥华、西雅图、旧金山、洛杉矶等机场的航空线，并可延伸至北美东海岸的机场。太平洋中部的火奴鲁鲁是该航线的主要中继加油站。

5.2.2 掌握航空区划

小组学习航空区划知识，并进行小组间竞赛，即一个小组给另一个小组出题，看哪个小组答对得多。

5.2.3 了解飞机和集装器的种类

小组通过网络查找飞机和集装器的知识和图片，制作 PPT，每组派代表给全班讲解，并判断此票货物适合什么样的飞机和集装器。

5.2.4 计算时差与飞行时间

假如这票货物搭乘的航班于 10 月 5 日 23：25 在中国香港起飞，于当地时间 5：15 到达德国法兰克福，请计算共飞行几个小时。

5.2.5 掌握空运术语及简称

完成以下空运术语及简称表。

空运术语及简称表

英文	中文	简称
GROSS WEIGHT		
DIMENSIONS		
NUMBER OF PIECES		
VOLUME WEIGHT		
CHARGEABLE WEIGHT		
APPLICABLE RATE		
WEIGHT CHARGE		

5.2.6 空运代理报价

某客户有一批玩具从北京运往法兰克福，单件重量为21.0kg，单件体积为61cm×52cm×55cm，共10件，订航专员向航空公司询价后得知，国内去法兰克福的空运单价为35元/计费重量。请计算这票货物的航空运费，并填制航空运单中的运费栏。

航空运单的运费栏

No. of Piece	Gross Weight	Kg Lb	Rate Class	Chargeable Weight	Rate/ Charge	Total

5.2.7 计算起码运费

有一票货物从上海航运至巴黎，毛重为5.0kg，尺码为：40cm×30cm×20cm，公布运价如下表所示。

上海航运至巴黎的运价

SHANGHAI RENMINBI	CN CNY	SHA KGS
PARIS FR	M	320.00
	N	52.81
	45	44.46
	100	40.93

5.2.8 签订国际货物托运单

小组根据情境描述填写广州亚东科技有限公司给广州ZD国际货运代理公司的国际空运货物托运单（见主教材“附录”）。

5.2.9 比较集运与直运

分析集运与直运的区别，填制下表。

直运和集运的对比

	直运	集运
货主的承运人		
货主领取的运单		
货物类型		

5.2.10 核算集运收入

有 4 个托运人同一天委托广州 ZD 国际货运代理有限公司从广州各空运一票普通货物至纽约，货物重量和适用运价分别如下表所示，计算集运总收入。

货物毛重与体积重量

序号	分运单号 HAWB №.	品名 NATURE OF GOODS	货物件数 NOP	货物毛重 GW/KG	体积重量 VW/KG
1	98224321	GARMENTS	8	100.0	50.0
2	98224322	PARTS FOR SHOES	10	100.0	250.0
3	98224323	TOYS	16	280.0	380.0
4	98224324	PLASTIC SHEETS	20	420.0	300.0

物流企业与托运人之间适用运价

GENERAL CARGO RATE							
WEIGHT BREAK	M	N	+45	+100	+300	+500	+1 000
CNY/KG	400	36	34.5	34	32	30	28

5.2.11 运用“密泡组合”重量差原理

A、B 两个客户同一天委托广州 ZD 国际货运代理有限公司各空运一票货物至国外同一目的地，货物 A 为密货，重量为 *GW*=100KG，*VW*=50KG；货物 B 为泡货，重量为 *GW*=50KG，*VW*=125KG。计算集运收入与集运成本之间的重量差。

5.2.12　核算经济分界点

A、B 两个货主委托某物流企业从广州各空运一票货物至法兰克福，货物 A 的计费重量为 980kg，货物 B 的计费重量为 1 000kg；物流企业公布的适用运价分别为 CNY 16.00/KG 和 CNY 15.00/KG。

完成以下问题：

1．计算经济分界点。为确保经济分界点与计费重量对比大小的准确性，请保留两位小数点。

2．解释经济分界点在实际运用中的两种方法。

5.2.13　计算航空运价

根据以下运价表计算计费重量为 5kg、30kg、35kg、80kg、90kg、120kg 应该分别采取什么运价。

运价表

城市代码	城市	地区代码	国家代码	单价/千克	价格
BOS	BOSTON	MA	US	M	420
				N	75.15
				45	56.29
				100	49.56
				300	42.72
				500	34.47
				1 000	31.52

5.2.14　计算声明价值附加费

托运人向承运人声明货物价值 CNY 60 000，货物毛重为 300kg，声明价值附加费费率为 0.75%，请计算声明价值附加费，SDR 1=CNY 9.199 6。

5.2.15　设计集装方案

集装两票密度不同的普通货物，包箱型号为 AKE，已知 AKE 集装箱的最大载重 / 实用容积为 1 500kg/4m^3。货物 1 的重量和体积是 1 500kg/3m^3；货物 2 的重量 / 体积是 400kg/4m^3。请问怎样集装两票货物，可使集装箱的利用率最大化？

集装方案数据

货物类型 \ 集装数据		第一个AKE集装量	第二个AKE集装量
货物1	集装重量（kg）		
	占用容积（m^3）		
货物2	集装重量（kg）		
	占用容积（m^3）		
合计	集装重量（kg）		
	占用容积（m^3）		

5.2.16 签发航空总运单和分运单

根据相关知识，完成以下问题。

1．对比航空总运单（MAWB）和分运单（HAWB），完成对比表。

MAWB和HAWB的对比

对比项	MAWB	HAWB
签发人		
托运人		
收货人		
件数和重量		
运价和运费		
品名、尺寸或体积		
运费支付方式		
填写与签发日期		
始发地机场与目的地机场		
航空公司及航班		

2．根据“5.2.10 核算集运收入”的信息，完成总运单和分运单HAWB98224323中第22栏的填写。

分运单HAWB98224323第22栏

No. of piece	Gross Weight	Kg Lb	Rate Class	Chargeable Weight	Rate/ Charge	Total	Nature and Quantity of Goods

MAWB第22栏

No. of piece	Gross Weight	Kg Lb	Rate Class	Chargeable Weight	Rate/ Charge	Total	Nature and Quantity of Goods

3. 请填写制作本票货物的航空主单和航空分单（见主教材“附录”）。

5.2.17 空运保险和理赔

某货物从北京经巴黎中转运往南非，飞机在巴黎中转时，遇法国机场工人罢工，货物延迟了两天到达。收货人验货后发现货物有轻微受损，外包装有雨淋的痕迹，于是向货代索赔。货代查询南非近几日并未下雨，货物在巴黎停留时下过雨，可能由于未及时放入仓库，造成雨淋。此票货物投保了航空一切险。

分析上述情况的处理办法，说明需要提供的索赔证明文件及保险理赔程序。

5.2.18 向空运承运人索赔

一票航空运输的精密设备从法兰克福经新加坡中转到延吉市，货运单号999-8978344，货物价值6万美元，声明价值6万美元。货运单上注明 Airport of departure: Singapore ; Airport of destination: Yanji；货物重20kg。货物从新加坡运往长春机场，再使用卡车运至延吉市。

小组讨论以下情况应如何处理：

1. 货物在中转站新加坡装卸时遭到严重破坏。
2. 货物到长春机场后，一代在理货时发现货物外包装破损，给货代发来照片。
3. 飞机到长春机场后，货物找不到了。
4. 飞机到长春机场后，货物外包装良好，但是却有撞击的痕迹。
5. 运单上填写的是“NVD”，飞机到长春机场后，货物严重受损，已不可使用。
6. 由于货物从长春至延吉的高速公路上发生车祸，精密设备受到损坏，相关检验部门对受损精密设备进行估价，其残值为2.4万美元。

学习任务单

学习任务	完成内容
承诺书	本人自愿接受“国际货运代理”课程上展开的学习任务相关训练，并郑重承诺： 1. 认真阅读能力评价的相关内容。 2. 严格遵守评分规则，绝不弄虚作假。 3. 保证课程结束时，按时上交。 承诺人： 年　月　日

5.3 评价与总结

<table>
<tr><td rowspan="5">能力评价</td><td>方法能力/综合能力</td><td>专业能力</td><td>社会能力</td><td>个人能力</td></tr>
<tr><td>3分：主动在学习训练环节使用信息技术、提出创意方法
2分：被动在学习训练环节使用信息技术、提出创意方法
1分：没有在学习训练环节使用信息技术、提出创意方法</td><td>3分：主动参与思维概念相关内涵思考，并有自己的见解
2分：参与思维概念相关内涵思考
1分：没有参与思考</td><td>3分：主动参与小组训练活动
2分：被动参与小组训练活动
1分：没有参与小组训练活动</td><td>3分：主动参与分享/回答问题
2分：被老师点名参与分享/回答问题
1分：没有参与分享/回答问题</td></tr>
<tr><td colspan="4">自评成绩：</td></tr>
<tr><td colspan="4">互评成绩：</td></tr>
<tr><td colspan="4">教师评价：</td></tr>
<tr><td>总结</td><td colspan="4"></td></tr>
</table>

学生姓名：　　　　　　　　　　教师签名：

情境 6

国际铁路联运货代业务

知识目标

1. 了解国际铁路货物联运的作用。
2. 熟悉我国与邻国的边境站位置。
3. 了解《国际货协》和《国际货约》。
4. 掌握国际铁路货物联运进出口货物的工作流程。
5. 了解陆运保险和保价运输。

能力目标

1. 能够规范填制国际铁路联运运单。
2. 会计算国际铁路联运运费。
3. 会进行国际铁路联运索赔。

学习与实践操作流程图

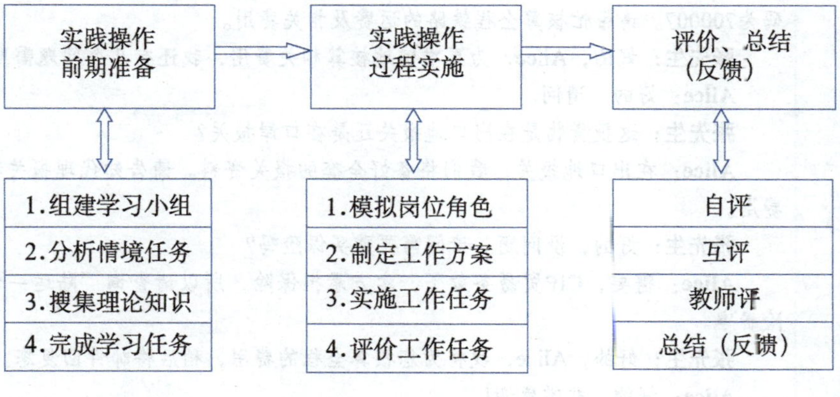

6.1 情境任务

工作过程描述

时间	工作过程描述
20××-05-01	天津H工程科技有限公司与哈萨克斯坦的FD公司签订了一个集装箱石油钻机配件的出口合同，贸易条件为CIP，货物商品编码为：8431431000，毛重为8 379.7KGS。货物预计5月下旬从天津出口到哈萨克斯坦的阿拉木图，要求货主自备40英尺集装箱1个。
20××-05-02	天津H工程科技有限公司的外贸员Alice致电天津ZD国际货运代理有限公司业务部的张先生询问运输方案和价格。 **Alice**：张经理，您好！我是天津H工程科技有限公司的Alice，我公司预计5月下旬有一个40英尺集装箱的石油钻机配件从天津出口，全程铁路运输到哈萨克斯坦的阿拉木图，贸易条件为CIP，货物商品编码为：8431431000，毛重为8 379.7KGS。您能给我制订一个运输方案吗？ **张先生**：当然可以，请问是采用COC还是SOC箱呢？ **Alice**：采用SOC箱。我公司自备一个40英尺的集装箱。 **张先生**：好的，Alice，根据您提供的货物信息，我建议采用国际铁路联运方式，从天津到阿拉木图全程铁路。 **Alice**：请问全程铁路需要多长的运输时间呢？ **张先生**：从天津到阿拉山口走班列需要一周的时间，口岸转关和换装需要2～3天的时间，从多斯托克口岸至阿拉木图需要3天，因此全程大约13天。您需要跟国外客户确认一下到阿拉木图的哪一个车站，为防止出错，最好提供一下车站代码。 **Alice**：好的，张先生，我将向客户建议您的运输方案并确认车站代码。稍后我再联系您！ **张先生**：好的，我等您的电话。 半个小时后，张先生再次接到了Alice的电话。 **Alice**：张先生，您好，您的运输方案得到了我们客户的认可。阿拉木图的车站代码为700007。请帮忙核算全程铁路的运费及相关费用。 **张先生**：好的，Alice，为更准确地核算相关费用，我还有几个问题需要询问。 **Alice**：好的，请问。 **张先生**：这批货物是在出口地报关还是在口岸报关？ **Alice**：在出口地报关，我们将备好全套的报关资料。请告知代理报关和口岸转关费用。 **张先生**：好的，没问题。请问需要购买保险吗？ **Alice**：需要，CIP贸易条款下，卖方承担保险，所以请查询“陆运一切险”的保险费率。 **张先生**：好的，Alice，我将为您核算全程的费用，稍后将邮件回复您。 **Alice**：好的，非常感谢！

续前表

<table>
<tr><th>时间</th><th>工作过程描述</th></tr>
<tr><td>20××-05-02</td><td>
张先生查询了境内《铁路货物运价规则》，由于是集装箱运输，不需要确定货物的运价号，张先生直接查询了附件二《铁路货物运价率表》和附件四《货物运价里程表》，经查表，40英尺集装箱发到基价和运行基价分别为680元/箱和2.754元/箱·千米，整车货物电气化附加费率为0.192元/箱·千米，铁路建设基金费率为0.528元/箱·千米，运输里程为3 746千米。张先生核算了境内铁路运输费用。
货物运价率查询
<table>
<tr><th rowspan="2">办理类别名称</th><th rowspan="2">运价号</th><th colspan="2">基价1</th><th colspan="2">基价2</th></tr>
<tr><th>单位</th><th>标准</th><th>单位</th><th>标准</th></tr>
<tr><td>整车</td><td>1</td><td></td><td></td><td>元/轴·千米</td><td>0.525</td></tr>
<tr><td>整车</td><td>2</td><td>元/吨</td><td>9.50</td><td>元/吨·千米</td><td>0.086</td></tr>
<tr><td>整车</td><td>3</td><td>元/吨</td><td>12.80</td><td>元/吨·千米</td><td>0.091</td></tr>
<tr><td>整车</td><td>4</td><td>元/吨</td><td>16.30</td><td>元/吨·千米</td><td>0.098</td></tr>
<tr><td>整车</td><td>5</td><td>元/吨</td><td>18.60</td><td>元/吨·千米</td><td>0.103</td></tr>
<tr><td>整车</td><td>6</td><td>元/吨</td><td>26.00</td><td>元/吨·千米</td><td>0.138</td></tr>
<tr><td>整车</td><td>机械冷藏车</td><td>元/吨</td><td>20.00</td><td>元/吨·千米</td><td>0.140</td></tr>
<tr><td>零担</td><td>21</td><td>元/10千克</td><td>0.22</td><td>元/10千克·千米</td><td>0.00 111</td></tr>
<tr><td>零担</td><td>22</td><td>元/10千克</td><td>0.28</td><td>元/10千克·千米</td><td>0.00 155</td></tr>
<tr><td>集装箱</td><td>20英尺箱</td><td>元/箱</td><td>500.00</td><td>元/箱·千米</td><td>2.025</td></tr>
<tr><td>集装箱</td><td>40英尺箱</td><td>元/箱</td><td>680.00</td><td>元/箱·千米</td><td>2.754</td></tr>
</table>
张先生向口岸代理查询了转关费用，费用为800元/箱。
张先生向哈萨克斯坦代理发邮件，查询了国外段运费、进境换装费和其他杂费。总费用为USD 790/40ft。
</td></tr>
<tr><td>20××-05-02</td><td>
张先生向保险公司查询“陆运一切险”的保险费率为千分之三。
最后，张先生核算了从天津至阿拉木图的国际铁路联运费用，并给天津H工程科技有限公司的外贸员Alice回复了一封报价邮件。
</td></tr>
<tr><td>20××-05-10</td><td>天津H工程科技有限公司接受了天津ZD国际货运代理有限公司的运输方案和报价，双方协商签订了运输代理协议。双方交接了相关单证并确定了货物发运时间为5月22日</td></tr>
<tr><td>20××-05-11—16</td><td>
天津ZD国际货运代理有限公司的张先生将此票货物所有资料转交给操作部操作员。操作员先向铁路提报计划，制订装车方案；接着，他查验了客户提供的报关报检文件；最后，操作员落实计划、填制运单并交客户确认。
5月16日，在请车计划落实后，操作员将送货地址发给了天津H工程科技有限公司的外贸员Alice。
</td></tr>
</table>

续前表

时间	工作过程描述
20××-05-17	天津H工程科技有限公司安排车队提空箱到工厂仓库装箱，集装箱号为：×××××，铅封号为：×××××。随后，车队按照送货地址将集装箱送到了车站堆场。车站堆场进行了入站称重和偏载测量，并办理了入站手续。
20××-05-18—20	18日，报关员在出口地办理报关事宜。20日，海关放行货物。
20××-05-22	车站办理货物装车发运事宜，将报关单、合同、箱单、发票等票据与国际铁路运单一同随车到口岸。
20××-05-23—28	货物发车后，天津ZD国际货运代理有限公司操作员联系相关方，安排如下事宜： 1．联系保险公司购买货运保险。 2．将装车号等运输信息发送至口岸代理和国外代理，同时，要求国外代理安排接车和国外段运输，并索要国外段付费代码及付款账单。天津ZD国际货运代理有限公司财务人员完成国外段付款，操作员收到国外代理发送的“国外段运输代码”。 3．将收到的国外段代码发送给口岸代理。口岸代理整理单据，做好接车准备。
20××-05-29—31	班列到达阿拉山口口岸，铁路会同海关接车，并将随车单据送国际联运交接所处理。货物及列车接受海关的监管检查。交接所实行联合办公，铁路、海关、外运（口岸代理）等按照业务分工开展流水作业，协同工作。铁路负责整理、翻译、运送票据，编制货物和车辆交接单；外运公司（口岸代理）添加国外段代码至运单上，负责审核货运单证，主要检查运单、出口货物明细单、随附单据是否齐全一致，纠正单证差错；铁路公司统一向海关申报，经查验单、证、货相符，即验关放行。 中铁与哈铁办理货物和车辆的交接手续，签署交接文件，并在换装车站完成货物换装。 天津ZD国际货运代理有限公司操作员联系口岸代理、国外代理更新运输信息，并将货物追踪信息发送至发货人。
20××-06-03	国际铁路联运出口货物抵达阿拉木图站后，哈铁通知运单中所记载的收货人领取货物。收货人FD公司付清运单中所记载的一切应付运费后，铁路公司将货物提货单连同运单交付给收货人。收货人安排做进口通关，海关放行后，收货人在运行报单上填记货物领取日期，并加盖收货戳记。

典型工作过程

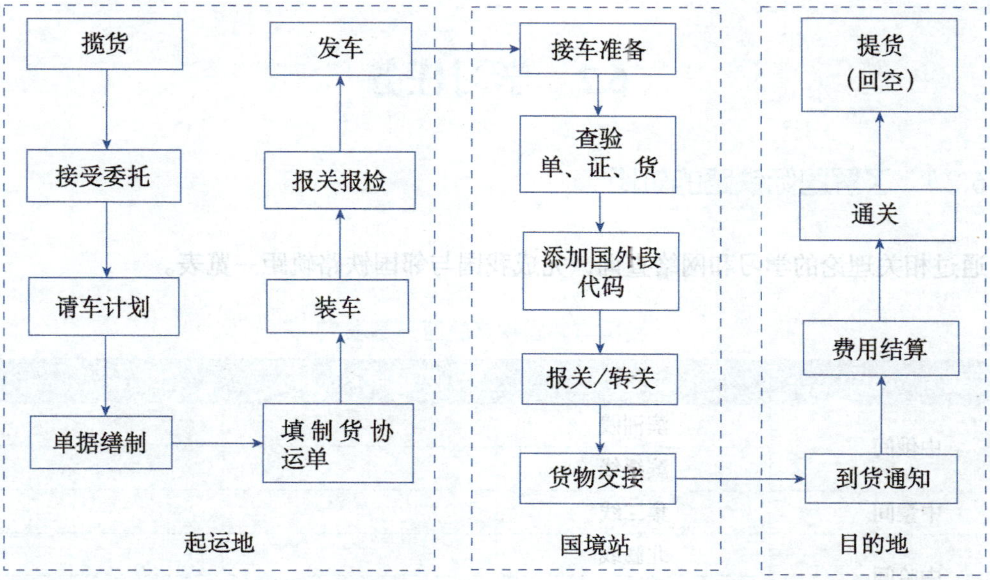

工作任务描述

1．假如你是业务部张先生，请根据情境中提供的信息，完成以下任务：

（1）核算境内铁路运输费用。

（2）拟写一份给哈萨克斯坦代理的英文询价邮件。

（3）核算全程的铁路运费。

（4）给客户写一封报价邮件。

2．请小组模拟与客户签订运输协议的过程，撰写一份国际铁路联运的运输协议。

3．模拟向中铁国际铁路运输公司订集装箱班列。

4．绘制国际铁路联运出口的岗位操作流程图。

工作岗位 / 工作流程	岗位流转 →
工作任务流转 ↓	

5．根据业务背景提供的信息，填制和审核国际铁路运单，并将国外代理提供的国外段运输代码添加到国际铁路联运单上。（单据样本见主教材“附录”）

6.2 学习任务

6.2.1 了解国际铁路的轨距

通过相关理论的学习和网络查询，完成我国与邻国铁路轨距一览表。

我国与邻国铁路轨距一览表

我国与邻国	我国铁路干线	我国轨距（mm）	邻国轨距（mm）
中俄间	滨洲线		
	滨绥线		
中蒙间	集二线		
中哈间	北疆线		
	精伊霍线		
中朝间	沈丹线		
	长图线		
	梅集线		
中越间	湘桂线		
	昆河线		

6.2.2 选择铁路货运车辆

了解铁路货运车辆的种类和特点，给不同的货物选择合适的货运车辆。

给不同的货物选择合适的货运车辆

货物	货运车辆
无纺布	
木材	
钢卷	
10吨的机械设备	
医疗器械	
需冷藏的药品	
矿石	
煤油	

6.2.3 熟悉我国与邻国的铁路边境站及换装地点

通过相关理论学习和网络查询，请把下表补填完整，并在地图上找出我国与邻国铁路边境站。

我国与邻国国境站及换装地点

我国与邻国	我国国境站名	邻国国境站名	换装地点	
			出口	进口
中俄间	满洲里			
		格罗迭科沃		
中蒙间	二连浩特			
中哈间		多斯托克		
	霍尔果斯			
中朝间	丹东	新义州		
		南阳		
	集安			
中越间	凭祥			
	山腰			

6.2.4 国际铁路联运常见贸易术语

通过理论学习，完成国际铁路联运常见贸易术语的责任、风险和费用一览表。

国际铁路联运常见贸易术语的责任、风险和费用一览表

贸易术语	中文	交货地点	风险转移界限	出口报关责任、费用由谁承担	谁负责办理运输、支付运费	谁负责办理保险，支付运费	进口报关责任、费用由谁承担
CPT							
CIP							
FCA							

6.2.5 了解《国际货协》和《国际货约》

假如你是实习生 Mike，请学习相关知识，补全与业务部张经理的对话。

张经理：Mike，你知道什么是国际铁路联运吗？

Mike：____。

张经理：那你知道关于国际铁路联运的协定吗？

Mike:____。

张经理：我国是《国际货协》的成员还是《国际货约》的成员呢？

Mike:____。

张经理：这两个协定的成员各有什么特点？

Mike:____。

张经理：与我国按《国际货协》办理国际铁路联运的国家有多少个？

Mike:____。

张经理：对，这其中有些国家还参加了《国际货约》，即参加《国际货约》国家的进出口货物，可以通过铁路直接转运到《国际货协》的成员，为国际铁路货物的运输提供了便利。

Mike：哦，原来这样啊！

张经理：是啊。关于承运人的期间，你知道《国际货协》是怎么规定的吗？

Mike:____。

张经理：不错，说得太好了！那《国际货协》运单是物权凭证吗？用什么语言来填写？

Mike:____。

张经理：哈哈，真棒，自学能力不错，没被我考倒！

6.2.6 了解《国际货协》运单的构成及作用

了解《国际货协》运单的构成及作用，完成下表。

《国际货协》运单的构成及作用

构成	名称	作用
第1联	运单正本	
第2联	运行报单	
第3联	运单副本	
第4联	货物交付单	
第5联	货物到达通知单	
补充运行报单		

6.2.7 模拟国际铁路联运货代流程

根据相关理论知识，小组模拟国际铁路联运货代全流程。

6.2.8 计算境内铁路运费

根据相关理论知识，计算下列这票货物的运费。

上海某进出口贸易公司向俄罗斯整车出口一批货物，装运在一辆 P62 型铁路棚车（标记载重是 60 吨），从上海杨浦站发运，在内蒙古满洲里站换装出境。已知杨浦站至满洲里的运价里程是 3 343 千米，其中铁路电气化区段共 1 420 千米，无特殊运价区段，满洲里站至国境线里程是 9.8 千米。货物声明价格为 10 000 元。

经查表，货物运价号是 5 号，发到基价和运行基价分别为 18.6 元 / 吨和 0.103 元 / 吨 · 千米。整车货物电气化附加费率为 0.012 元 / 吨 · 千米，铁路建设基金费率为 0.033 元 / 吨 · 千米。

6.2.9 计算过境铁路运费

根据相关知识，计算下列过境货物的运费。

有一批 60 吨的货物从天津新港进境，过境我国铁路至蒙古，该批货物按慢运整车货物运输。

经查表：天津新港至二连浩特站的过境运价里程为 1 000 千米，该批货物为 1 级货物，运价率为 5 瑞士法郎 /100kg · km。杂费包括换装费和验关费。请计算该批货物通过我国的过境运输费用。

6.2.10 分析国际铁路联运的费用构成

学习相关理论知识，完成下表。

国际铁路联运计费

<table>
<tr><th colspan="3">费用构成</th><th>依照计费标准</th><th>由谁支付</th></tr>
<tr><td rowspan="2">发运费用</td><td colspan="2">发运国运费</td><td></td><td></td></tr>
<tr><td colspan="2">发运国杂费</td><td></td><td></td></tr>
<tr><td rowspan="3">过境国费用</td><td colspan="2">过境国运费</td><td></td><td></td></tr>
<tr><td rowspan="2">过境国杂费</td><td>进境换装费</td><td></td><td></td></tr>
<tr><td>其他杂费</td><td></td><td></td></tr>
<tr><td rowspan="3">到达国费用</td><td colspan="2">到达国运费</td><td></td><td></td></tr>
<tr><td rowspan="2">到达国杂费</td><td>进境换装费</td><td></td><td></td></tr>
<tr><td>其他杂费</td><td></td><td></td></tr>
</table>

6.2.11 分析货损责任

20×× 年 1 月 11 日，发货人 A 与广深铁路股份有限公司签订国际铁路货物运输合同，从深圳北站发运了 1 个 40 英尺的集装箱货物。1 月 24 日，货物运抵阿拉山口，集装箱状态良好，编制集装箱交接单，并将货物交付多斯托克国境站。2 月 2 日，货物到达多斯托克，海关发现实际铅封与铁路提单的铅封不符，遂进行检查，并编制了检查文件，确认 3 件货物空箱。2 月 14 日，货物运抵塔吉克斯坦杜尚别 –2 车站，收货人在没有提出异议和要求编制商务记录的情况下与车站办理了货物交接手续。2 月 18 日，收货人会同杜尚别市商品鉴定人及杜尚别市车站海关检查员对上述商品质量进行检查鉴定，并以塔国工商委商检处的名义开立了《检查报告》作为商品证明文件。

1．该批货物交付后，在双方均确认铁路没有编制《商务记录》的情况下，塔国工商委检查处出具的《检查报告》及多斯托克海关的《检查文件》等能否作为货物缺失的证据向铁路索赔？

2．对托运人自己装车的货物，在收货人正常取得货物后发现货损或丢失后，能否再向铁路主张权利。

3．如果涉案货物货损认定为事实，那么涉案货物所发生的货损从始发地深圳北站到终点站杜尚别 -2 车站间的各铁路段承运人的责任应如何认定？

6.2.12 索赔与理赔

天津 FM 进出口有限公司从天津经后贝加尔斯克出口一批货物到俄罗斯莫斯科。商品为液压阀门（POUND VALVE），共 100 箱，58 吨。货物到俄罗斯后发现丢失了两箱，可能是在边境站换车时落下了，于是买方向铁路索赔。由于货物货值不高，没有办理保价运输。

小组讨论索赔程序和需要的文件，并预测能够获得多少赔偿。

学习任务单

学习任务	完成内容
承诺书	本人自愿接受“国际货运代理”课程上展开的学习任务相关训练，并郑重承诺： 1．认真阅读能力评价的相关内容。 2．严格遵守评分规则，绝不弄虚作假。 3．保证课程结束时，按时上交。 承诺人： 年　月　日

6.3 评价与总结

能力评价	方法能力/综合能力	专业能力	社会能力	个人能力
	3分：主动在学习训练环节使用信息技术、提出创意方法 2分：被动在学习训练环节使用信息技术、提出创意方法 1分：没有在学习训练环节使用信息技术、提出创意方法	3分：主动参与思维概念相关内涵思考，并有自己的见解 2分：参与思维概念相关内涵思考 1分：没有参与思考	3分：主动参与小组训练活动 2分：被动参与小组训练活动 1分：没有参与小组训练活动	3分：主动参与分享/回答问题 2分：被老师点名参与分享/回答问题 1分：没有参与分享/回答问题
	自评成绩：			
	互评成绩：			
	教师评价：			
总结				

学生姓名：　　　　　　　　　　教师签名：

情境 7

国际多式联运货代业务

知识目标

1. 了解国际多式联运的流程。
2. 了解世界主要大陆桥。
3. 了解大陆桥、小陆桥和微型陆桥。
4. 了解 OCP 和 IPI 的区别。

能力目标

1. 会填写多式联运提单。
2. 会计算多式联运运输成本。
3. 会组织多式联运。
4. 会分析货损责任。
5. 会进行保险理赔。

学习与实践操作流程图

实践操作前期准备 → 实践操作过程实施 → 评价、总结（反馈）

- 实践操作前期准备
  - 1.组建学习小组
  - 2.分析情境任务
  - 3.搜集理论知识
  - 4.完成学习任务
- 实践操作过程实施
  - 1.模拟岗位角色
  - 2.制定工作方案
  - 3.实施工作任务
  - 4.评价工作任务
- 评价、总结（反馈）
  - 自评
  - 互评
  - 教师评
  - 总结（反馈）

7.1 情境任务

工作过程描述

<table>
<tr><th>时间</th><th>工作过程描述</th></tr>
<tr><td>20××-06-01</td><td>天津FM进出口贸易公司与美国A&B TRADING CO.,LTD.签订了一份买卖合同。货物为运动鞋，商品编码为：64031900，共8 000双，纸箱包装800箱，总重为15吨，1×20'GP。贸易条款为：CIP，货值为：USD 64 000。</td></tr>
<tr><td>20××-06-02</td><td>天津FM进出口贸易公司外贸员Steve致电天津ZD国际货运代理有限公司业务部的张经理，询问运输路线和运输方案。

Steve：张经理，您好!我公司预计6月中旬有一批运动鞋从天津出口到美国纽约，用一只20尺货柜装，走什么运输路线好呢？
张经理：空运太贵，不适合运输鞋子。如果走海运，可以走天平洋，穿过巴拿马运河，绕到东海岸，到达纽约，全程大约30天。
Steve：如果不着急，这样运输比较省事，因为只有一种运输方式。但我们想要节省点时间，运费又不太贵，该怎么安排路线呢？
张经理：可以通过多式联运，从天津海运至美国西海岸，比如旧金山，再采用铁路方式运到纽约。
Steve：这种海铁联运比全程水路要节省时间吗？
张经理：对呀，这样比全程水运要快一到两周，运费也不会太贵。
Steve：货物到达美国西海岸港口后，谁安排进口报关和换装事宜呢？需要租箱运输吗？
张经理：这个您不用担心，货物在不同运输方式、不同运输工具之间转换时，不必经过重新分类、核对、检查、开箱、装箱等操作，全程使用COC箱，货物到达目的地后，收货人将空箱回空至指定堆场即可。
Steve：手续复杂吗？
张经理：手续简便，只需一次托运、一张单据、一次付费、一次保险，多式联运经营人对全程运输进行控制。
Steve：那太好了，麻烦您报下船期和价格。
张经理：好的，没问题，我将邮件回复您。

张经理查询了天津至纽约经小陆桥运输的海铁联运船期表和运价表后得到如下信息：

<table>
<tr><th>Carrier</th><th>ETA</th><th>ETD</th><th>T/T</th><th>POD</th><th>20'GP</th><th>40GP/HQ</th></tr>
<tr><td>MSK</td><td>WED</td><td>THU</td><td>23</td><td>SAN FRANCISCO</td><td>USD 2 650</td><td>USD 3 500</td></tr>
<tr><td>APL</td><td>FRI</td><td>SAT</td><td>21</td><td>LONG BEACH</td><td>USD 2 780</td><td>USD 3 700</td></tr>
</table>

张经理根据以上信息给客户配比了航线和船期，核算了海铁联运运费，并拟写了一份货运合同发送给Steve。</td></tr>
</table>

续前表

<table>
<tr><th>时间</th><th>工作过程描述</th></tr>
<tr><td>20××-06-05</td><td>天津FM进出口贸易公司接受了天津ZD国际货运代理有限公司的运输方案、船期和价格，并与其签订了货运合同。合同规定采用海铁联运的方式经小陆桥运输至目的地。起运港：TIANJIN,CHINA；目的港：LONG BEACH,USA；目的地：NEW YORK,USA。
天津FM进出口贸易公司填制订舱委托书给天津ZD国际货运代理有限公司。</td></tr>
<tr><td>20××-06-08—10</td><td>天津ZD国际货运代理公司的订舱专员根据订舱委托书向APL船公司定妥了舱位后，收到了船公司的S/O（S/O №.:APL2000456789），操作员将S/O传给了车队，通知其派车去集装箱堆场取一个20尺集装箱，然后去客户工厂装货。车队凭S/O在集装箱码头的箱管部换取EIR（IN&OUT）。车队凭EIR(OUT)进场提取空箱，待客户装箱完毕，车队将重箱拉回，凭EIR（IN）将重箱还回堆场。
箱号：APLU045458/20'GP；铅封号：DC22562。</td></tr>
<tr><td>20××-06-11</td><td>货主把全部运输单据邮寄到了货代公司，单证员审核了这些单据。
主要出口单据包括：
1.外贸合同（一式两份）。
2.发票（一式两份）。
3.装箱单（一式两份）。
4.报关、报检委托书（加盖委托方公章）。
5.换证凭条。
6.其他单据，如品质证书、原产地证等。</td></tr>
<tr><td>20××-06-11</td><td>商业发票
COMMERCIAL INVOICE
INV.№.:INV234
DATE:20××-06-01
<table><tr><th>Marks</th><th>Descriptions and Quantities</th><th>Unit Price</th><th>Amount
CIP NEW YORK</th></tr><tr><td>N/M</td><td>SHOES</td><td>USD 80.00/Carton</td><td>USD 64 000.00</td></tr><tr><td></td><td></td><td></td><td>USD 64 000.00</td></tr></table>SAY US DOLLARS SIXTY-FOUR THOUSAND ONLY

装箱单
PACKING LIST
INV.№.:THD22030
DATE:20××-06-01
<table><tr><th>MARKS</th><th>Descriptions and Quantities</th><th>PACKAGE</th><th>G.W.
(KGS)</th><th>N.W.
(KGS)</th><th>CBM</th></tr><tr><td>N/M</td><td>SHOES</td><td>800</td><td>15 000</td><td></td><td>28</td></tr><tr><td>TOTAL</td><td></td><td>800</td><td>15 000</td><td></td><td>28</td></tr></table>SAY TOTAL PACKED IN EIGHT HUNDRED CASES ONLY</td></tr>
</table>

续前表

时间	工作过程描述
20××-06-12	报关员查询申报要素，进行报关预录入，向海关提交了报关资料。
20××-06-14	海关放行后，船公司根据货物配载图安排货物装船，大副签发M/R。船公司安排入港装船。
20××-06-15	货物正常出运后,船公司签发多式联运提单。
20××-06-15	天津ZD货代公司单证员联系保险公司购买了海运一切险，保单号为：PICC20000888。
20××-06-16	天津ZD货代公司财务人员根据船公司的账单完成付款，单证员领取正本多式联运提单，提单号:APL2000456789。
20××-07-01	货物到达美西海岸的长滩港，海关查验单、证、货一致后，船公司与铁路公司办理保税运输手续，安排换装。
20××-07-08—11	货物到达目的地纽约，铁路公司通知收货人提货。结清相关费用后，凭多式联运提单换取提货单，并向海关办理清关手续。
20××-07-08—12	收货人安排拖车公司在铁路堆场提取重箱送回收货人仓库后，将集装箱回空至指定堆场。

典型工作过程

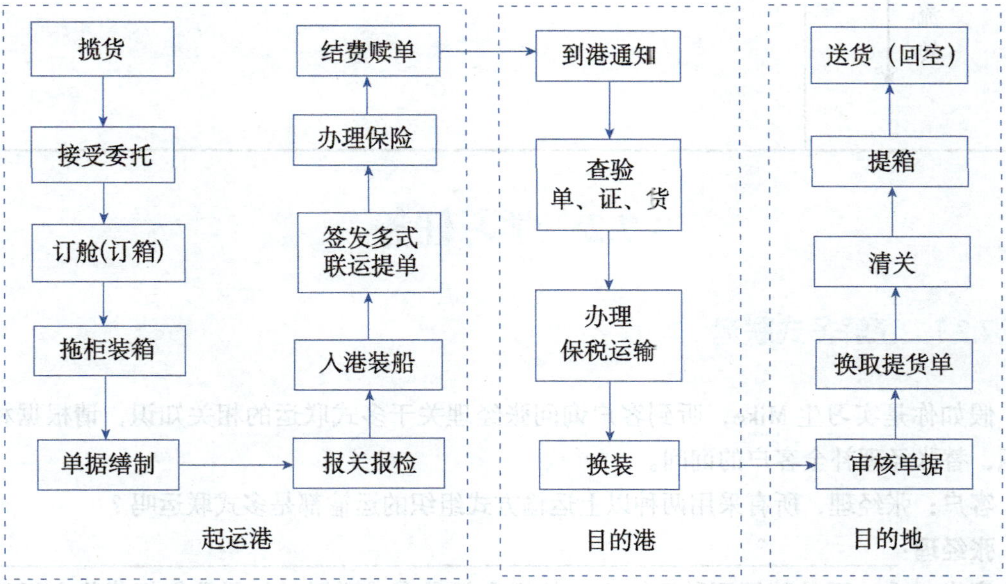

工作任务描述

1. 大众汽车有限公司有一批轿车出口伊朗，轿车的发货地为长春，交货地为伊朗的德黑兰。假如大众委托天津ZD国际货运代理有限公司进行多式联运运输，享受“门到门”的服务，就会简化手续，安全、迅捷。请你为天津ZD国际货运代理有限公司设计多式联运组织方案，确定运输路线。

2. 假如你是张经理，请根据情境任务的内容，拟写一份多式联运合同。

3. 假如你是操作部的操作人员，请根据情境任务，帮助客户填制一份订舱委托书。

4. 假如你是单证员，请根据情境任务，填制一份多式联运提单。

5. 根据情境工作过程，绘制多式联运的岗位操作流程图，并做PPT展示。

工作岗位 / 工作流程	岗位流转 →
工作任务流转 ↓	

7.2 学习任务

7.2.1 了解多式联运

假如你是实习生Mike，听到客户询问张经理关于多式联运的相关知识，请根据相关知识，替张经理补全客户的询问。

客户：张经理，所有采用两种以上运输方式组织的运输都是多式联运吗？

张经理：____

客户：哦，不是随便两种运输方式的组合就是多式联运。如果我们把货物空运至美国，再陆运到收货人那里，算不算多式联运呢？

张经理：____

客户：哦，除了运输方式的规定外，多式联运还有这么几个必备条件呢！

张经理：是啊。做多式联运要全程负责，收取全程运费，相对于托运人来讲，多式联运经营人是承运人，相对于各分段承运人而言，它又是托运人。

客户：哦，你们多式联运经营人是双重身份啊！当货物在运输中的任何一个环节出了问题，我们客户应该找谁索赔呢？

张经理：____

客户：多式联运涉及两种以上运输方式，你们得分别找承运人，运费都不一样，那怎么能统一运价呢？

张经理：____

客户：看来多式联运成本核算很关键啊。

张经理：没错，多式联运的收费可不只是运费的累加，因为需要跟多方沟通、协调，所以报价里还有我们的管理费用。

客户：好的，明白了，谢谢！

7.2.2 比较陆桥运输的术语

Mike：张经理，天津 FM 进出口贸易公司从天津发往纽约的货物属于小陆桥运输吧？

张经理：对啊，大陆桥是“海—陆—海”运输，小陆桥是“海—陆”或“陆—海”，如果到美国内陆，就是微型陆桥了。

Mike：张经理，到美国内陆城市有几种术语，这几种术语都是使用两种运输方式，请问它们都是多式联运吗？

张经理：这几种方式还是有区别的，你去比较一下，术语不同，责任不同。

假如你是实习生 Mike，请根据相关理论知识，完成下表，并向全班同学讲解。

SLB、MLB、OCP、IPI术语比较

比较项目	SLB	MLB	OCP	IPI
货物成交价				
提单的适用				
运费计收				
保险区段				
货物运抵区域				

7.2.3 选择适合多式联运的贸易术语

2015 年 6 月，某贸易公司 Y 与新西兰买方 X 进口公司以 CFR 条件签订了不同型号的不锈钢丝网出口合同，运输和保险由买方安排。货物生产完成后，Y 公司将该批不锈钢丝网从河北工厂运抵货运代理人指定的天津新港东疆的货场，经海关查验后装入集装箱等候装船，然而，三天后，8 月 12 日，距离该货场仅 500 米的瑞海危险品货场发生震惊中外的“8 · 12”危险品特大爆炸严重事故，致使该批出口不锈钢丝网全部被毁。

1. Y 公司在事故发生后，可否以合同已履行为由要求终止合同？

2. 如果 Y 公司将河北产地到新西兰的运输连接起来，按照多式联运运输，情况会有所不同吗？这种情况下贸易术语应该选用哪一种？

7.2.4 签发清洁多式联运提单的责任

2008 年 6 月，我国 A 进出口公司委托 B 货运代理公司办理 600 个纸箱的男式羽绒滑雪衫出口日本的手续。B 公司将货物装上 C 船公司派来的船舶，并向 A 公司签发了清洁的多式联运提单，提单载明货物数量 600 纸箱，分装在 3 个集装箱内。6 月 29 日，该轮抵东京收货人仓库，收货人发现货物由于集装箱有裂痕，雨水进入箱内造成货物损坏。2009 年 9 月 25 日，收货人以 B 货运代理公司和实际承运人 C 船公司为被告，向法院提起诉讼。根据本案例，请分析：

1. B 公司的身份是代理人还是承运人？为什么？

2. 依照我国《海商法》的规定，C 公司是否应承担赔偿责任？为什么？

3. 依照国际多式联运公约的规定，B 公司是否应承担赔偿责任？为什么？

7.2.5 投保国际多式联运保险

审核货运保险申请单，了解多式联运保险的承保范围。

7.2.6 了解过境贸易与转口贸易的区别

通过相关理论学习和查询网络，了解过境贸易和转口贸易的区别，以及过境通关和一般通关的区别，并给全班同学讲解。

7.2.7 降低空箱调运比例的方法

多式联运路线上双向货流不平衡时，就会产生空箱调运，严重影响运输的经济性，所以保证货流的回程平衡是多式联运经营人考虑运输路线的一个重要的因素。根据相关理论知识，思考降低空箱调运比例的方法。

7.2.8 分析货损责任

我国 A 公司与美国 B 公司签订了进口 3 套设备的贸易合同，FOB 美国西海岸，目的地为山东济南。A 公司委托 C 航运公司负责全程运输。C 航运公司从美国西雅图港以海运方式运输了装载于3个集装箱的设备到青岛港，C航运公司委托D货代公司负责青岛到济南的陆路运输，双方订立陆路运输合同。D货代公司并没有亲自运输，而是委托E汽车运输服务公司运输。货到目的地后，收货人发现2个集装箱破损，货物严重损坏。经查实发现，涉案的2个集装箱货物的损坏发生在青岛至济南的陆路运输区段。请分析并解答下列问题（本案适用中国法律）：

1. C航运公司是否对货物的损失承担责任？为什么？
2. 阐述C航运公司和D货代公司的法律地位。
3. 本案可否按照《中华人民共和国海商法》关于承运人赔偿责任和责任限额的规定来确定当事人的赔偿责任？为什么？

7.2.9　分析保险索赔

20××年5月20日，我国甲电力有限公司从欧洲进口一批发电机组及配套设备，委托我国乙货运代理公司负责全程运输，乙货运代理公司以托运人的身份向海运承运人订舱，装卸港口分别为A和B。货物从欧洲港口起运后，甲电力有限公司向我国丙财产保险股份有限公司投保海洋货物运输一切险，保险单上起运地和目的地分别为A和B。20××年6月9日，在发电设备被海运至我国B港后，乙货运代理公司又转委托中国丁运输有限公司将其运至电力有限公司在C地的工地，并向其支付货运运费。发电设备在公路运输过程中，从丁运输有限公司的车上侧滑并跌落地面，严重受损。请分析：

1. 甲公司的货损应向谁索赔？为什么？
2. 丁运输有限公司是否承担责任？为什么？
3. 保险公司是否承担责任？为什么？

学习任务单

学习任务	完成内容
承诺书	本人自愿接受“国际货运代理”课程上展开的学习任务相关训练，并郑重承诺： 1. 认真阅读能力评价的相关内容。 2. 严格遵守评分规则，绝不弄虚作假。 3. 保证课程结束时，按时上交。 承诺人： 年　月　日

7.3 评价与总结

<table>
<tr><td rowspan="5">能力评价</td><td>方法能力/综合能力</td><td>专业能力</td><td>社会能力</td><td>个人能力</td></tr>
<tr><td>3分：主动在学习训练环节使用信息技术、提出创意方法
2分：被动在学习训练环节使用信息技术、提出创意方法
1分：没有在学习训练环节使用信息技术、提出创意方法</td><td>3分：主动参与思维概念相关内涵思考，并有自己的见解
2分：参与思维概念相关内涵思考
1分：没有参与思考</td><td>3分：主动参与小组训练活动
2分：被动参与小组训练活动
1分：没有参与小组训练活动</td><td>3分：主动参与分享/回答问题
2分：被老师点名参与分享/回答问题
1分：没有参与分享/回答问题</td></tr>
<tr><td colspan="4">自评成绩：</td></tr>
<tr><td colspan="4">互评成绩：</td></tr>
<tr><td colspan="4">教师评价：</td></tr>
<tr><td>总结</td><td colspan="4"></td></tr>
</table>

学生姓名：　　　　　　　　教师签名：